国家"双一流"建设学科
辽宁大学应用经济学系列丛书
学术系列
总主编◎林木西

金融风险传导
与我国保险业风险防范研究

Research on Financial Risk Transmission
and Risk Prevention in China's Insurance Industry

李 薇 谷明淑 黄立强 陈 芙 等著

中国财经出版传媒集团
经济科学出版社
Economic Science Press

图书在版编目（CIP）数据

金融风险传导与我国保险业风险防范研究/李薇等著.
—北京：经济科学出版社，2019.9
（辽宁大学应用经济学系列丛书．学术系列）
ISBN 978 - 7 - 5218 - 0807 - 0

Ⅰ.①金… Ⅱ.①李… Ⅲ.①保险业 - 风险管理 -
研究 - 中国 Ⅳ.①F842

中国版本图书馆 CIP 数据核字（2019）第 184792 号

责任编辑：宋　涛
责任校对：靳玉环
责任印制：李　鹏

金融风险传导与我国保险业风险防范研究
李　薇　谷明淑　黄立强　陈　芙　等著
经济科学出版社出版、发行　新华书店经销
社址：北京市海淀区阜成路甲 28 号　邮编：100142
总编部电话：010 - 88191217　发行部电话：010 - 88191522
网址：www. esp. com. cn
电子邮件：esp@ esp. com. cn
天猫网店：经济科学出版社旗舰店
网址：http：//jjkxcbs. tmall. com
北京季蜂印刷有限公司印装
710 × 1000　16 开　32 印张　460000 字
2019 年 12 月第 1 版　2019 年 12 月第 1 次印刷
ISBN 978 - 7 - 5218 - 0807 - 0　定价：98. 00 元
（图书出现印装问题，本社负责调换。电话：010 - 88191510）
（版权所有　侵权必究　打击盗版　举报热线：010 - 88191661
QQ：2242791300　营销中心电话：010 - 88191537
电子邮箱：dbts@ esp. com. cn）

总　序

　　本丛书为国家"双一流"建设学科辽宁大学"应用经济学"系列丛书，也是我主编的第三套系列丛书。前两套系列丛书出版后，总体看效果还可以：第一套是《国民经济学系列丛书》（2005 年至今已出版 13 部），2011 年被列入"十二五"国家重点出版物出版规划项目；第二套是《东北老工业基地全面振兴系列丛书》（共 10 部），在列入"十二五"国家重点出版物出版规划项目的同时，还被确定为 2011 年"十二五"规划 400 种精品项目（社科与人文科学 155 种），围绕这两套系列丛书取得了一系列成果，获得了一些奖项。

　　主编系列丛书从某种意义上说是"打造概念"。比如说第一套系列丛书也是全国第一套国民经济学系列丛书，主要为辽宁大学国民经济学国家重点学科"树立形象"；第二套则是在辽宁大学连续主持国家社会科学基金"八五"至"十一五"重大（点）项目，围绕东北（辽宁）老工业基地调整改造和全面振兴进行系统研究和滚动研究的基础上持续进行探索的结果，为促进我校区域经济学学科建设、服务地方经济社会发展做出贡献。在这一过程中，既出成果也带队伍、建平台、组团队，使得我校应用经济学学科建设不断跃上新台阶。

　　主编这套系列丛书旨在使辽宁大学应用经济学学科建设有一个更大的发展。辽宁大学应用经济学学科的历史说长不长、说短不短。早在 1958 年建校伊始，便设立了经济系、财政系、计统系等 9 个系，其中经济系由原东北财经学院的工业经济、农业经济、贸易经济三系合成，财税系和计统系即原东北财经学院的财信系、计统系。1959 年院系调整，将经济系留在沈阳的辽宁大学，将财政系、计统系迁到大连组建辽宁财经学院（即现东北财经大学前身），将工业经济、农业经济、贸易经济三个专业的学生培养到毕业为止。由此形成了辽宁大学重点发展理论经济学（主要是政治经济学）、辽宁财经学院重点发展应用经济学的大体格局。实际上，后来辽宁大学也发展了应用经济学，东北财经大学也发展了理论经济学，发展得都不错。1978 年，辽宁大学恢复招收工业经济本科生，1980 年受人民银行总行委托、经教育部批准开始招收国际金融本科生，1984 年辽宁大学在全国第一批成立了经济管理学院，增设计划统计、会计、保险、投资经济、国际贸易等本科专业。到 20 世纪 90 年代中期，辽宁大学已有西方经济学、世界经济、国民经济计划与管理、国际金融、工业经济等 5 个二级学科博士点，当时在全国同类院校似不多见。1998 年，建立国家重点教学基地"辽宁大学国家经济学基础人才培养基地"。2000 年，获批建设第二批教育部人文社会科学重点研究基地"辽宁大学比较经济体制研究中心"（2010 年经教育部社会科学司批准更名为"转型国家经济政治研究中心"）；同年，在理论经济学一级学科博士点评审中名列全国第一。2003 年，在应用经济学一级学科博士点评审中并列全国第一。2010 年，新增金融、应用统计、税务、国际商务、保险等全国首批应用经济学类专业学位硕士点；2011 年，获全国第一批统计学一级学科博士点，从而实现经济学、统计学一级学科博士点"大满贯"。

在二级学科重点学科建设方面，1984 年，外国经济思想史（即后来的西方经济学）和政治经济学被评为省级重点学科；1995 年，西方经济学被评为省级重点学科，国民经济管理被确定为省级重点扶持学科；1997 年，西方经济学、国际经济学、国民经济管理被评为省级重点学科和重点扶持学科；2002 年、2007 年国民经济学、世界经济连续两届被评为国家重点学科；2007 年，金融学被评为国家重点学科。

在应用经济学一级学科重点学科建设方面，2017 年 9 月被教育部、财政部、国家发展和改革委员会确定为国家"双一流"建设学科，成为东北地区唯一一个经济学科国家"双一流"建设学科。这是我校继

1997 年成为"211"工程重点建设高校 20 年之后学科建设的又一次重大跨越，也是辽宁大学经济学科三代人共同努力的结果。此前，2008 年被评为第一批一级学科省级重点学科，2009 年被确定为辽宁省"提升高等学校核心竞争力特色学科建设工程"高水平重点学科，2014 年被确定为辽宁省一流特色学科第一层次学科，2016 年被辽宁省人民政府确定为省一流学科。

在"211 工程"建设方面，在"九五"立项的重点学科建设项目是"国民经济学与城市发展"和"世界经济与金融"，"十五"立项的重点学科建设项目是"辽宁城市经济"，"211 工程"三期立项的重点学科建设项目是"东北老工业基地全面振兴"和"金融可持续协调发展理论与政策"，基本上是围绕国家重点学科和省级重点学科而展开的。

经过多年的积淀与发展，辽宁大学应用经济学、理论经济学、统计学"三箭齐发"，国民经济学、世界经济、金融学国家重点学科"率先突破"，由"万人计划"领军人才、长江学者特聘教授领衔，中青年学术骨干梯次跟进，形成了一大批高水平的学术成果，培养出一批又一批优秀人才，多次获得国家级教学和科研奖励，在服务东北老工业基地全面振兴等方面做出了积极贡献。

编写这套《辽宁大学应用经济学系列丛书》主要有三个目的：

一是促进应用经济学一流学科全面发展。以往辽宁大学应用经济学主要依托国民经济学和金融学国家重点学科和省级重点学科进行建设，取得了重要进展。这个"特色发展"的总体思路无疑是正确的。进入"十三五"时期，根据"双一流"建设需要，本学科确定了"区域经济学、产业经济学与东北振兴""世界经济、国际贸易学与东北亚合作""国民经济学与地方政府创新""金融学、财政学与区域发展"和"政治经济学与理论创新"等五个学科方向。其目标是到 2020 年，努力将本学科建设成为立足于东北经济社会发展、为东北振兴和东北亚区域合作做出应有贡献的一流学科。因此，本套丛书旨在为实现这一目标提供更大的平台支持。

二是加快培养中青年骨干教师茁壮成长。目前，本学科已形成包括长江学者特聘教授、国家高层次人才特殊支持计划领军人才、全国先进工作者、"万人计划"教学名师、"万人计划"哲学社会科学领军人才、国务院学位委员会学科评议组成员、全国专业学位研究生教育指导委员会委员、文化名家暨"四个一批"人才、国家"百千万"人才工程入选者、国家级教学名师、教育部新世纪优秀人才、教育部高等学校教学指导委员会副主任委员和委员、国家社会科学基金重大项目首席专家等在内的学科团队。本丛书设学术、青年学者、教材、智库四个子系列，重点出版中青年教师的学术著作，带动他们尽快脱颖而出，力争早日担纲学科建设。

三是在新时代东北全面振兴、全方位振兴中做出更大贡献。面对新形势、新任务、新考验，我们力争提供更多具有原创性的科研成果、具有较大影响的教学改革成果、具有更高决策咨询价值的智库成果。丛书的部分成果为中国智库索引来源智库"辽宁大学东北振兴研究中心"和"辽宁省东北地区面向东北亚区域开放协同创新中心"及省级重点新型智库研究成果，部分成果为国家社会科学基金项目、国家自然科学基金项目、教育部人文社会科学研究项目和其他省部级重点科研项目阶段研究成果，部分成果为财政部"十三五"规划教材，这些为东北振兴提供了有力的理论支撑和智力支持。

这套系列丛书的出版，得到了辽宁大学党委书记周浩波、校长潘一山和中国财经出版传媒集团副总经理吕萍的大力支持。在丛书出版之际，谨向所有关心支持辽宁大学应用经济学建设与发展的各界朋友，向辛勤付出的学科团队成员表示衷心感谢！

林木西

2019 年 7 月

目　录

导　　论

一、研究的背景及意义

本书以中国保险业风险为考察对象，以全球金融危机及其风险传导为研究背景，从一个新视角研究中国金融风险问题。

回顾 20 世纪 80 年代至 21 世纪初的全球经济发展历程，我们多次看到由于金融危机爆发及其风险传导效应而使健康增长的经济衰退、科技进步和合理的资源配置走向终结的悲剧。由于金融风险的积累和传导是金融危机的重要因素，因此金融风险及其传导日益成为全球金融机构及其各国监管部门关注的焦点之一。保险业是金融体系的重要产业之一，现代保险业对于经济发展和人民生活而言不仅是具有准公共品性质的基础设施，而且是助推社会经济体系中消费、投资和进出口的结构稳定与发展的“助推器”，还是保障社会经济系统和谐运转不可或缺的“稳定器”。与其他金融机构相比，保险业同样具有负债经营的性质，要面对来自外部和内部的风险；但与其他金融机构不同的是：保险业是经营风险的特殊行业，对国家的社会稳定、金融安全具有重大影响，防范和化解自身风险至关重要，否则不仅不能履行经营风险、转移风险的职能，而且还将放大原有风险。伴随着金融创新的发展、金融机构功能界限的模糊化，保险所扮演的角色不仅是简单地、单一地促进金融稳定，而变得更复杂、更具有双重特性。最典型的例证就是 2007 年由美国次贷危机引发的全球金融海啸，在次贷危机中美国保险业通过承保次级抵押贷款保险、次级债券担保保险等业务和购买大量的次级债券成为危机形成的一个重要推波助澜者，并且在危机中遭受重创。由此可见，保险市场日益成为金融系统风险的重要源泉。

2006 年下半年，源自美国银行业的次贷危机随着房地产泡沫的破灭而初露端倪，进入 2007 年后愈演愈烈，迅速蔓延，最终演变为波及全球的金融危机，从货币市场到股票市场、期货市场、商品市场到债券市场，所有与金融有关的市场都受到波及，包括银行、证券、保险、信托等相关行业都受到很大的影响。次贷危机在性质上属于信用危机，而传统的人寿保险和财产保险业务受到的影响较小。在全球 130 多个国家开展寿险、财险、事故险以及飞机租赁等业务，资产超过 1 万亿美元，拥有雇员 11 万余名的全球保险巨头 AIG，在受到金融危机的波及后顷刻之间濒临倒塌，更让人触目惊心。AIG 并非失足于传统保险业务，而是被 CDS 业务所拖垮。在形成次贷危机的利益关系链中，保险业扮演了多重角色：一是金融市场的重要资金供给者和投资者，购买了大量的次级抵押债券，成为次级债券的重要投资者之一；二是传统的抵押贷款保险提供者，在放贷机构放松贷款条件的前提下，仍然为信用程度和收入水平较低的贷款者提供按揭贷款保险；三是重要的信用担保机构，忽视潜在的巨大风险，为次级债券提供保险，主要包括单一风险保险（monoline insurance）和信用违约掉期（credit default swap，CDS），提高了次级债券的信用等级。正是因为保险公司的积极介入、传递甚至放大了次贷市场的风险，成为金融危机形成机制中的始作俑者之一。

自 1980 年复业以来，我国保险业经历了三十多年的高速增长期，平均增长率为 20% 以上，而同期 GDP 的平均增长率为 8%，成为全球增长最快的市场，目前中国保险业是亚洲第一、全球第二大的市场，保险对经济增长和社会发展的影响力与日俱增，主要表现为：积极参与经济社会风险管理，成为国家灾害救助体系和社会管理机制的重要组成部分；积极保障服务民生，成为社会保障体系的重要组成部分；积极参与国民经济建设，成为金融资源配置与稳定机制的重要组成部分；积极执行中央的方针政策，成为国家宏观调控机制的重要组成部分；积极支持

科技进步与创新，成为国家创新机制的重要组成部分；积极推进对外开
放和国际交流，成为国家对外经济金融对话机制的重要组成部分。2014
年8月13日，《国务院关于加快发展现代保险服务业的若干意见》正式
公布，被称为"新国十条"，"新国十条"一开头就把保险业定义为现
代经济的重要产业，将商业保险的地位升格为健全社会保障体制的"重
要支柱"，明确了保险业在国民经济和社会发展中的独特定位和作用。
"新国十条"明确表示到2020年，努力由保险大国向保险强国转变。保
险深度（保费收入/国内生产总值）达到5%，保险密度（保费收入/总
人口）达到3500元/人。综上所述，在未来相当长的时期内中国保险业
还将继续保持目前快速增长的趋势，保险业将成为影响我国金融稳定的
最重要行业之一，我国保险业的风险防范也将成为关乎社会稳定和金融
安全的重大战略问题。

　　自从次贷危机爆发以来，各国政府监管部门、学术界和金融实务部
门都加强了对金融风险的研究，力图全面认识金融风险的成因，寻求避
免和降低金融风险的途径，建立防范和控制金融风险的有效机制。目
前，国内学术界对金融风险传导与保险业风险防范关系的研究大多是从
某个角度来论述，既不全面又不系统，缺乏系统、全面地研究金融风险
传导与保险业风险防范关系问题的成果，而且对相关问题的对策研究更
显不足，也缺乏实证分析。由于我国保险业正处于从保险大国到保险强
国的快速发展时期，保险业对金融体系的影响会越来越大，伴随着金融
创新以及保险业与金融业相互融合渗透进一步深化，金融保险业的全球
化步伐进一步加快，保险业的风险特征发生了重大变化，如何防御金融
风险传导对我国保险业所造成的危害，成为保险界乃至金融界渴望解决
的难题。因此，选择"金融风险传导与我国保险业风险防范"题目进
行深入、全面、系统的研究，对于丰富我国保险理论研究具有重要的
理论意义，对于推动金融改革、完善金融监管、防范金融风险、促进
金融稳定、维护金融安全具有重大的参考价值和政策意义。

二、研究概念的界定

就一般意义而言，保险业面临的风险是指保险公司在经营过程中，经营预定目标与实际运营结果（即期或长期）之间的经济偏差，即可能造成的经济损失。这种经营风险贯穿于保险公司经营管理活动的全过程，并受到保险业务经营环境的影响，诸如风险选择、费率厘定、市场竞争、通货膨胀、投资市场波动、法律变更、国内外政治经济形势变动等的影响，使实际经营结果与预期值发生偏差。

长期以来，大量文献研究关注保险经营中保险人自身面临的丧失偿付能力（solvency）的风险，虽然国内外对于保险公司面临的经营风险还没有唯一的、被广泛接受的分类系统。但监管部门、评级机构及研究部门对经营风险的认识却没有太大的差异，即保险公司面临着的各种风险最终体现为对保险经营的偿付能力的影响。影响保险公司偿付能力的风险因素很多，这些风险因素通常以相互交织的方式对保险公司的经营产生影响，最终可能促使该公司的偿付能力状况发生变化，因此，偿付能力不足是保险公司各类经营风险的集中反映。基于这一思路，以及从次贷危机对保险业风险传导的视角观察，我们从中归纳出金融风险传导对保险业的发展影响较大的五种主要风险：保险资产风险、保险混业经营风险、保险信用评级风险、保险偿付能力监管风险和保险业系统性风险，而且这五种对保险业有重要影响的风险之间都是相互联系、相互影响的，而不是孤立存在的，一种风险的发生往往会导致或强化另一种风险的发生。如保险混业经营风险导致保险偿付能力监管风险的提高，而保险资产风险、保险混业经营风险、保险偿付能力监管风险会导致保险业系统性风险的提高。

三、研究的基本思路与结构安排

本书以金融风险的传导与保险业风险防范的关系为切入点和贯穿始

终的主线，首先，对金融风险的传导与保险业风险防范的关系进行理论梳理和国际经验剖析；其次，分别针对金融风险传导对保险业的发展影响较大的五种主要风险：保险资产风险、保险混业经营风险、保险信用评级风险、保险偿付能力监管风险和保险业系统性风险进行理论分析和实证研究；最后，分别针对金融风险传导效应提出我国保险业防范资产风险、混业经营风险、信用评级风险、偿付能力监管风险以及保险业系统性风险的对策及其建议。

本书除导论外共包括七章内容：

第一章，首先对金融风险传导与保险业风险防范的关系进行了详尽系统的理论分析，国内系统地研究金融风险传导与保险业风险防范关系的相关成果很少，我们根据现代金融保险的最新研究成果，总结归纳了保险业风险的各种定义及保险业的风险来源。从保险风险的分类来看，不同的研究基于不同的侧重与视角，缺乏一套统一可行的标准，一方面说明保险风险的复杂性；另一方面也说明保险风险的多维性。在本书中，我们以金融风险的传导与保险业风险防范的关系为切入点和贯穿始终的主线，归纳出金融风险传导对保险业发展影响较大的五种主要风险：保险资产风险、保险混业经营风险、保险信用评级风险、保险偿付能力监管风险和保险业系统性风险。结合金融风险传导的内涵、特征和构成要素分别论述了封闭经济条件下和开放经济条件下的金融风险传导机理。结合保险业经营近年来发生的巨大变动，研究了保险业与银行业、证券业融合的背景。从季风效应、溢出效应和羊群效应等现代保险业与其他金融业风险传导的理论出发，以次贷危机引发的金融海啸对国内外保险业的冲击为视角，全面地剖析了金融风险传导对我国保险业风险防范的挑战。在上述研究基础上我们结合我国保险、银行、证券近10年来发展的相关数据，经过计算得出包括银行、证券、保险三大产业在金融业的比重变化，银行、证券、保险三大产业资产占比变化，银行、证券、保险三大产业增速变化等指标，得出保险业在我国金融业中的地位不断增强的结论，并阐述了保险业发展对于维护我国金融稳定和国家金融安全的重大作用。

　　第二章，首先对世界保险机构重大危机事件进行了梳理，发现从20世纪90年代开始，由于金融管制放松，金融自由化程度不断提高，金融业务之间的界限越来越模糊，原来与保险机构无关或关联度较小的风险逐渐发挥出越来越大的能量，保险业与金融风险的关系变得越来越复杂，保险业受到金融风险传导的可能性不断加大，宏观经济和金融市场波动，往往会造成一国甚至多国保险业遭受损失，甚至陷入经营危机。我国现代保险业在金融风险对保险传导方面与国际保险业大体类似，只是由于起步较晚，保险业经营危机中会暴露出经营管理者、行业监督者经验不足或过于冒进等特征。总体来说，我们认为风险传导已经逐渐成为保险业危机的不可忽视的重要因素，需要重视金融混业带来的风险。接下来，我们对亚洲金融危机、日本寿险业危机和近几年发生的次贷危机、欧债危机进行了详细回顾和审视，尤其关注危机的发生对保险业的影响。我们发现，保险业与其他金融行业之间的关联度在几次危机中有不断深化的趋势，金融风险对保险业发生影响的渠道更多样，对保险业冲击的强度越来越大，影响更加深远。通过以上分析，我们认为，有必要重新审视保险业在金融体系中的地位和作用，重视我国保险业存在的金融风险传导可能性，防范保险业日益增加的资产风险，加强对保险混业风险管控，创立保险业系统性风险防范机制，建设保险公司信用评级体系，全面完善保险偿付能力监管，促进我国保险业以及整个金融体系稳健发展。

　　第三章，从保险投资风险的概念入手，分析了保险投资风险的特征，保险投资风险的种类，保险投资的风险管理及我国保险投资风险管理现状，详细分析了我国保险投资风险管理存在的薄弱环节：一是保险资金运用中银行存款、债券占比较高，使投资风险较为集中、利率风险加剧；二是资本市场系统性风险较大，很难通过组合投资的方式进行分散；三是资本市场的缺陷严重阻碍了保险投资资产负债管理方式的运用。然后从保险投资主体、保险投资资产负债管理、保险投资组合、保险投资风险监管几方面进行了国际比较，并得到一系列的启示。我们还分析了西方保险公司在次贷危机中的表现及次贷危机中英美保险公司投资经验，并对日本大和生命保险公司破产案例和我国平安保险投资"富通"案例进行了详细分析，总结出次贷危机中保险投资的经验教训。在上述研究基础上，我们分析了我国保险资金运用存在的问题：投资收益率偏低；存在资产负债期限错配；权益投资波动大；人才储备和经验不足使保险公司投资能力有限。深入剖析我国保险资金运用问题的诱因。最后对改善我国保险资金运用提出了具体的政策建议：营造良好的我国保险资金运用环境；加强资产负债匹配管理；根据负债的特点配置投资的久期；优化资金运用结构；防范系统性风险；加强保险资金入市的风险防范与监管；加强对保险集团的监管；加强对冲基金监管。

　　第四章，注重关注保险混业带来的金融风险传导问题，以及如何进行监管。我们对国际保险混业经营发展情况进行了回顾，认为分业监管放松、技术进步等为金融混业提供了良好的外部条件，不过保险混业是历史发展自然结果，是金融业态发展成熟的表现，从根本上说是适应客户需求变化的结果。保险混业形式从最初交叉销售协议逐步发展为银行保险互利合作、股权控制，直到形成保险集团。我们认为，金融保险集团作为多种金融机构业务的聚合体，不能否认其规模效应和范围效应带来的优势，但是其复杂的组织结构和内部关系网络、多元化的经营特征，使其不仅面临各类金融机构的一般风险，还产生了许多特殊风险。我们以 AIG 在次贷危机中出现经营危机为典型案例，对此进行了详细分析。金融保险集团产生的特殊风险必然给监管制度带来了新挑战，各国监管当局如何应对？为了回答该问题，我们对美国、欧盟和澳大利亚保险监管，尤其是对金融混业和保险集团监管情况进行了研究，并关注了国际监管协调进展情况。通过历史分析和国际经验总结，我们认为，金融混业发展对保险监管产生了重要影响，我国应充分认识混业经营优劣势，确立"适度混业经营"发展方向；明确混业经营主体市场定位和法律地位，降低系统性金融风险；建立符合我国国情的金融监管模式，推动我国金融监管和金融集团监管持续向"部分混业监管、直接监管"模式转变；完善金融保险集团监管法律体系和监管标准要求，提高金融保险集团监管的科学性和有效性。

第五章，在梳理以往关于系统性风险定义的基础上，对保险业系统性风险的内涵进行了全新界定，传统观点认为：与商业银行、投资银行、共同基金等相比，保险业并不被视为是具有系统性风险相关性的金融结构，换句话说即保险业可能成为系统性风险的承受者，但保险业不太可能像银行那样成为系统性风险的根源或者引发者。而我们认为，保险业不仅可能成为系统性风险传导的承受者，也可能成为系统性风险的引发者或者放大者。在系统地梳理保险业系统性风险的特征和外在表现形式、保险业系统性风险的识别与评估方法基础上，着重研究系统重要性保险机构的概念，并结合 2016 年我国保监会启动国内系统重要性保险机构的监管制度建设、发布开展国内系统重要性保险机构（DSII）评定数据收集工作的紧迫形势，研究了金融危机对我国保险业系统性风险防范机制的挑战形势。我们梳理了国内外关于保险业系统性风险监管制度和政策的文献，并对美国的 Intergrity、Mutual Benefit 两家保险公司和英国的 Drake、切斯特街保险公司等破产案例进行了剖析，研究了我国保险市场的潜在系统性风险，对我国保险业系统性风险的现状进行系统的评估，指出我国当前对保险业系统性风险监管方面的不足之处：偿付能力监管方面、早期预警体系方面、保险风险处置机制方面。我们在上述研究基础上，提出我国保险业防范系统性风险的思路与措施：第一，科学地建立防范系统性风险的预警指标体系。我们选取 2011 年国内 30 家保险公司财务预警指标，其中选取了 15 个财务风险预警指标、32 个具有代表性非财务风险预警指标组建在一起，并采用极大不相关方法对财务风险预警指标体系进行优化，利用定性分析方法对非财务风险预警指标体系进行优化，最后得到系统性风险的预警指标体系。第二，建立健全系统性风险预警处理系统。第三，完善我国保险业系统性风险监管。包括建立并完善保险集团监管体系制度；加强系统重要性保险机构的监管；加强对资本融资和流动性风险管理业务的监督；加强对表外非传统保险业务的监管；加强与其他金融监管部门的合作。

第六章，从金融风险传导的视角分析我国保险信用评级体系的建设。首先通过对保险信用评级产生的基础、市场条件以及保险公司信用评级体系功能的研究总结出保险信用评级制度的理论基础。接下来我们对国际保险信用评级的发展进行研究，主要研究了国际保险信用评级的发展历程，国际保险信用评级的基本模式与方法，国际保险信用评级的程序以及国际保险信用评级的特点。次贷危机中信用评级机构的作用及启示一直以来都是学术界的研究热点。由于信用评级机构的利益冲突以及评级机构在市场的垄断地位等原因使得信用评级机构成为次贷危机中风险不断扩大的助推器。为避免我国信用评级机构出现类似的错误，我们在本章第三节对信用评级机构在次贷危机中的角色扮演以及错误原因进行分析，对信用评级机构管理失误进行反思，总结美国信用评级机构在次贷危机中的错误对国内信用评级行业的启示。在对国际保险信用评级理论基础及发展历程研究的基础上，我们进一步对我国保险公司信用评级进行了现状分析。主要分析了我国保险公司信用评级的发展现状，总结了国内保险信用评级业务所运用的主要评级方法，并客观地分析了目前我国保险公司信用评级发展中所存在的问题。基于我国保险公司信用评级的现状研究，我们在本章第五节对我国保险公司信用评级体系建设提出政策性建议，主要包括我国保险公司信用评级体系的外部环境建设和自身建设。

第七章，首先总结和回顾了我国保险偿付能力监管体系从形成到初步建立、规范发展到深入发展阶段不断完善和升级的历程，在此基础上从我国保险偿付能力监管的现状入手，详细分析了我国现行保险偿付能力监管模式，以及存在的问题。其次通过比较分析欧盟、美国、日本等国际上典型的偿付能力监管模式，总结出值得我们借鉴的经验：均实行风险导向的偿付能力监管模式；根据国情调整监管标准，形成鲜明的本国特色；各国对偿付能力监管的资本要求越来越严格等。分析了主要国家偿付能力监管的新趋势。最后对完善我国偿付能力监管体系提出了具体的对策与建议：第一，树立国际化和"向前看"风险监管理念；第二，我国第二代偿付能力体系的监管定位；第三，进一步完善我国偿付能力监管模式；第四，监管政策要体现金融监管与创新的辩证关系；第五，加强保险与其他金融监管政策的协调与合作，一方面要加强与国际保险监管协会的合作，使我国的监管标准与国际接轨，另一方面还应积极推进新兴市场偿付能力监管的交流与合作。

第一章

金融风险传导与保险业风险
防范关系的理论分析

第一节　保险业风险防范的理论基础

自从20世纪80年代以来，国际金融危机此起彼伏，给全球经济造成巨大的损失，充分证明了金融危机的传导及其危害。在经历全球性金融动荡后，金融风险防范问题会成为今后相当一段时期内风靡的热门课题。保险的经营风险是受到各国监管部门和学者高度重视的研究课题，虽然，对保险经营风险并没有统一的分类系统，但监管部门、评级机构及研究部门对经营风险的认识却没有太大的差异，即保险公司面临着的各种风险最终体现为对保险经营的偿付能力的影响。

一、保险业风险的定义和内涵

经营风险问题一直是威胁保险公司生存与发展、威胁公众利益的重大问题。由于保险以经营风险为业务，因而与保险相关的风险非常庞杂，有关保险风险特别是保险风险分类的结果也不尽相同。目前，国内外对于保险公司面临的经营风险还没有唯一的、被广泛接受的分类。

（一）国际上对保险经营风险的分类

1. 北美精算师协会（Society of Actuaries）的风险分类

北美精算协会将保险人面临的风险分为四类，即 C_1 风险、C_2 风险、C_3 风险、C_4 风险。

C_1 风险：资产风险。源于保险基金的借入方违约，或保险人投资资产的市场价值贬值所引发的风险，包括利率风险、信用风险、市场风险、流通风险等。在负债不变的情况下，资产价值下降会引起公司资本价值的下降，而且由于杠杆作用，这种下降还具有乘数效应。例如，一家保险公司的资本占总资产的 20%，则资产价值 10% 的下降会引起资本价值 50% 的下降。

C_2 风险：定价风险。指由于投资收益率、死亡率和发病率、索赔和损失发生频率及严重程度、管理费用、销售费用等影响价格的因素在经营过程中的不确定性所导致的定价过低的风险，即负债超过资产的风险。如果实际死亡率、费用率高于保单预定假设值，就会引起负债上升，从而增加了定价风险；另外，如果实际的投资收益率低于预定利率，也会引起负债相对上升，增加定价风险。定价过低会影响保险人对保单持有人履行责任。

C_3 风险：资产负债匹配风险。指由于利率和通货膨胀率的波动对资产和负债的影响所导致的风险。当波动率对资产的影响不同于对负债的影响时，资产项下和负债项下就会出现不同的数量变化，就可能会出现保险人无偿付能力的风险。当利率上升时，资产负债的价值都会下降，此时的利率风险指的是资产价值的下降超过负债价值下降的风险；而且，当利率上升时，更多的保单所有人会退保或进行保单贷款，使得保险公司可能不得不折旧销售那部分资产。当利率下降时，资产、负债的价值都会上升，此时的利率风险指的是负债价值的上升超过资产价值上升的风险；而且利率下降时，更多的保单所有人会通过各种保单赋予的选择权增加对保单的资金投入，使得保险公司不得不购入更多的资产，而这时资产的价格通常是较高的。资产负债不匹配的结果，会导致流动性短缺的问题。

C_4 风险：其他风险。一般指保险人无法预计和管理的风险，包括税收和监管方面的变化、产品老化、对雇员和销售代理培训不够、腐败或渎职、工作人员经营不善等风险，还包括由于法律和法律解释的变化使保险人根据以往情形规定的责任发生了变化的风险，由于评级下降导致的"挤提"风险等。

2. 美国保险监督官协会的风险分类

美国保险监督官协会（NAIC，1992）对产、寿险公司的经营风险进行了不同的分类。将寿险公司的经营风险分为五大类：即关联企业风险 C_0（即对关联企业的投资无法收回的风险）、资产风险 C_1（即不良资产的风险，含投资风险）、保险风险 C_2（即各类承保业务关于风险率、死亡率、发病率、续保率、费用率等所有的假设与实际经历不一致造成的风险）、利率风险 C_3（即由于利率变动引致的资产负债不匹配的风险）、业务风险 C_4（即一般的经营管理不当的风险）；将财产保险公司风险分为五大类：即表外风险 R_1、资产风险 R_2、信用风险 R_3、核保风险包括损失和理赔费用准备金风险 R_4 和净签单保费风险 R_5。

3. 国际保险监督官协会的风险分类

根据国际保险监督官协会（IAIC）制定的《保险监管核心原则和方法》（2000年），保险机构面临的风险主要有承保风险、与准备金有关的风险、市场风险（包括利率风险）、经营风险、法律风险、机构和集团风险（包括传递性风险、关联风险和集团其他实体带来的风险）、信用风险等。

4. 巴塞尔委员会和国际证券联合会的风险分类

1994年，巴塞尔委员会和国际证券联合会（OIOSC）针对金融机构开展场外衍生工具交易的风险管理定义了七种风险类型：

（1）市场风险。市场风险实质上是指公司的金融工具或证券价值随市场参数变动而波动所产生的风险。这些参数包括汇率、利率、股票指数、隐含波动性和商品价格等。

（2）信用风险。这里定义的信用风险不仅仅指对方的违约风险，还可以在更广泛的意义上看作是由于公司交易对方在履约能力上的变化而导致公司资产的经济价值遭受损失的风险。根据这种信用风险的解释，决定性的因素不是看特定的交易对方是否会发生实际的违约，而是看交易对方是否发生违约可能性的变化。

（3）清算风险。公司不能按期收到对方的资金或金融工具的风险。清算风险是一种高度复杂的风险，包括许多方面，如限额的制定、交易前核查资金状况、交易记录、交易确认相符、超出控制范围的报告、支付的管理、收款的确认、收款失败的管理、活动分析以及重点管理等。

（4）流动性风险。公司面临两种类型的流动性风险：一种与特定的商品或市场相关；另一种与公司活动的总体资金状况相关。前者是指由于不充足的市场深度或由于市场的中断，公司不能够或不能轻易以以前的市场价或与之相近的价格对冲某一头寸的风险；后者是指公司不能在清算日履行付款义务或支付保证金的风险。

（5）操作风险。操作风险是指信息系统或内部控制方面的缺陷会导致意想不到的损失，这种风险由人为错误、系统失灵和不正确的程序及控制所引起。由于许多金融机构因未能有效管理操作风险而遭受了损失，公司开始对这种传统上归后台管理的工作加大关注力度，实行与信用风险和市场风险一样水平的管理。

（6）法律风险。这种风险不仅指合同不符合法律的实施性或文件没有正确表达，还包括金融机构是否适当地履行了它对客户的法律或条规职责。这方面的错误，即使是缺少一个正式的合法的判断，也会导致巨额的损失。

（7）信誉风险。信誉风险是指一个金融机构或其职员采取的任何行为对其外部市场地位产生的消极影响。公司业务活动中任何环节出现问题，都可能会使公司面临信誉风险。越来越多的公司已经日益认识到信誉风险的毁坏性作用，并积极地采取措施加以管理。

到目前为止，很多国家的保险公司风险分类模型都还是区别产险公司和寿险公司的。如加拿大的金融机构监管办公室（OSFI）、德国保险行业协会（GDV）和我国台湾地区分别针对财险公司和寿险公司进行风险分类。但是，随着金融保险业的发展趋势，产、寿险都进入健康险、意外险等"第三领域"，以及保险集团甚至金融控股集团的出现，一家保险公司的风险已经很难用单纯的"产险风险"或"寿险风险"来描述。事实上，很多国家已经意识到目前产、寿险风险模型不统一所带来的问题，正在研究建立保险公司统一的风险模型。比如美国 NAIC 在2001年《强化监管风险评估框架》的报告中提出了一种不再区分产、寿险公司的风险模型，将保险公司的风险分为承保风险、信用风险、市场风险（投资风险）、操作风险、流动性风险、事件风险六类。

（二）国内学者对保险经营风险的分类

对中国保险经营的风险问题，业内人士和经济学家基本达成共识，即在中国保险市场高速发展的同时，面临"一个不足，两个被动"的问题（马明哲，1998）。"一个不足"便是中国保险业所面临的偿付能力不足问题；"两个被动"是指保险业的经营被动和竞争被动。首次将偿付能力问题明确地提出来，并认为只有不断通过引导保险市场走向集约化的发展道路和通过资本市场扩充保险公司资本实力才能解决这一问题。但是对于保险经营风险类别目前欠缺划一的标准，不同学者从不同角度持有不同的观点。

（1）孙祁祥（1996）从风险来源和性质的分析与研究方面，将寿险公司从吸收保费到最后赔付这一漫长过程中面临的风险分为两大类：①负债风险。主要是由准备金估计不足而导致的不能履行保险人以前所做的承诺。②资产风险。包括资产贬值风险和资产清算风险。资产贬值风险由利率变动带来；资产清算风险是指寿险公司在想转让或购入证券时，交易无法实现的风险。这种分类指出了风险的来源，也为防范风险指明了路径。

（2）卓志在其《保险经营风险防范机制研究》（1998）一书中，将保险经营过程和管理决策过程中的纯粹风险归为下列几类：承保风险、费率厘定及其运用风险、自留与分保风险、资金运用风险、巨灾风险、解约风险及理赔风险等。他认为任何一家保险公司的经营活动，无论其经营规模大小、资本充足程度怎样，总会面临如此的风险。只是会因不同时期、不同地域、不同资本量等因素，其经营风险所体现的强弱程度、相对程度以及损失幅度大小存在着差异而已。

（3）魏巧琴（2002）在其专著《保险企业风险管理》一书中对保险经营风险的定义和特征作了较为详细的分析，将保险企业的经营风险界定为经营过程中由于各种因素，诸如风险选择、费率厘定、市场竞争、通货膨胀、投资市场波动、法律变更、国内外政治经济形势变动等的影响，使实际经营结果与预期值发生偏差，从而遭受损失的风险。并进一步按风险的性质和来源把保险的经营风险分为三大类：第一类是环境性风险，包括周期性风险、市场竞争风险、政策风险、巨灾风险；第二类是经营性风险，包括决策风险、险种策划定位风险、定价风险、业务管理风险（具体又包括营销风险、承保风险和理赔风险）、准备金风险、投资风险、分保风险、退保风险、应收保费风险、财务管理风险、破产风险；第三类是人为性风险，包括道德风险、心理风险、逆选择风险、从业人员素质风险。

（4）陈志国（2001）将保险公司面临的风险进行了全面的归纳，将保险公司面临的风险划分为四大类：资产风险（包括信用风险、资产市场价值下降风险、资产过度集中风险）、负债风险（包括定价风险、信用风险、负债过度集中风险、巨灾风险、现金流风险）、资产负债风险（包括流动性风险、价值波动风险）、经营风险（包括管理风险、政策风险、股东关联交易风险、理赔风险）。

（5）万峰（2002）主编的《寿险公司经营与管理》对于寿险公司的经营风险分别按产生的原因（分为决策风险、技术风险、职业道德风险）、按经营风险产生的后果及影响（分为系统性风险和非系统性风险）、按经营风险的表现形式（分为产品定价风险、负债风险、资产风险、利率风险、现金流动性风险）、按其对寿险公司偿付能力产生的影响（分为资产风险、定价风险、利率风险、一般管理风险）、按直接影响寿险公司经营风险的主要因素（分为业务管理风险、财务管理风险、资金运用风险）对保险企业的经营风险加以分类。

（6）肖文（2004）在专著《中国保险业的创新与监管》中首次提出了保险经营风险层次及其相互关系的分析思路，如图 1 - 1 所示，认为保险公司在其经营过程中所面临的风险主要包括偿付能力风险、承保和理赔风险、投资风险、竞争风险、利率与汇率风险、通货膨胀风险、巨灾与政治风险、保险机制风险等。其中，承保理赔风险又包括费率风险、解约风险、道德风险、准备金不足等风险。但保险公司所面临的最直接风险，是丧失承担赔偿能力而导致破产或者倒闭。至于其他风险都是导致企业破产或者倒闭的各种因素，有着各自的影响程度。因此，在分析保险公司面临的各种风险时，完全可以根据与保险公司破产或者倒闭关系密切程度来划分不同的保险风险，而且根据这个标准来确定它们之间的相互关系和层次。肖文强调，第三层次风险与保险公司破产或者倒闭看来关系并不大，其实不然，它们是保险企业面临的最基本的风险，对于保险公司的威胁是间接的。这些风险通常都是由几个因素同时作用，影响其他风险表现出与其相关的反应，即主要是通过第二层次风险间接与保险公司破产或倒闭发生联系。因为第三层次风险主要是来自保险公司外部且很难控制，对于保险公司的业务经营、资金运营有很大影响，所以防范这一层次风险的作用在于，要求建立的风险管理机制必须能够防止这一层次风险向第二层次风险转化。第二层次的风险主要是由保险公司自身的业务活动所产生的，是保险公司在经营过程中主要的风险来源。这一层次的风险在整个风险体系中起着枢纽的作用，如能在控制风险时加以把握，可以大大降低保险公司的风险。由于这一层次的风险主要来自保险公司自身，所以保险公司完全可以通过建立自身的内控机制，完善自身的经营管理来加以防范。至于第一层次的风险，也就是偿付能力风险，对保险公司来说是至关重要的。偿付能力风险的存在是保险企业自身的行业属性决定的，根源在于保险双方权利义务在时间上的不对称性。

```
                        ┌──────────────────────┐
                        │  保险公司破产或者倒闭  │
                        └──────────────────────┘
                                   ↑
  第一层次                 ┌──────────────┐
                          │  偿付能力风险  │
                          └──────────────┘
                             ↑        ↑
  第二层次        ┌──────────────┐      ┌──────────┐
                 │  承保理赔风险  │      │  投资风险  │
                 └──────────────┘      └──────────┘

  第三层次  ┌────┐  ┌──────┐  ┌──────┐  ┌──────┐  ┌──────┐
           │竞争│  │利率与汇│  │通货膨胀│  │巨灾与政治│ │保险机制│
           │风险│  │率风险 │  │风险  │  │风险   │  │风险  │
           └────┘  └──────┘  └──────┘  └──────┘  └──────┘
```

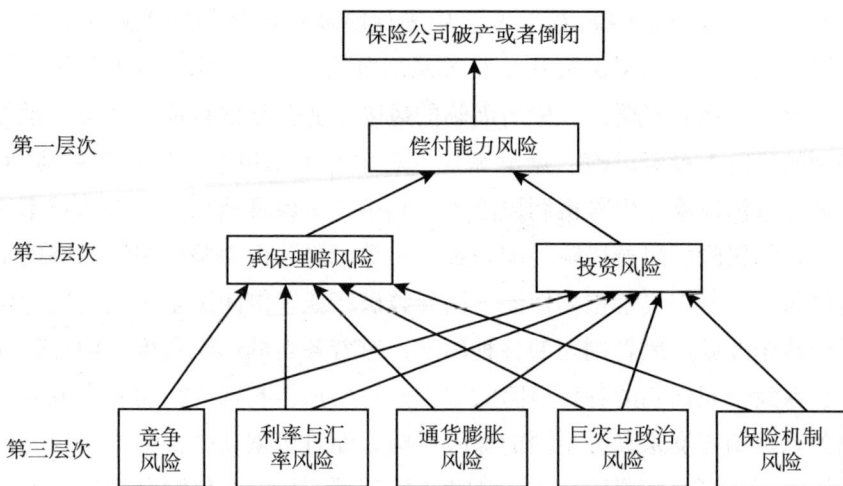

图 1 - 1 保险经营风险层次及其相互关系

注: →表示保险经营风险的影响关系。

资料来源: 肖文:《中国保险业的创新与监管》, 中国社会科学出版社 2004 年版。

（7）王一佳、马泓、陈秉正（2006）在《寿险公司风险管理》一书中从财务角度把保险经营的风险分为六种类型, 即精算风险、系统风险、信用风险、流动性风险、运营风险和法律风险。

（8）孙蓉等（2006）基于金融混业经营的视角, 把中国保险业面临的风险分为一般风险（市场风险、信用风险、精算风险、资本风险、法律风险）和混业经营风险（关联交易风险、利益冲突风险、系统性风险、监管风险）。

（9）孙祁祥、于小东等（2008）在《制度变迁中的中国保险业——风险与风险管理对策》一书中归纳出对国际寿险业的发展影响较大的五种主要风险: 利率风险、投资风险、产品风险、流动性风险和信用风险。尽管还存在其他类别的风险, 但它们的影响都远远低于这五种风险。强调这五种对国际寿险业有重要影响的风险之间都是相互联系、相互影响的, 而不是孤立存在的, 一种风险的发生往往会导致或强化另一种风险的发生。如利率风险是导致资产负债不匹配的直接原因, 而直接导致日本寿险公司破产的投资风险又是由资产负债风险造成的巨额利差损引起的。

从保险风险的分类来看，不同的研究基于不同的侧重与视角，缺乏一套统一可行的标准，一方面说明保险风险的复杂性；另一方面也说明保险风险的多维性。在本书中我们以金融风险的传导与保险业风险防范的关系为切入点和贯穿始终的主线，归纳出金融风险传导对保险业发展影响较大的五种主要风险：保险资产风险、保险混业经营风险、保险信用评级风险、保险偿付能力监管风险和保险业系统性风险。因此我们将重点针对这五大风险进行研究。

二、保险业风险的来源

从上述保险公司面临的风险及其它们之间的关系看，保险公司面临的风险源不外乎来自三个方面：一是自然、经济和社会环境；二是保险市场环境；三是保险公司内部环境。因此，剖析我国保险市场目前和未来一段时期内的发展环境，对于正确把握保险公司面临的风险变化，并采取相应的防范对策具有重大意义。

（一）自然、经济和社会环境变化

1. 保险业迅速增长可能带来的盲目扩张风险

总体上看，我国保险业发展迅猛，是全球增长最快的市场，目前中国保险业是亚洲第一、全球第二大的市场。中国保险费收入从最初恢复国内业务的4.6亿元到2018年的38016亿元。三十多年来我国保险业平均增长率为20%以上，远远高于同期GDP的平均增长率8%。2014年8月13日，《国务院关于加快发展现代保险服务业的若干意见》正式公布，被称为"新国十条"。"新国十条"目标是到2020年基本建成保障全面、功能完善、安全稳健、诚信规范，具有较强服务能力、创新能力和国际竞争力，与我国经济社会发展需求相适应的现代保险服务业，努力由保险大国向保险强国转变。第一次公开承诺了到2020年的业务发展指标，到2020年，保险深度（保费收入/国内生产总值）达到

5%，保险密度（保费收入/总人口）达到 3500 元/人，年均增速达到 9.37% 和 25.22%，保险的社会"稳定器"和经济"助推器"作用得到有效发挥。

"新国十条"给我国保险业做大做强带来了难得的机遇，但不容忽视的是保险业的迅速扩张，一方面容易使保险公司忽视风险管理，另一方面容易导致保险公司的盲目扩张，从而有可能由于资本金不足或潜在风险的发生而导致保险公司的偿付能力危机。因此，在加快保险业发展、做大做强保险业的同时，一定要处理好加快发展与风险防范的关系，既不能有风险而不敢发展，也不能为了发展而不顾风险。

2. 利率调整频繁导致的寿险利差损风险

在寿险保单中通常采用固定的预定利率或提供最低保证利率（分红保险和万能保险），在金融市场较发达的国家，有长期市场利率供精算参考，由于我国利率的市场化程度还不够，没有形成大家公认的市场利率，只能参照银行中短期存款利率。由于预定利率或最低保证利率在险种推出后就不能改变，而银行利率在此期间则可能变动多次，这样预定利率或最低保证利率和银行利率在比较中对寿险公司的经营产生很大影响，由此形成了寿险业的利率风险。当市场利率较为稳定时，退保率和保单贷款率也比较稳定；当市场利率上升高于预定利率时，虽然可以使公司获得暂时的利差，但由于原销售的大量保单产品，因其固定的预期利率水平相对较低，在市场的竞争力将严重削弱，公众在权衡投资收益回报时，多倾向于收益率较高的其他投资工具，退保率和保单贷款率将会上升，大量保户会利用"嵌入选择权"进行保单借款，或者不续保甚至退保，大量现金的流出将迫使寿险公司出售部分资产或高成本拆借资金以应急需，从而严重影响到公司的资产总体收益率，甚至出现暂时的资产流动性危机。相反当市场利率低于预定利率时，寿险公司原固定预期利率水平相对较高，如果不及时进行调整，短期内新保单收入将会有所增长，但由于寿险是长期性业务，已销售的保单不能根据市场利率的变化而调整其原预期利率水平，而资金的未来投资收益率在低利率市场环境中往往也处于低迷时期，致使未来到期给付保险金将成为寿险公司一项沉重负担，甚至有可能严重影响其偿付能力。同样，当市场利率水平变动频繁时，会导致寿险公司的精算失去合理的基础，同时给其资产和负债的匹配管理带来困难。由此可见，利率的波动是妨碍寿险公司稳定经营的风险因素，无论市场利率变化方向如何。

利率波动对寿险经营影响的典型案例是日本保险公司接二连三的破产倒闭。在1997年以前，日本寿险业保费收入占全球保费收入的比重一直位列第一，20世纪70年代之前，日本寿险产品预定利率基本维持在4%左右，但在随后的日本经济高速增长时期，许多寿险公司迫于竞争压力，不计成本地推出高预定利率保单，其中有的保单预定利率高达8%以上。80年代日本进入泡沫经济，加之1997年夏金融危机爆发，造成银行利率剧降、日经指数下跌、不动产价格暴跌，保险公司的资金收益率远远低于其保单预定利率，这些潜伏的巨大利率风险开始出现，使日本成为全球保险业利差损最为严重的国家。1997年4月25日，日本日产生命保险公司结束了88年经营历史宣告破产，由此开始宣告了日本"保险公司不会破产"神话的破灭，日本寿险公司如多米诺骨牌一样接二连三地破产倒闭，1999年东邦生命破产，2000年和2001年第百生命、大正生命、千代田生命、协荣生命和东京生命相继在出现巨额利差损和资金运用乏力的背景下宣告破产，这7家中型寿险公司的倒闭对日本寿险业造成了非常大的打击[①]。

3. 资本市场的低迷和剧烈波动增加了保险资金运用风险

目前，我国金融市场运作机制不完善、制度不健全、政策影响、市场庄家过度操纵、投资者心理预期不稳定等原因，导致市场波动幅度大，市场的系统性风险较高。随着我国经济的快速发展，股票市场作为融资的重要渠道，资源配置的重要平台，扮演着越来越重要的角色。然而我国的股票市场还属于新兴的市场，与国外成熟的资本市场相比表现出更高的复杂性和不可预测性，股票价格波动频率高、波动幅度大、投资风险突出，不仅影响了股票市场融资功能的稳定发挥，使得其市场化

---

① 周道许：《中国保险业发展若干问题研究》，中国金融出版社2006年版，第85页。

的配置机制难以有效发挥作用，也使其难以成为经济运行的晴雨表。进入 21 世纪以来，我国的资本市场历经两轮大牛市行情，牛市过后是长时期的持续低迷，对我国保险资金运用风险防范提出更高的要求，如果不能进行有效的投资风险管理，将使我国保险资金运用承受巨大风险，甚至有可能由于资金运用的失败而导致我国保险公司的破产。

4. 保险产品需求变化带来新的需求风险

保险"新国十条"的发布，给我国保险业发展带来了新契机，充分体现了当前我国保险市场的需求导向。第一，商业保险领域将迎来重大利好，养老及健康板块也将得到前所未有的发展机遇。在养老上，促进保险服务业与养老服务业的综合发展，创新养老产品服务。推动个人储蓄性养老保险发展，开展住房反向抵押养老保险试点。在医疗上，鼓励推出各种与医疗、疾病有关的商业保险产品，发展商业性长期护理保险。第二，发展责任保险模式，关注食品安全、校园安全等与民生相关的保险。政府通过向商业保险公司购买服务等方式，在公共服务领域充分运用市场化机制，积极探索推进具有资质的商业保险机构开展各类养老、医疗保险经办服务，提升社会管理效率。把与公众利益关系密切的环境污染、食品安全、医疗责任、医疗意外、实习安全、校园安全等领域作为责任保险发展重点，探索开展强制责任保险试点。第三，建立巨灾救助保险机制，最大限度地分散自然灾害风险。政府将保险纳入灾害事故防范救助体系。提升企业和居民利用商业保险等市场化手段应对灾害事故风险的意识和水平。同时建立巨灾保险制度，鼓励各地根据风险特点，探索对台风、地震、滑坡、泥石流、洪水、森林火灾等灾害的有效保障模式。第四，发展"三农"保险，创新农业保险产品。开展农产品目标价格保险试点，探索天气指数保险等新兴产品和服务，丰富农业保险风险管理工具。落实农业保险大灾风险准备金制度。积极发展农村小额信贷保险、农房保险、农机保险、农业基础设施保险、森林保险，以及农民养老健康保险、农村小额人身保险等普惠保险业务。今后，农民将可以选择到更多的"三农"保险产品。第五，发展新兴保险业务。"新国十条"强调将推进保险业改革开放，全面提升行业发展水平。其中包括：积极发展文化产业保险、物流保险，探索演艺、会展责任险等新兴保险业务，促进第三产业发展。支持符合条件的保险公司在境内外上市，并且提升保险业对外开放水平。同时，加大出口信用保险对自主品牌、自主知识产权、战略性新兴产业的支持力度，重点支持高科技、高附加值的机电产品和大型成套设备，简化审批程序。增加再保险市场主体，发展区域性再保险中心。

值得注意的是：保险产品需求变化带来新的需求风险，如果保险公司不能及时地开发上述产品，将会丧失宝贵的市场发展机遇，但是，如果保险产品开发以及经营不当，也将给保险公司带来巨大的风险。

5. 人口老龄化增加寿险经营风险

从人口环境来看，影响保险公司经营的主要因素有：第一，预期寿命延长。随着生活水平的提高，医疗条件的改善，我国居民的预期寿命不断延长，从 1990 年的 68.55 岁到 2010 年我国第六次人口普查汇总资料计算得出的 74.83 岁。其中男性人口平均寿命为 72.38 岁；女性为 77.37 岁。2015 年我国人口平均预期寿命已达到 76.34 岁，赶上中等发达国家的水平。第二，人口老龄化。人口预期寿命的延长，人口出生率的下降，导致我国人口老龄化现象严重。65 岁以上的人口占我国总人口的比重不断提高。从 1982 年的 4.91%，提高到 1990 年的 5.57%，2000 年的 6.96%，2003 年的 8.67%。截至 2014 年底，中国 60 岁以上的老人占到总人口的 15.5%，达到了 2.12 亿人。据预测，到 2050 年，全世界老年人口将达到 20.2 亿人，其中中国老年人口将达到 4.8 亿人，几乎占全球老年人口的 1/4。第三，家庭小型化。我国计划生育政策的推行以及生育观念的改变，使我国家庭呈现小型化趋势。家庭规模从 1982 年的 4.41 人/户，逐渐降低到 3.96 人/户，截至 2015 年 5 月，我国家庭平均规模为 3.35 人。家庭人口数量以 2 人或 3 人为主，2 ~ 3 人的小型家庭（户）已经成为主流家庭。这些因素的变化，一方面将刺激对寿险产品、健康产品的需求；另一方面将导致保险公司的支付风险加大。如果保险公司不能及时进行给付预期的调整，有可能导致巨大的支付风险，出现经营亏损。

6. 巨灾风险不断增加

我国地域辽阔、地貌环境复杂，是自然灾害频繁发生的国家。近年来，巨灾事故不断发生，对我国保险业发展提出更高的要求和巨大的挑战。一方面，要想充分发挥保险业的社会管理功能，就要求保险公司必须对巨灾事故进行承保、赔付；另一方面，在再保险市场不发达、巨灾风险证券化手段缺乏的情况下，一旦巨灾事故发生，将带给我国保险业巨创。因此，频发的巨灾事故对我国公司的承保技术、定价技术以及合理分保、巨灾风险管理手段都提出了新的挑战与要求。

（二）市场环境变化

1. 市场竞争加剧带来的风险

随着我国保险市场的逐步开放，外资保险公司的大量涌入，市场准入限制的逐步放宽，导致我国保险市场主体的快速增加，保险市场主体从 1999 年的 29 家，到 2006 年的 107 家，再到 2018 年的 222 家，目前有财产险公司 84 家，人身险公司 86 家，再保险公司 11 家，保险集团（控股）公司 12 家，保险资产管理公司 24 家，保险市场的竞争空前加剧。财险"老三家"占据了主要的市场份额，也由 2000 年的 97.76%下降到 2016 年上半年的 63.6%，这种局面一方面有可能导致市场的恶性竞争，如价格竞争手段、降低承保标准、违规支付手续费等，加剧了保险公司的赔付风险；另一方面，保险公司为了赢得市场竞争，而不断开发新产品、拓展新市场，这些竞争手段既有可能带来巨大的潜在利益，也有可能伴随巨大的风险，如果不能有效地加以防范与控制，将不可避免地导致经营亏损以致破产。

2. 费率市场化带来的定价风险

目前我国保险费率市场化改革将稳步推进，费率市场化改革包括万能分红险和车险费率市场化改革，在保险业务和投资不断创新的背景下，保险产品的定价机制也将增强灵活性。我国普通型人身保险费率已经实行费率市场化。我国 2010 年 4 月 1 日开始施行《财产保险公司保险条款和保险费率管理办法》，增加了财产险公司开发保险产品和费率的自主权，但对于强制保险、机动车辆保险、投资性保险、保险期超过1年的保证保险和信用保险等产品仍然实行严格的行政审批。2015 年 6月 1 日，备受关注的商业车险条款费率管理制度改革试点正式启动，黑龙江、山东、广西、重庆、陕西、青岛 6 个试点地区全面启用新版商业车险条款费率。2016 年 1 月 1 日起商业车险费率市场化改革试点地区从6 个试点地区扩大到 18 个地区。增加天津、内蒙古、吉林、安徽、河南、湖北、湖南、广东、四川、青海、宁夏、新疆 12 个保监局所辖地区纳入商业车险改革试点范围。依据车险费改方案，上下浮动车险费率最高达到 30%。随着我国保险市场体系的不断完善，偿付能力监管方式的转变，法律法规体系的不断修正，以及保险公司费率厘定能力的提高，保险费率市场化已经势不可当。

兰虹（2005）将费率市场化给保险公司带来的风险概括为：竞争风险、定价风险、监管风险、核保风险。其中竞争风险是费率市场化导致的竞争过度致使费率低于成本的风险，保险公司会因此亏损甚至引发偿付能力危机；定价风险是由于基础数据的缺乏和技术手段的不足造成的保险费率厘定偏差，致使保险公司承保利润下降甚至亏损的风险；监管风险是由于费率市场化而导致的监管有效性弱化的风险；核保风险是由于核保偏差致使承保风险的条件与标的的实际风险状况不吻合而使保险赔付率上升的风险。总体上，保险费率市场化一方面有利于保险公司利用价格竞争手段，及时反映风险状况的变化；另一方面将提高费率厘定的成本，同时有可能导致定价风险，有可能因保险费率厘定不足而导致经营亏损。

3. 资金运用渠道放开带来的风险

为适应保险资金运用的需要，提高保险资金的运用效率，我国保险资金运用渠道不断放宽。李俊芸（2005）将保险资金运用渠道拓宽导致的风险概括为两个方面：由于资本市场的不发达，投资人才的缺乏，而导致收益不好；由于内部人控制而影响资金的安全性。保险资金运用渠道的放宽，一方面分散了保险资金运用的风险，提高了保险资金的运用效益；另一方面意味着部分保险资金将运用于风险较高的领域，这自然加大了保险资金的风险，而且由于我国保险投资人才的缺乏，投资技术相对还比较落后，资本市场不完善，系统性风险较大，因而也给保险资金运用带来巨大的风险。在当前人民币国际化趋势日益明显、国家"一带一路"建设需要保险资金更多海外布局的形势下，保险机构在全球范围内实施资产多元化配置，分散投资风险迎来机遇。"一带一路"成为保险资管甚至保险行业发展的重要契机，虽然保险资金与"一带一路"倡议诸多项目天然契合，但保证保险资金的安全性应居于首位，保险机构和资金走出去的选择项目仍需仔细甄别，做好风控。

4. 产品创新风险

保险产品创新不仅为保险公司提供风险管理的新途径，而且创新型的保险产品也日益成为保险公司新的业务增长点。但是，保险产品创新在带来积极效应的同时，也放大了保险公司经营的风险。我国寿险市场从 1991 年开始经营养老保险业务，日前国内保险市场上养老保险的产品已超过 100 种。但是由于新的保险产品经营缺乏经验或相关配套制度不完善，以及缺乏基础数据，有可能出现保险产品不适销或保险产品赔付率过高等风险，从而给保险公司带来新的风险。总的来说，产品创新的风险可以概括为：需求风险、定价风险、经营风险。需求风险是由于新产品不适销而导致产品开发成本无法收回的风险；定价风险是由于新产品基础数据匮乏、定价不合理导致亏损的风险；经营风险是由于缺乏经营经验、配套制度不完善导致产品经营不好，而对保险公司形象、经营成果产生的影响。

（三）内部环境变化

1. 保险体制改革步伐加快带来的风险

近年来，我国保险公司的体制改革步伐明显加快，主要表现在两个方面：一是海外上市；二是保险集团、金融集团的组建。对于保险公司的上市带来的风险，刘新立（2003）将其归纳为财务风险、经营风险、分拆风险、系统风险。齐传军、熊艳春（2004）将保险上市可能带来的风险归纳为以下几个方面：保险业与证券业的联动风险、多重监管风险、制度环境变迁风险、技术支持风险、公司目标定位风险、内部人控制风险。总体来说，上市给保险公司带来的风险主要表现为：上市将保险公司置于一个更加复杂的市场环境中，面临的风险更加多样化，主要包括上市筹集目标实现的风险以及由于严格的信息披露而面临的市场风险、股票价格波动方面的风险。另外一个明显的趋势就是对保险集团（或金融集团）的组建。近些年来许多保险公司通过组建资产管理公司、新成立养老金保险公司等子公司的形式组建保险集团。保险集团的组建给保险公司带来的潜在风险主要包括：一是新成立的子公司由于专业化程度低、市场竞争能力弱而导致经营不善的风险；二是保险公司由于专业化的缺乏而导致的规模不经济的风险；三是集团内部摩擦而导致的风险；四是集团内风险传递而导致的巨大潜在风险；五是监管真空的出现而导致的风险。

2. 人才缺乏、技术相对落后的风险

伴随着保险市场的迅速扩张，我国保险专业人才需求缺口急剧加大，专业技术不能适应新产品开发、业务经营的需求。人才与技术是公司的核心竞争力所在，在人才缺乏、技术相对比较落后的情况下，保险公司的潜在风险主要包括：一是经营效率低下，经营成本高，而导致业务亏损或缺乏市场竞争力的风险；二是在投资、产品开发、定价方面，由于人才和技术的缺乏而导致的投资、产品开发失败、费率厘定不合理的风险。

（四）外来风险传导

现代金融业的迅猛发展，增强了银行、保险、证券等金融机构的密切融合关系。金融各行业之间相互渗透，经营边界被逐步弱化，诞生出许多跨行业创新金融衍生产品，其中部分创新产品的风险杠杆系数较高。由于各国对这类边界较为模糊的业务多采取分业监管，致使这类业务缺乏有效的风险监管机制，在某些触发机制下易导致风险的积累和蔓延。如近年来市场新兴的 CDS 业务实际上是一种衍生信用保险业务，与传统信用保险产品有较大的差异，当债务人违约时，由承保人支付贷款本金。此外，集团化经营、跨行兼并和收购、投资控股、出资组建子公司等行为，金融发展的多元化趋势日益加剧，行业之间的关联性不断增强，导致不同金融行业的风险在各金融部门之间的传递和蔓延。保险业务、银行业务、证券业务具有各自不同的经营原理，保险业务是风险的分散机制和风险共担机制，相对而言是较为安全的金融服务，风险的杠杆系数相对较低；银行业务符合乘数原理，通过杠杆效应的作用放大资本贷款和融资规模，是一项风险杠杆系数极高的金融服务；证券业务是一种融资和投资，手续费收入是其主要收入来源之一，风险主要由投资者承担，机构自身风险相对较小。2008 年的全球金融危机就是由次贷违约引发银行流动性风险，随即银行的风险向保险机构和证券市场蔓延和扩散，最终导致全球性金融危机。因而，由于金融行业关联性加强，保险行业之外的其他机构发生的风险传导到保险行业，也是保险业风险的主要来源之一。

第二节　金融风险传导的机理解析

一、金融风险传导的内涵和特征

1. 金融风险传导的内涵

当今社会经济活动中始终充斥着风险，风险无处不在，风险和各项社会经济活动如影随形。虽然经济学界对于风险的含义众说纷纭，但总体上可归纳为两大类：广义的风险和狭义的风险。广义的风险主要强调风险的不确定性，也被归类为"主观说"，是指在一定条件下和一定时期内发生的各种结果的变动程度，结果的变动程度与风险成正比，亦即结果的变动程度越大，则风险越大，反之则越小。狭义的风险主要强调确定性带来的不利后果，也被归类为"客观说"，是指在一定条件下和一定时期内发生的各种结果的变动导致行为主体遭受损失或损害的可能性。

关于金融风险的定义，目前理论界尚无统一的界定，可归纳为以下几种：

（1）金融风险是指在资金的融通和货币的经营过程中，由于各种事先无法预料的不确定因素带来的影响，使得资金经营者的实际收益与预期收益发生一定的偏差，从而蒙受损失和获得额外收益的可能性[①]。

（2）金融风险是指在宏观经济运行中，由于金融体制和金融制度的问题、金融政策的失误以及经济主体在从事金融活动时因决策失误、客观条件变化或其他情况而有可能使资金、财产、信誉遭受损失等原因，客观上会影响宏观经济的稳定协调发展，导致一国国民经济停滞甚至倒退的可能性，这种风险又称为经济运行中的金融风险。

（3）金融风险是指在货币经营和信用活动中，由于受各种因素随机变化的影响，使金融机构或投资者的实际收益与预期收益发生背离的不确定性及其资产蒙受损失的可能性[②]。

（4）金融风险是由于金融资产价格的不正常活动，或者大量的经济和金融机构背负巨额债务及其资产结构恶化，使得它们抗御冲击的能力很弱，一旦出现风险事故，就可能波及宏观经济活动[③]。

石俊志（2001）将金融风险分为微观金融风险、中观金融风险和宏观金融风险[④]。微观金融风险指微观金融活动主体在金融活动过程中发生资产损失和收益损失的可能性。中观金融风险指某一区域内如某省或某一地区内所有微观金融风险的总和，或金融各行业的风险，如银行

---

① 杨子强：《金融风险控制管理》，中国金融出版社2001年版，第1页。

② 刘毅、杨德勇、万猛：《金融业风险与监管》，中国金融出版社2006年版。

③ 朱忠明、张淑艳：《金融风险管理学》，中国人民大学出版社2004年版，第15～18页。

④ 石俊志：《金融危机生成机理与防范》，中国金融出版社2001年版，第127～130页。

业、信托业、证券业和保险业的风险。宏观金融风险则是从一国乃至全球范围来考虑的，指整个金融体系面临的风险，是因前两个层次金融风险的存在引致一国乃至全球金融秩序混乱和金融风潮，甚至造成一种货币制度解体或崩溃的可能性。

A. 克罗德克尔（A. Crodkell，1997）将宏观金融风险定义为：由于金融资产价格的不正常波动，或大量的金融机构背负巨额债务及其资产负债结构恶化，使得它们在经济冲击下极为脆弱并可能严重地影响到经济运行。

根据以上论述，我们把金融风险分为广义金融风险和狭义金融风险。广义金融风险是指在宏观经济运行中，由于金融体系和金融制度的问题、金融政策的失误、客观条件的变化或其他情况而有可能使资金、财产、信誉遭受损失等原因，客观上会影响宏观经济稳定、协调发展，导致一国国民经济停滞甚至倒退的可能性，乃至引发全球金融秩序混乱和金融风潮，这种风险称为经济运行中的金融风险。狭义金融风险是指在资金的融通和货币经营过程中，由于各种因素随机变化的影响，使得资金经营者的预期收益和实际收益发生背离的不确定性及其资产蒙受损失的可能性。在本书中我们把金融风险的内涵界定为广义金融风险。

在有关金融危机传导的文献中也经常使用"传染"一词，如货币危机的传染。其实金融危机的传导或传染没有本质区别，只是金融危机的传导更强调危机的传递过程，在传递过程中要借助一定的载体和路径，可能还存在传导方向，如单向传导、双向传导、多项传导或交叉传导等，尤其注重对传导源的追溯，如次贷危机的传导源是美国，亦即次贷危机首先在美国爆发，而后传导给全球其他国家或地区，席卷了整个欧洲、日本和发展中经济体，致使全球金融市场和金融机构受到不同程度的负向冲击，引发了一场全球性金融危机。而金融危机传染则更注重哪些国家或地区被传染了金融危机，传染的程度有多深、传染的范围有多广等。

金融风险传导是指金融风险生成后在金融体系内部长期积累，当达到一定的阈值时，便借助特定的传导载体，经由特定的传导路径，在金融体系内部进行扩散、蔓延，从而造成金融活动偏离预期目标造成损失的过程。本书所指的金融风险传导主要是指金融风险在金融体系内部的传导，亦即金融风险生成后在金融机构、金融市场内部以及金融机构和金融市场之间的传导，并不涉及金融风险对实体经济的传导范畴。

实际上，金融风险传导既包括金融体系外部生成的风险传导给金融体系，亦即广义的金融风险传导，如企业向银行贷款，如果贷款企业经营不善出现财务困难，不能及时偿还贷款本息，使银行出现流动性风险，就可以说企业经营风险传导给了银行，由此引发该银行机构出现流动性风险（金融风险）；金融风险传导还包括金融体系内部生成的金融风险及其传导，亦即狭义的金融风险传导，如上所述，与出现流动性风险的银行有同业拆借业务、债权债务等关系密切的金融机构可能会出现流动性风险，这样风险就会在金融机构之间扩散、蔓延，甚至会危及整个金融体系。这里，企业经营风险"传"给了提供贷款的银行，由此给银行造成流动性风险，而该银行的流动性风险又"导"给了与之有密切关联的金融结构。"传"和"导"是两个不同的过程，"传"是指产生风险的源头将风险传递给了与之有实质交易的一方，是风险的最初传递；而"导"则是上一个风险点将风险传递给下一个风险点的过程，是风险传递的中间环节。

值得说明的是，金融风险的传导包括金融危机的传导，或者说金融危机的传导是金融风险传导的一个组成部分，金融危机是金融风险累积到一定程度的产物，可以理解为金融风险的"爆炸"，风险爆炸后继续扩散、蔓延就是金融危机的传导，或者说是金融风险传导的另一个阶段。

2. 金融风险传导的特征

金融风险传导的特征是指金融风险在传导过程中所具有的特征，分析金融风险传导的特征可以帮助我们阻止风险的传导，减缓传导的力度和强度，乃至防范金融危机的爆发。

（1）金融风险传导的临界性。金融风险的传导是金融体系内部风险积累到一定程度的结果，并不是一经产生就开始传导，由于金融业信息不透明、不对称等特点，使得金融风险能够在金融体系潜伏很长时间不被发现，当这种风险长期积累而未得到及时化解或控制时，就会引起风险的传导，亦即金融风险累积到一定程度时，达到临界值（阈值），才会引起金融风险的传导。

（2）金融风险传导的方向性。金融风险的传导是从金融风险的源头开始的，称为风险源。在传导的初期阶段，传导方向一般呈现为单向传导，剧烈时会发生"多米诺骨牌效应"。若金融风险的传导没有及时地控制或控制措施失效，则其传导方向可能会从单向传导演变为多向传导或交叉传导，如发生在某个金融市场的风险会单向传导给其他的金融市场，若不及时"救治"，会扩散、蔓延到所有的金融市场、金融机构乃至整个金融体系，甚至传递到其他经济领域，最终演变为金融危机。美国次贷危机的传导及其演变就是典型例子，源自美国银行业的次贷危机犹如一根导火索，迅速波及证券和保险业，最终演变为金融危机，引发了全球国际金融市场的剧烈动荡。

（3）金融风险传导的扩散性。金融风险传导的扩散性亦即金融风险在传导过程中具有扩大、放大的效应。金融行业不仅向社会提供信用服务，还为社会创造信用。一方面银行通过吸收存款，使存款人相信他们提款时银行保证支付（提供信用服务）；另一方面银行又将存款人的存款贷给借款人，表明银行相信借款人在借款到期时会还本息（为社会创造信用）。由此银行创造出比原始存款总量更多的贷款额，于是银行可以发放更多的贷款，当金融风险传导到该银行机构时，其风险就会因为这种创造信用的机制而被放大。

（4）金融风险传导强度的差异性。受被传导对象自身条件所限制，金融风险在传导过程中体现的传导强度有很大差异性，如果被传导对象经济实力薄弱、金融体制不健全、管理体制不完善，则表明其基础条件差，极易被金融风险所传染，并且还可能会造成极大的损失。反之，如果被传染对象的基础条件好、具有很强的免疫力和风险承受能力，被传染的可能性小，即使被传染，造成的危害和打击程度也不高。

（5）金融风险传导结果的两面性。金融风险传导的最终结果是什么？传导过程将何时终止？这些问题的解决对防范和化解金融风险及其传导都是非常重要的。金融风险传导的最终结果只可能会有两个：一是及时剪断风险传导的链条，采取措施遏制住风险的传导，最终使风险减弱、化解；二是没有采取救治措施或救治措施无效，导致了金融危机。前者是对风险的化解、消除，亦即风险传导的最终结果是风险消除、化解、减弱；后者则是以爆发金融危机的形式强制性地对金融风险进行调整、化解。虽然风险传导的最终结果都减弱或化解了金融风险，但两者有着本质的区别。前者是积极的、主动的、几乎没有造成损失或损失很小的正面效应；后者则是消极的、被动的、给金融体系或整个国民经济造成严重损失的负面效应。

二、金融风险传导的构成要素

1. 风险源与被传导对象

风险源是风险传导的源头和动力，只有发现风险源，才能有的放矢地改变风险因素存在的条件，进而防止风险因素的增加和聚集。金融风险的源头既可能存在于金融体系外部，然后通过风险事件传导给金融体系，也可能存在于金融体系内部，后通过风险事件在整个金融体系传导风险。对风险源的控制包括两个步骤：一是识别并衡量风险；二是尽量将风险能量控制在可以承受的范围内。由于金融风险是由经济活动中某些不确定性因素所引发，对于金融风险的识别和衡量，有助于认识金融风险的性质、类型以及可能带来的损失和后果，有助于发现金融风险形成的不同原因，从而准确地把握风险。分析 20 世纪 80 年代以来发生的几次重大的金融危机案例，我们发现风险源多是那些经济结构存在问题、金融监管薄弱、资本市场不发达和金融体制不健全的国家和地区，正是因为这些国家和地区存在着诸多薄弱环节，才使得投机性攻击对其有懈可击、有缝可钻，亦即它们存在了爆发金融危机的因素。由此可见，对风险源进行分析和研究有利于发现危机爆发的根源，进而采取相应的措施来救治。

受风险源产生的影响和波及，同样或类似的风险很快会出现在与风险源有经济往来的国家和地区，从而使这些国家和地区被"感染"上金融风险，这些被感染的国家和地区称为被传导对象。被传导的国家和地区由于自身的脆弱性以及与其他金融危机产生国家存在着多种多样的关联，是金融危机传染的主要原因。被传导对象与风险源之间的联系主要表现在以下两个方面：一是基于贸易渠道的联系，是指一国发生金融危机导致与其存在贸易联系国家的贸易量（进口量和出口量）发生变化，从而使危机传导到另一个国家；二是基于金融渠道的联系，是指存在金融联系的国家之间一国发生危机导致其他国家国际净资产或者资本流动的变化，从而使危机传导到其他国家。如1997年亚洲金融危机的传染既带有自身脆弱性的原因，同时和风险源（泰国）也存在相关性和相似性。2008年美国次贷危机的传染再次证明了被传导对象自身的脆弱性以及和风险源（美国）存在的相关性和相似性。风险源和被传导对象的关系如图1-2所示。

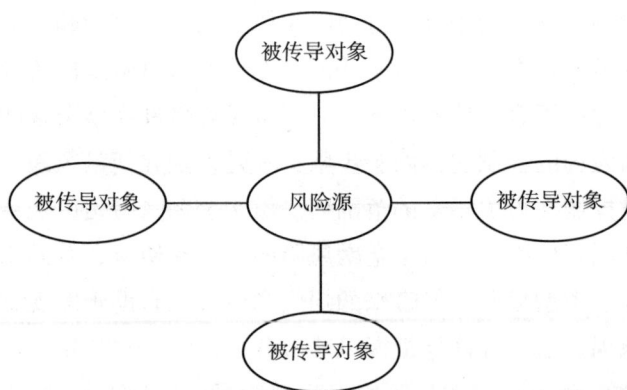

图 1-2 风险源与被传导对象的关系

2. 风险传导载体

如果说在社会科学领域"载体"通常被理解为承载知识和信息的物质形体，那么在金融领域，金融风险传导载体不仅包括承载或传导不确定性的有形物质还包括无形效应。在当今金融自由化和金融创新背景下，国内外金融机构之间时刻发生着错综复杂的债权债务关系，金融自由化程度越高，金融体系的脆弱性越大，发生金融危机的概率越高。在金融市场上，金融资产价格的波动、金融主体交易的非理性，一旦金融资产价格暴跌、金融机构出现问题，抛售资产、资本外逃、投机性攻击、银行挤兑、羊群效应、"多米诺骨牌效应"等既是金融风险传导的具体表现形式，又是金融风险传导的载体。金融风险传导的载体承载着相互影响、互为依存的金融风险诸要素，把风险从风险源传导给了被传导对象，不仅引发了金融机构的损失或破产，还导致众多的储蓄者和投资者的损失，最终会引起投资者对金融市场信心的丧失，从而大量抛售金融资产，加上羊群效应、"多米诺骨牌效应"的作用，迅速蔓延至整个金融体系，甚至波及实体经济。

3. 风险传导路径

受金融体系的内在脆弱性、外部环境以及金融主体行为的非理性等因素的影响，金融风险的产生不可避免。由于金融风险具有很强的隐蔽性和潜伏性，只有达到一定程度后才会显现出来，并会沿着特定的路径进行传导。

根据金融危机传导的地域特征可以将其分为封闭经济条件下的金融危机传导和开放经济条件下的金融危机传导（见图 1-3）。其中，封闭经济条件下金融危机传导是由金融危机爆发引起的在危机发生国内部的传导，是开放经济条件下金融危机传导的中间环节；开放经济条件下金融危机传导是由金融危机爆发引起的对其他国家或地区的传导，是经济金融全球化和国家领土地域化之间矛盾的产物。

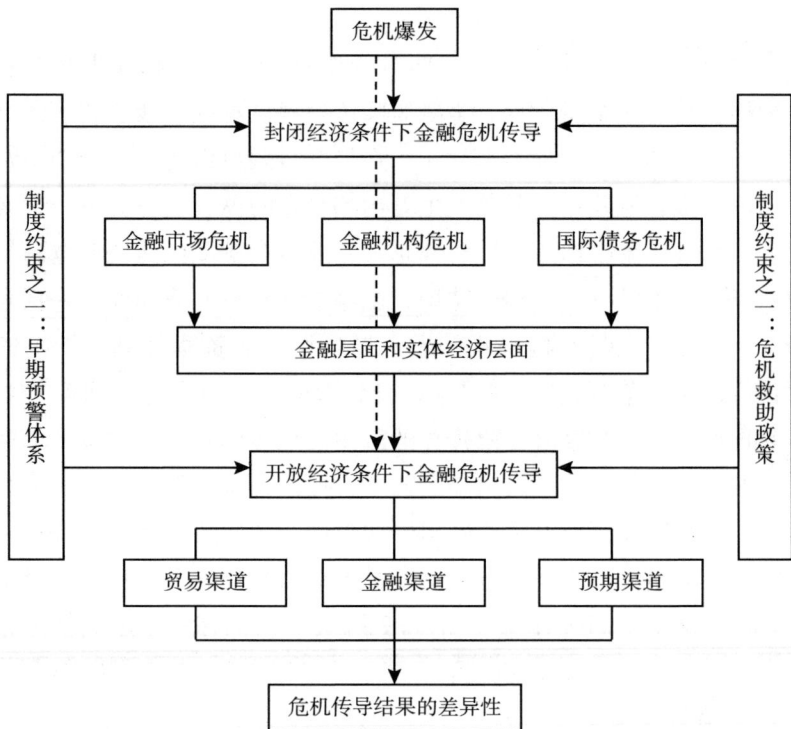

图 1-3　金融危机传导的范围和路径

在封闭经济条件下，金融危机既会对危机国的金融层面产生影响，也会对危机国实体经济层面产生影响，而且不同类型金融危机的传导机制存在差异。首先，从金融市场危机看，危机传导通常与金融市场在经济金融中的作用有关。以货币危机（即外汇市场危机）为例，投机冲击致使一国货币大幅贬值，或者迫使货币当局利用大量外汇储备进行干预或提高利率，最先受到冲击的微观主体通常是正常时期也可能存在汇率风险暴露的微观主体，包括进出口企业、拥有未保值头寸的金融机构和个人等。其次，从金融机构危机看，危机传导通常与金融机构在金融体系中地位有关。以银行危机为例，以信用为基础的高负债经营特点使银行具有内在脆弱性，信息不对称又加剧了银行体系的不稳定性，银行破产致使银行停止国内债务的清偿并且容易产生传染效应，迫使政府提供大规模援助以阻止事态的发展；同时，银行是外源融资的主要来源，融资过程受到银行体系稳定性制约越大的国家受到的危机冲击越严重。最后，从国际债务危机看，危机传导往往与违约后的国际资本流动以及为偿还债务而导致的资金缺乏有关。例如，危机通常会导致国际商业银行对债务违约国新增贷款数量的大幅下降或者资本流出，也会导致债务国为了偿还本金和利息而削减财政支出。此外，如果国际贷款以外币标价，那么危机导致的资本流动会对外汇市场产生巨大贬值压力，可能会形成货币危机。

在开放经济条件下，危机跨越地域限制对其他国家和地区产生影响，传导渠道主要包括贸易渠道、金融渠道和预期渠道。基于贸易渠道的危机传导是指一国发生金融危机导致其贸易伙伴国或者竞争国贸易量的变化，从而使危机传导到其他国家，其中，收入、价格（汇率）、贸易融资等因素的变动是影响贸易量的主要原因；基于金融渠道的危机传导是指经济体之间存在金融联系的条件下金融危机导致国际净资产或者国际资本流动发生变化，从而使危机传导到其他国家，其中，危机发生国和危机输入国之间的直接和间接金融联系是影响资本流动的重要因素；基于预期渠道的危机传导是指危机输入国与危机发生国基本不存在经济金融联系的条件下由于心理预期变化而形成的金融危机国际传导[1]，其中，心理预期变化导致的信心危机是这种渠道传导的核心因素。

在金融危机自由传导之外，人为设定的制度约束也会对危机传导产生影响。其中，早期预警体系和危机救助政策是制度约束中较为重要的内容，它们的存在会影响危机传导的路径和范围。

4. 传导强度与传导效应

金融风险传导强度包含传导速度和传导力度两项重要指标。一般而言，传导速度越快、传导力度越大，表明传导强度越高；反之，则表明传导强度越弱。区域性金融风险的传导强度一般与风险源的距离成正比，即距离风险源越近，传导的强度越大；距离风险源越远，传导的强度越小。传导强度与区域内被传导对象的基础条件包括宏观经济基础、

---

[1]　莫瑟（Moser，2003）"纯传染"中的信息效应属于基于预期渠道危机传导的内容。

金融体系的健康程度、金融市场的开放程度、金融监管的有效程度、汇率制度灵活程度等成正比，如果区域内被传导对象的宏观经济基础薄弱、金融体系开发程度高、金融监管效率低、汇率制度单一，则金融风险的传导强度大；反之，则传导强度小。

传导效应是金融风险传导所造成的后果的动态表现。金融风险产生后，风险源会借助风险传导载体进行传导，在传导的最初阶段，一般会产生单向传导效应，剧烈时会发生"多米诺骨牌效应"。若金融风险的传导没有得到及时的控制，任其扩散、蔓延，则其传导可能会由单向传导演变为多向传导或交叉传导，如发生在某个金融市场的风险会单向传导给其他的金融市场，若不及时"救治"，会扩散、蔓延到所有的金融市场、金融机构乃至整个金融体系，甚至传递到其他经济领域，最终演变为金融危机。

金融风险传导各要素之间存在着密切的关联性。金融风险在源头产生后，经过相当时间的累积并达到一定阈值时首先会"传"给与之有实质关联的金融机构或金融市场，然后通过特定的传导载体，借助既定的传导路径，再"导"给其他的金融机构或金融市场（被传导对象），并在整个金融体系扩散、蔓延，由此形成金融风险传导的全过程。

三、金融风险的传导机制

（一）封闭经济条件下的金融风险传导机制

在封闭经济条件下，由于政府对金融实施行政干预，中央银行制定统一利率，不能真实反映市场对借贷资金的需求，金融配置资金资源的中介功能得不到有效的发挥，由此产生金融风险。但金融风险并不等于金融危机，并且金融风险传导也比金融危机的传导温和。封闭经济条件下的国家或地区金融体系内风险的累积是长期的、隐蔽的，加上金融机构经营活动的不完全透明性，在不爆发金融危机或存款支付危机时，可能因信用特点等而掩盖了已经很严重的金融风险。在封闭经济条件下的金融风险传导机制包括两个方面：一是金融风险的内部传导；二是金融危机的传导。

1. 封闭经济条件下金融风险在金融体系内部的传导

从图1-4可以看出，最初风险源的风险可能较小，是可以控制或消除的，但由于风险监管措施不当、监管不力或风险救治不及时等原因，加上金融体系信息不透明、不对称以及自身利益的考虑，致使风险长期积累并具有隐蔽性，当风险达到一定条件时便开始传导。金融风险在传导初期可能是单向传导，随着风险的扩散与蔓延，整个金融体系风险高度恶化，此时会出现多向传导、交叉传导，由此形成错综复杂的风险传导网络。

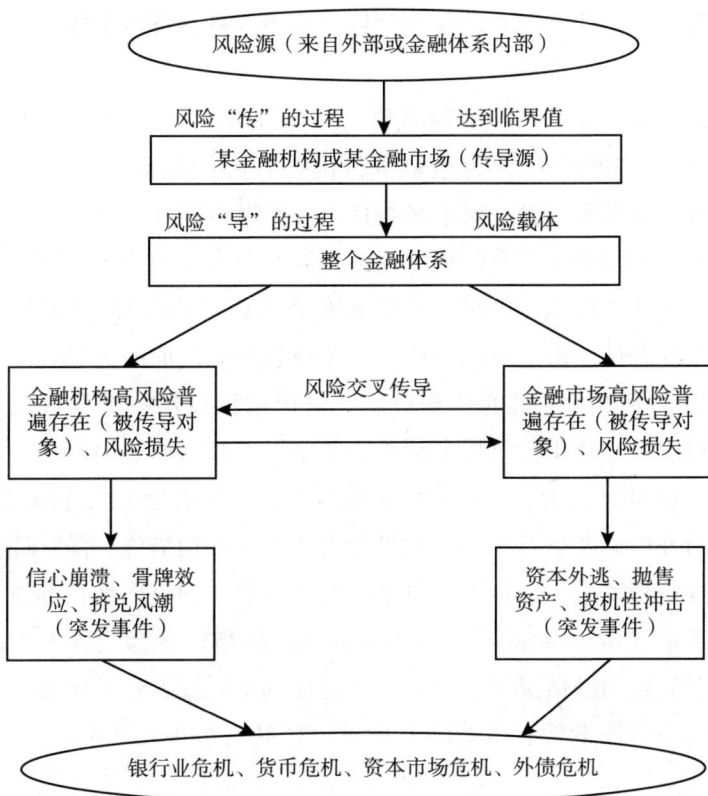

图1-4　金融风险传导机制

由于金融机构连接着众多的投资者和储蓄者，再加上金融机构的同业拆借业务、同业清算系统、复杂的债权债务关系等，一家金融机构发生流动性危机，会累及其他金融机构。尤其受从众心理、"羊群效应""多米诺骨牌效应"的影响，会使某个金融机构的风险传导给其他金融机构乃至整个金融体系。金融风险在金融体系内部的传导在未爆发金融危机之前可能是隐蔽的、温和的、慢性的，甚至是不易觉察的，加上一段时期内金融机构创造的信用能力一定程度上掩盖或救治了已经发生的风险。在封闭经济条件下，政府通常采取注入资金的方式对已经扩散的金融风险进行补救，来阻止金融风险的蔓延。但如果补救失败，则容易招致信心崩溃、挤兑风潮、资本外逃、抛售资产、投机性冲击等系列突发事件的发生，从而引发银行业危机、货币危机、资本市场危机和外债危机。

2. 封闭经济条件下的金融危机的传导机制

李小牧（2000）[1] 认为金融危机国内传导的基础是一国金融泡沫化，金融危机爆发导致金融泡沫被挤出，金融资产和实物资产的货币价值缩水，进而影响了原有的债权债务关系和股权股利关系。我们同意上述观点，承认金融泡沫的挤出效应在金融危机国内传导中的重要作用，同时结合综合性金融危机的形成分析危机在金融层面的传导。

（1）金融市场危机的传导机制。货币危机对银行等金融机构的传导往往与政府在货币危机爆发后是否救市以及救市的策略有关。斯托克（Stoker，1994）认为当外汇市场面临压力时，一国为了维持固定汇率平价会利用外汇储备进行干预，如果没有相应的冲销措施，国际储备的减少会导致信贷紧缩，增加了银行破产和银行危机的可能性；苏亚雷斯和韦斯布罗德（Rojas－Suarez and Weisbrod，1995）认为当外汇市场上本币面临贬值压力的情况下，如果政府提高利率以缓解外汇市场压力，那么脆弱的银行体系就有可能陷入危机；米勒（Miller，1996）认为如果

---

① 李小牧虽然分析了金融危机对产出、就业的影响，但是其金融危机国内传导的内涵中只包括本文的金融危机在金融层面的传导。

银行将其存款在外汇市场投机，货币危机带来的投资损失导致银行存款的消耗，最终导致银行危机；艾伦等（Allen et al.，2002）认为当银行等金融机构存在货币错配的情况下，例如，以外币标价的负债大于以外币标价的资产，并且该金融机构没有对其外币敞口进行对冲，那么汇率大幅贬值导致净外币债务的本币价值大幅增加，出现"资产负债表效应"，银行资本减少，可能会导致银行危机。

　　在对经典文献进行归纳的基础上，我们认为货币危机向金融机构传导的机制如图 1 - 5 所示。一方面，当政府为了缓解外汇市场压力进行干预的情况下，如果采取提高利率的措施，对于存在负缺口①的金融机构而言，银行收入的增加小于成本的增加，银行利润减少，金融脆弱性增强；如果采取抛售外汇储备的措施，在没有冲销措施的条件下，可能导致信贷紧缩的出现，容易爆发银行危机。另一方面，当政府没有对外汇市场压力进行干预的情况下，汇率贬值导致银行等金融机构未对冲的净外币债务的本币价值增加，银行总体债务价值增加和资本减少，引起银行危机的发生；汇率贬值同样导致企业未对冲净外币债务本币价值的增加，可能导致企业破产和债务违约，银行不良贷款增加和总体资产价值减少，引起银行危机的发生。

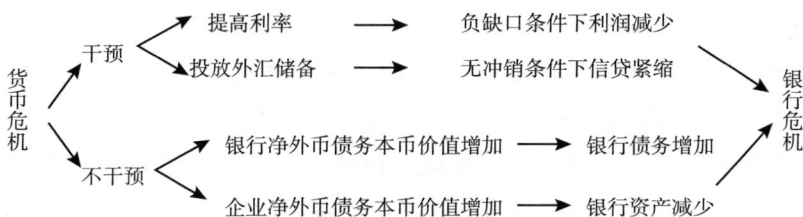

图 1 - 5　货币危机向金融机构传导示意图

　　此外，"次贷危机"向人们展示了金融衍生产品市场对于金融机构的巨大冲击。由于投资银行、商业银行、保险公司等金融机构持有大量

---

　① 浮动利率资产占总资产的比例小于浮动利率负债占总负债的比例。

证券化的"有毒"资产，所以，"次贷危机"爆发导致"有毒"资产的价值大幅下降，持有"有毒"资产的金融机构受到损失，资产价值减少，资本受到侵蚀，极易爆发危机[①]。

（2）金融机构的危机传导机制。银行破产、银行挤兑都是金融机构危机的表现形式。金融机构危机的爆发既会在金融机构体系内部进行传导，也会向金融市场传导，影响金融市场的流动性和波动性。

在当代的经济金融环境下，金融机构之间出现一体化或者整体化（Integrated）趋势，业务之间互相交叉，联系日益密切。以投资银行和商业银行之间的关系为例，投资银行的资金来源受到商业银行信贷松紧程度的制约，而商业银行扩展其资产业务成为投资银行金融产品或者金融衍生产品的投资者，这导致两者"一荣俱荣，一损俱损"。一方面，投资银行破产使金融体系不确定性提高，商业银行在金融市场上获得资金的成本上升，银行脆弱性增强；另一方面，商业银行破产既会通过信贷紧缩导致投资银行资金成本的上升，也会通过不确定性的提高导致投资银行金融产品的价格下降，收益减少。此外，正如上面所论述的，投资银行和商业银行也会由于相同的原因——持有"次贷资产"而埋下危机发生的种子，或者由于对金融市场的依赖而受到金融危机的冲击。

与货币危机向银行危机传导相似，银行危机对外汇市场的影响也与政府对银行危机的干预存在联系。维拉斯科（Velasco，1987）认为如果政府为了挽救银行体系而采取了与汇率稳定相矛盾的措施，那么银行危机有可能引发对外汇市场的攻击；奥布斯特费尔德（Obstfeld，1994）认为如果投资者预期政府为了避免银行破产而实行扩张性的货币政策，那么扩张性的货币政策会导致本币贬值，货币危机发生；米勒（Miller，1999）明确提出放弃固定汇率制度是政府在面临银行挤兑时的理性选择；冈萨雷斯－埃莫西约（Gonzalez－Hermosillo，1996）认为在金融市场欠发达的经济体中，银行危机的发生使经济主体偏好持有外币资产而非本币资产，进而导致本币有贬值压力、外币有升值压力。

---

① 布兰查德（Blanchard，2009）分析了次贷危机的形成和扩展机制。

另外，道德风险模型分析了对金融机构（如银行）隐性或者显性的担保与金融危机的关系。对金融机构（如银行）的担保来自地方政府、中央政府或者诸如 IMF 等国际机构。担保的存在使银行储户或债券持有者相信当银行出现问题时它们会帮助银行渡过危机，而政府或国际机构的担保导致过度借贷和过热投资。克鲁格曼（Krugman，1998）认为在政府对银行和金融机构存在隐性担保并且监管不力的情况下，银行等金融机构借入外国资本投资于风险较高的房地产市场和证券市场，当资产泡沫破裂时，银行陷入危机，人们意识到金融机构无法偿还债务，外国债权人回收贷款，导致汇率存在贬值压力。李小牧（2000）认为如果政府通过发行大量内债对处于困境的银行融资，并且市场参与者预期当局存在利用通货膨胀和货币贬值减轻债务负担的动机，那么这种预期会导致自我实现的货币危机。

在对上述文献进行归纳的基础上，我们认为银行危机对外汇市场传导[①]的机制如图 1－6 所示。一方面，在货币当局为了避免银行破产而进行干预的情况下，如果实行扩张性的货币政策，降低困境银行资金来源成本，那么第一代货币危机形成的条件将满足[②]，当该国的外汇储备不足以抵御外汇市场压力的时候，货币危机将爆发；如果选择发行大量内债的方式融资以支持困境银行，那么市场参与者的通货膨胀和贬值预期会导致货币危机的自我实现。另一方面，在货币当局没有选择与固定汇率制度相矛盾政策的情况下，如果国内经济主体对本国货币失去信心，利用外国资产代替本国资产，那么会导致外币需求的增加，外汇市场存

---

① 在货币危机对银行危机的传导和银行危机对货币危机的传导之外，也存在导致银行危机和货币危机共生的因素（刘莉亚，2004）。

② 克鲁格曼（Krugman，1979）认为对汇率的投机攻击是由政府持续的国内信贷扩张引起的，在固定汇率制下信贷扩张是通过政府出售外汇储备来实现的。因此，持续的国内信贷扩张必定会造成外汇储备的逐渐减少，最终导致政府放弃固定汇率制度。投资者意识到政府不可能一直维持固定汇率，于是，为了避免汇率浮动后的损失就会在政府未耗尽外汇储备时进行攻击，从而造成了外汇储备的急剧下降，固定汇率制度崩溃。由于克鲁格曼模型的非线性型，克鲁格曼没能求出固定汇率崩溃的时间。弗罗德和加伯（Flood and Garber，1984）用线性模型简化了克鲁格曼的模型，并且求出了固定汇率制度崩溃的时间，完成了第一代货币危机理论的基本模型，通常称之为 Krugman－Flood—Garber（KFG）模型。

在贬值压力；如果银行危机导致不确定性增加，本国资本向国外流出，资本外逃也会导致汇率贬值，货币危机爆发。

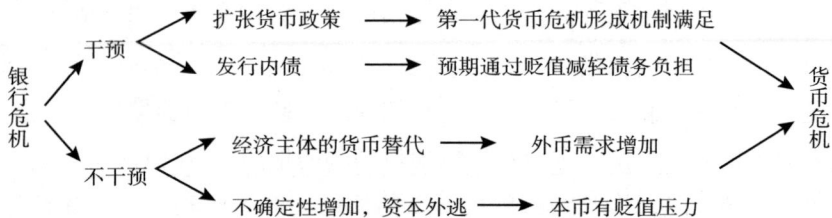

图1-6　银行危机向外汇市场传导示意图

此外，金融机构危机对金融市场的传导也存在其他渠道。例如，投资银行破产以及由此引起的不确定性使股票发行、承销遇到障碍，对股票发行市场产生冲击；金融机构破产导致的不确定性增强使投资者纷纷缩小杠杆比例，导致金融衍生产品市场、货币市场以及资本市场资金供给减少，流动性短缺，融资成本上升。

（3）国际债务危机的传导机制。根据莱因哈特（Reinhart，2002）的估计，发展中经济体84%的债务违约会引发货币危机，66%的货币危机也会引发债务危机，债务危机与货币危机之间存在密切的联系。

奥布斯特费尔德被认为是最早研究货币危机与债务危机之间关系的学者。在奥布斯特费尔德的基础上，一些学者系统地研究了货币危机与债务危机之间的联系机制。赫茨和童（Herz and Tong，2004）分析了货币危机和债务危机之间的内部联系以及共生性因素；德勒埃、赫茨和卡柏（Dreher，Herz and Karb，2005）认为债务危机导致贸易、产出以及就业方面的损失，会通过宏观经济条件的变化导致贬值发生，而且投资者往往将债务违约看成是经济陷入衰退或者危机的信号，将资金从债务违约国纷纷撤出，增加了贬值压力；赫茨和童（2007）认为在维持汇率平价存在高昂政治成本的条件下债务危机以及随之产生的经济混乱通过资本外逃而导致货币危机发生。

此外，国际债务危机对银行等金融机构的影响取决于国际债务的借款主体。如果银行是国际债务的借款主体,那么债务危机的爆发导致预期银行资本流入的减少,导致银行资金来源不足,存在削减国内贷款的可能;如果企业是国际债务的借款主体,那么债务危机的爆发导致企业的违约风险上升,在国内银行是其债权人之一的条件下,容易导致银行不良贷款的上升。

(二) 开放经济条件下的金融风险传导机制

金融危机不仅会在危机发生国内部传导,也会打破国家和地区的界限,形成开放经济条件下的金融危机传导。在这一过程中,国际贸易的变化、资产价值和资本流动的变化以及心理预期的变化通常成为危机传导的关键变量。

1. 基于贸易渠道的金融危机传导

基于贸易渠道的金融危机传导是指一国发生金融危机导致与其存在贸易联系国家的贸易量(进口量和出口量)发生变化,从而使危机传导到另一个国家。其中,无论是与另一个国家经济金融相联系的实际变量还是与另一个国家经济金融不相联系的预期因素都会影响贸易量变化,都是基于贸易渠道危机传导分析的内容。

(1) 直接贸易渠道的传导危机。在贸易渠道传导中,核心变量是贸易量的变化,既包括进口量的变化也包括出口量的变化。根据贸易冲击是否来自危机发生国,我们将贸易渠道的传导危机分为直接贸易渠道的传导危机和间接贸易渠道的传导危机。

直接贸易渠道的传导危机是指在危机发生国与另一个国家存在直接贸易联系的条件下,贸易量变动对另一个国家产生的影响(见图1-7)。根据国民收入理论,净出口是一国国民收入的重要组成部分,金融危机通过影响另一个国家的净出口而影响该国的国民收入、就业水平等经济变量。

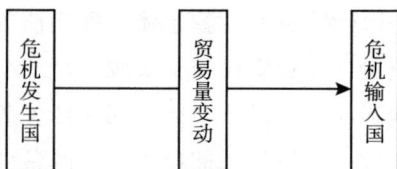

图 1 - 7　直接贸易渠道的传导危机示意图

首先，危机国与危机输入国之间存在直接贸易联系，这是构成直接贸易渠道传导的必要条件。其中，这种贸易联系既包括两国之间存在进口和出口联系，也包括存在竞争关系等其他联系①。当两国存在进出口联系时，一国发生危机特别是货币危机往往导致其出口增加和进口减少，导致其对应的贸易伙伴国出口减少，或者其相应的贸易竞争国（在第三方市场竞争的国家）出口减少，结果导致与其存在贸易联系国家的出口受到冲击。此外，危机输入国可以为多个国家，但是多个危机输入国的贸易冲击均来自同一危机发生国。

其次，对危机输入国冲击的大小主要依赖于危机发生国贸易量的变化。一方面，这将危机发生国对危机输入国的贸易冲击与其他因素对危机输入国的冲击相分离，危机发生国贸易量的变化——进口量和出口量的变化构成影响危机输入国贸易量的主要因素；另一方面，这意味着危机发生国与危机输入国之间存在严重的贸易依赖关系。例如，如果一国出口商品种类单一，并且危机发生国是其主要的出口地，那么危机爆发导致危机发生国国内需求萎缩、进口下降，相应地导致危机输入国出口减少。

（2）间接贸易渠道的传导危机。随着国际分工不断发展，国家之间的贸易联系不断密切。在直接贸易渠道传导之外，还存在间接贸易渠道传导。间接贸易渠道传导是指一国爆发危机对另一个国家产生严重冲击，导致与另一个国家存在贸易联系的其他国家受到影响（见

---

① 这既包括李小牧（2000）所论述的直接双边型贸易溢出途径又包括间接多边型贸易溢出途径。

图1-8），受到危机直接冲击的另一个国家在传导中起中介作用，称之为危机中介国。也就是说，危机发生国贸易量的变动影响到危机中介国，危机中介国贸易量的变动影响到危机输入国。需要说明的是，危机中介国和危机输入国不仅仅指代一个国家，有可能金融危机通过贸易渠道冲击了多个国家，而这种冲击又通过贸易渠道相应地影响了其他国家。

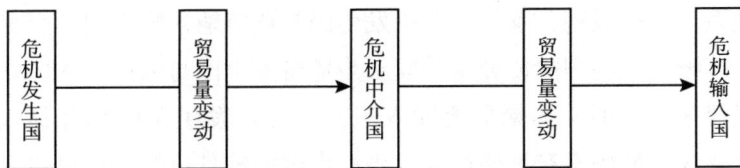

图1-8　间接贸易渠道传导示意图

当代国际分工是间接贸易渠道传导的背景之一。国际分工导致国家之间、经济体之间的贸易不再局限于商品之间的贸易，而是扩展到一个商品不同生产过程、不同生产要素的贸易，并且国际分工更加细致、更加层次化，导致与一种或者一类产品相关的国际贸易链条更长、涉及的经济体更多，这导致间接渠道传导危机成为贸易渠道传导危机的重要表现形式。

2. 基于金融渠道的金融危机传导

在贸易渠道之外，基于金融渠道的金融危机传导也是开放经济条件下危机传导的重要内容。金融渠道传导是指存在金融联系的国家之间某国发生危机导致其他国家国际净资产或者资本流动的变化，从而使危机传导到其他国家。

根据危机输入国与危机发生国是否存在直接金融联系，可以分为直接金融渠道传导和间接金融渠道传导。

（1）直接金融渠道的传导危机。直接金融渠道传导是指在危机发生国与输入国存在直接金融联系的条件下，通过影响国际资本流动使危机传导到其他国家；间接金融渠道传导是指在危机发生国与输入国存在间接金融联系的条件下，通过影响国际资本流动使危机传导到其他国家。

直接金融渠道传导是最简单、最基本的表现形式。当一个国家与其他国家存在直接金融联系的条件下，该国发生金融危机必然会对其他国家产生影响。金融渠道直接传导要求具备以下条件：首先，危机发生国与危机输入国存在直接的金融联系；其次，对危机输入国的金融冲击直接来源于危机发生国；最后，危机输入国受到金融冲击的大小取决于危机发生国和危机输入国之间资本流动的变化。

危机发生国与危机输入国之间存在各种各样的金融联系，包括债权债务关系、股权股利关系等。危机发生国与危机输入国之间的金融关系不同，金融危机的国际传导也不同。当危机发生国与危机输入国之间存在债权债务关系时，如果危机输入国持有危机发生国的国际债权，那么，金融危机的爆发有可能造成危机发生国的债务违约，危机输入国的债权价值损失，甚至国际债权无法收回，意味着原来预期的资本流入无法实现；如果危机输入国持有危机发生国的国际债务，那么，金融危机的爆发有可能导致危机发生国对国际债务的召回、削减以及停止对原有债务的展期，也意味着原来预期资本流入的减少，在危机输入国严重依赖危机发生国资本流入的条件下，必然会对危机输入国产生严重冲击。当危机发生国与危机输入国之间存在股权股利关系时，如果危机输入国持有危机发生国的国际股权，那么金融危机的爆发有可能导致国际股权价值的减少，危机输入国或者低价抛售股权或者等待股权价值恢复，这必然会对危机输入国资产的流动性和价值产生负面影响；如果危机发生国持有危机输入国的股权，危机发生国的股权持有者有可能为了缓解自身的流动性压力出售危机输入国的股权，导致危机输入国股价下降、资本流出，危机发生国的主体也有可能将资产转移到其他国家以规避风险。当然，后者必须是在危机发生国的主体认为其他国家经济金融比较健康，危机不会波及这些国家的情况下。

（2）间接金融渠道的传导危机。间接金融渠道传导是在危机输入国与危机发生国之间没有直接金融联系下发生的金融危机传导[①]。在金

---

① 需要说明的是，在莫瑟（Moser，2003）"纯传染"中多米诺效应的内容在本文中属于间接金融渠道传导的内容。

融全球化的背景下，经济体之间、金融市场之间存在着千丝万缕的联系，金融危机往往通过间接金融渠道传导到其他国家。

根据危机输入国的经济金融层面是否恶化，金融渠道的间接传导包括两方面内容：一方面，一国发生金融危机导致其金融交易对手方金融状况恶化，而其对手方金融状况恶化又会导致与其有直接金融联系国家的股权和债券价值减少，犹如"多米诺骨牌"倒塌一样形成资产价值减少和债务违约链条，通过影响危机输入国的经济金融层面导致国际资本的大量流出，使危机传导到其他国家；另一方面，一国发生金融危机导致其交易对手方金融状况的恶化，而金融交易对手方为了满足自身的流动性约束、资本约束等条件而调整其资产组合导致对其他国家资产和负债的变化，从而引起其他国家的国际资本流动，使危机传导到其他国家。

3. 基于预期渠道的金融危机传导

当经济体之间存在直接或者间接金融联系的条件下，金融危机通过净国际头寸变化和国际资本流动进行传导。那么，当经济体之间基本上不存在金融联系时，金融危机发生也会导致国际资本异常流动吗？答案是肯定的，这就是基于市场参与者预期变化的金融危机传导。

在"真实信息"的条件下，金融危机的爆发导致市场参与者认识到其他国家已经存在的某些问题，重新评估该国资产的风险和收益，从而引起国际资本流动和危机传导，是实现帕累托改进的过程。在这一过程中，市场参与者发现了其他国家与危机发生国的某些相似性，或者同样实行了扩张性的经济政策，或者同样存在巨额的经常账户赤字和财政赤字，或者同样拥有大量短期外债，或者具有相似的文化气质[①]等。这些因素导致市场参与者预期这类国家有可能也会发生危机，所以其最优选择就是在危机发生之前快速转移资本，当大量市场参与者的观点一致时，"自我实现"的危机就形成了。

在信息不完全条件下，市场参与者无法准确地掌握有关信息，或者信息搜集成本高昂使市场参与者没有完全掌握有关信息，致使其根据

---

① 李小牧（2000）将其视作文化背景相似型传染。

"虚假信息"或者"认为正确的信息"形成预期,进行决策,这种调整不是帕累托改进的过程,是信息扭曲的结果,是在信息完全条件下本不会发生的却在信息不完全条件下发生的危机传导。

此外,基于预期渠道的危机传导往往不会单独发生,而是与基于金融渠道的危机传导密切联系,相互作用。一方面,当危机发生国与危机输入国存在金融联系的条件下,金融渠道的存在导致危机传导的发生,而预期渠道的存在往往导致危机传导的加深;另一方面,当危机发生国与危机输入国不存在金融联系的条件下,基于预期渠道的金融危机传导对危机输入国产生严重冲击,这又会影响与危机输入国存在金融联系的其他国家,形成基于金融渠道的危机传导。

综上所述,在开放经济条件下,金融危机通过贸易渠道、金融渠道和预期渠道进行传导。其中,在贸易渠道传导中,由于收入、汇率、贸易融资等因素造成的贸易量的变化是危机传导的重要内容;在金融渠道传导中,由于直接和间接金融联系而导致的国际资本流动是危机传导的关键变量;在预期渠道传导中,信息因素导致的市场参与者的预期变化是危机传导的重要机制。

第三节 现代保险业与其他金融业风险 传导的背景和理论分析

一、现代保险业与其他金融业风险传导的背景

商业保险的经营环境近年来发生了巨大的变动,突出表现在以下几个方面[①]:第一,经济全球化带来了巨大的竞争压力。在经济全球化浪

---

① 董平:《国际保险业的结构性调整与我国保险业的发展》,载《经济论坛》2005 年第 19 期。

潮的推动下，金融领域原本模糊的业务界限变得更加含混不清，各国金融机构通过兼并、建立控股公司、附属公司、组建金融集团、合资等形式经营本域外的产品已非常普遍。其中最为突出的是商业银行运用其庞大的经营网络优势，大举进攻保险领域尤其是寿险领域，抢占市场份额。第二，人口老龄化国情不仅孕育了巨大的潜在保险市场，而且对保险资金的保值增值提出了更高的要求。第三，科技进步带来了金融产品的不断创新。20 世纪 90 年代以来，以电子通信技术、计算机、互联网和物联网技术为代表的高新科技的迅猛发展，不仅降低了交易成本，节省了时间，而且扩大了综合提供各种金融产品和服务的潜在可能性，使金融机构将传统的本行业金融服务与其他金融服务结合起来，提供一揽子服务成为可能，为金融产品创新创造了条件。第四，自然环境恶化和巨灾风险显著增加。由于人类活动的过度扩张，对自然资源的掠夺性开发，使人类的生存环境不断恶化。各种自然灾害发生的频率和严重程度不断上升，水土流失、气候变暖、地震、洪水、风暴等问题越来越严重。第五，金融管制的放松。80 年代以来，西方国家纷纷放松金融管制，默许银行、保险、证券综合经营，之后又从法律上加以确定，在此背景下，现代商业保险通过与其他金融业的融合，不断增强自身的竞争优势，提高自身的竞争实力。

（一）保险业与银行业的融合

现代保险业与银行业的融合是 20 世纪 80 年代以来金融综合经营的一项重要特征。通过两种金融业务的结合形成了"银行保险""保险银行"等交叉业务，从而导致传统金融业的深刻变化①。

1. 商业银行向保险业务的扩展

20 世纪 90 年代中期，德意志银行、TSB 等商业银行先后成立了自己的保险公司，直接销售保险产品。西班牙的商业银行与保险的结合具

---

① 盛立军：《中国金融新秩序——混业经营与民营金融》，清华大学出版社 2003 年版，第 6 页。

有较长的历史，主要大型商业银行都拥有大型的保险公司或保险集团。一些国家和地区的商业银行则选择收购保险公司。例如，1990 年 10 月，瑞典的 SE—Bank 购买了当时该国最大的保险公司 28% 的股权。1988 年，劳埃德银行成为 Abbey 人寿保险公司的最大股东。商业银行有时也通过互换股权的方式与保险公司建立合作的关系，如 UAP 与 BNP 互换了 10% 的股权。1991 年荷兰银行、NMB（荷兰第三大银行）与荷兰领先的保险公司 National Nederlander 的合并形成了荷兰金融国际集团（INC）。这一合并无论从战略角度还是从组织角度来看都是成功的案例。此外，也有商业银行倾向于与保险公司建立策略联盟或市场联盟。

2. 保险公司向商业银行业务领域的拓展

保险公司向银行业务领域的渗透往往是通过购买商业银行股权的途径实现的。购买商业银行的股权，可以作为保险公司的一种投资，也可以是保险公司综合经营的一种方式，通过银行渠道推销自己的产品。另外也有一些保险公司倾向于与银行签订分销协议。在大多数情况下，保险公司与商业银行的合作可以有效地将银行的分销网络与保险公司的产品创新能力密切结合在一起。

（二）保险业与证券业的融合

1. 保险业与资本市场

保险业与资本市场的融合主要体现在以下两个方面：一是资本市场是现代保险业投资、融资及转移巨灾风险的重要场所；二是保险资金是资本市场发展壮大的主要资金来源之一。

国外保险业的经营情况表明，随着保险市场竞争的日益加剧，及全球保险承保能力的过剩，保险公司的承保利润在下降，甚至出现亏损。为此，提高保险资金的运用效率，通过投资收益弥补承保业务的亏损，对现代保险业的发展至关重要。如表 1 - 1 所示，1975 ~ 1992 年，六国保险公司综合盈利绝大部分来源于保险资金的投资收益，作为传统主业的承保业务能力较差，甚至出现大幅亏损，保险投资成为现代商业保险公司经营的生命线。

表 1 – 1　　　　1975～1992 年六国保险公司综合盈利率构成状况　　　单位：%

	美国	日本	德国	法国	英国	瑞士
承保盈利率	– 8. 2	0. 33	0. 51	– 11. 6	– 8. 82	– 8. 48
投资收益率	14. 44	8. 48	8. 72	13. 01	13. 29	11. 55
综合盈利率	5. 8	4. 56	4. 99	1. 38	4. 52	3. 07

资料来源：王绪瑾：《海外保险投资方式比较研究》，载《金融研究》1998 年第 5 期。

在保险资金投资的渠道中，股票市场的平均投资回报最高。以 OECD 国家（包括澳大利亚、加拿大、荷兰、法国、德国、意大利、日本、新西兰、瑞典、瑞士、英国、美国）资产平均真实收益率（剔除通货膨胀的因素）为例，1970～2000 年，国内的投资回报率为 8.0%，国外的投资回报率也达 7.1%，而贷款的回报率只有股票的一半，公司债券和政府债券的回报率比股票的投资回报率差距更大，政府债券的回报率只有股票投资回报率的 1/5（见表 1 – 2）。正是股票市场较高的长期投资收益，使得证券投资成为各国保险公司运用保险资金的重要选择。

表 1 – 2　　OECD 国家资产平均真实收益率和风险（1970～2000 年）　　单位：%

	贷款	公司债券	股票	政府债券	抵押贷款	房地产	国外股票	国外债券	短期资产
实际收益率	4. 1	2. 7	8. 0	1. 7	4. 1	6. 5	7. 1	3. 9	1. 8
标准差	3. 6	15. 9	22. 5	16. 89	3. 2	15. 4	19. 0	15. 4	3. 4
收益—风险比	1. 14	0. 17	0. 36	0. 1	1. 28	0. 42	0. 37	0. 25	0. 53

资料来源：朱俊生、尹中立、庹国柱：《对保险资金入市的若干思考》，载《金融与保险》2005 年第 9 期。

20 世纪 90 年代以来，保险业与资本市场出现了加速融合的现象，一方面保险机构大量介入资本市场，通过资本市场进行融资和投资活动；另一方面资本市场的功能不断向传统保险领域渗透，创造了许多新型的保险证券类金融产品。具体体现在以下几个方面：

一是证券投资成为保险资金运用的重要方式。保险市场竞争的日益加剧及承保市场的过剩，对保险公司的经营提出了巨大的挑战。为了在竞争中获得优势，保险公司需要不断地降低承保成本，提高保单的预期收益，以吸引更多的客户并巩固市场占有率。此时，保险资金运用的投资收益就成为保险公司这一经营战略成败的关键。与投资于房地产市场相比，证券市场具有较好的流动性和较低的交易成本，且便于进行多元化组合投资。从总体趋势看，美国、日本、英国、加拿大等西方国家保险公司持有证券投资资产占总资产的比重一直在上升，保险公司介入证券市场的力度在加大，证券投资成为保险投资组合中最重要的部分。

二是保险公司通过股票市场筹集资本。在美国股票市场上，上市保险公司的市值占整个股票市场的总市值的比重达到了 27.18%。如美国国际集团（AIG）、美国旅行者集团都是上市公司，一些保险公司如加拿大宏利、加拿大永明、美国恒康也都转为公众上市公司。

三是保险负债证券化和资产证券化。证券化是保险与证券融合的新技术。负债证券化有两条途径：基于风险组合的总损失并在交易所中进行交易的保险期权，和基于风险组合的总损失并包括本金和息票在内的债券。负债证券化的产品有意外准备金息票、备用信用限额、灾变债券、自然灾害期权等，到 1998 年 6 月为止，世界各国通过保险证券化工具共吸纳超过 27 亿美元的资金用于巨灾保障。

四是保险公司（特别是寿险公司）纷纷推出基于证券和房地产等领域投资组合的新型产品。在法国，储蓄型人寿保险保单为消费者提供了参与证券市场投资的机会，其实质是一个投资基金变种，保险公司在扣除规定的投资利润后，全部收益归保单持有人，投资者甚至可以私下转让保单。在英国，附利保单的持有者不仅在保单到期后取得既定投保金额，而且保险公司每年或到期支付一定红利。美国的变额年金随着基础证券价格的变动而变动，也是相当受欢迎的一种避税投资方式。

2. 保险公司与投资银行的业务整合

保险公司与投资银行业务之间存在着许多合作的机会。商业保险公司、再保险公司和投资银行之间可以在风险管理和风险管理系统的设计上进行合作。投资银行、商业银行、保险公司、再保险公司和保险经纪人也可以组建合资性的财产和责任险保险公司。例如，JP 摩根银行投入大量资金建立了 EXEL 有限责任保险公司，并且对 ACE 保险有限公司进行了大量投资。旅行者集团曾是保险公司与投资银行互动的典范，它拥有美邦公司（Smith Barney Holdings）的控股权。除拥有投资银行业务之外，旅行者集团还提供大量的其他金融服务，如人寿保险和年金产品、商业融资、财产和灾害伤害保险等。

投资银行向风险融资领域拓展的例子有，JP 摩根银行通过与 Nationwide 公司签订合同为 Nationwide 灾害风险提供融资。大通公司的全球金融部有 50 位专家为企业风险融资的需求提供服务。仅在 5 年的时间内，该部门就完成了价值 2500 万美元的与融资交易有关的保险业务。

保险业与投资银行良性互动发展的另一个重要条件是保险业和投资银行都必须通过改善服务和进行产品创新，为保险业搭起与资本市场沟通的桥梁，使保险资金能够安全进入资本市场。资本市场的产品创新，可以为保险业资金进入资本市场提供多元化的选择，有利于保险资金营运空间的扩大；同样，保险业也有必要进行产品创新，使保险资金更好地满足资本市场的需要，保险企业才能获得更多的投资收益和回报。

3. 保险资产证券化

20 世纪 90 年代初发生在美国的安德鲁飓风和北里奇地震，使全球保险市场和再保险市场损失惨重，63 家财险和意外险保险公司与再保险公司破产，导致全球财产巨灾再保险承保能力下降，保险费率急剧攀升。在安德鲁飓风和北里奇地震发生后，保险费率在 1991～1994 年上升了 1 倍多。随着人口密度的增加、财富的增长以及财产在危险地区密集度的增加，自然灾害给人类造成的财产损失将会越来越严重。损失以 10 亿美元（通胀指数计算在内）计的自然灾害，从 70 年代的 7 次增加到 80 年代的 9 次，到 90 年代则高达 32 次。在面对特定的巨灾风险时再保险业时常面临承保能力有限的局面。传统的保险业在为重大灾害提供保险保障时，要么保费过于昂贵令人望而却步，要么根本就没有。许多巨灾风险都只有部分保险。在这种情况下，保险业内人士开始在资本市场上寻找解决办法，以便为财产巨灾风险提供保险。

资本市场上的保险交易为保险业提供了所期望的承保能力。基本的逻辑是：公开交易的股票和债券的总市值达 60 亿美元，假设证券投资者在其股票和债券的投资组合中加上与巨灾风险有关的债券，一次损失达 2500 亿美元的巨灾事件造成的损失金额不到全球总市值的 0.5%，而这样的波动在证券市场上不过是日常发生的事。

金融衍生工具的大量出现，使得套期保值和风险证券化成为可能。金融衍生工具的出现，提高了人们对巨灾风险的防范能力，使风险管理渠道由传统的保险市场扩大到资本市场。投资银行与保险公司、再保险公司一起通过新的融资安排，用资本市场的资金提供巨灾风险保障。保险风险证券化之所以具有吸引力，原因主要有以下两点：第一，保险风险的损失概率与资本市场无关，从而保险风险证券的收益率与其他投资工具的关联性较低，这样可以帮助投资者实现投资组合的多样化，分散投资者的投资组合风险；第二，保险风险证券的收益率可能高于购买保险公司股票的收益率，而出售保险风险证券的交易成本低于购买保险公司股票的交易成本。

1990 年美国芝加哥交易所（CBOT）发布了最初的保险期货和期权组合。1995 年巨灾债券首次出现，这是一种场外交易的保险衍生产品，通过巨灾债券可以将巨灾风险在资本市场上得以分散。巨灾债券是一种高风险高回报的债权，其发行人可以是投资银行，也可以是再保险公司、保险公司或者保险经纪公司。通常的做法是，再保险公司与保险公司签订再保险合同后，再保险公司为此项交易专门设立特殊目的机构（Special Purpose Vehicle，SPV），然后根据合同约定的赔偿限额发行巨灾债券，将巨灾风险转入资本市场。按照约定的条件，保险公司把再保险费支付给 SPV，SPV 同时取得通过抵押债券投资组合获得的投资收入。如果在债券有效期内发生了约定的巨灾事故，就用 SPV 的基金赔付保险公司的损失，投资者可能既收不回本金，也得不到利息。如果没有发生约定的巨灾事故，则本金加上利息返还投资者，该利率通常高于资本市场的平均利率。这里的 SPV 通常是一个典型的独立所有的信托，它可以是一家在离岸地注册法律意义上的再保险公司，从事与证券化相关业务，SPV 的存在可以避免保险公司在资产负债表中增加负债，同时使得保险公司在计算净保费盈余率时扣除再保险费用。对投资者来说，如果保险公司由于某些原因破产的话，那么 SPV 仍然有义务兑现巨灾债券，从而减轻投资者所承担的保险经营信用风险。巨灾债券的运作如图 1 –9 所示。

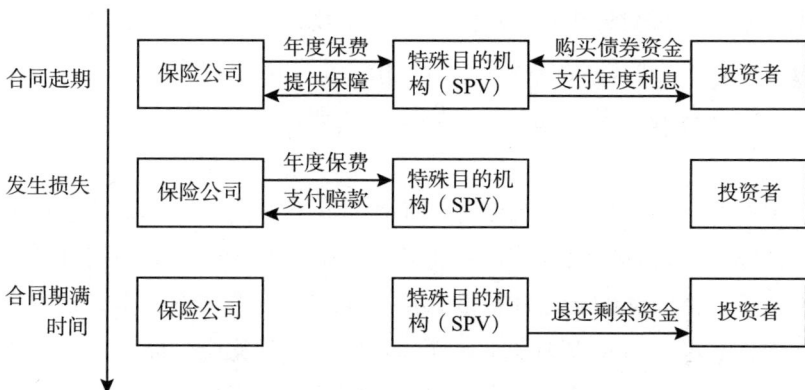

图 1 –9　保险公司资产证券化

资料来源：瑞士再保险公司：《为公司提供的非传统风险转移方式》，1999 年。

二、现代保险业与其他金融业风险传导的理论分析

（一）季风效应

季风（monsoon）是由于大陆及邻近海洋之间存在的温度差异而形成大范围盛行的，风向随季节有显著变化的风系，具有这种大气环流特

征的风称为季风。形成季风最根本的原因，是地球表面性质不同，热力反应的差异。由海陆分布、大气环流、大陆地形等因素造成的，以一年为周期的大范围的冬夏季节盛行风向相反的现象。分为夏季风和冬季风，夏季风由海洋吹向陆地，而冬季风则由陆地吹向海洋。季风原本是一种自然现象，现被用于经济学、金融学，尤其在被用来形容金融危机的传导时，称为季风效应。

曼森（ManSon）在 1998 年将共同的冲击产生的传导称为季风效应，即一国对一次经济冲击所做的调整可能迫使与之有紧密联系的国家采取类似的政策，包括主要因工业化国家经济政策的变化以及主要商品价格的变化等全球性的原因，从而导致新兴市场经济的货币危机或资本的流进流出。在贸易往来密切的国家，在双方签订的协议上常有这么一条规定：如果一国的货币政策较为宽松，那么必须同意另一国制定严格的贸易壁垒措施，以防止一国采取不负责任的态度而损害另一国的利益。

20 世纪 90 年代，经济全球化加剧了季风效应，世界各国在产业上的联动性增强，各国经济波动趋于同步，金融市场价格的超调性质又加快了资产价格波动的全球性扩散，从而导致经济更加不安全，这就要求各国创新对策，防止灾难发生。而随着经济全球化应运而生的国际投机资本通过杠杆，使得任何单个国家甚至国际组织都处于相对弱势，导致一个国家或地区的金融危机迅速蔓延至全球，加剧了季风效应对金融病毒的传导性。

经济全球化是 20 世纪 90 年代讨论最多的话题之一，同一时期频频爆发的金融危机使人们对全球化和金融危机予以特别的关注，金融危机暴露了全球化进程的问题。伴随全球化程度提高，各国经济波动的同步性和金融波动的全球化成为金融危机国际传导的助推器，一国政策和经济指标的变化，立刻对他国产生影响，正如人们形容的"一个国家感冒，另一个国家打喷嚏"一样。与全球化相伴随的蔓延效应，往往造成金融病毒传播，使一个国家或地区的金融危机迅速传导为全球性金融危机，所以季风效应的传导机制是通过全球化这一传导渠道，由于共同的外部冲击而形成的，这种季风效应在现代金融危机的传导中越来越显著。

（二）溢出效应

溢出效应的危机传染是指某国货币危机传导到同一经济区内具有相似经济结构或经济问题的另一国的作用机制。如国与国之间存在着宏观经济基本面的联系如贸易联系、金融联系。

溢出效应危机传染的主要表现形式是通过贸易溢出和金融溢出进行传染。贸易溢出（trade spillovers）是指一国的货币危机恶化了另一个与其贸易关系密切的国家的国际收支及其经济基础运行状况，从而导致另一国家发生危机。金融溢出（financial spillovers）是指一个国家发生投机性冲击导致的货币危机可能造成其流动性不足，这就迫使金融中介清算其在其他市场上的资产，从而通过直接投资、银行贷款或资本市场渠道导致另一个与其有密切金融关系的市场的流动性不足，引发另一个国家大规模的资本抽逃行为。

贸易溢出可分为贸易伙伴型的贸易溢出与竞争对手型的贸易溢出。贸易伙伴型的贸易溢出主要指一国货币发生贬值，会引起其贸易伙伴国商品价格竞争力下降，从而导致贸易伙伴国的贸易赤字增加、外汇储备减少，如投机者此时进行货币攻击，易爆发货币危机。如甲国出口商品到乙国，如果乙国的货币发生严重贬值，会导致乙国进口商品价格上涨，而乙国采取的措施是降低进口商品的数量，这就影响到甲国出口商品换取外汇收入的数额，导致甲国发生经常性项目赤字、贸易逆差，因此，乙国的货币危机通过贸易渠道传导到了甲国。竞争对手型的贸易溢出是指由于危机国的货币贬值时会降低与它有共同市场的其他国家的出口竞争力，而这些国家为了保持市场出口份额进行竞争性贬值，由此将引起完全或局部的货币危机传染。

金融溢出分为直接投资金融型和间接投资金融型两种形式。直接投资金融型的金融溢出是指一个国家发生投机性冲击导致的货币危机造成的市场流动性不足，会迫使金融中介清算与其有直接金融投资联系的另一国的资产，从而导致或加剧另一国的投机性冲击压力。例如共同基金的特征就是专攻某一地区，假定在亚洲地区，当泰国首先爆发货币危机时，共同基金必须面对偿付问题，因此它可能被迫提前清算该地区其他国家的资产以满足偿付要求。间接投资金融型的金融溢出是指两个国家虽无直接的金融投资联系，但都与第三国存在金融联系，当一国发生金融危机时，将会引起第三国同时从两个国家撤资，从而导致另一国（与危机发生无直接联系的国家）遭受投机性冲击。

（三）羊群效应

在金融学领域中，羊群效应最早在凯恩斯的《就业、利息与货币通论》[①] 中出现，他不相信长期投资者会完全根据自己观点做出判断和决策，而不受他人影响。他认为，基金经理人为保持自己的声誉所做出的最优决策会呈现羊群效应。后来，人们也纷纷从自己的研究角度给羊群效应下了定义。沙尔夫斯泰因和斯坦（Scharfstein and Stein，1990）[②] 提出羊群行为是指"投资者违背贝叶斯理性人后验分布法则，盲目跟从其他投资者的投资行为，而忽视自己的私有信息的行为"。班纳吉（Banerjee，1992）在论文《一个简单的羊群行为模型》[③] 中定义羊群行为是指"个体所采取的行动是所有其他个体正在进行的行动的行为"。也就是说后面的投资者看到前面的投资者所采取的行动时，他们将会做出类似的决策甚至是一样的投资决策而忽略自己的想法。

羊群效应指一国的货币危机通过投资者的心理预期产生作用，诱导公众对同一经济区内经济健全的另一国发动货币攻击。当羊群效应产

---

① 陈胜：《金融危机概况》，http://wenku. baidu. com/view/488bec3131126edb6fla1083. html. 2012（12）。

② 胡延平：《资产泡沫、羊群效应和金融危机》，载《商业研究》2007 年第 12 期。

③ 贾丽杰、赵国杰：《中国股票市场羊群效应检验方法的改进》，载《统计与决策》2008 年第 268 期，第 13~16 页。

生时，个体趋向于一致行动，对于社会整体的一个较小冲击可能会导致人们行为的巨大偏移。在特殊情况下，个人还可能放弃自己所掌握的信息而去附和他人的行为，虽然其所掌握的信息可能显示他们不应该附和他人而是采取另外一种不同的行为。所以有学者将羊群行为称为金融恐慌（financial panic），即个人不是根据自己掌握的私有信息而是根据他人的行动进行决策。羊群行为对于市场的稳定性、效率有很大影响，这种行为被投机冲击者利用时，它将在国际货币危机的发生和传染中发生乘数性的夸张作用。在东南亚金融危机中，外国投资者的羊群行为对金融危机起到了推波助澜的作用。2008 年次贷危机席卷全球，给美国及其全球造成了巨大的危害，机构投资者、个人投资者和次贷发放机构都具有羊群行为，而次贷的违约行为则加剧了金融市场的恐慌。

第四节　金融风险传导对保险业风险防范的挑战

一、金融风险传导对保险业的影响

（一）金融海啸对美国保险业的冲击

1. 巨额的投资收益损失

美国是一个资本高速运作的国家，投资渠道非常广泛。其主要形式：分为资产型投资与负债型投资。资产型投资包括购买政府债券、企业债券、银行债券，购买股票，存款等；负债型投资包括个人住房抵押贷款、个人消费信贷等。

摩根士丹利（Morgan Stanley）① 在 1995 年提出"投资是保险行业的核心任务，没有投资就等于没有保险行业。没有保险投资，整个保险行业的经营是不能维持下去的"。从这句话可以看出保险投资收益在美国保险公司收益的地位很高，比重很大。2005 年美国寿险行业投资收入 2068.59 亿美元，扣除相关费用和税收，净投资收益为 1933.51 亿美元，同比增长了 10.4%。其中，占比最高的是债券投资收入为 1344.33 亿美元，同比增长了 5.0%，其次是股票收入为 258.52 亿美元，同比增长了 63.5%。而 2005 年美国寿险保费总收入为 5460 亿美元，可见美国寿险公司运用资本投资赢得的收益接近当年保险收入的 40%，庞大的投资收益是保险公司偿付能力的有利保证。此外，投资收益广泛集中在证券领域，这也使得在 2007 金融海啸到来时，投资收益损失成为不可回避的事实。

金融海啸席卷美国，保险公司受到巨大的冲击。原因主要有以下两点：一是使保险公司所持有的次级债券产品大幅贬值；二是使保险公司所持有的银行等金融机构的股票价格不断下跌。首先，据国际货币基金组织（IMF）统计数据：美国次贷占整个房地产贷款的 14.1%，大约在 1.1 万亿~1.2 万亿美元。庞大的次级贷款在危机下导致次级债券产品大幅贬值，保险公司投资次级债券成本无法收回。其次，以大型投资银行为主要代表的银行破产现象的频繁出现使得金融机构股票不断下跌，保险公司投资收益受到巨大影响。此外，高等级债券也在这场金融海啸受到巨大冲击，这部分收益也大量缩水。

从表 1-3 中可以看出，2006 年美国的保险资金投资中证券投资占据大量比重，寿险公司证券投资总和为 76.6%，非寿险公司证券投资总和为 84%。金融海啸席卷美国，使次级债券大幅度贬值、企业股票大幅度下跌，高等级债券也受到冲击，这三点使得美国保险公司的投资

---

① 摩根士丹利（Morgan Stanley），财经界俗称"大摩"，是一家成立于美国纽约的国际金融服务公司，提供包括证券、资产管理、企业合并重组和信用卡等多种金融服务，目前在全球 27 个国家的 600 多个城市设有代表处，雇员总数达 5 万多人。2008 年 9 月，更改公司注册地位为"银行控股公司"。

收益受到巨大损失。

表 1-3　　　**2006 年美国保险公司投资证券市场占总投资的比例**

	投资高等级 债券比例（％）	投资次级债券 比例（％）	投资股票 比例（％）	三项比例 总和（％）
寿险公司	53	19	4.6	76.6
非寿险公司	64	4	16	84

　　资料来源：李薇、谷明淑：《次贷危机视角下的中国寿险业风险防范研究》，经济科学出版社 2010 年版。

2. 巨额的保险索赔

　　次贷危机对保险公司的投资收益产生巨大的影响，但是由于保险公司直接用于次级贷款的投资有限，许多保险公司并没有伤及偿付能力。可是次贷危机所引起的金融海啸对保险的冲击远远不只这些，巨额的保险索赔是危机带来的更大的伤害。

　　所谓保险索赔，就是指保险公司履行偿付能力支付保险金。那么，巨额的索赔又来自什么地方呢？它主要来自于职业责任保险和债券保险。

　　职业责任保险在美国比较普遍，它的承保范围包括高管、董事责任险和错误、遗漏责任险。承保义务中规定：如果企业管理层存在误导、错误披露或者其他失当行为，造成投保人的经济损失，保险公司将履行赔偿义务。在次贷危机爆发后，许多银行核销和冲减次贷损失使得盈利大幅减少，甚至一些按揭贷款机构为此破产，一些房贷经纪公司、投资银行、商业银行都存在类似违规行为。据不完全统计，仅在 2007 年，就发生了 278 起与次贷危机有关的诉讼案件。保险公司在事实成立后都相应地支付了赔款，仅 2007 年就接近 90 亿元美元，这无疑使投资收益受损后保险公司的灾难更加雪上加霜。

　　债券保险（bond insurance）是指保险公司承诺在发行人违约不能支付利息以及本金时，保险公司代之向债券持有人支付利息和本金。目前，美国50%左右的市政债券①在发行时都有保险担保，相当数量的资产支持证券也购买了债券保险。债券保险主要作用有两点：一是增加债券的信用等级，保证债券的发行；二是降低成本，在次级贷款债券的发行中债券保险起到了推波助澜的作用。2007年美国保险机构担保的债券高达2.4亿美元。次贷危机爆发后次贷违约率不断上升，债券保险公司大幅度亏损，另一个表现就是保险公司的信用等级降低，许多公司从"AAA"降至"AA"，如全球最大债券保险商MBIA②公司，2007年第四季度出现公司历史上最严重的单季亏损，美国新世纪金融公司（New Century Finance）也未能保住原有的信用评级，由"AAA"降至"AA"。

3. 保险业市场形象的受损和投保人信心的挫伤

美国国际集团（American International Group，AIG）是世界保险和金融服务的领导者，也是全球首屈一指的国际性保险服务机构，业务遍及全球130多个国家及地区，其成员公司通过世界保险业最为庞大的财产保险及人寿保险服务网络，为各商业、机构和个人客户提供服务。次贷危机中这位金融巨人也低下了它高傲的头。2007年次贷危机爆发，由于追求高额的利润，AIG倒在了次级贷款危机下，大量的高利益高风险的金融衍生品是其未能幸免的原因。2008年9月15日，200亿美元的子公司自救没有打消投保人退保的念头，随后美国政府的850亿美元也没有治好这位巨人，AIG无奈地走上了被政府收购的道路。

在这次次贷危机引起的金融海啸中，无数金融巨人倒下，美国金融机构陷入危机，美国保险市场的形象也受到了极大损害。金融体系是以信用为基础的行业，这次金融海啸动摇的恰恰是金融信用，保险市场上出现退保浪潮说明投保人信心受到严重的打击，今后重建金融信用是美

---

① 市政债券（Municipal Bonds），又称市政证券，是指州、市、县、镇、政治实体的分支机构、美国的领地，以及它们的授权机构或代理机构所发行的证券。

② 1973年，美国4家保险业者成立 Municipal Bond Insurance Association（MBIA）负责市政债券业务，该公司后于1987年挂牌上市，服务项目包括金融担保保险、固定资产管理等专业金融服务。

国政府恢复金融市场活力的重中之重。

4. 引发新一轮的公司整合及并购浪潮

金融危机带来的第一方面整合源于混业经营集团内部调整动力。金融危机下，美国保险业遭受巨大损失的同时也面临着发展的机遇，其中金融机构的并购作用是不可小视的。在 2007 年金融海啸中美国金融受到重创，1999 年 11 月 12 日美国《金融现代化法》正式生效，从而开辟了美国金融业银行、证券和保险"混业经营"的新时代。2000 年后混业经营开始出现资本运营、计算的混乱，在金融危机下，混业经营下的金融链条受到巨大冲击，保险业作为混业经营的一部分也受到巨大冲击，保费收入弥补投资损失的缺口事件时有发生。除了上述巨大的投资损失与巨额的赔款外，混业经营引起的无序竞争带来了巨大的后果。这些受到巨大冲击的经济体都需要重新整合，其中将包括混业经营的集团中内部的整合以及集团外部包括政府介入的整合。

另一方面，金融海啸中一部分影响较小的大型金融或保险集团公司，正在谋划并购那些受到重创的金融机构，抢占市场份额。此外，要指出的是本次金融危机下，一部分中小保险公司由于投资的合理性以及对市政债券提供担保的能力不足（债券保险业务量较少），尽可能减少了这次金融海啸带来的损失，所以中小公司通过并购壮大实力是一种可行的趋势。

这次金融海啸引起的收购、并购已经崭露头角。美国银行收购美林证券、摩根大通收购贝尔斯登就是很好的例子。此外受到此次金融海啸影响较小的苏黎世金融服务集团（Zurich Financial Services）首席投资官马丁·塞恩（Martin Senn）也曾公开表示，此次金融海啸是一次很好的投资机遇，可借此东风通过并购进一步提高其市场份额。

5. 经济衰退带来的影响

美国金融危机的首要冲击是金融链条的冲击，金融链条的断裂引起经济实体无法得到运作资金，纷纷降低生产甚至倒闭，工人面临失业，企业无法生产。第二阶段的冲击来自金融链条的断裂造成民众对金融机构的挤兑现象，可以称之为信心冲击。这个阶段表现为人们对金融机构失去信心，疯狂地挤兑或退保，金融机构没有足够的现金支付。二者综合使得金融海啸对经济发起第三波冲击，这就是经济的全面衰退。其表现为工人失业，购买力不足，生产能力降低，并购重组引起的民众恐慌，对金融以及投资机构失去信任等。

此次金融海啸引发美国经济长时间的停滞或者衰退，对美国保险业的影响当然不容小觑。如果对实体经济影响无法及时解决，造成其长时间的停滞或者衰退，将直接影响到美国企业的经济效益和家庭的收入，从而降低企业和个人的保险购买力，影响保险业的长期发展。同时，拯救金融信用也是美国政府的重要任务，美国政府 2000 亿美元的救赎计划也正是体现了挽救金融信用、恢复金融链条作用可以抑制经济的衰退。

(二) 金融风险传导对中国保险业的影响

我国保险业市场化起步较晚，国际化程度低，同时保险业又受到了投资海外金融衍生品的限制，所以金融海啸对我国保险业的直接影响有限。但这并不代表我国保险业可以在金融海啸中明哲保身，在金融市场整体动荡的环境中，我国受到了不同程度的消极影响。

1. 市场信心受挫

因为保险产品交易过程的特殊性（消费者即投保人不仅具有支付能力，还应对标的具有可保利益；先收取保费，在保险事故发生时向受灾的被保险人或受益人支付赔款或给付保险金；保险交易的期限长等），消费者（即投保人）的市场预期对保险业乃至整个金融系统的发展显得尤为重要。此外，由于保险公司的生产能力和供给能力无法进行直接测算，势必引发消费者对保险公司偿付能力的担忧。

在此次金融海啸中，AIG 申请破产保护，瑞士再保险、荷兰国际集团 (ING)、英国英杰华 (Aviva) 等世界知名保险公司也在不同程度上遭受了损失。美国保险业更是集体受挫，甚至陷入危机。"保险公司不保险"，一旦这种想法在消费者心中打下烙印，那么国内保险业原本就诚信度堪忧、偿付能力不足等问题会更加困扰行业的发展，从而进一步打击公众对保险业的市场信心。

受金融海啸的影响，中国股市总体呈现下跌趋势，中国保险业三巨头中国人寿、平安、太保也未能幸免，虽然三家公司都表示未持有海外次级债券以及 AIG、雷曼、美林等公司出售的债券，但三家上市公司的股票仍然连续急剧下跌，接连跌破发行价。这中间固然有国内经济、政策等各方面的原因，但美国金融海啸，特别是海外保险公司在这场海啸中的表现无疑也是重要影响因素之一。例如在投资富通问题上，"平安在 2007 年 11 月 29 日宣布，斥资 18.1 亿欧元，收购富通集团 4.18% 的股权，并成为其最大单一股东，平安还在 2008 年 3 月 20 日发表公告称，准备斥资 21.5 亿欧元购得富通投资管理公司 50% 的股权。然而在金融海啸尚未平息，并且有待进一步蔓延背景下，这样的选择付出了沉重的代价。2008 年 10 月 5 日，比利时政府联合荷兰、卢森堡三国政府，出资 112 亿欧元，拯救遭遇流动性危机、股价暴跌的富通集团后，比利时政府和富通集团董事会，在没有经过富通集团股东同意的情况下，宣布将富通集团出售给法国巴黎银行。这意味着富通被部分国有化，其后剩余部分又将出售给法国巴黎银行，一旦交易完成，富通的核心价值将所剩无几。"[1] 由此可以看出，随着我国保险市场国家化程度的不断加深，金融海啸的影响是可以很快传导给我国保险业的。如果消费者对市场的预期不足，会将危机的影响放大化，甚至可能引起恐慌。在金融海啸不断蔓延的条件下，必然使广大消费者对外资保险公司的信心受挫。AIG 危机发生后，在一项 4000 多人参与的调查中，65% 投票者表示不会购买友邦保险。在消费者本身保险意识薄弱、更加注重储蓄的前提下，这种由外及内的恐慌可能导致消费者对市场的信心下降，从而可能进一步制约保险业的发展。

2. 投资意愿下降

随着国际金融市场的发展，各国加快推动资产证券化的步伐，不动

---

① 摘自石婵雪：《平安投资富通：一错到底的"牵手"》，载《新京报》2009 年 5 月 5 日。

产、抵押贷款等投资产品在保险公司资产结构中的比重逐步加大，国际金融环境对保险经营及投资的影响也在逐步增大。目前，存在着这样的现象：部分保险公司以追求投资收益最大化为目标，大量资金投资高于回报。在风险性难以准确估算的房地产行业，以及相对高风险的抵押贷款、债券等金融产品中，由于投资风险的不确定性，作为风险集中的企业，保险公司所面临的风险也是不确定的。这样，在转移风险上保险公司就难以估算自身的承保能力，导致严重资不抵债的恶果。20 世纪 80 年代，日本的泡沫经济时期，股市和房地产一度居高不下，日本的寿险公司不顾自身的偿付能力，过度追求高额投机利润，大量增加对股票和房地产等高风险产品的投资。当泡沫破裂后，股市和房地产价格大幅跳水，导致了多家保险公司的破产。

我国保险公司力求稳健投资和投资盈利。随着我国海外投资力度的加大，在国际金融市场持续动荡的条件下，保险资金境外投资也可能面临重大损失。虽然我国保险公司外汇资产规模也在逐步扩大，但保险公司的海外投资形式比较单一，主要集中投资于国际商业银行，在金融海啸造成的金融市场环境急剧恶化的背景下，系统风险对行业影响很大。汇率上的风险对保险公司的资产负债、偿付能力、投资活动带来极大挑战。海外投资的损失会抵消国内的收益额，国内经济相应受到紧缩的威胁。如果经济紧缩，人们的收入和消费就会下降，这样可支配收入就会相应下降，如果人们普遍对风险的预期大于盈利预期，那么投资意愿就会下降。在此次金融海啸中，虽然我国保险公司直接持有次级债券和陷入破产或危机的金融机构的股票、债券等相对有限，但受国际金融环境恶化的影响不容忽视。

此外，金融海啸对我国保险业投资的一个重要的影响就是，我国股市长期"绿色"，造成我国保险业投资效益急剧下降。保监会数据显示，2008 年 1~4 月，国内保险业总投资为 206089185.30 万元，银行存款总额为 67420131.38 万元，而这一数据在 2009 年 1~4 月依次为 220258335.04 万元和 103943128.69 万元。虽然投资和银行存款都在总额上有所增加，但是投资与银行存款的比例却从 3.05679 下降为

2.11903。说明人们预期风险的上升和预期收益的下降，转部分投资为储蓄。"截至 2008 年上半年，中国人寿已实现金融资产收益净额仅为 7.42 亿元，下跌 67.20%。通过损益表反映公允价值变动的金融资产（交易证券）公允价值亏损净额为 64.95 亿元。受此影响，其总投资收益率仅为 2.33%，与 2007 年同期相比大幅下降。"[①]

越是长期投资，对利率的变化越是敏感。因为复利就像滚雪团一样，越滚越大。而我国保险业的投资一般都是短期投资，缺乏具有稳定收益率的长期投资项目，并且资金运用的渠道较窄，保险公司在今后的投资策略要力求更加谨慎，避免盲目的投资渠道多元化和海外扩张，更加强调保险投资策略的稳健性和安全性。虽然保监会逐步放开了保险资金运用的范围，但投资房地产有"三不"：不允许投资住宅类物业也就是居民住房、不允许直接投资商业房地产、不允许参与房地产开发。也避免为了满足投资盈利的强烈需求，保险公司不顾投资风险，投资于操作风险非常大的项目，避免可能引发巨大投资损失；同时，受投资收益下降的影响，保险公司必须调整发展战略和业务结构，控制或收缩银保产品和投连产品业务规模，注重传统保险的回归，并有其可能导致保费规模的下降的准备。

3. 经济金融环境恶化

从某种意义上可以说次贷危机是美国政府一些不负责任的政治家的短视行为一手造成的。按照公共选择理论，政治家的行动准则是政治利益最大化。房地产一直是拉动经济增长的"好帮手"（可以拉动近五十个行业的增长），为了短期快速地提高自己的政绩，为了迎合美国民众超前消费理念，提高中低收入者私有住房比率，美国政府鼓励"两房"（房利美和房地美）的不合理扩张，并纵容金融衍生商品毫无边界地膨胀，并且依仗美元的霸权地位，让全球的资金流入来为美国消费买单。同时美国的风险也在向全球扩散。伴随全球经济金融一体化程度的加

---

① 汤雅婷：《中国人寿账单：金融资产急跌 67% 140 亿浮盈在手》，载《理财周报》2008 年 9 月 1 日。

深，各国利益息息相关，一旦危机爆发，各国又不得不救。这种不负责任的思维使美国政府放松了金融监管，有意麻痹公众的金融意识，使"流动成本"投入大大超过"维持成本"投入。这就是美国多少年来一直实施的"国家战略"。然而，整个金融体系被过度虚拟化，当整个体系无法进行内部调整时，就会爆发危机。"美国信用度最高、金融体系最优、金融监管最严"在这场金融海啸后走下神坛。

保险业与整个经济金融体系密不可分，由于危机的传导性，金融海啸造成经济金融环境恶化，从而影响保险业的发展。虽然此次金融海啸对我国经济金融环境的影响并不明显，但势必增加经济的不确定性和影响投资者的心理。主要表现如下：一是美国、西欧等发达国家是我国的主要贸易伙伴，这些国家经济的停滞或衰退将给我国造成巨大的外部冲击，人民币面临升值的压力，汇率不稳定因素，影响经济的发展和金融体系的稳定。二是这些国家的信贷收缩、汇率波动、股市下跌、资产贬值，影响我国金融业的盈利能力和安全性，并且许多美国金融机构在中国有合作或者投资项目，很多美国金融机构在中国设有合资银行、合资保险公司。一旦美国出现问题，必然迅速影响在中国的投资项目，资金链的断裂，双方都要承受损失。三是虽然我国金融监管力度行之有效，但心理上的传导是无法控制的，这就会引发前面提到的投资者对市场信心和投资意愿的下降。并且这样的消极影响是不确定性，它会持续到经济恢复以后的一段时期。由于经济金融环境与保险业的紧密性，上述三个方面无论是哪方面发生，都会使我国经济和金融环境遭受破坏，从而影响我国保险业的发展。

二、金融风险传导对保险业风险防范的挑战

这次金融海啸反映的很多问题值得人们深思：其一，各国对金融及其新型衍生品的监管力度不够，许多方面都存在盲区；其二，混业经营和分业监管的矛盾日益突出；其三，许多国家盲目追随大国的金融模式，这种盲目性和片面性值得商榷。而这些问题都对中国保险业的未来

走向具有重要的警示作用。

（一）切忌盲目跟从发达国家

近代中国保险业是随着帝国主义势力的入侵而传入的，与我国经济发展相似，在新中国成立的 50 年间，中国保险业几经波折：先是中国人民保险公司成立到 1952 年的大发展，1953 年停办农业保险、整顿城市业务；1954 年恢复农村保险业务，1958 年停办国内业务；1964 年大力发展国外业务，1966 年开始"文化大革命"，几乎停办了保险业务；1979 年恢复国内保险业务。由于我国保险市场发展并未趋于成熟，并且保险业的发展水平较西方发达国家有一定的差距，所以借鉴、学习欧美先进的经营管理技术和业务技术有利于提高我国保险公司的业务水平和市场竞争力；汲取欧美保险业上百年发展的成功经验，对保险实务有重要的指导意义；学习并掌握发达国家相关法律法规，还可以建立健全我国的保险法律体制和监管机制。

不过盲目地学习或者说没有批判地学习发达国家的保险经验是不可行的。中国有个家喻户晓的故事——"邯郸学步"。金融海啸之前，发达国家模式就代表着先进的生产力、先进的技术，甚至先进的思想，其他发展中国家和地区对其"顶礼膜拜"，并纷纷效仿，我国也不例外。许多国家奉行"拿来主义"，生搬硬套，盲目跟从发达国家的模式，没有将发达先进的技术和理念进行因地制宜的整理、加工并应用到实践去。结果，无数的历史事实告诉我们："步别人后尘，只能望尘莫及。"这当中最大的问题是我们在学习过程中只注重模仿，而忽略了最为重要的——创新。发达国家基本的保险法律制度、法律法规、技术水平、经营理念是我们学习的好榜样，但是这些成功的东西拿到我国的市场环境中能否适应呢？答案是否定的。我们应该深思：不注重产品和服务上的创新，不能制定符合市场要求的经营理念，不能提供到位的技术支持，中国的保险业将不知何去何从。所以，我国保险业要想取得长足发展，"邯郸学步"是不可取的。

这一次金融海啸也让欧美发展模式走下神坛，席卷世界的风暴让发达国家遭受重创。因此，今后中国保险发展的方向应该是：一方面，要建立产学研相结合的体系，加大科研力度，努力进行理论、技术、产品和服务的创新，并注重实践的应用；辩证地学习发达国家的先进技术、理念和管理模式，真正做到"因地制宜"。另一方面，我国应该加强保险市场的监管力度，完善监管政策，这是由保险市场本身性质特殊决定的。保险业属于金融行业，加强对保险市场的监管，有利于保护我国金融乃至整个经济的安全。

（二）应全面地把握全球化

在全球化这一历史趋势下，我国保险业像我国经济一样从"引进来"到"走出去"，从市场的全面开放，到尝试海外投资，历经曲折。随着经济全球化程度的加深，我国保险市场的国际交流日益密切。这一发展趋势促进了行业竞争，也为资本市场注入了新鲜的血液，使整个国际市场的资源得到了有效的配置。

然而，金融全球化不断地加深，伴随上升的也有系统性风险。随着经济全球化的发展，各国金融管制逐步放宽，金融机构的关系也日益密切，资本的自由流动步伐加快，整个世界趋于一体化。当危机爆发的时候，则会出现"牵一发而动全身"的情况。此次金融危机则将全球化这把双刃剑的另一面体现得淋漓尽致。次贷市场的繁荣发展使那些充分参与其中的国家都收益颇丰；然而，在表面繁荣的外衣下，风险也在逐步升级。当风险升级到市场无法通过自身进行调节的时候，危机就势必爆发。一旦利益的一方受到金融危机的打击，与此密切相关的次贷关系链上的所有国家都难逃金融危机的厄运。美国次贷危机迅速地传递给其盟友英国，同时整个欧洲的高次贷国家也未能逃离死神的魔爪。全球最发达的国家很快就像得了一场瘟疫一样，哀鸿遍野。从美国新世纪金融公司（New Century Finance）发出 2006 年第四季度盈利预警开始，席卷整个世界的风暴就让美利坚大陆，乃至全球经济步入了一场寒冬。冰岛，这个幸福指数曾排名榜首的国家以面临国家破产的方式向人们展示了全球化不能"断章取义"。

关于金融海啸的元凶，众说纷纭。从最开始的次贷和投行的错，到美国信用体制的缺失，再到后来归结为人性的贪婪。直到奥巴马政府找寻危机的操纵者，高盛也受到了诸多质疑。到底什么是掀起这场巨浪的狂风？

在当今的局势下，我们应该开始深思：我国保险业是否也曾在全球化问题上"断章取义"？从我国保险业市场对外开放，到海外投资，从引进来到走出去的过程中，到底走出了怎样的一条路呢？是不是着眼于整个经济，把握全球化的脉搏，走出适合自身的发展道路呢？显然，不管结论是悲还是喜，我国保险业在今后的发展中都应努力做好以下几点：第一，虽然我国保险业在此次的金融海啸中所受的影响很小，但是我们应该看到，这是由于我国保险业发展水平相对落后、国际化程度较低而无意中形成的屏障，保护了我国保险业免遭厄运。因此，我们不应该因此而盲目地以此作为放缓我国改革开放前进步伐的有力原因。相反，我国应继续稳步推进我国保险业对外开放、海外投资、走出去等重要发展战略，不但是履行入世的承诺，更是变被动为主动，促进保险业与国际金融市场的融合，全面提升我国保险业的综合竞争实力，早日实现与世界先进水平相接轨。第二，对于全球化的利弊应有一个更加全面的认识和衡量，尤其是要充分地认识到全球化过程可能会对我国保险业带来的消极影响，加强风险预警以及风险控制的能力，保证我国保险业在全球化进程中能够在平稳中求发展。应从此次金融海啸中汲取宝贵的经验和教训，提升我国保险业应对危机和处理风险的能力，防范全球化过程对我国保险业所可能带来的各种不稳定因素。第三，美国的金融服务有着悠久的历史，是无数成功经验的总结。因此，不能因金融海啸对其全盘否决，应辩证地看待事物，去粗取精，有选择地学习和借鉴美国的金融服务，使之能更好地为我国保险业所用。

（三）加强行业监管

市场监管一直被看作一只"无形的手"，用以规范市场参与者的行为，以保证市场乃至整个经济系统得以安全平稳的运行。此次的金融海啸中,美国那只"无形的手"却在阳光下遁形了。首先,对金融衍生品监管的失灵。美国对金融衍生品的市场监管包括三个部分:政府监管、行业自律、交易所监管。表面上看这样的监管体系几近健全,但是某些政治家的短见,纵容金融衍生品的无界膨胀,华尔街更是多次将次级债放大化,致使对金融衍生品的监管失去作用。其次,在错综复杂的金融衍生品面前,不确定因素居多。保险公司为追求利益最大化,不顾自身偿付能力预算或预警机制,冒险进行投资。同时,这次金融海啸的成因也揭露了金融市场的盲目性、投机性以及监管的迫切性。由于金融市场是个非物质化的市场,在很大程度上增大了市场的投机性,所以加强监管,适当地规范参与者的市场行为显得尤为重要。美国金融市场拥有相对比较完善的信息披露、信用评级制度等外部监督和公司治理结构、内控制度①,在房地产市场繁荣的条件下,无论是放贷机构、投资银行,还是保险公司、对冲基金等金融机构,都在利益的驱动下,卷入到次贷业务的关系链中,参与次贷业务利益的分配,在监管缺失的情况下,极易引发大规模的金融业危机。所以,"无形的手"来规范金融市场,是保证金融业得以安全运行的必要条件。

在我国,如何能很好地运用这只"无形的手"来规范市场呢?从保险监管的角度来讲,要做到以下四个方面:第一,金融监管是市场行为的规范者,但不是市场行为的主体,不要鉴于美国金融监管所暴露出的问题而监管过度,妨碍市场效率。第二,也不能过度放宽监管力度,任市场自身规律进行自发的调节,因为金融市场存在着盲目性、投机性,并且参与者为追求利益,做出非理性的行为破坏经济稳定等都会增加整个经济系统的潜在风险。第三,继续推进以人为本的战略,对保险公司的发展改革,要注重偿付能力的监管,建立健全公司偿付能力监管

---

① 内控制度一般分为两种模式:(1)金融企业的各级管理部门为了保护金融资产的安全完整,协调经济活动,利用企业内部因分工而产生的相互制约、相互联系的关系,并形成的一系列具有控制职能的方法、措施和程序,并予以规范化、系统化,使之成为一个严密的、较为完整的体系。(2)公司企业为使公司的经营风险为零风险,而在公司企业内部对各部门流程/程序运作进行设定控制点作业,做好流程/程序的内部控制的管理制度。

体系，保证广大人民群众的切身利益，做到人性化的发展趋势。第四，重视巴塞尔委员会对金融衍生品监管的建议，在资本充足率、内控制度和信息披露三个方面加强监管力度。从机构监管上升到功能监管，对信用风险、系统风险、利率风险等实现全面的风险监管，发挥"无形的手"在保险市场乃至整个经济中的作用。

（四）建立健全风险预警机制

正如天气预警信号的发布，是为了使人们提前做好准备，警惕暴风雨的到来。金融行业亦是如此，相应的预警机制，也是让人们对即将发生的事情采取及时、适当的措施，以防止风险事件的发生或将风险事件所带来的危害、损失降低到最低的水平。

那么，金融行业的预警机制是否完善并真正发挥了其应有的作用呢？从此次的金融海啸中，我们可以看到一些端倪。金融海啸发生之前，金融行业发展态势良好，各金融机构及其产品均有较高的信用评级，监管机构报告也无问题显现，未见任何风险迹象。直至危机渐渐浮出水面，各方也未做出及时反应，重视程度不足。虽然美国在信用评级制度等相关机制方面存有优势，但这次失灵足以聚焦人们的目光，让人们深刻反思预警机制所潜藏的漏洞。

此次金融海啸造成了广泛、极其恶劣的影响，可令人遗憾的是在巨大的危机面前预警机制没有起到"预警"作用。前车之鉴，给予我国保险行业以相同的启示，即风险预警机制建设的重要性。首先，保险公司要加强自身的建设，重视业务质量和产品结构，按规定提存准备金，保证偿付能力。其次，监管机构应尽快从主要对市场行为的监管逐步转向对偿付能力的监管。原因在于偿付能力不仅关系到保险公司，更重要的是其涉及投保方的利益，影响整个市场环境。同时，单纯的审查报表不足以发现所有问题，应结合现场及非现场检查方法，并辅以信用评级，多手段地进行全面的监管。最后，规范信用评级制度。不可否认，由于利益驱使，小部分信用评级存在水分，从此次的金融危机中可见一斑，极大影响了信用评级制度的公正性。但我们也要意识到，信用评级制度仍具有重要的存在价值，所以应规范和完善信用评级制度，使其能够提供客观、公正的报告，发挥应有的作用。

（五）承保原则是保险业立身之本

创新并不意味着违背承保原则，承保原则是保险业的立身之本。此次金融海啸的扩张和蔓延，究其根本是源于次贷危机的出现，而向信用程度较低的机构或个人所贷出的次级贷款等无法收回则为导致次贷危机发生的罪魁祸首。次级贷款，虽然解决了信用程度较低的人申请不到贷款的问题，但向信用程度较低的人提供贷款本身就存在着巨大的风险，因此大量的次级贷款是不可取的。然而，由于利益的驱使，贷款人放松了条件，便产生了大量次级贷款。从另一个角度诠释，如果保险人放松承保条件，则会违背自身的承保原则，后果可能是出现保险人的信用危机甚至波及整个保险行业的信用危机。

虽然知道违背承保原则可能导致的后果，不过，不可否认的是此种现象确是真实存在的。各保险公司为了抢占市场，拥有一席之地或为了获取巨额利润，一味追求承保数量而不顾承保质量，放宽承保条件和范围。这种做法直接影响会导致不良的业务结构，为理赔带来不必要的麻烦，有损保险公司的形象并影响公众对于保险行业的信心，更严重的则是引发整个金融系统的信用危机。因此，吸取金融危机的教训，我国保险行业应及早发现问题并引起足够的重视，放弃违背承保原则的不正当做法，加强自身建设以提高承保能力的方式来替代放松承保原则的方式。

（六）"合理边界"外操作是恶果深种

此次金融危机中，那些曾轰动一时的金融创新产品例如 CDO 以及 CDS 等都成为危机的罪魁祸首，众多投资了 ABS、CDO 等产品的金融机构都损失惨重，甚至造成金融巨头 AIG 因其旗下的一家子公司的亏损而全线崩溃。从中我们可以看出，投资渠道拓宽、产品创新以及业务的多元化发展都像是一把"双刃剑"，在产生巨额利益的同时也可能会造成严重的危害，因此应注意在合理的边界下操作。我国保险业在未来的发展中应尤为注意如何取其利、去其弊这一重要问题。

就我国保险市场发展而言，一是要对我国保险市场的相对落后有一个客观的认识，保持推进我国保险市场原定的发展战略，拓宽投资渠道、推进产品多元化以及业务创新和综合经营，促进我国保险市场的快速发展。二是对于拓宽投资渠道、产品创新和业务多元化所产生的利弊应有一个更加客观的评价和准确的衡量。对于其发挥优势的前提应有正确的认识，并应充分地认识到这一合理边界并不是永恒不变的。要根据自身的具体情况来确定资产组合和产品创新以及多元化的合理边界，例如根据自身的资本实力、风险承受能力、经营管理水平、人才技术储备等这些客观条件进行选择，使保险市场行为合理化，避免投资、业务以及规模扩张的冲动进行。三是投资渠道拓宽要伴随着对投资比例和额度的严格控制；鼓励产品创新要伴随着对新产品风险以及企业风险承受能力的准确评估，引导企业进行合理创新；多元化发展和综合经营要伴随着对利弊和风险的系统分析，引导企业进行合理扩张。

第五节　现代保险业的风险演变及其对国家金融稳定的作用

一、保险业在我国金融体系中的地位

（一）银行、证券、保险三大产业在金融业的比重变化

我们选取储蓄存款作为考量银行业发展的主要指标，股票发行额作为证券业的主要考量指标，保费收入作为保险业的主要考量指标，以1996～2015 年为样本期间，分析我国金融业内部的结构。相关数据如表 1－4 所示。

表 1 – 4　　　　　　　　1996～2015 年金融结构变化情况

年份	货币和准货币(M2)（万亿元）	储蓄存款（万亿元）	存款/M2（%）	股票发行额（亿元）	股票发行/M2（%）	保费收入（亿元）	保费收入/M2（%）
1996	7.60949	3.85208	50.62	425.08	0.56	777.1	1.02
2000	13.46103	6.43324	47.79	2103.24	1.56	1595.9	1.19
2006	34.55779	16.15873	46.76	5594.29	1.73	5461.3	1.58
2007	40.34422	17.25342	42.77	8680.17	2.15	7035.8	1.74
2008	47.51666	21.78854	45.85	3852.21	0.81	9784	2.06
2009	61.022452	26.07717	42.73	6124.69	1.00	11137	1.82
2010	72.585179	30.33025	41.79	11971.93	1.65	14528	2.00
2011	85.15909	34.36359	40.35	5814.19	0.68	14339	1.68
2012	97.41488	41.6092	42.71	4134.38	0.42	15488	1.58
2013	110.652498	46.1370	41.70	3868.88	0.35	17222.2	1.56
2014	122.837481	50.2504	40.90	7087.44	0.58	20234.8	1.65
2015	139.233000	54.6504	39.25	—	—	24282	1.74

注：表中数据均取自《中国统计年鉴》、中国人民银行网站及相关官方网站。

表 1 – 4 显示，自 1996 年以来城市居民存款在广义货币（M2）中的占比逐渐下降，说明银行业在金融业的控制地位在逐年下降。股票发行额可以衡量企业通过证券市场融资的能力，1996～2014 年，股票稳步增长，其占广义货币的比重也逐年上升，说明证券市场为企业融资发挥了越来越重要的作用。保费收入逐年增加，保费占广义货币的比重也逐年上升，可见，保险业在金融业中的地位不断增强。

2015 年末广义货币供应量（M2）余额 139.2 万亿元，比上年末增长 13.3%；狭义货币供应量（M1）余额 40.1 万亿元，增长 15.2%；流通中货币（M0）余额 6.3 万亿元，增长 4.9%。年末全部金融机构本外币各项存款余额 139.8 万亿元，比年初增加 15.3 万亿元，其中各项人民币存款余额 135.7 万亿元，增加 15.0 万亿元。全部金融机构本外币各项贷款余额 99.3 万亿元，增加 11.7 万亿元，其中人民币各项贷款余额 94.0 万亿元，增加 11.7 万亿元。年末主要农村金融机构（农村信用社、农村合作银行、农村商业银行）人民币贷款余额 120321 亿元，比年初增加 13433 亿元。全部金融机构人民币消费贷款余额 189520 亿元，增加 35869 亿元。其中，个人短期消费贷款余额 41008 亿元，增加 8497 亿元；个人中长期消费贷款余额 148512 亿元，增加 27373 亿元。全年上市公司通过境内市场累计筹资 29814 亿元，比上年增加 21417 亿元。其中，首次公开发行 A 股 220 只，筹资 1579 亿元；A 股再筹资（包括配股、公开增发、非公开增发、认股证）6711 亿元，增加 2546 亿元；上市公司通过发行可转债、可分离债 [- 0.11%]、公司债 [- 0.01%]、中小企业私募债筹资 21524 亿元，增加 17961 亿元。全年首次公开发行创业板股票 86 只，筹资 309 亿元。全年发行公司信用类债券 6.72 万亿元，比上年增加 1.57 万亿元。全年保险公司原保险保费收入 24283 亿元，比上年增长 20.0%。其中，寿险业务原保险保费收入 13242 亿元，健康险和意外伤害险业务原保险保费收入 3046 亿元，财产险业务原保险保费收入 7995 亿元。支付各类赔款及给付 8674 亿元。其中，寿险业务给付 3565 亿元，健康险和意外伤害险赔款及给付 915 亿元，财产险业务赔款 4194 亿元①。

（二）银行、证券、保险三大产业资产占比变化

近 10 年来，金融业的资产结构正悄然发生着变化。银行资产、证券资产和保险资产在全部金融资产中所占比重如表 1 - 5 所示。表 1 - 5 显示，2006 ~ 2014 年，银行、证券、保险三大产业的资产都在增加，但在全部金融资产中所占比重变化趋势不同，银行业在全部金融资产中的比重由 93.5% 小幅下降到 92.18%，证券资产在全部金融资产中的比重上下小幅波动，基本维持在 2% 左右，保险资产在全部金融资产中的比重有一定幅度的增长，由 1996 年的 4.2% 上升到 2014 年的 6.04%，有两个百分点的提升。金融业中三大产业资产排序是：银行资产、保险

---

① 国家统计局 2016 年 2 月 29 日发布 2015 年国民经济和社会发展统计公报。

资产、证券资产，其中保险资产占第二位。

表1-5　　　　　　　　银行、证券、保险三大产业占比变化

项目	2006年	2007年	2008年	2009年	2010年	2011年	2012年	2013年	2014年
总金融资产（万亿元）	47.02	56.98	67.76	84.82	101.27	120.83	140.33	158.41	182.41
银行资产（万亿元）	43.95	52.59	62.39	78.76	94.25	113.28	131.26	148.04	168.16
银行资产占比（%）	93.5	92.3	92.1	92.8	93.06	93.75	93.53	93.45	92.18
证券资产（万亿元）	1.10	1.45	2.02	2.0	1.97	1.57	1.72	2.08	4.09
证券资产占比（%）	2.3	2.6	3.0	2.35	1.94	1.29	1.22	1.31	2.24
保险资产（万亿元）	1.97	2.89	3.34	4.06	5.05	5.98	7.35	8.29	10.16
保险资产占比（%）	4.2	5.1	4.9	4.78	4.98	4.94	5.23	5.23	6.04

注：表中数据根据中国银监会网站（www.cbrc.gov.cn）、中国证监会网站（www. csrc. gov. cn）、中国保监会网站（www.circ.gov.cn）数据整理。

（三）银行、证券、保险三大产业增速比较

我们仍然选取储蓄存款作为考量银行业发展的主要指标，股票发行额作为证券业的主要考量指标，保费收入作为保险业的主要考量指标，以2006~2015年为样本空间，比较我国银行、证券、保险三大产业的增长速度。相关数据如表1-6所示。

表1-6　　　　　　　　金融产业内部增长速度比较　　　　　　单位：%

年份	广义货币增速	储蓄存款增速	股票发行额增速	保费收入增速
2006	15.68	14.56	197.17	14.49
2007	16.68	9.05	50.73	24.72
2008	17.83	25.7	-87.36	39.06
2009	28.4	19.68	58.99	-1.16
2010	19.72	16.3	95.46	13.83

续表

年份	广义货币 增速	储蓄存款 增速	股票发行额 增速	保费收入 增速
2011	13.6	13.29	-51.43	10.4
2012	13.8	21.08	-28.89	8.32
2013	13.6	10.88	-6.42	11.03
2014	12.2	8.91	83.18	17.5
2015	13.3	8.75	—	20.02

注：表中数据根据中国银监会网站（www. cbrc. gov. cn）、中国证监会网站（www. csrc. gov. cn）、中国保监会网站（www. circ. gov. cn）数据整理。

表 1-6 显示，广义货币增长速度比较稳定，在 2006~2008 年呈缓慢递增趋势，在 2008 年全球经历美国次贷引发的金融危机，由于中国推出了 4 万亿元投资计划等应对措施，地方政府纷纷通过地方融资平台，以土地等资产做抵押向银行大额借贷，使 2009 年中国广义货币的增长率从 2008 年 17.8% 飙升至 2009 年的 28.4%，进一步推高广义货币的快速增长。但在 2010 年以后广义货币增长速度出现下滑势态，连续 5 年均徘徊在 13% 左右。储蓄存款增长速度与广义货币增长速度接近，波动幅度比广义货币稍有放大，总体也呈下降趋势，特别是 2014 年和 2015 年连续两年创下 8.91% 和 8.75% 的个位数新低，说明低利率政策对居民储蓄存款没有明显的吸引力。股票发行额增长速度波动幅度最大，最小值为 -87.36%，最大值为 197.17%，极差为 284.53%，说明股票发行量极不稳定，这与证券市场政策、宏观经济形势和企业的融资需求有关，主要与企业上市政策有关，政策宽松时发行量大，政策偏紧时发行量小。而保费收入成长速度相对稳定且呈现稳步攀升格局，除受次贷危机影响 2009 年为负增长外，2011 年和 2012 年受宏观经济转型影响，保费收入增速出现小幅下滑，但在 2013 年后终于走出徘徊格局，分别在 2014 年和 2015 年出现 17.5% 和 20.02% 的快速增长，这说明保险业在金融业的地位稳步提升。

二、银行与保险之间的跨部门风险转移

伴随着金融全球化、金融创新尤其是证券化发展的提速,金融领域跨国家、跨地域和跨部门风险传导愈演愈烈,次贷危机就是最好的佐证。银行与保险的跨部门风险传导主要包括两个层面:一是股权纽带联系引发的银行与保险跨部门风险传导;二是金融工具交易引发的银行与保险跨部门风险传导。

(一)股权纽带联系引发的银行与保险跨部门风险传导

起源于 20 世纪 70 年代的银行保险是银行业与保险业通过股权纽带建立联系的典型融合,次贷危机使这种跨国家、跨领域和跨部门风险传染效应彰显无遗,从银行业和保险业来看,双方业务及其风险区别日益模糊,两个市场之间的相互渗透及金融衍生工具的频繁交易引发两者之间的风险转移,并改变了系统性风险的本质与频率。银行与保险的相互融合催生了金融保险发展史中前所未有的新现象——银行保险。全球银行保险发展最快、渗透率最高的地区当属欧洲,约有 80% 的西欧大型银行集团通过其寿险子公司或合资企业拓展银行保险。目前,世界范围内越来越多的国家不再限制银行与保险公司之间的相互渗透和交叉业务,既不禁止银行销售保险产品,也不禁止银行或保险公司持有对方股权。我国在这方面也有突破,2008 年 1 月,继国务院批准后,中国银监会和中国保监会签署了《关于加强银保深层次合作和跨业监管合作谅解备忘录》,2009 年 9 月交通银行"首吃螃蟹",收购了中保康联人寿51% 的股权,2010 年 5 月北京银行收购了首创安泰人寿 50% 的股权,而中国工商银行(亚洲)也获得了中国太平保险集团公司所持的太平保险的 4.52% 股权。2009 年 12 月 29 日,建设银行与荷兰国际集团(ING)签署了《股权转让协议》。根据该协议,建设银行将收购荷兰国际集团(ING)拥有的太平洋安泰人寿保险有限公司 50% 的股权。2011年 6 月 29 日,中国建设银行股份有限公司及共同投资者完成了对中国

太平洋保险（集团）股份有限公司所持太平洋安泰人寿保险有限公司50%的股权转让交割手续。

银行与保险公司之间的股权合作表明我国金融业综合经营进程不断深入。一旦银行或保险公司持有对方股权就意味着在某种程度上承担了对方的一定风险，对源自对方的风险也将更加敏感。表现为任何来自对方的负面冲击都可能降低自身的企业价值，当一方股价下跌并引发另一方股价下降时，监管部门或评级机构的压力、交叉持股和资本重复计算等因素的连环作用可能引发负面的螺旋式影响。反之，由一方股价上扬引发另一方股价的进一步上涨。即股权联系可能导致银行和保险公司双方的股价出现方向相同、幅度更大的波动——风险的跨部门传染。在某些情况下，银行与保险的股权联系还可能诱发风险跨部门传导的心理效应，即"羊群效应"，从而导致双方股价的同向变动。这就难怪当富通不幸"沦陷"于危机时，中国平安受其所累，2007年11月，平安斥资18.1亿欧元在二级市场上买入比利时富通集团总计4.18%的股权，2008年3月增持至4.99%，成为富通最大的股东。受美国次贷危机和金融风暴的影响，富通遭遇巨大的流动性压力，股价暴跌。平安在2008年三季报中对富通集团股票投资做了157亿元计提减值准备，导致出现上市以来的首季度巨损78亿元，平安A股于公布季报的当天创出盘中19.9元的新低。

与上述股权渗透相比，银行保险金融集团将对金融体系的稳定带来更大程度的潜在威胁，面对系统性风险的冲击会更加脆弱。在金融集团内部，虽然单一法人实体具备风险分散的机制，并不一定是系统性风险的主要来源，但由这些机构整合成为一个大型的综合金融集团，则有可能使各个机构之间变得更加相似或者相关。并且在金融集团内部风险传导机制的作用要大得多，而且这种传导机制不仅局限于财务，还蔓延到业务、声誉和信心等诸方面。在次贷危机中，2008年《财富》500强中以年销售额1648亿美元排名第14位的富通集团因次贷相关资产的巨额损失，最终不得不接受荷兰、比利时和卢森堡三国政府的援助，被国有化和分割出售，业务由银行、保险和资产管理三大部分缩小至仅保留部分国际保险业务,就是一个例证。在集中度较高的金融保险市场,金融集团的出现还可能进一步引发市场集中度的提升,从而阻碍市场竞争,使风险更加高度集中于某些企业,大型金融集团内部的风险传导可能成为系统性风险的重要来源。我国目前还没有金融保险集团,股权纽带下的银行与保险跨部门风险传导源主要归因于持有股权。

(二) 金融工具交易引发的银行与保险跨部门风险传导

银行业与保险业尤其是寿险业之间日趋紧密的联系,增加了风险的直接和间接传导渠道,这些渠道既包括银行与保险公司相互投资持有股权所形成的"荣辱与共",也包括各种金融工具迅速发展而导致的风险传导。

仅以信用风险转移工具为例,信用风险转移(credit risk transfer)是指金融机构多为商业银行通过使用包括贷款销售、资产证券化以及信用衍生产品等在内的各种金融工具,把信用风险转移到其他银行或其他金融机构,从而降低信用风险在银行的集中度,增强银行业抵御不利信用波动的能力。从世界各国信用风险转移市场的发展来看,尽管大多数信用风险转移都发生在银行之间,但保险公司、证券公司和投资基金等同样也是这一市场的主要参与者,同样也承担了银行的部分信用风险。信用风险转移工具在担当信用风险分散功能的同时还扮演了跨部门信用风险传导的角色,金融机构之间的信用风险分散仅仅是我们看到的硬币的一面,而另一面恰恰是跨部门的信用风险传染。例如,拥有百年历史的世界保险行业巨头 AIG,其业务网络遍及全球,几乎无所不包。从飞机租赁到卖给印度人的人身保险,再到小学教师的退休计划等,都是其业务范围。在本次金融危机中未能逃脱国有化的"厄运",导致 AIG 遭受重创的罪魁祸首不是保险业务本身,而是一个专门从事金融衍生品交易的部门 AIGFP。成立于 1987 年的 AIGFP 是 AIG 专门经营金融产品业务的一个分支,总部设在伦敦。成立之初主要涉足一些普通掉期业务(plain vanilla swap),例如一些以对冲利率风险为目的的利率掉期交易。1998 年 AIGFP 开始为一种被称为"债务抵押债券"(collateralized debt obligations，CDO）的产品提供信用担保。AIGFP 为 CDO 的持有者提供的担保类似于一种"保险"，因为一旦发行 CDO 的机构出现了信用违约，AIGFP 就要代替他们向 CDO 的持有者支付损失；作为对价，CDO 的持有者需要向 AIGFP 缴纳一定数额的"保费"。这种类似于"保险"的信用担保就被称作信用违约掉期（credit default swap，CDS）。然而 CDS 毕竟不是保险，它与保险产品有着根本区别。因为购买 CDS 的人并不需要真正持有相关的 CDO 债券，也就是说，CDS 不仅可以用来对冲风险，也可以用来进行投机。在 2001～2006 年全球房地产市场一片繁荣时，住房贷款的违约率处于较低水平，CDS 也的确能够给卖方带来较大收益，AIGFP 为 AIG 带来了极其丰厚的利润。但这些衍生金融产品都是以住房贷款为支撑的，一旦大量住房贷款还不上，就可能导致整个金融系统出现严重问题。2007 年以后，在住房贷款违约率迅速上升的背景下，很多由 CDS 担保的债券出现了违约，导致 AIGFP 需要向 CDS 购买者进行赔付，从而导致了巨额损失。从 2007 年第四季度到 2008 年第三季度，AIG 信用违约掉期业务累计亏损了 237.9 亿美元，其他业务亏损累计 150 亿美元。AIG 这次的教训是惨痛的、刻骨铭心的。作为拥有超万亿美元资产的金融航母，居然被几百亿美元的流动性压力和浮亏所拖垮，可见 AIG 高管们在用整个集团的信用为一种 1997 年才问世的衍生品担保之举是多么的激进和冒险！仅仅是因为曾在 2003～2005 年获取过暴利就可以把这种全球顶级投行、保险公司和对冲基金都不知道如何准确定价的金融工具毫无顾忌地发展下去吗？

AIG 危机的发生再次警示我们：如果说银行的直接信用风险对于保险部门的传导尚且有限，但若将信用风险转移工具考虑在内，则情况迥异。实际上根据 IMF 的统计，2008 年末至 2009 年初，全球大型保险公司公布的大约 1750 亿美元的损失中，大部分均与信用担保有关。

三、保险业发展对我国金融稳定的作用

(一) 银行业、保险业发展与金融稳定的关系

伴随着金融全球化、自由化进程的加快，各国爆发金融危机的概率比以往大大增加。自 20 世纪 90 年代以来，墨西哥、泰国、印度尼西亚、韩国、俄罗斯、巴西和阿根廷等国家相继出现金融动荡，严重冲击实体经济，有的甚至引发了政治危机和社会危机。2007 年的次贷危机源自美国、波及全球，源自银行业、波及证券业和保险业，初始是次贷危机、后演变为国际金融危机，引发了全球金融海啸，重创各国的实体经济。次贷危机波及范围之广、损失程度之大绝非以往历次金融危机所能比拟，银行业首当其冲成为损失最惨重的部门。据统计，2008 年美国共有 25 家商业银行相继倒闭，"两房"、美国国际集团等金融机构陆续被美国政府接管，多家投资银行股价大幅下挫，美国最大的银行花旗集团在 11 月 17~21 日的一周内股价下跌 60%。从 2007 年第二季度到 2008 年 12 月初，全球银行体系市值损失所致的减值总额高达 7200 亿美元，其中，美国和加拿大的大型综合银行集团减值 2592 亿美元，其他银行减值 1657 亿美元，约占全球总额的 59%；欧元区的大型综合银行集团减值 1019 亿美元，其他银行减值 294 亿美元，约占全球的 18%，英国和瑞士的银行减值 1351 亿美元，其他欧洲银行减值 23 亿美元；此外，亚洲地区的银行也减值 269 亿美元。

相对而言，由于我国银行业对境外债券投资比重较小等原因，受次贷危机的直接影响较小。但不容小觑的事实是银行业作为我国整个金融体系的核心，无论是金融资产占比还是风险集中程度，均高于保险业和证券业。截至 2008 年底我国银行业金融机构的总资产约为 62.39 万亿元，而保险业总资产约为 3.34 万亿元，不及前者的 6%，在经济合作与发展组织 (OECD) 国家，保险资产占金融资产的比重一般在 20%~30%。不仅如此，在当前我国间接融资占据主导地位的形势下，银行业

承担了部分本应由金融市场承担的风险，尤其当市场信心遭遇金融危机重创的情形下，这一点会表现得更突出。

银行业在金融稳定中的作用长期以来受到密切关注，这是由银行经营内在的脆弱性和敏感性决定的，挤兑风险与其经营相伴相生。相比之下，保险公司则不被认为是可能成为系统性风险来源的核心金融机构（Trainar，2004）。不仅如此，尽管再保险公司被视为全球保险市场的"最后保险人"，具有业务集中度很高的特征，但它们也并未归结为金融体系系统性风险的来源（Group of Thirty，1997）。美国保险信息协会的主席罗伯特·哈特维格（Robert P. Hartwig）甚至在次贷危机后提出"保险公司是比银行更好的风险管理者"的观点。银行业和保险业在金融稳定中的作用存在如此之大的差异可以归结为以下几点原因。

1. 风险分散的内在性

次贷危机对银行和保险公司冲击程度的区别也正是二者管理不同风险的结果。

作为次贷危机链条上的重要参与者，银行在危机中遭受了巨大的损失，这些损失不仅包括银行部分贷款业务断供的损失，而且还包括银行投资于次贷衍生品的损失。此外，对于有些银行来说，它们还必须承担相关联的信托机构所面临的巨额损失。相比而言，保险公司作为金融市场上的机构投资者，它们的损失更多地体现在购买次贷衍生品的投资损失上（AIG 例外），虽然这些损失也创下历史新高，但是比银行的损失相对要小，同时由于保险公司的承保业务并未受到太多影响，因此保险公司在大体上还能够独善其身。然而，如果我们跳出此次金融危机，转而考察保险公司和银行在一般意义上的风险管理能力高低，那么这种比较难免就显得草率了。众所周知，保险公司与银行虽然都是金融体系的重要支柱，但是二者却有着明显的区别。这种区别不仅反映在它们在经济体系中发挥着不同的作用，同样也反映在它们风险管理对象上存在着差异。就一般情况而言，保险公司所管理的主要是承保风险和投资风险，而银行所管理的主要是信用风险、市场风险和操作风险。尽管二者的风险管理对象存在着交叉之处，但是二者之间的区别也难以抹杀。因此，在风险管理对象不同的情况下，将保险公司与银行的风险管理能力进行比较，这本身就是一件值得商榷的事情。这就好比让一名短跑运动员与一名竞走运动员比竞技速度，虽然同属于径赛项目，但是这种比较并不合乎情理。这次金融危机的爆发给美国的银行业带来了沉重的打击，已造成多家银行破产，其中包括历史上破产规模最大的华盛顿互助银行。然而，与此形成对比的是，尽管 2008 年美国保险业经历了数次巨灾事件，但是却只有很少的保险公司发生破产。哈特维格还认为，虽然 AIG 作为一家保险企业在此次危机中陷入困境而不得不向政府求助，但是我们需要看到，AIG 的问题并不是出在保险业务本身，而是出在其旗下金融产品子公司为次级债券提供的信用违约掉期合约（CDS），政府最终对 AIG 进行救助只是因为 AIG 在整个经济体系中的地位太重要了。

2. 风险传导的有限性

风险传导的有限性主要表现在三个方面：一是由于保险公司之间的紧密度要疏于银行之间的紧密度，致使保险行业风险传导的概率可能要低于银行业。在发达的银行间市场，完善的清算系统已经成为一国商业银行体系的重要组成部分，这在客观上既增加了某一家银行的流动性压力快速波及其他银行的可能性，也增加了某一家银行的挤兑危机在行业内迅速传导的可能性。从这一视角而言，保险行业各家公司相互联系的紧密度不及银行业，这就意味着行业内风险传导的概率可能低于银行业。而且对于保险业的冲击并不会威胁支付体系，但对商业银行的冲击却会如此（Harrington，2009）。二是由于保险公司负债的流动性低于银行，客观上也降低了行业风险传导的概率。银行存款人无论何时支取未到期的存款，损失的部分仅限于部分利息收入，但本利和一定大于本金。而保险公司虽然奉行与银行"存款自愿、取款自由"类似的"投保自愿、退保自由"的原则，但保单持有人若选择盲目退保会因较低的保单现金价值而蒙受较大的损失。三是与银行相比，无论是基于自身经营的特性还是监管目的，保险公司均要求持有相对于负债更多量的资本，因而可减少其面对冲击的脆弱性（Harrington，2009）。为充分保障被保险人的权益，进而限制潜在的风险传导，各国保险监管机构往往做出对寿险公司在偿付能力不足或破产情况下的限制性规定：必须停止其承保新保单并将其现有的长期保单出售给其他保险公司。例如，我国《保险法》第八十九条规定："经营有人寿保险业务的公司，除因分立、合并或者被依法撤销外，不得解散"；第九十二条规定："经营有人寿保险业务的保险公司被依法撤销或者被依法宣告破产的，其持有的人寿保险合同及其责任准备金，必须转让给其他经营有人寿保险业务的保险公司；不能同其他保险公司达成转让协议的，由国务院保险监督管理机构指定经营有人寿保险业务的公司接受转让。转让或者由国务院保险监督管理机构指定接受转让前款规定的人寿保险合同及责任准备金的，应当维护被保险人、受益人的合法权益"。

3. 资金来源的稳定性

现代保险业的一个重要功能就是资金融通。保险经营特性决定了保费收取和赔款支付经常存在一定的时间差和数量差，尤其以寿险经营更为突出，由于寿险产品的长期性和寿险公司负债结构的特殊性，使得资金运用成为寿险业重要的衍生业务。纵观各国保险资金运用的主要渠道，多数包括债券、股票、证券投资基金和不动产等，保险公司早已成为金融市场上的重要机构投资者，也是企业融资的重要来源。

美国著名学者休伯纳教授（1920）曾经指出：寿险的主要目的之一是对节俭和储蓄的促进和保障。没有任何一种商业制度能够像寿险那样与储蓄有那么多的重要关联，有那么多独特而不可替代的作用[①]。保险除含有储蓄的成分，还具备将储蓄转化为投资的功能，虽然银行、证券公司和基金公司等其他金融中介都拥有储蓄转化为投资的功能，但保险业对这一功能的发挥与其说是更有优势、不如说是"与生俱来"。保险可运用资金来源于保费所形成的各种准备金，由于这种负债尤其寿险

[①]　休伯纳（1920）指出，寿险与储蓄至少有四个方面的关系：一是保证储蓄计划不受意外事故的影响而中断，即对储蓄期间的保证；二是寿险本身含有一定的储蓄成分；三是寿险意味着强迫性和便捷的储蓄；四是寿险可以通过其储蓄机制为老年人或活得更久的人的生活提供保障。

负债结构具有长期性特征，短则几年长则达几十年之多，其资金运用要审慎考虑的一个问题就是资产负债的期限相匹配，因此保险资金运用更注重长期性和稳定性。换言之，作为机构投资者的保险公司尤其是寿险公司为追求长期稳定的投资收益，会自觉选择那些具有稳定成长潜力和长期发展前景的投资标的。在风云变幻的金融市场中，保险"以不变应万变"持续稳定地为企业融通资金，与商业银行信贷行为的顺经济周期偏好、可能放大经济波动形成明晰的对比，保险资金融通在一定程度上可以起到熨平信贷周期的作用。

（二）保险业在国家金融稳定中的作用

1. 加快发展保险业有利于优化我国金融体系结构

我国金融体系的发展不平衡，银行业在资产规模、资本实力、人才队伍和网点数量等许多方面都占主导地位，我国金融结构目前最大的问题是：银行主要靠吸纳中短期存款支持长期贷款，资产负债期限不匹配的现象比较突出，这种期限不匹配问题，已经给中国金融体系带来很大的风险。而保险业发展积累的主要是长期资金，在一国金融体系中发挥着银行等其他金融中介无法替代的稳定作用，因此提升保险业在整个金融体系中的地位，加快保险业发展，将有助于我国形成多层次、多支柱的现代金融体系，缓解金融风险过于集中于银行业的压力，减轻整个国家金融体系对于银行的依赖。成熟的金融体系，必须拥有多样化的能够发挥不同作用的金融机构和金融机制，在我国现有的金融机构中，从存款类机构、投资中介类机构、甚至包括被冠以机构投资者之名的基金等，或囿于其资金来源的短期性，或囿于其运作方式的易变性，基本上都是短期投资者，其行为的短期性决定它们难以成为稳定市场的基本力量，甚至可能放大经济和金融波动的因素。而保险机构以及养老基金等契约型机构则不同，由于其资金来源的确定性和长期性，它们天生追求的就是市场的平稳增长和利润的长期化。简言之，保险资金进入金融资源的配置过程，固然有为经济建设筹集更多资金的作用，其更重要的作用则是为我国金融体系的发展提供一种强大的稳定力量，这样一支稳定力量，正是我国金融市场中长期发展中所缺少的。在这个意义上说，保险业的大发展将推动我国金融体制进一步走向成熟。

2. 充分认识保险业可能成为不稳定因素的趋势

保险业在彰显促进一国金融稳定重要作用的同时，也具有其两面性：即保险业日益被视为导致金融系统不稳定的潜在因素（Das，Davies and Podpiera，2003）。随着保险与资本市场间的相互渗透越来越强，保险公司已经成为资本市场最大的机构投资者，在资本市场上具有举足轻重的地位，任何其投资组合的调整都具有"牵一发而动全身"的效应，对债券、股票等金融资产的价格产生相当大的影响，甚至还会引发不动产等其他资产的价格变动。而几乎所有的金融危机都与金融资产价格的过度波动相关，股票、汇率等金融资产价格的狂跌也是金融危机的一个重要标志。这一点足以体现保险业对金融资产价格波动的影响力，使其成为金融体系中的不稳定因素。

3. 有效防范银行与保险的跨部门风险传导至关重要

金融一体化进程的加快，使国内保险业与银行业和证券业等金融机构之间的界限日益模糊，保险市场对信贷市场、货币市场，资本市场的相互依赖性显著增强，其风险特征已与以往大不相同。一是银保合作、银证合作日益密切，银行不仅可以代理保险业务，还可以代理证券业务、代销证券投资基金；二是银行、保险与资本市场间的相互渗透越来越强，保险资金已经可以直接入市，银行资金入市也已提上日程；三是金融控股公司或金融集团公司在我国的发展已构成事实上的混业经营。因此，有效防范银行与保险的跨部门风险传导显得至关重要。从保险业角度而言，可以采取如下防范措施：第一，加强对保险投资业务的风险管控工作。我国保险资金运用的渠道近年来正逐步放宽，从存款、债券、基金、股票，直到基础设施、银行股权、境外投资者以及 2010 年保监会制定的《保险资金投资股权暂行办法》，随之而来的是如何防范化解可能出现的风险，这是保险业在投资逐利过程中必须直面的问题，否则就有可能重蹈次贷危机中部分金融机构的覆辙。第二，审慎选择保险公司综合经营的发展模式。目前银行保险作为我国保险业尝试综合经营的探索形式，未必会"一股就灵"。21 世纪以来全球银行保险模式呈现出两极分化趋势，诸多金融集团在遭遇金融危机后更是今非昔比，这些现象均启示我们：盲目的企业多元化战略，可能会削弱金融结构主营业务的竞争力，甚至会影响整个金融集团的健康发展。银行保险的综合经营，是一个需要解决风险传染、文化差异、渠道冲突、财务管理等各方面问题的循序渐进过程，解决得好能够实现双方的资源整合甚至两者的充分融合，否则双方就有可能貌合神离，出现"综合"而不能整合，更无法融合的情况。

第二章

金融风险传导与保险业风险防范的关系：国际经验研究

　　长期以来，对于金融风险的研究主要集中在银行业和证券业领域，而保险业一般被认为是金融体系中发挥稳定作用的角色。不过，在经济全球化和金融自由化大背景下，随着金融业务国际化水平提高、金融工具创新增多和金融混业深入发展，不同金融业务之间、不同金融机构之间界限越来越模糊。原来与保险机构无关或关联度较小的风险逐渐发挥出越来越大的能量，保险业与金融风险的关系变得越来越复杂，其他领域的金融风险是否也对保险业稳定存在负面影响呢？金融风险向保险业传导的路径如何？为了正确认识这一重要且复杂的问题，在建立理论分析框架的基础上，有必要通过回顾相关历史事件进行检验，寻找佐证，获得启示。

　　有鉴于此，本章从国际视角出发，对世界保险业重大危机事件进行了简要梳理，从宏观角度了解保险业危机的历史进程；接着拉近观察距离，按照历史发展脉络，对亚洲金融风暴、日本寿险业危机、次贷危机引发的全球金融危机及欧洲主权债务危机对保险业冲击影响情况和原因分别进行了分析，得出对我国保险业防范金融风险传导的启示和建议。

第一节　金融风险传导与保险机构经营危机

在金融体系中，金融市场直接受供求关系和其他因素影响，与金融机构相比金融产品价格波动频繁且剧烈。金融市场价格的波动对直接参与资本市场和货币市场金融产品交易的金融机构冲击明显，通过金融市场相互关联的金融机构之间也更容易发生金融风险传导。传统金融机构中，投资银行等核心业务是进行资本市场交易的机构直接面临金融市场价格变动的影响，同时会向非利息收入占比越来越高的商业银行传导风险。相对而言，传统保险公司的主营业务相对特殊且独立性强，监管环境严格，受金融市场风险影响和其他金融机构风险传导的概率较小。不过，保险公司并非完全与金融市场隔离，即使纯粹的保险业务也仍然存在金融风险传导的路径，而且随着银行与保险、证券与保险关系越来越密切，保险公司更是越来越容易受到金融市场风险的影响和冲击。世界保险业发展史上，因为金融环境发生变化，导致保险公司陷入经营困境甚至倒闭的案例并不少见，在金融危机中保险业受到打击的例子更是近在眼前。

一、保险业重大危机事件及原因分析

从 20 世纪 90 年代开始，随着金融管制放松，金融自由化程度不断提高，历史上不仅出现过多次银行业金融危机，受金融风险传导导致的保险业重大危机事件并不少。所谓重大危机，是指在该国或该地区的具有举足轻重地位的保险公司出现经营危机，甚至破产、倒闭、被接管，或者出现同类问题的保险公司数量较大，引发了相当大的震动和冲击。

（一）世界保险业重大危机事件

乌代伯·达兹（Udaibir S Das，2003）[①] 在东南亚金融危机蔓延成亚洲金融危机的背景下，与大部分研究者关注货币贬值和银行业危机不同，专门对保险业面临风险的变化和影响进行了研究。他们认为，保险公司与商业银行、证券公司一样是金融中介，仅把保险公司作为分散风险的渠道而忽视其自身风险是不充分的。他们认为，保险公司面临的风险有三类，即技术风险、投资（资产）风险和其他风险。其中技术风险与保险核心业务有关，比较典型的问题如定价过低、准备金不足、再保险安排不合理等。投资（资产）风险则与外部风险传导密切相关，主要来自保险公司投资组合风险或负债风险，包括市场风险（包括利率波动、证券价格变化、房地产价格变化、汇率波动等）、信贷风险和流动性风险。商品市场（主要是房地产市场）和金融市场风险将通过保险公司投资组合或投资连结型保险产品传导给保险公司。他们列举了 1985～2002 年 8 个国家发生的保险业经营危机事件，包括澳大利亚的 HIH 非寿险公司流动性危机、加拿大联邦人寿保险公司被接管等，并对发生起因和结果进行了归纳。其中大部分与保险公司投资风险相关，尤其是受金融市场风险波动影响更大。

表 2-1 参照乌代伯·达兹（2003）的研究方法，对世界保险业重大危机事件进行了补充扩展和重新总结，尤其是增加了 2002～2012 年的新情况。在新扩展的时期中，发生了日本寿险业危机、全球金融危机和欧洲次贷危机，对于观察和分析金融传导对保险业的影响有着重要意义。

[①] "Insurance and Issues in Financial Soundness," IMF Working Papers 03/138, International Monetary Fund. https：//ideas. repec. org/p/imf/imfwpa/03-138. html.

表 2 - 1　　　　　　　与金融风险传导相关的世界保险业
重大危机事件（1990 ~ 2012 年）

时期	国家或地区	事件	原因分析
1990 ~ 1991 年	美国	约 120 家保险公司陷入财务困境，甚至倒闭典型事件是 Executive 寿险公司破产	在通货膨胀背景下，传统寿险产品吸引力下降。为了挽留客户和提高业务量，在金融管制放松激励下，美国寿险公司推出了大量高投资回报率型产品，并将保费收入广泛投资于高风险高回报资产，尤其是过度投资于房地产和垃圾债券。因投资未及预期，造成偿付危机
1994 年	加拿大	加拿大联邦人寿被监管当局接管	通过子公司进入衍生品市场，发行了大量担保抵押合同和年金，因为房地产市场下滑导致无法满足到期担保抵押合同，陷入流动性危机
1994 ~ 2002 年	法国	Europavie 寿险公司陷入财务困境，后被 Thinet 金融集团收购	房地产泡沫背景下，Europavie 销售了大量保证高利率回报的投资连接保险。2001 年股票市场和房地产市场全面下滑，保险公司随之受损
1996 ~ 2003 年	日本	东邦人寿等 7 家中等规模寿险公司倒闭	经济繁荣期向投保人提供高利率回报率保单，到 20 世纪 90 年代，日本金融管制放松，市场回报率下滑，无法如约兑现回报。同时过多投资于房地产、股市，泡沫破灭中损失巨大
1998 ~ 2002 年	韩国	第一人寿保险公司等多家保险公司出现挤兑危机，被重组或重新融资，甚至出售	采取了类银行运作方式，发放了大量贷款，向投保人出售短期储蓄产品1997 年东南亚发生货币危机和金融危机，保险公司不良贷款问题和流动性问题爆发。客户对保险公司信任度下降，大量退保

续表

时期	国家或地区	事件	原因分析
2008 ~ 2012 年	美国为代表的主要欧美国家	美国第二大债券保险商 Ambac、全球最大的债券保险公司 MBIA、债券保险商 FGIC、全球最大的综合型保险公司 AIG 等多家保险公司出现巨额亏损，财务状况迅速恶化，濒临倒闭边缘或已经进行重组或清算。美国保险业利润大幅下滑。瑞士再保险公司在 2007 年 10 月披露在信用违约互换产品上损失了 10.7 亿美元	美国推行"居者有其屋"的国家政策，房地产信贷宽松，合格贷款人条件一再下调，大量次级贷款充斥市场。银行、信用评级机构、投行和保险公司均通过各种金融工具参与到房地产行业中 自 2007 年底以来，美国抵押贷款市场继续以出乎市场预期的速度恶化。2006 年和 2007 年发放的次级抵押贷款和 ALT – A 贷款的违约率继续大幅上升，2006 年发放的次级抵押贷款的违约率已经达到 17%；对美国房价下跌幅度的看法更加悲观，失业率上升，普遍认为美国衰退的风险正在加大。在这一新形势下，美国保险公司成为新一轮危机波及的"重灾区"，多家保险公司均宣布了巨额亏损并遭遇评级下降。信用评级下降进一步打击了市场信心，保险公司持有的资产价格进一步下降，形成恶性循环
2008 ~ 2009 年	日本	大和生命保险申请破产，成为日本在美国次贷危机中首家破产的亚洲金融机构	受美国次贷危机影响，保险公司股票价格大跌，资产价格下降，资不抵债
2011 ~ 2012 年	欧洲	由希腊开始，欧洲爆发主权债务危机，宏观经济下滑，信用评级下调，低利率等多重因素冲击保险业，欧洲多国保险公司遭受严重损失，并影响世界	外部原因是为应对 2008 年金融危机，欧洲各国采取了宽松宏观政策，政府债务水平因此提高，希腊率先宣布政府债务水平远高于欧元区规定水平，接着周边国家相继出现主权债务问题。根本原因是欧元区福利水平过高、各国发展水平不一致，以及货币政策和财政政策不完全统一

　　资料来源：根据 "Insurance and Issues in Financial Soundness"，IMF Working Paper（2003），以及腾讯财经、新浪财经、搜狐财经、中金在线等相关文章综合整理。

（二）美国保险公司经营失败事件

当我们把视角从世界范围集中于某一国家，会更清晰地观察到保险公司从来不是安然无忧的"理想国"，保险公司经营失败的事件并不鲜见。美国是世界金融中心，保险发展深度和密度均是世界第一队列。接下来以美国保险业为例，观察一下保险公司经营失败的情况。

美国联邦人寿保险和健康保险协会（The National Organization of Life and Health Insurance Guaranty Associations，NOLHGA）[①] 官网上列举了 1983 年以来经营出现严重问题的美国保险公司名单（见表 2 - 2）。其中包括两类：第一类是被称为损害类（Impairments），是指那些已经接管但尚未倒闭的公司，其名称旁边有星号；第二类被称为破产类（Insolvencies），是指那些已经倒闭的公司或被清算的公司。截至 2018 年 2 月 12 日，该清单中两类公司已经有 72 家。NOLHGA 基于服务宗旨，主要是向相关美国居民对这些保险公司被接管或清算的情况进行披露，包括适用的法律规范、原有业务接续情况以及相关美国居民如何维护自己的权益等。

表 2 - 2　　　　美国保险业重大危机事件（1991 ~ 2017 年）

年份	保险公司	经营状态
1991	Executive Life Insurance Company	破产清算
1991	First Capital Life Insurance Company *	资不抵债破产
1991	George Washington Life Insurance Company	破产清算
1991	Inter - American Insurance Company of Illinois	整顿无效破产
1991	Midwest Life Insurance Company	自愿接受接管，最终破产清算
1991	Mutual Security Life Insurance Company	整顿无效破产

①　美国联邦人寿保险和健康保险协会成立于 1983 年，是由美国所有州（共 50 个）和哥伦比亚特区的人寿和健康保险保障协会共同组成。其成立目的是，建立一种保障机制，为遭受人寿保险或医疗保险公司破产损害的美国居民协调和帮助。

续表

年份	保险公司	经营状态
1992	Diamond Benefits Life Insurance Company/Life Assurance Company of Pennsylvania	宣布破产
1992	Fidelity Bankers Life Insurance Company	被勒令整顿。虽经努力寻找合作者，7 年后破产清算
1992	Fidelity Mutual Life Insurance Company *	被勒令整顿，4 年后恢复盈利和达到偿付能力标准
1992	Guarantee Security Life Insurance Company	破产清算
1992	Old Faithful Life Insurance Company	破产清算
1993	American Integrity Insurance Company	由州监管部门接管，后破产清算
1993	Andrew Jackson Life Insurance Company	亏损严重，后破产清算
1993	Investment Life Insurance Company of America	整顿无效破产
1993	Mutual Benefit Life Insurance Company	整顿无效破产
1993	New Jersey Life Insurance Company	破产清算
1993	Unison International Life Insurance Company	破产清算
1994	American Educators Life Insurance Company	被接管整顿无效，破产清算
1994	Confederation Life Insurance Company （CLIC）	被接管整顿无效，破产清算
1994	Consolidated National Life Insurance Company	被接管整顿无效，破产清算
1994	Consumers United Insurance Company	破产清算
1994	EBL Life Insurance Company	破产清算
1994	Kentucky Central Life Insurance Company	整顿无效破产
1994	Monarch Life Insurance Company *	残障业务被停办，到目前为止仍在整顿中
1994	Old Colony Life Insurance Company	整顿无效，破产清算
1994	Pacific Standard Life Insurance Company	集团总部提出重组申请，州监管部门接管无效后破产
1994	Summit National Life Insurance Company	被勒令整顿后不久破产清算
1995	National Heritage Life Insurance Company	被勒令整顿，一年后破产清算

年份	保险公司	经营状态
1995	Supreme Life Insurance Company of America	被勒令破产清算
1996	Coastal States Life Insurance Company	被勒令整顿，后破产清算
1997	American Life Assurance Corporation	资不抵债，破产清算
1997	American Western Life Insurance Company	被宣布破产，所有保单解除
1997	First National Life Insurance Company	被勒令整顿，部分保单转出，后清算破产
1998	American Standard Life & Accident Insurance Company	先被接管，3 年后复业，6 年后破产清算
1998	Centennial Life Insurance Company	资不抵债，破产清算
1998	Universe Life Insurance Company	被责令破产清算
1999	Family Guaranty Life Insurance Company	整顿无效，破产清算
1999	First National Life Insurance Company of America	整顿无效，破产清算
1999	Franklin American Life Insurance Company	整顿无效，破产清算
1999	Franklin Protective Life Insurance Company	整顿无效，破产清算
1999	International Financial Services Life Insurance Company	整顿无效，破产清算
1999	Statesman National Life Insurance Company	被责令破产清算
2000	American Chambers Life Insurance Company	被接管，破产清算
2000	Bankers Commercial Life Insurance Company	破产清算
2000	Farmers and Ranchers Life Insurance Company	整顿无效，破产清算
2000	National Affiliated Investors Life Insurance Company	责令整顿，不到一年以后进行了破产清算
2001	Reliance Insurance Company	整顿无效，破产清算
2003	Legion Insurance Company	整顿无效，破产清算
2003	Villanova Insurance Company	整顿无效，破产清算
2004	Life & Health Insurance Company of America	陷入财务困境而被接管，后破产清算
2004	London Pacific Life & Annuity Company	申请整顿，之后破产清算

续表

年份	保险公司	经营状态
2004	Old West Annuity & Life Insurance Company *	以抵押贷款为主业的母公司破产，因此申请破产清算，后经协商，与两家寿险公司达成重组协议
2004	Western United Life Assurance Co. *	以抵押贷款为主业的母公司破产，因此申请破产清算，后经协商，与两家寿险公司达成重组协议
2005	States General Life Insurance Company	破产清算
2007	Benicorp Insurance Company	整顿无效，破产清算
2008	Lincoln Memorial Life Insurance Company	先被接管，后破产清算
2009	Medical Savings Insurance Company	向法院申请过渡计划获批，大部分业务已自愿终止
2009	Old Standard Life Insurance Company	以抵押贷款为主业的母公司破产，因此申请破产清算，后经协商，与两家寿险公司达成重组协议
2010	Booker T Washington Insurance Company, Inc.	被勒令整顿，并申请调整整顿计划，之后破产清算
2010	Imerica Life and Health Insurance Company	被勒令整顿，不得开展新业务，之后进行破产清算
2010	National States Insurance Company	被紧急接管，经整顿无效，破产清算
2010	Universal Life Insurance Company	整顿无效，破产清算
2011	Golden State Mutual Life Insurance Company	被紧急接管，新业务停办，被短暂收购，后破产清算
2012	Standard Life Insurance Company of Indiana	被非寿险资本保险公司收购，原寿险保单进行清算
2013	Executive Life Insurance Company of New York	被勒令整顿，部分业务仍开展，之后进行破产清算

续表

年份	保险公司	经营状态
2013	Lumbermens Mutual Casualty Company	进入整顿程序，只有小部分业务在开展
2013	Universal Health Care Insurance Company, Inc.	破产清算
2015	CoOportunity Health	破产清算
2015	SeeChange Health Insurance Company	被接管，之后破产清算
2016	American Medical and Life Insurance Company	破产清算
2017	American Network Insurance Company	廉政专员提出清算申请，法院驳回，事件发酵中
2017	Penn Treaty Network America Insurance Company	廉政专员提出清算申请，法院驳回，事件发酵中

资料来源：http：//www. nolhga. com/factsandfigures/main. cfm/location/insolvencies。

（三）我国保险业重大危机事件

1949 年之前，影响我国保险业发展的最主要因素是政治因素，保险公司经营的最大风险来自国运衰微、战乱以及政治动荡等。一般认为，我国现代保险业最初是 1801 年随着国外殖民主义入侵由海外输入进来的，最初主要由外资保险公司掌控，华商保险公司基本上沦为外资中介代理。国民政府一直试图建立全国性保险市场，并在 1945 年终于成立。然而，战乱不止，社会动荡，保险业自然没有发展的根基。1949 年新中国成立后，在朝鲜战争、"三反五反"、公私合营等一系列大态势变动中，中国保险业发展力不从心。虽然有人保创立等标志性事件，但受"左"倾思想和"文化大革命"等运动的冲击，国内保险业务全面停办，直到 1979 年才正式恢复。

保险业务有巨大的市场需求，国内保险业务恢复后，随着逐渐摆脱计划经济束缚，迎着改革开放的春风，我国保险业迅速发展，发展速度令人惊叹。当然在保险业蓬勃发展的道路上，因为摸着石头过河，经营方式粗放，相关法律法规尚不完善，缺乏必要监管，保险业多次出现重大经营危机（见表2－3）。虽然这些经营危机具体表现形式各异，涉及的具体保险公司有所不同，触及的问题却有类似之处。与世界保险业经营危机相对照，我们可以发现二者之间有大量相似之处，比如"利差损"造成的赔付压力和次贷危机冲击等。与世界保险危机不同的是，我国保险业早期经营风险更多地源于"青春期"的懵懂和冲动和"草莽时代"的粗放和冒进。随着改革开放步伐加快，保险业规范程度显著提高，以上问题明显减少，越来越多地受到其他金融领域风险和国际金融风险传导因素影响。

表2－3　　　　　　　　　　　　　我国保险业重大经营危机

时期	涉及公司	事件	原因分析
1989 ~ 1992 年	多家保险公司	海南房地产泡沫破裂，导致巨额坏账。保险公司盲目投资于房地产、有价证券，甚至委托贷款，海南房地产泡沫出现后，宏观调控急刹车，导致出现较大数量的不良资产	在计划经济向市场经济转轨过程中，打破大一统管理格局，改革国有体制病，放权让利，总公司权力下放。在调动分公司积极性方面起到了良好作用，不过放权方式简单粗放，分公司自有资金使用权过大，缺少必要监管，形成了"乱投资"风潮
1980 ~ 2006 年	中国人保	盲目介入海外责任险市场导致大笔坏账。人保总公司后来1992年成立了专门处理美国责任保险赔案的工作组，一直到2006年大多数案件才结清	我国保险业当时恢复国内业务时间不长，保险需求旺盛，业务增长迅猛，业务拓展热情高涨。人保1980 ~ 1984年介入大量海外业务，其中有些是风险极高的"石棉责任险"等"长尾业务"。当时国内保险市场对此类保险的风险认识普遍不足，尤其是对英美国家侵权责任法律规定和诉讼情况严重缺乏了解
1996 ~ 1999 年	中国人寿、中国平安、太平洋等多家寿险公司	受"利差损"影响，大幅度亏损，影响深远	央行持续降息，保险公司承诺回报率较高，预定利率高于投资回报率，形成利差损。保险公司投资渠道狭窄，主要投资于债券市场和货币市场，受利率影响较大。同时，当时很多保险公司高管没有重视利差损问题，反而认为是发展业务的机会，大量承保，形成隐患

续表

时期	涉及公司	事件	原因分析
1999～2001 年	中国平安保险为主要代表	平安保险推出投连险,成为热销品种,各家保险公司纷纷效仿。后出现大幅度亏损,到 2002 年上半年,投连险收益率降幅高达 36.04%,引发退保潮全国投连险退保率为 4.9%。平安保险声誉受到很大影响,保费规模大幅度下滑	在银行降息影响下,投资渠道受限的保险业利差损显著扩大,导致保险公司依靠传统保险产品难以为继。投连险迎合保险消费者既要保障,有希望回报的心理,产品设计又可以挣脱利率束缚,成为解药和良方 投连险收益率与股市紧密相关。在产品推出初期,正值我国股市单边上扬时期,投连险收益丰厚,一时间销售火爆。然而,后期销售宣传偏离正常轨道,收益被放大,风险被缩小,业务盲目扩张,忽视了风险管控。股市转向之后,收益率接连下挫,投连险客户亏损严重
2004 年	中国人寿中国财险中再人寿新华人寿	证券行业出现机构资金断裂、机构破产风潮保险公司因委托证券公司投资,大量资金受困,出现"资金托管"危机*	保险公司投资渠道非常狭窄,在合规范围内进行投资收益率过低,同时缺乏保险资金运用管理规定和制度约束。此时期,中国股市涨幅迅猛,包括保险机构在内的大量企业资金涌入资本市场,体现了市场化改革的成效。但是,证券市场规范度仍然不够,保险资金投资风险意识和管理水平都存在问题
2008 年	中国大地保险等多保险公司	保险行业偿付能力危机。2008 年 6 月 10 日,中国大地保险被保监会叫停多地分公司非车险业务,直至 11 月 21 日才解除限制2008 年 7 月 15 日,时任保监会主席吴定富透露,根据保监会初步测算,截至 2008 年 6 月底,偿付能力不足的保险公司为 12 家,比年初增加两家,且个别公司偿付能力严重不足	我国保险市场快速发展,市场主体增加,同业竞争压力加大。新加入的保险公司急于保费上规模,扩大市场份额,保险销售渠道投入成本较高,表面繁荣之下潜藏风险。另一方面,中小保险公司资本金原本不足,承担了过多业务后赔付压力较大,又缺少较好的投资渠道和资金运用能力,容易出现偿付能力不足问题外部原因上看,2007 年下半年之后资本市场不景气,股债两市疲软,保险公司投资收益普遍受影响

续表

时期	涉及公司	事件	原因分析
2008 年	多家寿险公司	中国各地出现大规模退保，保费增长与 A 股市场一样经历了单边下坠形态，直接威胁保险公司现金流。保险公司现金流出现危机 中国太保利润同比下降 32.6%，中国人寿同比下降 46.9%，中国平安亏损 7 亿元（主要是计提富通投资巨额损失准备）	宏观因素和外部因素是美国次贷危机。2008 年 9 月，美国次贷危机爆发，房地美和房利美由政府接管，雷曼兄弟破产，美林证券被美国银行收购，AIG 国有化。金融海啸席卷全球，保险业难免受损，波及我国保险业，保险公司利润大幅下降 微观因素和内部因素是商业保险销售导向为主，保险产品轻保障、重投资氛围浓厚，尤其银保产品投资型保险占比过高，保险收益与证券市场联系紧密。2007 年 12 月到 2008 年 12 月，上证指数跌幅达 60.10%，保险投资收益大幅度下降

　　注：＊2004 年 6 月，中国人寿被托管在闽发证券的 4.12 元国债无法转出，10 月中国人寿在香港联交所网站发布消息称，一项高达 4.46 亿元的国债未能收回。2004 年 9 月 3 日，汉唐证券资产由中国信达资产管理公司托管经营，这些资金冻结，不能再交易。2004 年 10 月，中国财险发布公告，称公司在汉唐证券内存有 3.565 亿元国债和 5685 万元现金。中再人寿在汉唐证券有 4 亿元左右委托投资，占其注册资本金的一半。新华人寿 6 亿元资金受困破产的南方证券。

　　资料来源：陈恳：《迷失的盛宴：中国保险产业 1919～2009》，浙江大学出版社 2009 年版；王安：《保险中国 200 年》，中国言实出版社 2008 年版。

二、保险业危机的原因剖析

　　在较早研究文献和一般认识中，金融风险和金融危机主要与银行业和金融市场相关，而保险行业则往往被视为发挥缓解经济波动、降低金融风险作用的角色。传统保险业务商业模式通过为客户提供风险保障服务收取保费，利润来自总保费收入减去损失赔偿金与营业费用的差额。在这种经营模式下，保险公司的经营风险主要来自收取保费不足以抵偿损失赔偿金和营业费用。虽然在理论上，存在大量风险集中发生而导致偿付能力不足的风险，不过现代保险公司基于大数法则和保险精算等对风险事件预测更加精密准确，通过建立责任准备金制度、进行再保险等风险管理方式，保险公司极少会因一般性风险事件发生经营危机。保险公司陷入困境更多的是因为定价失误或者承保风险集中发生造成的。随着保险公司业务拓展，尤其是保险公司跨行业经营增多，保险业经营模式发生了比较大的变化，保险资金投资领域不断拓宽，保险业越来越多地因为利率、汇率波动和资本市场动荡受到影响。对保险业更为显著的影响体现在金融危机中其他金融领域的风险对保险公司经营的冲击。造成保险公司经营失败的原因往往不是单一因素，而是多种因素共同造成的。

（一）管理风险是传统保险发生危机的根本原因

尽管保险公司经营失败的原因是多重的，经营不善似乎总是其中之一。从我国保险业出现的危机事件看，无论事件发生过程如何，无论表现为何种形式，企业自身管理漏洞都是根本因素。缺乏良好治理机制和控制风险能力，是导致大部分危机事件的本质原因。我国现代保险业从恢复国内业务起到现在不过 30 多年，无论是保险机构工作人员还是企业管理者，无论是保险企业还是保险监管者，管理经验和专业水平都是逐步积累和发展起来的。

从世界经验上看，保险公司破产原因更多体现在内部原因上。著名的夏玛报告（Sharma Report，2002）通过对国际上保险公司失败案例原因链条进行了具体分析，认为保险公司经营失败的原因可以分为内部根本原因和外部促发原因。该报告明确指出，保险公司自身管理问题是保险公司失败或者走向失败的真正根源所在，具体来说包括管理者脱离专长领域或者缺乏专业管理能力、管理者过度偏好风险、管理者缺乏协调整合全局的掌控能力以及子公司因缺乏自主权无法及时采取应对策略等。而外部原因，包括社会、技术、人口、政治、法律等风险以及巨灾风险和极端事件风险主要是促发了风险，并不是最主要的因素。

（二）保险公司经营失败多重因素均与介入新市场有关

从原理上说，风险的暴露只是保险公司倒闭的原因之一。保险公司经营危机可能是来自巨灾导致的大量索赔（如由于飓风造成大量小额索赔）或个别大额索赔（如火灾中的一座大型建筑物被毁）。除此之外，公司失败可能是由许多不同因素或这些因素组合引起的。AM Best（1999）报告中对 1969~1998 年 426 家[①]美国保险公司破产原因进行了分析，总结了 8 个原因，按占比情况依次是：（1）准备金不足。保险公司是经营风险的专业机构，审慎经营的理念是其稳健发展的保障。保险公司责任准备金的数额或比例，一般是根据对承保风险进行科学分析测算得出的，依据的是大数法则和概率计算以及保险精算。然而，一方面准备金计算依据的是历史数据，如果出现"黑天鹅"事件，或者预测之外的巨灾及赔付金额的法律规定发生变化，仍然会造成准备金不足；另一方面更容易出现的是管理者缺乏专业素养或过于追求高收益（因此忽视或偏好风险），或对风险准备金重视不够，甚至以违规手段规避对准备金的监管，导致准备金低于监管水平。（2）盲目快速扩张。在保险业发展初期，保险公司业务普遍快速扩张，业务增长速度过快，管理水平无法同步跟上。有的保险公司在市场繁荣时期过于乐观，快速上规模，铺摊子，成本迅速增长，而收益难以保证。（3）涉嫌欺诈。包括保险公司涉嫌虚假宣传等问题。（4）资产高估。比如对持有的有价证券过于乐观，对商誉赋予过高评价。（5）巨灾损失。通常对财产和责任保险公司影响更大。（6）业务巨变。（7）关联交易方受损。（8）再保险失败。

AM Best（1999）进一步对造成保险公司破产不同原因所占比例做了初步统计（见表 2-4），其中准备金不足和快速扩张占了其中半数。

[①]　AM Best 报告中收集到该期间破产的保险公司总样本量为 640 家，其中 214 家公司因未能确认最主要的破产原因未计入统计分析，剔除后样本量为 426 家。

表 2 - 4　　　　　　　　　　保险公司破产原因

破产主要原因	保险公司数量	所占比例
准备金不足	145	34%
快速扩张	86	20%
涉嫌欺诈	44	10%
资产高估	39	9%
巨灾损失	36	8%
业务巨变	28	7%
关联交易方受损	26	6%
再保险失败	22	5%
总计	426	100%

资料来源：AM Best（1999），Best's Insolvency Study – Property/Casualty Insurers 1969 – 1990. https：//www. researchgate. net/publication/263374472 _ Best's _ Insolvency _ Study – Property Casualty_Insurers_1969 – 1990。

　　AM Best（1999）的分析，具有重要研究意义，不过对于保险危机原因的探究仍有需要探讨的地方。其中一个关键问题，是所选取的保险公司经营失败原因，主要是容易分类、观察和获取数值，并不都是导致失败的根源，或者说有的指标本身是结果，而不是原因[①]。比如快速增长一项，可能是因为保险公司对产品的定价失误，价格偏低造成的，也可能是承保控制不到位，接受了过多风险过高的保单；资产高估或者虚高，既可能是因为公司资产估价模型、方式不适当，也可能是会计准则不当或者登记数字错误。因此，导致这些因素存在或发生作用的原因需要进一步讨论才能更深入挖掘出真正的根源，而且还需要分析这些深层次因素之间是否存在相互影响。

　　荣格麦希（Roger Massey）等人提供了一篇非常具有启发意义的工作论文[②]，对上述问题进行了深入分析，对各种保险公司破产原因之间相互

---

　　① 除了选取和划分破产原因仍然需要深入外，该分析只是针对美国市场进行的分析，与美国有显著差异的国家，保险公司失败的原因可能会大相径庭。

　　② "Insurance Company Failure"，Institute and Faculty of Actuaries，https：//www. actuar-ies. org. uk/documents/insurance-company-failure。

关联情况给出了一个保险公司失败原因的"原子结构图"（见图 2 - 1）①。

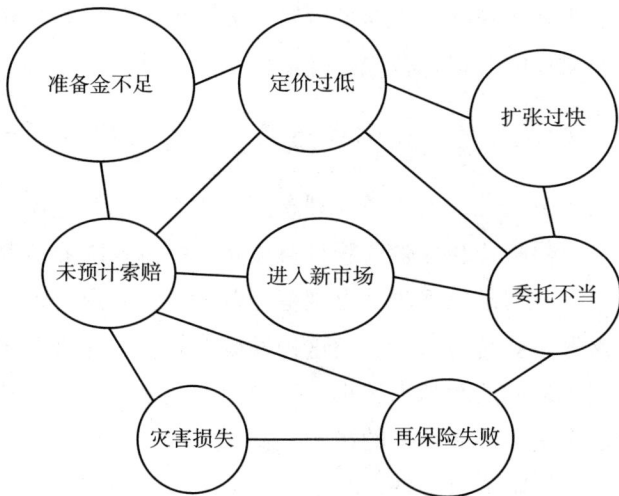

图 2 - 1　保险公司失败原因原子结构图

从图 2 - 1 中我们发现，虽然准备金不足和定价过低是引发保险公司失败最常见的原因，不过引起保险公司的诸多因素均与进入新市场有关联。比如定价过低问题的产生，往往是因为保险公司为了进入新市场，或者进入后为了取得竞争优势，主动或被动采取了价格战。然而，其纯保费是自然费率，由承保发生概率和可能造成损失程度锁定。低价短期取得竞争优势，市场份额扩大，反而会进一步把公司置于财务风险之中，最典型的问题就是准备金不足。对新市场的认识不足，也往往会面对意想不到的索赔，加剧准备金不足问题。为了开拓新市场，尤其为了快速扩张，采取业务委托或者外包的方式是常见做法。委托或者外包会带来增加营业成本、代理人或者承包方违约等问题。进入新市场还会带来再保险安排不尽合理的问题。一种情况是无法将新市场承担风险转

① "The Atomium of Insurance Company Failure"。对于每种因素之间相互关系的详细分析请参见原文。

移给再保险公司（再保险公司不接受），还有一种情况是可以转移风险，但再保险成本较高，另外再保险公司也可能处置不当，赔付金不足。总之，介入新市场会带来新的风险，而其中外部风险的传导是不可忽视的，甚至对保险公司经营稳定性的影响越来越大。

（三）金融风险传导逐渐成为保险危机的重要因素

随着我国经济发展，市场经济理念深入人心，法制逐渐健全，金融改革稳步推进，保险业和保险监管日益成熟。我国保险业草莽时代已经成为过去，保险公司已经逐步走上规范经营、科学发展的道路，正在向世界发达国家保险业奋力追赶。在这种发展背景下，保险公司内部管理问题和保险监管漏洞问题越来越小，反而因为金融混业步伐和国际化加快，面临着越来越多外部环境的影响。

综合国内外保险危机事件，20世纪90年代以来，保险业重大经营危机除了几次巨灾（如拉尼娜飓风、"9·11"恐怖袭击）对保险公司的影响以外，主要是外部市场冲击造成的，而且金融环境的变化是其中最主要的原因。总体来说，可以概况为以下几个方面：（1）保险业务，尤其是寿险业务创新，投资理财型保险产品占比提高，保险资金投资渠道扩大，保险业务与金融市场联系日益紧密，保险公司追逐更高收益率必然需要承担更大投资风险。（2）金融监管放松和金融自由化，金融混业成为大的趋势，金融创新层出不穷，银行保险发展迅猛，银行和保险以及其他金融业务交叉成为普遍现象，保险公司除了核心的保险业务，可以涉足其他金融领域，甚至非金融领域，面临的风险类型更加广泛，需要掌握的风险技术更加复杂。（3）保险混业推动下，保险公司和其他金融机构之间交叉持股现象增加，金融控股公司、金融集团等组织形式涌现，资产负债表管理难度增加，金融风险传导更加隐蔽和复杂，金融监管难度加大，容易出现监管真空或漏洞，系统性风险提高。（4）金融一体化的背景下，金融风险并不完全需要交易关联才会产生风险传导，声誉风险影响更大。（5）经济全球化和金融全球化带来了交易便利和资源有效配置的同时，让跨国、跨地区之间风险传导也更加迅捷，冲击更加直接；美国次贷危机中，出现危机的保险公司主要问题不是在其保险业务上，主要是因为参与了次贷、次贷衍生品及复杂衍生工具交易造成了巨大损失，进而牵连了保险本业。（6）只要发生金融危机，无论是否始于保险业或者与保险业交易相关，均会冲击宏观经济，包括降低国民收入，造成资产价格下滑，金融市场低迷，打击投资和消费信心，甚至降低客户对保险业的满意度和信任度，影响保险业发展环境，对整个保险业造成短期和长期的负面影响。

第二节 亚洲金融危机对保险业的传导及日本寿险业危机根源

　　1997 年亚洲金融危机是一次经典的金融攻防战，我国在此次金融危机中表现出的胆识和勇气体现了对地区金融稳定负责的态度和能力。亚洲金融危机过去已经 20 年了，但是此次危机的影响和引发的思考仍然没有结束。2008 年金融危机之前，我国学术界就有学者提出，要警惕金融危机卷土重来[①]，日本《读卖新闻》2007 年 6 月 26 日发表文章，认为金融危机虽然已经过去 10 年，但由于规模庞大的对冲基金仍活跃于亚洲市场，亚洲可能再次面临金融危机风险[②]。而现在，亚洲金融危机的阴影不但没有远去，反而更加让人关注。亚洲金融风暴的始作俑者，投资大鳄索罗斯在 2016 年初时直言不讳地宣称，全球面临通缩压力，中国经济将会硬着陆，做空了亚洲货币和美股[③]。国泰君安宏观分析师任泽平、冯赟在《华尔街见闻》发表了 "97 亚洲金融风暴会否卷土重来" 一文，认为考虑到当期国际经济和金融局势，与亚洲金融危机多有相似，回顾历史，不忘教训，确实非常有必要。

---

① 丁志杰：《亚洲金融危机会不会重来》，载《中国外汇》2007 年第 7 期，第 47~48 页。

② 新华网，http：//news. xinhuanet. com/world/2007 -06/28/content_6302237. htm。

③ 凤凰国际：《索罗斯卷土重来 亚洲金融危机对当下的三大启示》，http：//finance. ifeng. com/a/20160127/14193091_0. shtml。

一、亚洲金融危机对保险业的传导

(一) 亚洲金融危机简要回顾

回顾历史，1997～1998 年亚洲金融危机被认为是近年来世界历史上最重要的经济事件之一。危机始于 1997 年 7 月初，泰国泰铢价格剧烈浮动，对国内经济产生强烈冲击，并快速向韩国、印度尼西亚、菲律宾和马来西亚蔓延。亚洲金融危机导致东亚和东南亚国家发生严重的货币贬值和经济衰退，数十年的经济成果快速蒸发殆尽。亚洲区域性"金融海啸"后来又波及俄罗斯 (1998 年)、巴西 (1999 年)、阿根廷和土耳其 (2001)，实际上已经演变为全球性金融危机。

亚洲金融危机分为三个阶段。第一阶段以泰国放弃本国货币泰铢与美元的固定汇率，实施浮动汇率为开端。1997 年 7 月 2 日，消息发布当天，泰铢兑换美元的汇率下降了 17%，引发了外汇及其他市场的混乱和恐慌。由于泰国与东南亚其他国家之间贸易和金融往来密切，泰铢汇率突然暴跌，导致菲律宾比索、印尼盾、马来西亚林吉特相继受到抛售或者炒作，几国央行采取各种方式挽救，但是效果不佳，新加坡、韩国相继也卷入了金融风暴当中。韩国政府不得不向国际货币基金组织求援，虽然暂时控制住了危机，韩元危机已经对韩国金融业以及在韩有大量投资的日本金融业造成了冲击。1997 年下半年，日本一系列银行和证券公司相继破产倒闭。至此，最初由泰国开始形成的东南亚金融风暴演变为亚洲金融危机。

第二阶段是 1998 年 1～7 月。鉴于国际货币基金组织为东南亚各国提出的缓解危机措施并未取得预期效果，印度尼西亚等国宣布取消浮动汇率，施行本国货币与美元保持固定汇率等措施，但是遭到国际基金组织及美国、西欧的一致反对。

第三阶段是 1998 年 7～12 月末。亚洲金融风暴的影响开始向其他国家和地区扩散，日元汇率持续下跌，美国股市出现动荡，俄罗斯股市动荡、卢布急速贬值。在此危机时刻，在中国大陆坚定支持之下，香港金融管理局动用外汇基金，运用公开市场工具，大量吸纳国际炒家抛售的港币，成功稳定了港元汇率水平。国际投机资金在香港市场损失惨重，最终不得不偃旗息鼓。

（二）亚洲金融危机对保险业的影响

影响之一是地区经济发展速度遭受挫折，直接牵累保费收入。从20世纪60年代开始，韩国、新加坡，以及中国台湾和中国香港先后推行出口导向型战略，重点发展劳动密集型的加工产业，在短时间内实现了经济的腾飞，被称为"亚洲四小龙"，所谓"东亚模式"引起全世界关注。然而，1999年的亚洲金融危机将"亚洲四小龙"的经济带入了低谷，并且带来了沉重的经济负担和社会成本。亚洲金融危机爆发后的1998年，新加坡GDP增长率为1.5%，菲律宾GDP增长率轻微下挫，为-0.5%，中国香港GDP增长率为-5.1%，印度尼西亚GDP增长率跌至-13.7%，马来西亚GDP增长率跌至-6.7%，韩国GDP增长率跌至-5.8%，泰国GDP增长率跌至-9.4%[1]。超过100万人的泰国人和大约2100万印度尼西亚人发现自己在短短几周内因为本币巨幅贬值，个人储蓄和资产价值变成了危机前的1/10。随着公司倒闭和裁员，数以百万计的人失业。通货膨胀下商品价格飙升，生活成本大大提高。因为外汇储备告罄，货币贬值，政府财政预算异常拮据，不得不进行财政紧缩，原本萧条的经济发展雪上加霜。在经济增长乏力甚至下滑的宏观背景下，保险业收入水平难以独善其身。1998年，泰国、韩国、马来西亚、日本，以及中国香港等国和地区保费增长均大幅度下挫，财产险甚至出现了负增长。财产险中下滑最严重的主要是机动车辆保险。这本来是财产保险中占比较大、增长较快的部分，由于金融风暴居民收入锐减，加上本币严重贬值，进口车价格暴涨，因此汽车购买量受到重大影

---

[1] 《1997年亚洲金融危机始末》，和讯网，http：//news. hexun. com/2008 – 09 – 17/108958771. html。

响。寿险业务因为业务减少和退保增加遭受损失，更严重的是金融风暴让人们对寿险公司稳定性的信心不断下挫，潜在影响更为深远。

影响之二是保险业务成本提高。由于金融风暴影响，本国货币大幅度贬值，直接影响保险理赔成本。比如 1997 年印尼盾对美元汇率下滑了 75%，机动车辆赔付价格上涨了 400%[①]。另外，印度尼西亚允许保险公司可以用外币承保，理赔时客户可以选择用外币或本币结算。由于印尼盾对美元汇率暴跌，客户以印尼盾投保，而理赔时选用美元，对保险公司业务成本影响巨大。

影响之三是财务状况恶化。在这次金融危机中，恒生指数从 1997 年 8 月的最高 16820 点，下跌到 1998 年 8 月的 6544 点，下跌过程维持 1 年，跌幅 61.1%。其中以 1997 年 10 月最为惨烈，10 月 20 日，香港股市开始下跌。10 月 21 日，香港恒生指数下跌 765 点，22 日则继续了这一势头，下跌了 1200 点。23 日下跌达 10.41%，28 日香港恒生指数狂泻 1400 多点跌幅达 13.7%，全日最低达 8775.88 点，以 9059.89 点收市。地区性的资产价格大幅度下降，许多保险公司财务状况迅速恶化，尤其是大量投资于股票、债券和房地产的公司。据统计，在 1997 年，亚洲金融危机就给世界投资者造成了直接经济损失 7000 亿美元，为第一次世界大战经济损失的 2 倍多[②]。这些投资者当中，包括世界众多大型保险公司。

二、日本寿险业危机和根源剖析

日本是世界瞩目的寿险王国，作为一衣带水的邻国，也是我国寿险发展近距离观察和学习的对象。

1881 年，日本第一家寿险公司——明治生命保险公司成立，是日本寿险行业启航的标志。自此至今，日本寿险业已经有 130 多年的历

---

① 曾好、彭利：《挑战与机遇：亚洲金融风暴下的印尼保险业》，载《内蒙古保险》2009 年第 2 期。

② 《1997 年亚洲金融危机始末》，和讯网，http://news.hexun.com/2008 - 09 - 17/108958771.html。

史，发展非常成熟，各项指标均居于世界前列，其中 2014 年寿险保费
世界第二，占全球份额高达 14%，保险深度为 2926 美元，保险密度
8.4%，全球领先（见图 2-2、图 2-3）。

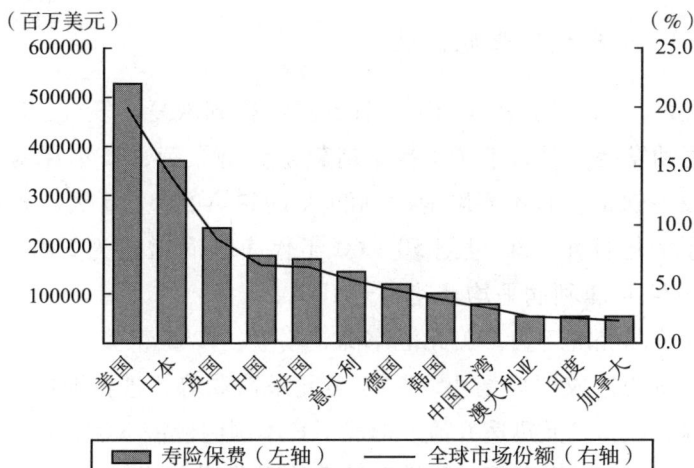

（百万美元）　　　　　　　　　　　　　　　　　（%）

图 2-2　日本寿险保费水平情况（2014 年）

资料来源：Sigma，国泰君安证券研究。

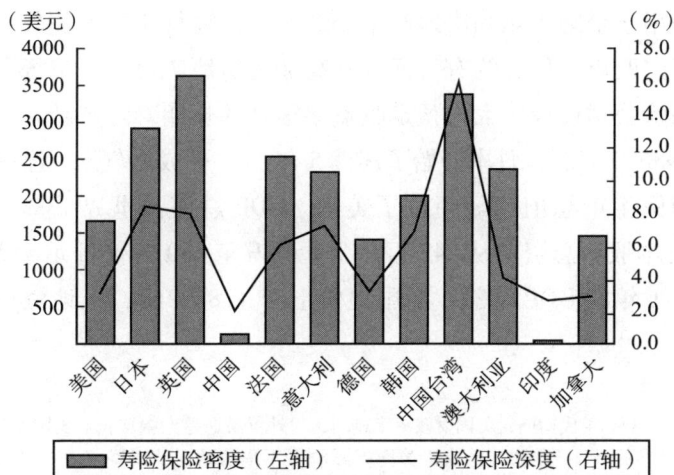

（美元）　　　　　　　　　　　　　　　　　　（%）

图 2-3　日本寿险保险深度和密度情况（2014 年）

资料来源：Sigma，国泰君安证券研究。

日本寿险业在长期发展过程中，经历了不同的历史背景和发展阶段，总体说来能够通过不断创新主动适应时代变化历久而弥新，不过20世纪90年代泡沫经济破灭对日本寿险业的冲击影响深远，值得回顾与反思。

（一）日本寿险业危机过程

"二战"后，世界格局初定，日本经济得到恢复与发展，同时房地产行业蓬勃发展，股票市场上扬，造就了经济繁荣，日本保险业步入了高速发展轨道。日本寿险业净利润从1949年的3.56亿日元到1990年达到了7亿日元，20世纪50~60年代净利润增速为20%~80%；1950~1974年净利润平均增速高于10%。

因为美国经济乏力，美元汇率高企不下，1985年美、日、德、英、法五国在纽约达成"广场协议"①。美元采取弱势，进行贬值以刺激出口，抑制进口，日元迅速升值，形成了日本国内经济下滑预期。为了避免经济下行，日本采取了扩张性财政政策和货币政策，1年内连续5次下调央行贴现率。宏观经济政策宽松，银行银根放松，流动性充足，投资热度持续升高，可惜这些投资并非用于进行创新活动或者夯实实业基础，而是用于金融市场和房地产市场炒作，保险行业也不例外。保险资金大量流向股市、债券等有价证券和高涨的房地产市场；市场利率高居不下，保险公司设计了大量预定收益率很高的长期寿险产品。

从1986年底起，日本开始了连续5年的"平成景气"，至1991年日本人均国民生产总值已经超过了美国，GDP总值占世界13%。1985~1989年日本股市总资产从242万亿日元飙升至630万亿日元，增值额几乎相当于1年的GDP总额；全国地价上升了84.2%，土地资产增值数

---

① 20世纪80年代初期，美国财政赤字剧增，对外贸易逆差大幅增长。美国希望通过美元贬值来增加产品的出口竞争力，以改善美国国际收支不平衡状况。1985年9月22日，美国、日本、联邦德国、法国以及英国的财政部部长和中央银行行长（简称G5）在纽约广场饭店举行会议，达成五国政府联合干预外汇市场，诱导美元对主要货币的汇率有秩序地贬值，以解决美国巨额贸易赤字问题的协议。因协议在广场饭店签署，故该协议又被称为"广场协议"。

量是 GDP 的 3.7 倍①。在表面繁荣的美好图景下，日本出现了严重的经济泡沫。

在 20 世纪 80 年代中后期至 90 年代初期，日本泡沫经济破灭。首先是银行体系出现危机，日本第二大地方信用合作社——千叶信用社宣布倒闭，太平洋银行等小型银行发生了挤兑。紧跟着是股票市场的剧烈反应，日经指数跌破 20000 点。宏观经济形势急转直下，连锁反应发生，证券市场上股价连续下挫，1992 年 8 月日经指数跌破 15000 点，虽然在日本央行和大藏省各种护盘政策影响下短暂徘徊，甚至回到了 25000 点，然而金融丑闻接连爆发，债券兑付困难，房地产大量抛售和闲置，到 2003 年日经指数跌到了 7607 点。

在日本央行和大藏省刺激经济复苏政策背景下，日本银行利率持续下调，后来甚至长期实施了零利率政策，保险公司投资收益率随之下坠。仅此一项，日本千代田生命保险公司每年出现 400 多亿日元利差损。加上当时日本寿险业有大量资金进行了房地产投资，地产交易的频率、变现能力和资本市场不能同日而语，整个过程中日本地产业甚至连像样的反弹都没有。1994 年，东京、大阪等城市地价跌幅都在 50% 以上，但仍是有价无市。地产泡沫的破灭，使日本财富神话再也不能继续。与此同时，由于经济环境变化，企业经济收益受到严重影响，1993 年，日本企业设备投资额连续 3 年下滑，企业收益比 1990 年已经下降了 30%，全国零售业营业额连续 21 个月下跌；失业率居高不下，2001 年 12 月创历史纪录，达到 5.5%，在 5% 以上的高位上连续徘徊了 14 个月，日本进入了"失去的十年"。保险公司客户投保意愿和能力下降，保费收入持续下滑，进一步恶化保险公司财务状况，日本寿险行业利润率、净利润增长率显著下滑（见图 2-4）。日本 1990 年以后保费增速从一度高达 20% 左右，变得很低甚至为负，1992 年以后净利润率也从长期平均 10% 降到了低于 4%。1996～2003 年，东邦生命、日产生命、东京生命、第百生命、大正生命、千代田生命和协荣生命 7 家中等

---

① 陈雨露、杨国栋：《世界是部金融史》，北京集团出版社 2011 年版。

规模寿险公司相继倒闭。

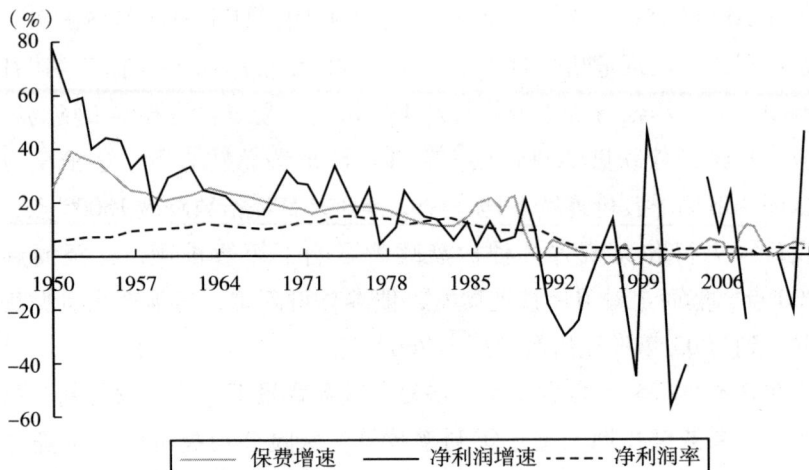

图 2-4　日本寿险行业净利润率、保费增长率、净利润增长率变化情况

资料来源：董竹敏：《日本人身保险业利润分析及启示》，载《中国保险》2015 年第 2 期。

（二）日本寿险业危机根源分析

表面上看，日本寿险业危机是由经济泡沫破灭造成的，但是究其根源仍然是日本寿险业本身的问题。

1. 日本寿险业产品结构不合理，导致出现了严重的利差损

传统寿险产品以人的生命风险为承保对象，而人的寿命是相对稳定的，寿险公司往往比财险公司财务波动性小得多。日本寿险产品设计则以储蓄性和高预定利率型产品为主。这当然与保险消费者偏好有关，可以吸引更多偏保守的客户购买，也可以吸引有投资需求的客户加入。不过，以这类产品为主的经营模式依赖于保险公司可以获得更高稳定收益。在经济繁荣时期，保费快速增长给保险公司带了大量收入，刺激保险公司进一步扩大规模。在泡沫经济时代，1989 年日本寿险公司年金保费收入比 1983 年增长了至少 5 倍。当时，日本寿险产品平均预定利率高于 6%，在当年股市、楼市狂热的环境里，这种回报率被认为是完

全可以实现的。如果投资是短期行为，着眼于当前市场或许可以行得通，可是日本寿险主流产品是合约期 10 年以上的年金保险，预定利率过高显然是并不科学的。随着市场利率降低，日本寿险业投资回报率显著下降，利差损成为保险公司亏损的主要来源。

2. 日本寿险业高风险投资带来恶果

寿险产品中保障的生命风险相对稳定，传统寿险产品一般预定利率略高于国债利率和以银行一年定期利率计算的复利水平，保险资金更多配置于相对稳健的一般贷款、货币基金、长期债券等产品中，证券投资和房地产投资所占比重受到严格控制，占比重较小。日本寿险结构不合理，产品有过高的预定利率，为了盈利，投资一端必然要选择高于产品预定利率的投资项目。日本寿险资金主要投资于有价证券、房地产投资和对外贷款。1975 ~ 1986 年，日本寿险业资金一般贷款比重从 62.5%下降到 35.9%，有价证券投资由 21.7% 上升到 41.5%，在各项投资中占比最高。同时，日本寿险公司直接投资房地产，甚至将借贷资金也投资于楼市。这些投资共同特征是风险高、部分项目周期长、流动性差，在经济泡沫时期带来的高收益，在经济泡沫破灭后变成了巨额损失。日产生命倒闭时在有价证券投资上损失了 900 亿日元以上，房地产投资上损失了 300 亿日元；协荣生命倒闭前 3 年有价证券投资损失在 1000 亿日元以上；千代田仅在新日本饭店投资上就损失了 700 亿日元。

3. 日本寿险业组织形式特征造成财务问题

保险公司组织形式有多种类型，主要的两种形式是股份有限保险公司和相互制保险公司。股份有限公司是世界公司史的一个创举，它的出现改变了个体经营资金量小，依赖于自然人的局面，通过公开发行和流动股份，能够快速募集资金，便利市场融资。股份制公司内部主要问题是需要有良好的治理结构，解决所有者和管理者激励相容问题。股份制公司还要协调好公司和客户的关系。实现股东利益最大化和满足客户利益最大化之间可能存在的冲突。对于保险公司来说，因为信息不对称问题的存在，逆选择和道德风险是保险经营面临的难题。在股份制公司情况下，保险公司需要花费大量精力和设计繁复的条款防止逆选择和道德风险。相互制保险公司在这个方面具有优势，因为客户同时是公司所有者，利益是一致的。正是因为这样的特征，世界大型保险公司中，相互制保险公司占的比重很大，尤其是在信息不对称问题的健康险和农业保险中，相互制保险公司比重更高。不过，相互制保险公司天然缺陷是融资问题，由于组织形式特性决定了相互制保险公司只能通过内源融资解决资金问题，无法向股份制公司那样公开上市，向公众募集资金。日本寿险业危机中，陆续倒闭的 7 家保险公司中，5 家是相互制保险公司。可以说在资金短缺时，不容易通过资本市场融资是一个不可忽视的问题。

第三节　次贷危机中的保险公司危机

近期的全球金融危机肇始于美国次贷危机，继而席卷全球。回顾金融危机发生的过程和影响，房地产业、投资银行、银行业受到的关注最多，信用评级机构也处于舆论的风口浪尖，而保险业在其中的作用研究不多。保险机构经营者宣称在整个事件过程中，保险公司本身也是次贷及其衍生品的重要购买者，次贷危机冲击了保险业务，保险业也是金融风险的受害者。然而，也有不同的声音，认为保险公司在次贷危机中即使不是危机的制造者，也可以说是帮凶，至少不是毫无过失。如果没有美国国际集团（AIG）这种保险巨头为次贷业务及其衍生品提供信用违约互换（CDS）等工具进行信用增级，次贷规模可能不会如此之大，造成的危害也会有所降低。保险行业在金融风险中到底扮演着何种角色？我们应该如何理解和认识保险行业角色的多样性和复杂性？

一般认为，在整个金融体系当中，保险公司相对商业银行、证券公司等金融机构经营更加稳健，保险行业通常被当作社会的稳定器和减震器，是最应该以安全性作为首要前提的。然而，次贷危机让保险行业的形象一落千丈，呈现在消费者面前的是忽视或不顾巨大潜在风险，为了私利疯狂投机的金融资本家。消费者信心受到打击，对保险公司信任度下降，这将对美国和世界保险业发展产生非常不利的影响。

在次贷危机中，保险公司是重要的参与者，体现在三重身份上。一是作为重要的机构投资者，保险公司动用大量资金购买了份额巨大的次级抵押债券；二是贷款者保险提供人，为大量信用水平已经大打折扣的住房贷款者提供按揭贷款保险；三是衍生金融工具提供者，忽视次级债券潜在的巨大风险，提供增强信用的单一风险保险和信用违约掉期等保险产品。可以说，保险公司在次贷危机的形成过程中，起到了推波助澜的作用。保险公司参与到次级抵押贷款买卖市场中，显然是受到了高额收益的诱惑。追逐利润本身是商业的本质，并无过错，不过，保险公司与商业银行、证券公司一样，在追逐利润的路上，越走越远，越走越快，当贪婪的心已经不顾风险和收益相生相伴的基本金融原理时，灾难性的后果已经在所难免。

随着次级贷款债券违约率屡创新高，曾经给保险公司带来丰厚利润的相关抵押贷款保险和金融担保产品已经成为巨额亏损的祸根，把保险公司送入财务危机之中。保险公司最直接的投资损失是所持有的次级债券产品大幅度贬值，还有所持有的银行等金融机构股票价格在金融危机中狂跌。危机刚刚爆发，保险公司巨额索赔造成的损失已经相当惊人。美国 MGIC 保险公司在美国按揭贷款保险市场上份额中排名第一，2007年最后一个季度亏损额高达 14.7 亿美元；同期，世界最大的债券保险商 Ambac 公司亏损 32.6 亿美元；最引人注目的全球最大保险商，美国国际集团（AIG），仅在信用违约掉期产品上，在 2007 年第四季度到2008 年第二季度已经损失了 167.67 亿美元。

一、结构化金融对保险业务冲击：以 AIG 为例

毋庸置疑，在美国次贷危机冲击中，商业银行首当其冲，受到冲击最大。但是，此次危机中保险业受到的影响尽管比商业银行小，损失却不容小视，其扮演的角色和风险传导途径值得深入探讨和研究。此次危机中，普通寿险业务和财产保险业务受影响很小，主要是进行信用抵押

担保业务的债券保险公司遭受的损失较大。信用违约互换和债券借贷等结构化金融业务成为金融风险传导的主要途径。

信贷违约互换（credit default swap, CDS）相比证券互换对国人来说更加熟悉，因为 AIG 及其关联企业在金融危机中陷入困境最初主要被归咎为 CDS 业务。但是，从事后统计情况看，证券借贷业务造成的损失远大于 CDS。证券借贷（securities lending）交易主要包括借入证券一方（security borrower）和借出证券的一方（security lender），为了陈述简练，以下分别简称借入方和借出方。借入方希望通过借入证券后进行交易牟利。一种牟利模式是用借到的证券进行卖空操作，即将借贷到的证券卖出后，在归还证券期限内期待证券价格下降，用较低价格在市场上回购相同数额的证券归还给借出者，从而获取差价。也可以用其借入的一种或几种证券作为基础发行特殊证券产品给消费者，从中牟利。借入方借入证券当然是要付出成本的。首先，借入方需要提供存款抵押品或者担保，通常是现金保证金形式，用于一旦到期违约不能归还证券及其附属利益时，保障借出方利益得到实现；其次，即使在借贷期限到期前借入方如数返还借贷证券，借出方也要将证券借贷保证金扣除一定比例作为手续费（有点类似于银行贷款利息），该比例大小视所借贷证券市场供求程度而定，越稀缺比例越高（相当于价格越贵或贷款利率越高）。这样，借入方实际上有两部分成本：一个是资金被借出方占用的机会成本；另一个是借贷证券手续费。借入方通过做空交易或者证券买卖的收益减去成本，才是其利润部分。相对应地，借出方通过借出证券手续费获得收益，同时还可以利用保证金收支数额和时间差形成的资金沉淀进行投资。证券借贷交易中，出借证券在借贷过程中所有权归出借人，因此所有孳息收入（包括股息和派股等）仍然属于出借人。证券借贷期限可以长达几个月，不过交易双方均可以要求提前终止交易。借入方归还证券，意味着交易终止，此时借出方有义务扣除手续费后归还保证金。对于借出方来说，证券借贷的一个问题是，一旦借入方集中终止交易时，可能会发生借出人没有或者缺少足够现金完成义务（类似于银行出现挤兑）。从交易模式上看，融资融券与证券借贷相像，不过后者是一般性的交易方式，应该包括前者在内。在交易方的选择上，融资融券主要是以证券公司作为资金或证券出借人，证券借贷并没有专门限制。从证券借贷交易过程和风险上，这种业务模式已经有类银行贷款性质。下面，以 AIG 公司为例，分析结构化金融对保险公司的影响。

（一）AIG 证券借贷业务对其寿险业务的冲击

AIG 的证券借贷业务被描述为 "AIG 特定保险公司的主要收入来源之一"（AIG，2007b，第 108 页）。主要运营这些业务活动的是 AIG 下属的一个非保险业务部门运营——AIG 全球证券借贷部（AIG Global Securities Lending，GSL）。GSL 扮演着 AIG 寿险公司证券借贷业务代理人的角色。AIG 寿险部门提供证券（以公司债为主）给 GSL，GSL 把这些证券借贷给银行或经纪商获得现金抵押，然后把获得的资金进行投资。GLS 投资获得的盈利一部分用于支付证券借贷到期后支付给借入方扣除手续费后的差额抵押金，剩余的部分作为利润按照 1：1 的比例在 GSL 和 AIG 保险部分之间分配。荷钦斯（Hutchings，2010）发现，AIG 的所有证券借贷业务都是短期的，差不多所有业务都是一个月为限。

并不是只有 AIG 经营证券借贷业务，不过 AIG 扩张的速度和借贷量占比确实不同寻常。直到 2008 年之前，AIG 证券借贷业务的发展一直飞速发展。2003 年时，AIG 证券借贷规模为 300 亿美元左右，到 2007 年第三季度时这个数字已经是 880 亿美元。与此同时，AIG 证券借贷占其国内人寿保险资产的比例一直在 15% 以上，而其同行大都会人寿这项占比从来没有超过 10%。

更为严重的问题是，AIG 在进行证券借贷业务过程中的投资结构不合理。任何证券借贷项目的目标都是将公司投资组合中的股票卖给卖空者（卖空者需要借入股票来实现卖空）。借入者拿出现金作为抵押品，而借出者拿着这笔资金对短期流动证券投资，并期望借入者在归还股票时该流动证券能够得到兑现。一般来说，既然证券借贷的借入方随时可能归还证券，那么借出方要保持比较好的资金流动性应对资金需求，所以投资结构应该主要以短期的、高流动性的证券为主。然而，AIG 把证券借贷业务获得的抵押现金中相当大的比例（2007 年末时比例超过 65%）投资于长期的、流动性差的工具中，其中就包括次级住宅抵押贷款支持债券。这种投资结构，让 AIG 投资收益水平与房地产价格波动和抵押贷款违约风险高度相关。在这种投资结构下，AIG 宣称自己的证券借贷业务有良好的流动性和期限错配管理，实际上是以不断有新的证券借入方缴纳保证金为隐含前提的。只有不断进行交易，才能用后来者的资金支付前期交易者终止交易所需现金，从而实现以短期资金进行长期投资的目的。显而易见，这种安排受制于银行和金融市场动态变化。证券借入方对于借出方资金水平非常敏感，一旦稍有察觉借出方资金周转困难，很容易发生类似于银行储户发现银行偿付能力出现问题后那种挤兑现象。2007 年开始，次贷市场问题显现，对于 AIG 能否有足够资金赎回证券的担忧出现，AIG 的证券借贷业务出现快速下滑，要求归还证券抵押金的借入者蜂拥而至，AIG 终于招架不住。美国三大评级机构在 2008 年中期全部降低了 AIG 信用评级，而信用评级降低意味着市场担忧加剧和融资成本上升，同时 AIG 持有的大量与房地产或次级贷款相关的证券市场价格急剧下降，AIG 难以实现证券借贷终止应该担负的归还抵押现金义务，出现严重的资金缺口，几乎一下子把 AIG 推下悬崖。

关键时刻，纽约联储出手援助。最初，纽约联储是以贷款的方式进行对 AIG 进行紧急救助的。不过很快，救助模式发生变化。纽约联储成立了几家有限责任公司，作为金融支持机构负责处理救助 AIG。其中一家被称为"Maiden Lane Ⅱ"（仕姥二号）。这家公司主要的救助方式是将 AIG 当时持有的大量住房贷款抵押支持债券按 48% 的折价购买过来，即花费了 205 亿美元购买了票面价值 393 亿美元的证券借贷业务中形成的资产①。除了纽约联储，AIG 还获得了其他不同途径的救助。到 2008 年，AIG 报告在证券借贷业务中的最终损失为 200 亿美元。

---

① 这笔资产进行了分批销售，到 2012 年已经全部销售完毕，最终净收益 28 亿美元。

AIG 证券借贷业务经营出现的问题，导致其国内寿险业务遭受了巨大损失。损失来自两个方面。一是为了能够获得证券借贷业务所需偿还给归还证券的借入者资金，不得不降价抛售寿险公司持有的优良资产；二是因为抛售资产导致相关资产价格下降，使得寿险公司持有资产的市场价值受到影响。AIG 寿险部门遭受的损失还带来了监管压力。按照寿险监管要求，寿险公司应该建立以一个最低资产水平保障，以便应对公司资产风险、保险风险、市场风险、利率风险和业务风险等。因为资产抛售和账目资产价格下降，AIG 寿险部门原本合格的资产水平已经下降到低于最低门槛要求，各州保险监管当局为了保护保单持有人利益，要求 AIG 寿险要补充足够的资本金。

（二）AIG 信贷违约互换业务对其寿险业务的冲击

信贷违约互换（credit default swap，CDS）是一种金融衍生品，抛开合约细节不谈，单就基本交易框架看，CDS 与保险机制有些像。购买债券或类似金融产品的投资者，如果担心出现信用违约或市场价格遭受损失，可以支付以购买金融产品数额一定比例的手续费（相当于保费），把购买金融产品遭受的损失风险转移给 CDS 的出售者。CDS 的发售方相当于为某种债券或类似金融产品提供了一份保险，那么显而易见，一旦购买出现债券或其他类似金融产品出现到期违约的情况，购买了 CDS 的投资者可以申请索赔，CDS 的发售方要支付赔偿金，因此导致损失。另外，还有一种容易被忽视的可能损失。已经发售 CDS 一段时间的公司（比如 AIG），如果未来信贷市场违约风险上升，新发售的 CDS 产品理所应当价格会上升。在这种情况下，原有的 CDS 产品以市场公允价值衡量实际上是被低估的，也可以理解为以过低价格承担了过高风险。虽然市场公允价值计价方式在金融危机期间争议颇多（Heaton，Lucas and McDonald，2010），不过这种方式确实被广泛应用于衍生品定价。如果以市场公允价值计算，2008 年 AIG 在 CDS 合约上的损失达到了 286 亿美元。

AIG 签发的 CDS 合约在 2007 年 10 月已经名义价值高达 5270 亿美

元，不过因为会计准则统计范围原因，这部分交易并未体现在 AIG 的资产负债表中。最初 AIG 主要是为公司债签发 CDS，不过很快范围扩展到了住房抵押支持债券、抵押贷款和复合抵押债务合约上。为复合抵押债务合约提供的 CDS 后来出现的问题最多。抵押债务合约（collateralized debt obligation，CDO）是以抵押品、房屋抵押贷款、信用卡贷款、车贷和其他债券组合作为支撑的一种金融债券，一般是采用结构化设计。结构化是指将债券涉及的复杂债务进行从低级到高级的分层，越高等级意味着风险越低。按照这种金融债券的设计，如果出现债务违约，最低等级的产品先承担损失，逐级偿付，最后才会影响到最高等级。这种设计处理后，本来混杂在一起的不同等级债务信用，可以分离出可以获得信用评分很高的高等级债券。CDO 本来就是由多种债务组合而成，不过又再将多种 CDO 进行捆绑组合，重新分层，称为 CDO^2，此时合约结构已经变得非常复杂难懂。AIG 为不同等级的各种资产支持的 CDO 产品提供保险，这些资产不仅包括基本的住宅和商业地产，也包括大量次级贷款。这种合约交易有一个致命问题，即 AIG 的盈利完全下注在房地产价格一直上升上，一旦房地产价格逆转，AIG 将遭受巨大损失冲击，而 AIG 几乎完全没有为这种情况做风险对冲安排。这不符合一般商业企业规避风险的做法，更不要说 AIG 作为保险业务为基业的大型集团公司。AIG 的这种做法，似乎只能说在利润诱惑下，管理层过于狂热，已经不顾及基本的经营原则了。

　　丧失理智的冲动后果是严重的。AIG 因为经营 CDS 业务深陷次贷危机风暴之中，集团损失巨大，百年声誉受到不可挽回的影响。AIG 曾经视自己的 AAA 级信用评级为珍宝和生命线，并依靠这个最高等级的信用评级赢得了大量客户和价格优势，并以此为基石逐渐从保险业务为主，扩展为混业保险集团，经营范围逐渐囊括了多种金融服务业务。不过，AIG 过于依赖甚至滥用了这个信用等级，并且对于其下属金融服务公司风险管理薄弱，最终招致市场惩戒。AIG 信用等级被三大评级机构接连降低，不但影响其在衍生金融市场上的地位和业务，同时对其保险业务产生了非常大的冲击。因为除了为了偿付 CDS 合约赔偿金造成的财务压力，信用评级降低意味着 AIG 进行投融资的成本显著提高。现代发达国家人寿保险市场竞争激烈，传统险种保费价格不足以满足保险赔偿需要，主要是通过寿险保费形成的资金沉淀进行投资来弥补和创造利润。AIG 信用评级的下降使得其在资本市场上难以用此前较低成本进行资金运用。

二、次贷危机对世界保险市场影响分析

次贷危机引发的全球经济衰退，对美国乃至全球保险业影响不可忽视。保险行业的发展离不开良好的经济环境，如果美国整体金融环境和实体经济长期萎靡，企业经济效益和居民家庭收入难以提振，保险购买潜力必然下降。虽然美国经济已经开始复苏，然而这种复苏代价高昂（救市资金投入巨大），非议众多（以多轮量化宽松政策为主），效果待定（全球经济环境仍然复杂多变）。更需关注的是，次贷危机已经从美国扩展到世界主要发达国家，波及多数发展中国家，演变为全球金融危机。在全球金融危机中，几乎各行各业都难免遭受严重损失的后果，保险业当然不能例外。我们需要关注此次危机造成的影响范围和力度，关注对不同国家和险种冲击的差异。

（一）次贷危机对美国乃至世界保险市场影响巨大且深远

次贷危机源于美国，祸根初始于为了防止经济衰退采取的大规模长时期扩张性财政政策和货币政策及宽松的监管条款，直接表现在房地产市场的过度繁荣与崩盘，最终造成金融体系持续动荡，形成由银行业向证券业及保险业传导、波及全球的金融危机。美国次贷危机中，尽管大多数保险公司（包括商业保险公司和再保险公司）投资相对保守，并未遭受直接且巨大的损失，然而宏观经济水平大幅度下滑以及金融市场动荡，对保险市场的冲击还是相当大的。得益于充足的风险资本，在这次自 20 世纪 30 年代以来最严重的金融危机中，绝大多数保险公司能够

承受高昂的损失，但是经营业务单一的美国公司和少数向政府寻求帮助的美国和欧洲公司例外。亚洲两家保险公司破产，包括信誉卓著的日本寿险公司"大和生命保险"。

次贷危机对全球保险市场的冲击，首先表现在对美国保险市场的影响上。2008 年北美寿险保费下降了 3.4%，美国保费下跌 3.8%。其中受影响最大的是股票连接型产品，保费跌幅均超过两位数。2008 年非寿险保费收入下降了 2.8%。西欧寿险保费下降了 12%，非寿险保费下降了 1.1%。日本寿险保费收入保持了增长势头，然而股票价格 42% 的下跌使得投连险需求放缓，资产价格下跌侵蚀了行业资本基础，大和生命保险公司在 2008 年 10 月申请破产。亚洲其他发达市场均出现了停滞甚至下降。新加坡保费略增，中国香港保费收入下降。亚洲非寿险保费收入总体继续上升，但是速度大幅度放缓，而且盈利性继续下降，偿付能力问题在韩国和中国台湾有所体现。2009 年初，中国台湾一家非寿险公司资不抵债，随后倒闭。

（二）此次金融危机对寿险和非寿险保费收入增长均有负面影响，但冲击程度有所差异

从现有可得数据以及对相关文献整理的结果看，在基本可以确定经济危机对保险市场总体造成负面冲击前提下，可以进一步发现在经济危机期间，保险公司与再保险公司、寿险业务和非寿险业务、发展中经济体和发达经济体保险市场表现存在差异。

根据瑞士再保险公司的数据，全球保费收入 2008 年为 4270 万亿美元，而 2007 年总保费为 4128 万亿美元，2008 年名义保费增速 3.4%，而 2007 年增速为 11.2%。如果考虑到汇率和通胀因素，2008 年实际保费增速仅为 2%，2009 年进一步下降到 1.1%。世界保险市场真实保费增长率下降到如此之低的水平，纵观保险业 20 多年发展历史，只有 1980 年左右发生过这样的情况（见图 2-5）。

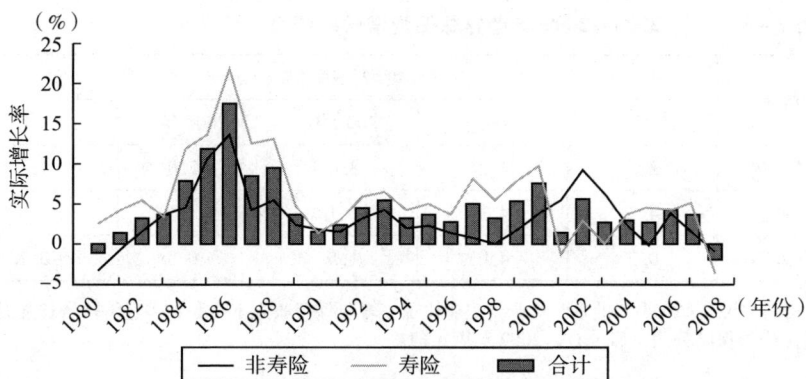

图 2 - 5　全球总保费增长率（1980 ~ 2009 年）

资料来源：瑞士再保险公司经济研究与咨询部。

瑞士再保险公司（2009）报告显示，从全球保险市场险种结构上看，寿险保费显然占据最大份额。2008 年、2009 年寿险名义保费占全部保费比重分别为 58.3% 和 57.3%，总体来说，2008 ~ 2009 年美国次贷危机期间，人寿保险受金融危机冲击影响更大（见表 2 - 5）。比如，2008 年寿险总保费下滑了 3.5%，而非寿险仅为 0.8%。到 2009 年保费下滑幅度减少，寿险保费下滑了 2%，而非寿险仅下降了 0.1%。不过，寿险和非寿险的投资收益和股本回报率都大幅度下降。西格玛（sigma，2009）报告[①]显示，2008 年非寿险股东权益缩减了 15% ~ 20%，而寿险业的股东权益则缩减了 30% ~ 40%。寿险业务中，与金融市场联系紧密的投连险业务受冲击最大，金融危机和随后经济衰退严重打击了趸缴保费产品销售。英国、意大利、法国和爱尔兰等投连险产品普遍的市场整体保费大幅度下滑，德国等期缴保费份额较高的市场表现出了比较好的抗跌能力。

---

① "2008 年世界保险业：工业化国家寿险保费收入下降，新兴经济体增长强劲"（Sigma，2009）。

表 2 – 5　　　　2005～2009 年世界总保费增长率情况（分险种）

指标	年度增长率（%）				
	2005 年	2006 年	2007 年	2008 年	2009 年
总保费	2.5	4.2	3.6	-2.0	-1.1
寿险	4.5	4.3	5.1	-3.5	-2.0
非寿险	-0.3	4.0	1.5	-0.8	-0.1

　　资料来源：《2008 年世界保险业：工业化国家寿险保费收入下降，新兴经济体增长强劲》，载《瑞士再保险公司（Simga）》2009 年第 3 期。

　　受金融危机影响，寿险公司的盈利性和风险资本状况恶化。由于低投资回报、高保障成本以及低资产管理费收入，据主要保险市场国家估计，2008 年寿险业务盈利性下降，风险资本平均下跌 30%～40%，而某些公司甚至跌幅高达 70%。

　　（二）此次金融危机对发达经济体和发展中经济体保险市场影响有显著差异

　　克孜门科、奥路哈、克拉夫丘克和汉娜（Kozmenko，Olha，Kravchuk and Hanna，2010）研究了金融危机对不同国家保险市场的影响，发现不同国家的金融市场受到金融危机冲击情况各异。在发达国家保险市场普遍遭受打击的时候，新兴市场寿险份额不降反增，保费上升了 15%，超过了 2007 年 13% 的增长率。南亚和东亚增长率达到 19%。把样本国家（地区）分成发达经济体和发展中经济体两个对照组①时，这种差异尤其明显（见表 2 – 6）。

――――――――――

　　①　在他们的研究中，发达经济体包括北美、西欧、日本和一些新兴经济体（如中国香港、新加坡、韩国和中国台湾）；发展中经济体包括拉丁美洲、中欧、东欧、东南亚、中东地区、中亚、非洲及土耳其。对于分类标准，文中并没有给出具体解释，不过应该考虑到了保险市场发展的具体情况。

表 2 – 6 　 2008～2009 年发达经济体和发展中经济体保险市场情况

指标组	发展经济体		发达经济体	
	2008 年	2009 年	2008 年	2009 年
寿险				
总保费（万亿美元）	2168.1	2046.7	271.2	284.6
真实保费增长率（%）	– 5.3	– 2.8	14.6	4.2
占全球市场比重（%）	89.1	87.8	10.9	12.2
保险深度（%）	5.2	5.0	1.4	1.5
保险密度（美元）	2174.4	1979.9	47.4	48.8
非寿险				
总保费（万亿美元）	1538.7	1485.8	242.0	248.8
真实保费增长率（%）	– 1.9	– 0.6	7.1	2.9
占全球市场比重（%）	86.5	85.7	13.5	14.3
保险深度（%）	3.6	3.6	1.3	1.3
保险密度（美元）	1481.0	1424.9	42.0	42.7
所有险种				
总保费（万亿美元）	3706.8	3532.7	513.3	533.4
真实保费增长率（%）	– 3.4	– 1.8	11.1	3.5
占全球市场比重（%）	88.0	86.9	12.0	13.1
保险深度（%）	8.8	8.6	2.7	2.9
保险密度（美元）	3655.4	3404.9	89.4	91.5

资料来源：Kozmenko, Olha & Kravchuk, Hanna, 2010. "Consequences of the financial crisis for the insurance markets of the world and Ukraine," MPRA Paper 50847, University Library of Munich, Germany.

观察表 2 – 6，我们可以了解到，2008～2009 年，以总保费增长作为衡量指标，主要发达经济体保险市场进入了负增长状态，而发展中经济体保险市场尽管发展增速显著放缓，不过仍然保持正增长。此消彼长的结果，是发达经济体保险市场占有率有所下降，而发展中经济体保险市场占有率得到了提升。当然，这并非说明发展中经济体保险市场应对危机的能力很强,恰恰是因为其保险市场原有份额很小,相对受冲击的程度弱。即使遭受到了金融危机冲击,在全球保险市场大蛋糕的分配上,发达经济体占有份额仍然超过85%,发展中经济体仍然未能超过15%。衡量保险市场发展水平的两个主要指标是保险深度和保险密度。在这两个方面,发展中经济体明显落后于发达经济体。以2009年为准,发达经济体保险深度约是发展中经济体的3倍(发达经济体是8.6%,发展中经济体是2.9%),保险密度是发展中经济体的37.2倍(发达经济体是3404.9美元,发展中经济体是91.5美元)。不得不提到,无论是在发展中经济体还是发达经济体中,寿险和非寿险受冲击后的变化情况明显不同。受影响最大的是发达经济体中的寿险,2008年总保费增速为-5.3%,而非寿险部门虽然为负增长,不过仅为-1.9%。

两组数据之间还有一个显著的差异。观察2008~2009年的保费增速水平变化,会发现发达经济体保费增速下降的趋势得到了很大程度的缓解,寿险部门从-5.3%收窄到-2.8%,非寿险部门从-1.9%收窄到-0.6%,总保费增速从-3.4%收窄到-1.8%。反观发展中经济体保险市场,趋势正好相反,保费增幅持续放缓,寿险部门从14.6%的高速增长锐减至4.2%,非寿险从7.1%降至2.9%,总保费增速从11.1%跌至3.5%。这似乎说明,发达经济体保险市场正逐渐走出危机的阴霾,而发展中经济体正逐渐感受到阴霾的影响。

西欧是2008年寿险保费降幅最大的地区,其中降幅比较大的国家是英国(-25.7%)、爱尔兰(-31.5%)、意大利(-11.2%)和法国(-10.6%)等。这几个国家共同特点是趸缴保费产品占比重较大,相应的以分期保费产品为主的其他国家和地区保险市场波动相对小一些。

发展中经济体中,东南亚寿险保费增速仍然相当高(11.4%),以我国和印度为主要代表。拉丁美洲和加勒比地区也维持增长态势,不过保费增长速度从2007年的12%放缓至7%。中东欧地区受西欧影响,保费增速受到冲击并不小。虽然保费收入数据上增长了19%,然而主要是波兰保费增速迅猛(52.8%),掩盖了俄罗斯和其他中东欧保险市场暴跌的事实。

非寿险市场方面，所有发达经济体国家和地区保费增速均出现下降，尤其以美国最甚。发展中经济体虽然保费仍然增加，但是增速同样放缓。

第四节　欧债危机对保险业的冲击

欧债危机，是指继 2008 年国际金融危机后爆发的欧洲主权债务危机，也被部分相关研究者认为是 2008 年国际金融危机的延续。为了应对美国次贷危机演变成的国际金融危机，世界主要发达国家和大多数新兴经济体普遍采用了宽松的货币政策和财政政策，而宽松的财政政策主要手段是扩大政府支出，增加政府债务，而金融危机让政府收入大幅减少，一时间各国政府债务水平均大幅提高。因此，希腊出现主权债务危机，绝非特例。由于欧盟各国间密切的关系与政策执行的相似性，很快，葡萄牙、西班牙、意大利等国主权债务相继被国际信用评级机构进行了降级，并同样在债务危机泥潭中越陷越深，演变成欧洲主权债务危机。

欧洲保险业监管局（EIOPA）主席贝尔纳蒂诺 2009 年 11 月 6 日接受德国商报采访时表示，对欧洲保险业而言，欧债危机的影响已超过 2008 年的全球金融危机，因为欧元国和银行之间联系紧密，欧债危机已演化为金融保险系统的危机。瑞士再保险（2011）称，"低利率及欧债危机，将在经济停滞中，对保险公司的资产和收益能力带来负面冲击"。

一、欧债危机过程概要

欧债危机始发于希腊。2009 年 10 月，该国突然宣布其当年财政赤

字和公共债务占国内 GDP 的比例将分别达到 12.7% 和 113%，而欧盟
《稳定与增长公约》这两项指标的上限分别是 3% 和 60%（张晓晶和李
成，2010）。不能满足该公约的指标要求无法加入欧元区；加入欧元区
后，如果不能达到该指标则面临严厉罚款处罚①。因此，该消息一经公
布，旋即引发连锁反应。国际三大信用评级机构先后对希腊主权信用评
级进行了下调，希腊主权融资成本和信用违约概率大大提高。信用评级
的下调，进一步加剧了希腊债务危机，到 2011 年，希腊政府债务占
GDP 的比重甚至达到了 165%。起初金融界普遍认为希腊经济体系小，
发生债务危机影响不会扩大，并未引起广泛重视。不幸的是，欧债危机
在 2011 年迅速升级，并成为影响全球经济和金融市场的头号风险事件。
与前两年危机仅限于单个欧元区国家的偿付困难相比，2011 年欧债风
波更加明显地冲击到整个欧洲货币联盟的存在基础。欧债危机严重威胁
金融体系的安全，阻碍了世界经济的复苏，加剧了全球金融市场的动
荡。2011 年，受欧债危机的拖累，世界经济复苏的脚步放缓，欧元区
经济已陷入温和衰退，经济的低迷使世界贸易受到影响，贸易保护主义
有所抬头。由于欧洲未能有效解决主权债务危机，欧洲正面临遭遇灾难
性恶性循环的风险。

虽然欧债危机与 2008 年全球金融危机关系密切，然而欧洲各国
自身矛盾和问题可能才是欧债危机更需要反省和深思的。长期以
来，欧洲各国一直多以高福利为主要特征，很多国家财政已经为高
福利政策背负着沉重的压力，希腊和葡萄牙等加入欧元区以后也大
幅度提高了本国福利和社会保障水平。而欧洲大部分国家本来就已
经步入了老龄化社会，社会福利和社会保障压力越来越大，劳动人
口比例越来越低，高福利政策还降低了企业用人意愿和劳动力就业
动机，严重损害了欧洲经济发展速度，造成了低增长、高失业的状

---

① 2001 年希腊想加入欧元区但未能满足这两个条件，希腊政府财政常年入不敷出，要
想达标几乎不可能，于是开始利用欧盟《稳定与增长公约》公约中的一些漏洞，不动声色地
掩盖真实的财政状况。美国投行高盛当时与希腊政府安排一笔货币掉期交易，让希腊秘密借
款，从而协助掩盖一笔 10 亿欧元的公共债务，以符合欧元区成员国的标准。

态。希腊等出现主权债务危机的几个国家还存在产业结构不合理等问题，进一步加剧了财政赤字。欧元区虽然实行统一货币政策，但是财政政策各自为政，在需要刺激经济的情况下，货币政策无法为各国政府自由选择，财政政策成为唯一手段，这也是政府债务迅速增加的原因之一①。

二、欧债危机对保险业冲击影响

欧债危机导致欧洲经济衰退，削弱了保险需求，个人寿险业务萎缩。同时，欧元区很多客户投资保险业热度大大降低，这直接影响到了该地区保险市场。主权信用危机导致信用评级机构不断下调欧洲各国信用等级，增加了保险公司通过外部融资缓解财务压力的难度，同时也对欧洲地区保险监管制度产生影响。

（一）欧债危机对欧洲保险业的直接冲击

欧洲实际 GDP 增速从 2011 年的 1.6% 降到了 2012 年仅有 0.5%；意大利、西班牙和法国个人寿险业务收入分别下降了 6.9%、11% 和 15.5%；非寿险业务意大利下降了 1.8%，西班牙下降了 3.4%（Swiss Re，2012a）。忠利保险（Assicurazioni Generali）旗下意大利寿险业务的资金净流入 2011 年下降了近 2/3。2011 年前 9 个月英杰华（Aviva）的法国保险业务销售额较上年同期降低 17%，并且该公司一只热门意大利储蓄产品实际上也已停止销售。苏黎世金融服务公司（Zurich Financial Services）则表示，其部分西班牙寿险的承保业务已不再盈利。在竞争激烈的保险市场上，保费水平往往较低，保险公司

① 为了确保欧元区能挺过这场危机，欧盟提出要修改欧盟《稳定与增长公约》，加强财政一体化。欧盟（EU）25 国领导人 2012 年 3 月 2 日在布鲁塞尔正式签署《欧洲经济货币联盟稳定、协调和治理公约》，又称"财政契约"，以加强成员国的财政纪律，朝着建立财政联盟方向迈出重要一步，当时英国和捷克未签约。

往往很难通过单纯收取保费支付到期赔付或保险金，往往需要投资债券和股票创收来向客户支付赔付金，如果利率下降导致高质量债券收益率下滑，保险业营收将受到严重影响。随着欧债危机恶化，评级较低的债券和股票价值下降也对保险业的资本储备造成冲击。保险公司本来在资产配置中通常会将国债作为安全性很高的金融产品而大量持有，欧洲保险机构当然并不例外。光是意大利第一大保险公司——忠利保险公司一家 2011 年底持有的意大利政府债券就达到了 459 亿欧元。为了解决债务危机问题，希腊政府与私人债权人达成了债务置换协议，强制规定参与债务置换的私人债权人只能得到等同于所持国债面额 15% 的现金和 31.5% 的希腊新国债。对于希腊政府来说，该协议将会使其债务减少 1050 亿欧元，然而对于私人债权人来说显然是债权的重大损失。在这些私人债权人当中包括安联保险公司、安盛保险集团、法国国家人寿保险公司、荷兰国际集团等多家欧洲保险公司。瑞士再保险（2011）发布报告[①]，认为如果欧洲保险公司对"欧猪五国"[②] 的国债减持 50%，那么保险公司可能遭受的损失会高达 1430亿欧元。

当然，以上欧洲保险业所受到的影响不能完全归咎于欧债危机，受全球金融危机影响而采取的低利率政策是不可忽视的重要原因之一。低利率是人寿保险经营的大敌，降低了保险公司的投资收益，而欧洲寿险市场中储蓄型保险所占比重比美国、日本等国都要高，受到的冲击更大。欧洲保险业总体营业收入和利润下滑，欧洲大型保险公司世界排名均出现了不同程度的下滑（见表 2-7）。

---

① 《全球保险业 2011 年回顾与 2012～2013 年展望》，瑞士再保险，2011 年 10 月。
② "欧债五国"，是经济学界对欧洲五个欠债率与财赤率偏高的经济体的贬称，英文缩写为 PIIGS，即葡萄牙（Portugal）、意大利（Italy）、爱尔兰（Ireland）、希腊（Greece）、西班牙（Spain）五国国名英文首字母。

表2－7 部分欧洲保险公司财富500强排位变化情况（2010～2011）

保险公司	所属国家	在财富500强中排名	
		2010年	2011年
安盛保险公司	法国	9	14
荷兰国际集团	荷兰	12	17
安联保险集团	德国	20	27
忠利保险公司	意大利	19	33
苏黎世金融服务集团	瑞士	83	102
荷兰全球保险集团	荷兰	103	112
法国国家人寿保险	法国	95	130

资料来源：根据《财富》2010年和2011年世界500强排名整理。

欧债危机不断发酵，所有持有欧洲债券的金融机构理所当然地将受到冲击。在欧债危机爆发前，有很多保险公司购买持有了大量欧元区及其相邻地区的政府债和银行债。很难说，这些保险公司决策者有多大的投资失误，毕竟在希腊出现债务危机前，投资于政府债和银行债是公认相对稳健的投资方向，几乎可以看作是保本稳收的。2010年9月，巴克莱资本（Barclays Capital）的一项统计表明，欧元区保险公司持有希腊政府债券规模约241亿欧元，差不多已经是欧洲银行持有量的一半了。《华尔街日报》为此对保险业高管、监管机构和分析师进行了采访，得到的回答是，尽管大多数保险公司资产配置足够多元化，风险敞口仍在可控范围内，不过不能排除个别保险公司会出现财务困境，而且所有持有希腊政府债券的保险公司财务受损是难免的，最后还会波及投保客户。以上统计还未包括希腊以外的国家和地区，也因为保险公司信息披露水平不一①，统计结果难免保守。世界最大的补充残障保险公

① 信息披露最充分的公司中有荷兰－比利时金融服务公司（Dutch－Belgian）银行业巨头Fortis Holding N. V.（即现在的Ageas NV）。其他持有大量欧元区高风险国家的政府债的公司还包括德国的安联保险公司，意大利最大的保险集团忠利国际（Assicurazioni Generali SpA）以及法国的保险商安盟公司（Groupama）。

司，美国家庭人寿保险公司（Aflac Inc）披露，公司 2010 年二季度因为投资希腊、爱尔兰和葡萄牙金融机构所关联的销售和亏损造成的税前损失将达 6.1 亿美元。这家保险商还有欧洲边缘地区主权和金融机构的 26 亿美元的票面风险敞口[①]。

（二）欧债危机对欧洲保险业的进一步影响

欧债危机不断发酵，市场对"欧猪五国"债务违约担忧加剧，国际信用评级机构对欧洲主权国家和其保险公司信用评级接连下调，政府融资成本和保险公司融资成本均大幅度上升，对于已经业绩下滑的保险公司来说，无疑更雪上加霜。

欧债危机环境下，客户金融需求下降，为了争夺客户，金融业之间竞争加剧。商业银行开出的存款利率往往比商业保险公司开出的保障回报水平更高，如果保险公司参与竞争，不得不投资高风险资产。这意味着，要么保险公司面临客户流失，要么经营风险增加。

欧债危机不但对保险公司经营冲击显著，也影响到了外部监管环境。2008 年全球金融危机爆发后，欧盟花费了很大精力评估偿付能力Ⅱ对欧洲保险公司的影响，开展了五次专项调查。调查结果认为，欧洲保险业当时完全满足核心资本要件要求，未能满足核心资本要求的保险公司比例约 15%，应该说引入偿付能力Ⅱ进程到此时比较顺利。然而，欧债危机爆发，使得欧盟原定 2013 年实施的偿付能力Ⅱ不得不推迟，欧洲保险和职业养老金管理局（EIOPA）在 2012 年金融稳定报告中表示，欧洲 20 家顶级保险公司平均资金储备是最低要求水平的两倍，整体情况良好，不过欧债危机引发的市场动荡使它们的偿付比率已经开始慢慢下滑了，偿付能力Ⅱ的实施时间推迟到 2014 年 1 月 1 日。

---

① 华尔街见闻：《欧洲债务危机：欧洲保险大佬头上的达摩克利斯之剑》，2011 年 6 月 28 日。http://wallstreetcn.com/node/3687。

三、欧债危机对我国保险业的冲击

欧债危机同样波及我国保险业，尤其是寿险业。在全球化大背景下，中国经济与世界经济联系越来越紧密。在经历 2008 年全球金融危机对经济冲击后，中国经济增长刚刚有所起色，受 2011 年欧债危机影响经济增长再次出现下滑趋势（见图 2 - 6）。

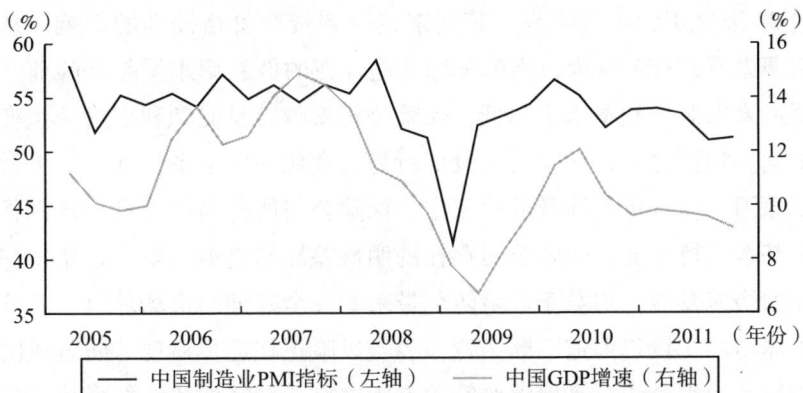

图 2 - 6　中国制造业和经济增长速度（2005 ~ 2012 年）

2011 年我国保费首次出现负增长。2012 年虽然实现了 7.8% 的增长率，但是放在我国保险业 30 年来平均 20% 以上增长速度背景下，仍然属于大幅度下降。

欧债危机爆发导致众多金融机构为了获得流动性不得不低价抛售金融资产，导致惨重损失。在抛售的资产当中，包括国际资本持有的中资保险股，导致中国保险股股价大幅下挫。

保险业增速下降，保险股被抛售，加上我国股市低迷，投资收益大幅下降，保险公司不得不计提巨额资产减值损失，导致上市公司偿付能力下降。

欧洲债务危机还通过国际贸易领域影响我国保险业。随着欧元贬值，我国商品出口到欧洲压力增大，以欧元为结算单位的我国出口企业遭受巨大的收汇风险，出口贸易受到严重打击。相应地，我国出口信用保险赔付成本随之上升。

第五节　金融风险传导冲击保险业对我国的启示

作为大型机构投资者，保险公司目前在全球持有的资产和较长期负债逾 24 万亿美元。近年来，其越来越受到资产价格波动的影响。从风险来源来看，IMF 认为，当前全球普遍存在的低利率水平是保险业一个重要风险来源。利率水平越低，保险公司就越容易受到利率进一步变动的影响。相比之下，保险公司投资行为的变化并不是系统性风险上升的主要原因。在分析所涉及的国家中，保险公司所持高风险资产比例长期以来基本保持不变，但各公司存在的明显差异却暗藏风险。近年来保险行业的快速发展，得益于风险防范带来的安全稳健的市场环境，随着市场主体增多，投资渠道不断拓宽，各类风险正在逐步显现。防范风险是保险行业的生命线，是保险监管的重中之重，要密切关注新形势下保险行业存在的风险隐患。

保险公司历次重大经营危机多次是由于从事其他金融业务引发。金融业务交叉和综合经营是大势所趋，我国保险公司混业趋势不可逆转，在促进保险公司发展壮大的同时，如何避免混业经营风险，是必须考虑的问题。

保险业是金融体系中的一部分，与其他金融业务之间的联系越来越紧密，受宏观经济环境影响越来越大。经济全球化和一体化，金融危机一旦发生，很可能不会局限于某一金融领域或地区，而是迅速波及其他金融领域和全球，形成系统性金融危机。虽然就目前为止，保险业主要是系统风险的承受者，但是伴随着保险行业在整个金融体系中地位的上升，尤其是作为机构投资者和结构性金融的重要角色，我们需要重视保险业和系统性风险的关系。

　　信用是金融的灵魂，信用水平影响企业融资成本和获取客户的能力，科学合理的信用评级可以为优质企业提高声誉，为消费者和投资者提供购买和投资决策的依据。欧债危机中，信用评级机构对欧洲主权国家和保险公司的评级连续下调，是欧债危机过程中的重要环节。我们承认信用评级的重要作用，也要认识到缺少本土信用评级机构会丧失在国际金融体系中的话语权，有必要建立本国保险业的信用评级体系，发展本土信用评级机构。

　　导致保险公司经营危机的原因是多样的，但最终均表现为偿付能力不足。因此，偿付能力监管越来越成为国际保险监管的主要趋势。我国已经进行了偿付能力监管体系建设，并根据新的经济环境变化和我国国情积极进行完善和创新。我国保险业正迎来新一轮快速发展期，银行业入股保险、险资举牌上市公司、保险公司发展养老地产、互联网保险创新等成为新闻焦点，对偿付能力监管提出了新的要求。

　　今后在金融风险传导背景下，我国应从以下五个方面着手，做好保险业的风险防范工作。

一、防范保险业资产风险

（一）我国保险业资产风险现状

　　从 1995 年开始，我国保险资金运用范围开始大幅调整，保险资金运用在政策上逐步放开。但是，我们还应该看到在保险资金运用中，存在着各种各样的风险，这些风险不仅包括一般性资金运用的风险，还包括基于保险资金自身特殊属性而产生的区别于其他资金运用的风险。因此，国内保险公司在不断扩大资金运用范围、提高投资收益率的同时，如何有效地降低投资风险，提高风险管理的效率，采取何种内部和外部风险控制方法就显得更为重要。增强保险公司的风险管理能力，完善保险公司资金运用风险管理体系，提高资金收益率并有效地防范风险，是目前我国保险业面临的紧迫任务。

2017 年保险业实现原保费收入 36581.01 亿元，同比增长 18.16%。另外，资金运用余额 149206.21 亿元，较年初增长 11.42%。其中，银行存款和债券占比 47.51%[1]。然而，考验正悄然来临，长期低利率和资本市场跌宕已兵临城下，资金成本抬升和行业竞争加剧的情况下，资产配置难度显著加大；部分保险资产管理机构的资金成本高企，产品竞争力有待进一步提高。

尤其是近一段时间以来，资本市场波动风险加大，具体表现为股票投资浮盈流动剧烈；一些投资较为激进的保险公司面临偿付能力不足的考验；部分举牌上市公司股票的保险公司面临集中度和流动性风险；优质资产荒、项目荒的问题无法回避，使得保费收入与投资收益之间的矛盾凸显，利差损风险增加。审计署在《关于 2016 年度中央预算执行和其他财政收支的审计工作报告》中特别指出"个别保险公司通过资产管理计划、万能险等筹资入市，影响资本市场秩序"等问题[2]，表达、关注和提示了近年来保险业投资业务过程中出现和积累的风险。

（二）我国防范保险业资产风险举措

1. 监管政策强化保险资金运用监管

保监会发布了《中国保险业发展"十三五"规划纲要》（下称《纲要》），为保险业的后五年发展设定了目标。《纲要》显示，到 2020 年，全国保险保费收入争取达到 4.5 万亿元左右，保险业总资产争取达到 25 万亿元左右。保监会在《纲要》中表示，将在"十三五"期间积极构建现代化多层次的保险资金运用监管体系。完善承保业务和投资业务匹配管理，促进保险资产负债管理由软约束向硬约束转变，实现安全性、流动性和收益性的统一。强化保险资金运用事中事后监管，加强信息披

---

① 资料来源：中国银行保险监督管理委员会。
② 主要问题包括：一是个别保险公司违背万能险自身发展规律，把产品设计成期限短、保障低的纯理财型产品，业务结构严重失衡；二是个别保险公司把万能险作为融资工具，激进投资，资产负债严重错配，给公司自身带来现金流等风险，影响了资本市场秩序；三是监管制度存在漏洞，在法人治理、资本真实性、资金运用、产品管理等方面监管不力。

露、关联交易、内部控制和资产托管等方面的监管力度。

2016 年，第二代偿付能力监管体系（下称"偿二代"）正式实施，新的监管指标更加体现风险导向，部分公司将面临偿付能力降低的风险。低利率市场环境下，债务信用风险、资产负债错配、资本市场波动、利率下行等风险因素将给保险投资收益带来更大的不确定性。满期给付和退保高位运行，将对一些公司的流动性造成不利影响。部分领域、个别机构仍然案件多发，非法集资等案件风险依然突出。随着保险对实体经济渗透度提高，来自宏观经济运行、其他金融市场的风险因素，可能通过多种形式和渠道对保险行业产生交叉传染和风险传递。

2. 出台系列法规加强保险资金运用管理

2018 年 1 月 24 日，中国保监会发布了《保险资金运用管理办法》（以下简称"新规"，修改前的简称"旧规"），体现了近几年来防范保险业资产风险积累和爆发，监管机构着力完善保险资金运用监管制度体系的理念，是对前期相关政策、法规、管理办法、指引意见等内容的一次系统梳理①，体现了如完善保险公司股权信息、关联交易信息披露工作，加强保险资金运用非现场监管体系建设，如对保险资金投资股票、股权和不动产业务开展专项检查，进行风险动态监测和预警等内容。《保险资金运用管理办法》充分肯定了保险资金运用发挥的重要作用，明确、拓宽了保险资金使用范围，不过更主要的目的是管控风险，核心理念是强调保险资金运用应当服务保险业并坚持独立运作的原则。与旧规相比，新规在第四条中增加了"坚持稳健审慎"的规定并明确禁止保险集团公司、保险公司股东不得违法违规干预保险公司资金运用。新规第二十九条，明确禁止将委托资金转委托和为委托机构提供通道业

---

① 2014 年以来，保监会陆续发布《保险资金运用内控与合规计分监管规则》《保险资产风险五级分类指引》《保险公司资金运用信息披露准则第 2 号：风险责任人》《关于加强保险公司资产配置审慎性监管有关事项的通知》《保险资金运用内部控制指引》及《保险资金运用内部控制应用指引》等多项政策，此后几乎每一年都有关于保险资金运用方面的法规、管理办法出台，涉及公司治理、资金配置、资金运用等多个方面，也有具体规范保险资金投资股权、债权、房地产等具体投资领域的专项法规。

务，增加对保险集团公司内部关联交易的管理。新规的出台，对于规范保险资金运用，防范保险投资风险有重要意义。此后不久，保监会又出台了关于《保险公司股权管理办法》等相关政策法规①，进一步对保险资金运用具体领域进行了规范。

（三）防范保险业资产风险建议

1. 支持和保护保险业资产合理配置行为

我国保险业资金运用发展过程说明保险业扩大投资渠道是有利于保险业发展的。随着我国保险业快速发展，竞争日趋激烈，承保利润不断下降，投资收益正逐步成为保险业盈利的重要来源。保险业发展逐步成熟和完善，竞争日益激烈，国际保险业早已经开始通过资产管理和配置增加利润，我国保险业主要依赖保费收入的模式必然要发生转变。保险资金运用本身符合金融发展规律，通过资产合理配置，可以获得投资收益，提高利润水平，获得竞争优势，打破同质保险产品恶意竞争，从长远和总体上看，反而有助于保险公司经营稳定性。保险公司不但不应该回避保险资金运用，相反要重视资金运用，充分利用已有的保险资金运用渠道，发挥保险资金稳健的投资优势，在安全性优先前提下不断提高资金运用效益。

防范资产风险不是禁止或者限制合理的资产配置，防范保险业资产风险，防范的是风险，而不是资产本身。所谓合理的资产配置，是指保险业要坚持"保险姓保"原则，坚持保险投资的安全性、收益性和流动性。保险资金运用必须秉承审慎稳健、服务主业的总体要求，把"合适的钱用在合适的地方"。为了减少保险资金期限错配造成的风险，保险资金需要坚持长期投资、价值投资和稳健投资。在投资结构上，要以固定收益类产品作为主体，辅以股权等非固定权益产品。

2. 保险业提高资产管理专业能力，提升资产端优化配置水平，增

---

① 《保险公司股权管理办法》进一步严格了股东准入，明确了股东投资条件，防止虚假投资，规定"同一投资人及其关联方、一致行动人只能成为一家经营同类业务的保险公司的控制类股东，成为控制类股东和战略类股东的家数合计不得超过两家"，避免同业恶性竞争。

强资产配置主动性

保险市场与资本市场有着天然联系，金融混业趋势不可避免。我国保险发展到今天，资产规模已经不可同日而语。截至 2017 年末，保险资金运用整体稳健，保险资金运用余额 14.92 万亿元，较年初增长11.42%。保险资金管理已经成为保险业的重要环节。我国保险业早期发展过程中，核心人员和骨干人员是精算人员、产品设计人员、营销人员和管理人员，现在则比较重视资产管理人员和建立资产管理机构，甚至需要成立专门的资产管理公司①。保险公司原来发展模式是负债业务催生投资业务需求，现在已经出现了投资业务拉动负债业务的新模式。一家保险公司在投资业务上是否能做到稳健收益，已经成为未来保险业竞争的新标准。

3. 防止"负债倒逼投资"，兼顾收益与安全

当负债端产品主要为短期理财型产品（如 5 年以内）时，过多地投向长久期的资产不但会造成流动性风险（即"短债长投"），而且会面临再投资风险和市场风险等。这对保险公司的长远发展是很不利的。我们也看到，即使像保险发源地的欧洲保险公司，通过商业银行销售的保险产品也大多是利润率较高的长久期产品。相比之下，我国保险业通过银保渠道销售的中短期高现价产品更多是低利润率的投资型理财产品，而且对公司的价值贡献不大，甚至是造成利差损。在这种经营特征下，保险公司已经沦为投资公司，甚至是控股股东的融资平台。这或许与我国现阶段特有的金融管制环境密切相关，而保险公司纷纷举牌上市公司的行为从监管角度看更加具有监管套利的含义。保险公司举牌上市公司的行为在当前"资产荒"和监管制度下是具有内在合理性的，也能有效地行使资本市场的价值发现功能。但是，当中小民营保险公司为

---

① 中国保险资产管理业协会，《2016 年保险资产管理业发展情况之综合篇》调查报告显示，保险资管机构合计从业人数为 5956 人，同比增长 17.08%。27 家机构人数呈现增长，其中 9 家机构增速超过 20%。行业人均管理资产规模达 23.04 亿元。受调查的 150 家保险公司中，61 家保险公司以直接或间接的形式发起设立了 24 家保险资管公司，66 家保险公司有意愿成立保险资管公司。

了追求规模扩张而不计成本地做大保费规模（尤其是银保趸交的万能险产品）时，"资产驱动"发展模式已经让位于"负债倒逼"发展模式，保险公司不是在行使稳定资本市场功能，而是在人为地放大或者扰动资本市场，不是投资行为而更像是投机行为，甚至是"大而不能倒"的道德风险行为。从保险资金配置结构来看，截至 2017 年末，银行存款 19274.07 亿元，占比 12.92%；债券 51612.89 亿元，占比 34.59%；股票和证券投资基金 18353.71 亿元，占比 12.3%；其他投资 59965.54 亿元，占比 40.19%。我国保险业股票投资占比远远高于美日等发达国家的投资比例，而债券投资比例却不足 50%。因为股票投资具有顺周期特征。当股票投资比例过高时，经济周期的波动必然传到保险公司的经营业绩、偿付能力和内在价值等。

二、管控保险混业经营风险

保险业主要是通过承担客户风险而获利，以传统保险为主要业务的情况下，保险公司风险管理重点是风险管理事件。在这个方面，保险公司有比较成熟的管理技术和经验。险种的开发、保费的厘定、风险事故查勘和定损赔偿等流程相对规范。财险公司保单涉及的财产种类广泛，涉及风险多样，风险事故的原因既包含自然因素，也包含人为因素，还可能涉及市场波动、法律制度和国家风险等，所以财产险经营风险较高，相对而言责任准备金管理更为严格。即使如此，一旦发生拉尼娜飓风或"9·11"恐怖袭击等小概率大损失事件时，仍然可能会给财产险公司造成巨大财务损失甚至导致倒闭。相对而言，寿险公司经营的技术基础是生命表，而人类的生存率和死亡率在相对较长的时期内具有相对稳定性，因此寿险公司经营通常更加稳健，财务波动性较小。然而，正是因为寿险公司财务稳定性，寿险资金天然具有投资冲动，保险公司也一直以来是金融市场上不可忽视的机构投资者。随着保险公司资金投资领域和规模不断扩大，寿险公司经营风险已经与金融市场密切相关。在这种情况下，保险业经营稳定性已经发生了变化，金融市场发生的跌宕起伏已经越来越多地波及保险业。

我国保险业正在进军混业经营时代，与银行、基金、信托等金融领域互相融合，同时还向实体经营扩张，不断向地产、健康、医疗等领域发展，风险相关性不断增强。截至2018年6月，国内已有12家保险集团①，业务规模和总资产占行业近70%，在行业中占据主导地位，而这些保险集团已经或正在争取拥有金融全牌照。混业经营能为客户提供一站式金融服务，提高金融体系的效率，但也存在着较大的潜在风险，不同行业风险之间的关联度更加紧密，一个公司的风险很可能会传递给其他公司，一个行业的风险也可能传递给其他行业，而且这种风险往往具有传递快、隐蔽性强、危害性大等特点。

同时，保险公司混业经营既面临经营各项业务所形成的一般风险，还面临着选择组织模式与企业文化冲突所带来的特殊风险。包括：（1）控股公司或集团公司组织模式带来的内部交易风险、资本重复计算问题；（2）控股公司经营中各子公司业务不同，企业文化之间可能存在冲突。

另外，对于我国保险体系来说，还存在着对于保险混业经营风险管理体系不成熟的风险。很多保险公司治理结构不完善，独立董事制度面临挑战，部分公司内部人控制现象严重，经营者注重短期经营行为，缺乏激励约束机制。有些内控制度缺乏可操作性，形同虚设，使管理工作无章可循而出现混乱的局面。并且风险管理主要是以事中和事后控制为主，而风险控制制度又多是分布在不同的文件中，不成体系。与国际保险公司大量运用数理统计模型、金融工程等先进方法相比，我国保险公司风险管理方法显得比较落后。在资产负债管理理论、偿付能力管理理论、动态风险管理等风险管理方法的采用并不成熟，普遍采取简单确定法定最低偿付能力标准的方法来评估偿付能力、管理风险。另外，我国

---

① 按成立先后，分别是中国人民保险集团、中国人寿保险集团、中国再保险集团、中国平安保险集团、中国太平保险集团、中国太平洋保险集团、中华联合保险集团、华泰保险集团、阳光保险集团、安邦保险集团、富德生命保险控股、泰康保险集团。

资本市场起步较晚、市场不成熟、法制不健全、投资工具比较少、缺乏应有的经验数据和模型，对于金融衍生品等产品的风险管理，国内金融机构对其认识相当有限，与银行证券公司相比，我国保险公司在这方面更是缺乏经验。

当前，我国金融混业已经成为必然趋势，而且步伐越来越快。保险已深度介入银行等多类金融机构，银行亦有发起设立保险、基金、信托公司，金融机构混业经营态势愈发明显，不过保险、银行、基金等按现有分业监管模式，分属保监会、银监会、证监会监管。为了适应金融混业经营的需要，2004年7月27日，中国银监会、中国证监会、中国保监会发布分工合作备忘录，为确保三家机构协调配合，避免监管真空和重复监管，提高监管效率，鼓励金融创新，保障金融业稳健运行和健康发展，监管三方达成了信息共享和重大事件通报以及每季度召开一次监管联席会议制度。在现行的金融体制下，首先，这种金融监管存在着监管力量分散、出现真空问题，造成中央银行货币政策作用的空间缩小；其次，有效银行监管的基础没有建立起来，缺乏社会联合防范机制；最后，缺乏一整套系统性的风险预警、处置、缓冲、补救机制风险防范工作，忙于事后"救火"，不利于有效防范化解金融风险。

2015年，股市出现巨幅震荡，原本这是证券主管部门的监管范围，但由于大量入市资金来自银行、保险、信托等行业，股市持续的非理性下跌可能引发系统性风险。单一部门难以应对如此复杂的局面，非得多部门协调管理才能将市场稳定下来。即便没有股市的巨幅动荡，当前互联网金融领域的渗透融合，也在不断挑战分业监管的难点和盲点。比如根据当前的管理架构，银监会负责网络借贷、互联网信托业务、互联网消费金融业务；证监会负责互联网基金销售、股权众筹融资业务；保监会负责互联网保险；央行则负责互联网支付业务的监管。一些金融服务企业可能同时拥有多个牌照，或者代理相关业务，或与其他分业经营企业深度合作，这种状况下，可能一项互联网金融创新就需要好多个"婆婆"进行监管。多部门齐抓共管看上去很美，但实际上很可能形成"九龙治水"的格局，最后反而容易留下监管的漏洞。

在此背景下，中国金融混业监管的呼声渐强。"十三五"规划中，"改革并完善适应现代金融市场发展的金融监管框架，实现金融风险监管全覆盖"。中央汇金投资有限责任公司副董事长李剑阁认为，"一行三会"的体制在历史上起了很大的作用，特别对于 20 世纪 90 年代初出现的金融秩序混乱起了很好的整顿作用，但混业经营的趋势愈发明显，分业监管体制面临诸多新的挑战。现行的监管理念和体制制约了宏观调控的有效性，也制约了金融配置资源的有效性，不太适应金融综合化经营要求和货币金融国际化、数字化、网络化的要求，因此，下一轮金融监管框架的改革应该建立以央行为核心的审慎监管的架构。

石建勋（2016）认为[①]，随着我国金融业的快速发展，金融监管逐步由机构性监管体系向功能性监管的转变将是一个必然趋势。我国金融监管体系的总体改革框架建设，一是应当学习和借鉴各主要经济体金融监管改革的经验，结合我国实际，强化金融安全，防范系统性风险；二是要适应现代金融综合化发展趋势，建立统筹、协调、高效的监管框架，从制度上消除监管竞争和监管套利问题。可行的改革方案是，以"央行＋行为监管局"或"央行＋审慎监管委员会＋行为监管局"模式为参照，结合我国实际情况，采取渐进改革的方式实施。最终构建一个满足宏观审慎、综合监管、功能监管和行为监管要求的现代金融体系监管框架，为构建开放安全金融体系提供基础性、制度性保障。

三、创立保险业系统性风险防范机制

尽管保险公司经营失败造成的影响不会像商业银行破产倒闭那样，容易引起公众恐慌和影响范围那么广泛，但是同样会对金融体系造成潜在严重破坏，对实体经济产生较大冲击。保险业对金融稳定起到的正面作用毋庸置疑，然而也不可忽视保险业经营失败对金融稳定造成的负面影响。保险业一旦经营失败会在两个方面对金融稳定造成负面影响。

---

① 石建勋：《稳妥构建金融综合混业监管体系》，载《经济参考报》2016 年 11 月 18 日。

（一）保险市场与系统性风险关系

历史经验表明，保险公司出现破产风险的概率小于银行业。一般认为，保险行业是金融体系中相对稳定，并且能够起到缓解金融市场波动，降低总体风险的作用，被认为是宏观经济的"减震器"。这主要是因为保险业务基于大数法则对风险事件进行了概率统计，受主观和外部环境影响较小，同时保险机构负债的低流动性特征在相当程度上降低了类似银行挤兑现象的出现。不过，传统观点忽略了保险公司已经发生变化，没有考虑现代金融业出现了不同金融业务相互渗透现象，保险公司与金融市场及其他金融机构之间相互作用不断加强。当保险机构涉足银行、证券、信托等非保险金融活动，甚至非金融类业务时，保险行业原有的稳定性必然会受到影响，经营风险扩大，严重情况下会造成保险公司破产倒闭，经营失败。

保险公司对于金融稳定的影响可能存在于几个方面。 是保险业以诚信立业，某一保险公司发生违约或损害信誉事件会导致大面积退保，波及整个行业发展，导致保险业本身出现系统性风险；二是保险业本身是金融体系中重要组成部分，保险业自身发生危机，其相关主体必然受到冲击和影响，成为威胁金融稳定的因素；三是混业经营发展提高了跨行业间风险转移的可能性。保险业，尤其是长期寿险，是金融市场上长期资金的主要供给者之一。为了能够提高产品竞争力，吸引和稳定客户，保险公司提供具有理财功能创新产品的同时，不可避免地需要介入投资业务。一旦进入金融市场，保险公司风险就不再仅仅来源于客户投保风险，还要经受金融市场波动风险。在这种背景下，保险公司的偿付能力如果出现问题，将会通过金融市场影响整个金融系统稳定性。比如保险部门的风险可能会向银行溢出。在我国保险业务中，保证保险业务通过汽车、房屋消费贷款信贷保险将信用违约风险从银行转嫁到保险部门，从而银行可以在以上领域稳定经营。如果保险行业出现信誉风险，或者偿付能力出现问题，那么将会波及银行信贷回收能力。银保合作以及金融控股集团是银行和保险的另外一个联系途径。银保合作和金融控股集团可以通过多元化增加收入水平，但是也带来新的风险因素。

（二）我国潜在保险业系统性风险事件

本章第一节中，梳理了我国保险业重大经营危机，其中有几次涉及保险业系统性风险。一是 20 世纪 80 年代末 90 年代初，我国保险资金投资引发的系统性风险事件。当时我国经济发展迅猛，保险资金投资范围没有严格规定，保险投资管理机制不健全，大量保险资金盲目投资于房地产、各类实体项目、有价证券和信托等领域，混乱无序。到 90 年代中期，我国经济过热，通货膨胀较为严重，实施了力度较大的宏观调控政策，房地产泡沫破灭，保险公司出现了大量不良资产，造成较大损失，甚至产生了一定程度的系统性风险。也是在此之后，我国加强了保险资金投资渠道管理。二是 90 年代末，利差损引发销售大量高预定利率保险公司亏损严重（当时一般承诺客户年化收益率 8%～10% 以上，个别甚至高达 15%），保险业全面面临巨额亏损，至今损失尚未完全消除。

近期，险资举牌上市公司再次成为新闻焦点。2012 年以后，保险资金运用市场化改革力度加大，保险公司投资范围扩宽，频繁涉足高风险投资领域。2014 年开始，保险公司在股票二级市场上多次举牌上市公司股票，引发市场关注；2015 年，至少有 35 家上市公司遭遇险资举牌，阳光保险集团、人保系等十大险企参与其中；2016 年，受监管收紧影响，险资举牌规模大幅度下降，但是三季度以来，再度出现扩张，截至 2016 年 11 月 29 日，共有 9 家险资举牌时间，其中 3 次集中在 11 月中下旬①。险资举牌，固然期待股价上涨，保险公司资产增厚，盈利

---

① 2016 年以来险资举牌 A 股上市公司的案例包括：1 月，百年人寿举牌胜利精密、国华人寿举牌长江证券；3 月，百年人寿举牌万丰奥威；7 月，前海人寿举牌万科 A；9 月，阳光保险举牌伊利股份；10 月，国华人寿举牌天宸股份；11 月，安邦资产二度举牌中国建筑，阳光产险举牌吉林敖东，集中在 11 月 19 日以后。此外，恒大人寿等也因重仓持有多家上市公司但未达举牌线受到市场关注。资料来源：中证网：《险资举牌凶猛前海"偷袭格力"》，http：//www.cs.com.cn/ssgs/gsxw/201612/t20161201_5107866_6.html。

增加。但是硬币存在两面，股票市场一旦出现剧烈波动，或者被举牌公司出现较大利空，风险是可想而知的。按照"偿二代"的要求，保险公司的偿付能力将从定量资本要求、定性监管要求和市场约束机制3个方面受到监督和管理，这就要求保险公司在资产配置标选择、流程设置、投资策略等多方面建立全程风险管控的思维，包括建立流动性风险日常监督机制等，这也意味着举牌虽然有助于提升偿付能力充足率指标，但其间的风险也不容小觑，举牌以后能否顺利实现收益退出，将是这些险资必须面对的课题。另外，保险资金大量进入资本市场，暴力拉升了举牌上市公司股价，推升了股票指数，但是主要是带动了大盘蓝筹股价格走高，其他股票反而下跌，造成了市场失衡，引发广大投资者争论。险资在二级市场上的动作，引导资金跟风炒作，从产业调整角度上说，也不利于实体经济发展。

（三）建立健全保险业系统性风险防范机制建议

自2008年金融危机以来，国际金融监管机构加大了对系统性风险的研究和关注。国际保险监督官协会（IAIS）在金融稳定委员会（FSB）设定评估系统性风险标准基础上，对保险业系统性风险提出了四个标准：规模、风险关联性、可替代性和时效性（最后一个是IAIS根据保险业特殊性增加的），以此分析的结果是，总体上保险业引发系统性风险的可能性不大。目前保险监管体系还基本属于微观监管模式，更加关注微观个体的活动，未能对宏观系统风险实现有效监管。但是随着金融深化和金融混业趋势发展，随着保险业深化和监管放松，变得越来越不可忽视。

借鉴银行业监管经验，充分考虑到保险业特点，可以从两个维度考虑构建保险业系统性风险监管框架：一是跨行业维度，重点关注在金融机构相互关联并面临共同敞口情况下，风险在不同机构和不同市场间分布，进而针对具有系统性重要保险机构制定更高监管标准，提高监管覆盖范围；对保险集团实施全面、整合、原则导向监管；关注保险投资与资本市场之间关联程度和影响路径；对保险业与其他金融机构交叉持股进行专门的经济资本测算；推动保险创新的同时，加强对新兴业务风的研究和监管规则制定。二是时间维度，关注系统性风险如何随着时间变化演进，加强对保险周期的研究，探求保险周期行程的原因、机制和后果，防范金融体系顺周期问题；修订目前偿付能力监管制度、修订保险会计准则，减少外部规则的顺周期；实施逆周期风险资本和压力测试等新监管要求，释放系统性风险。

四、建设保险公司信用评级体系

在多次经济危机和金融危机中，金融风险向保险业传导链条中，国际信用评级起到了非常重要的作用。保险公司信用评级的高低影响保险公司融资难度和成本，也影响消费者信心。因此，正确认识信用评级的作用，了解建设信用评级体系的重要性，对于防范保险业危机是非常必要的。

（一）信用评级对保险公司的重要性

我国保险业发展的内外部环境在近一年发生了巨大变化。保险新"国十条"带来的政策红利逐步显现，保险生态和价值链日趋成熟，保险发展机制不断完善、结构快速变迁，一个有中国特色的社会主义市场经济所需的现代保险服务业已显雏形。

保险业承担了太多的责任，这种担当，对于风险承担的可持续以及偿付能力均会产生巨大的挑战。金融系统的核心是风险管理，而风险管理的核心是信用分析和评估。因此，保险公司的信用评级尤其重要。从客观中立的角度，分析和评价什么样的保险公司是一家好的公司，不仅对于保险消费者，而且对于保险业的发展都具有重要的意义。

1. 良好的评级结果可能降低融资成本

委托著名评级机构进行评级并获得一个良好的评级结果，是保险人良好信誉的证明，而良好的信誉是保险公司生命线的根本。随着保险市场竞争的日益加剧，对偿付能力极度敏感的普通公众尤为关注保险公司的信用等级。因此良好的信用等级是保险公司进行市场竞争的重要手段。一般具有较高信用等级的保险公司能够获得成本相对低的信用融资或贷款。信用等级高的保险公司被认为风险低、运营状况良好，而低风险公司的股票在资本市场上具有相对低的风险溢价和资本回报率，其股票的市盈率比较高，股票价格高，融资渠道稳定畅通。

2. 信用评级高可以获得政策优待

2000 年，时任保监会主席马永伟称："可根据各个保险公司不同的信用等级来区别对待，给予不同的政策，决定其保险资金运用的范围。"保险公司作为市场主体，在复杂多变的环境下，为了减轻监管压力，监管部门只能采取一刀切的手段，但是如果有可靠的信用判断，监管部门可能会考虑个性化的政策方针。获得高等级信用评级也是保险公司顺利进入国外市场的重要条件。一般来说，各国政府通常要求进入本国资本市场的境外保险公司提供能够充分说明其偿付能力的证据，并对境外保险公司设定了一系列比较严格的标准，而由权威评级机构做出的信用等级是保险公司向当地政府和监管机构说明其偿付能力最为有效的方式。

3. 良好的信用评级可以增强消费者信心

对于购买长期保险产品的消费者来说，保险公司的稳定发展偿付能力实在是太重要了。信用评级能披露保险公司的财务状况，减少保险市场参与者之间的信息不对称，增强消费者信心，提高购买。

4. 保险公司信用评级是监管部门重要的监管工具

在成熟的市场经济国家和地区，政府都承认包括保险公司评级机构在内的信用评级，因为这是提高保险市场效率的重要手段。

因此，保险公司的信用评级尤其重要。展望未来，随着市场竞争的加剧，会有愈来愈多的险企接受信用评级，把信用评级作为提升竞争优势的手段。

（二）国内保险公司信用评级情况

早在 19 世纪，就有一家叫作贝氏（AM Best）的评级机构对保险公司创建了一套严谨的评价体系。标准普尔（Standard & Poor's）、穆迪（Moody's）、惠誉（Fitch）于 20 世纪 70 年代陆续开始对保险机构评级，与贝氏评级并称为国际四大信用评级机构。国内近几年也出现了一些颇具影响力的评级机构，但由于历史传统的原因，接受程度不如国际的四大评级机构高。

在商业环境比较成熟的欧、美、日、韩市场，鉴于信用评级的重要作用，几乎所有保险公司都会进行信用评级，而我国在 20 世纪末也开始有保险公司尝鲜。1998 年，泰康人寿获中诚信国际"AA"信用评级，成为国内首家通过信用评级的保险企业。随后，陆续有保险公司获得国内外各评级机构的评级（见表 2－8 和表 2－9）[1]。

表 2－8　　　　　　国内财险公司（部分）信用评级情况

保险公司	评级机构	评级	评级	时间
太平财险	标准普尔	A	稳定	2016
国寿财	穆迪	A1	稳定	2015
人保财险	穆迪	A1	稳定	2012
平安财险	穆迪	A2	稳定	2015
太平洋财险	穆迪	A1	稳定	2015
安邦产险	大公国际	AAA	稳定	2010
阳光产险	惠誉	A－	稳定	2015
大地财险	AM Best	A	稳定	2015
天安财险	中债	AA	稳定	2016

---

[1] 《扒一扒那些保险公司的信用评级》，搜狐公众平台理财频道，2016 年 7 月 5 日，http://mt.sohu.com/20160705/n457853621.shtml。

表 2 – 9　　　　　　　国内寿险公司（部分）信用评级情况

保险公司	评级机构	评级	评级	时间
太平人寿	惠誉	A +	稳定	2016
中国人寿	惠誉	A +	稳定	2015
	穆迪	Aa3	稳定	2015
人保寿险	穆迪	A3	稳定	2013
泰康人寿	中债	AAA	稳定	2016
平安人寿	中债	AAA	稳定	2016
安邦人寿	中债	AAA	稳定	2016

我国做了信用评级的险企评级基本上都是 A 级以上级别，普遍高于银行类金融机构，更高于其他非金融行业。但是，我国险企有 200 多家保险公司，接受评级险企只有不到 1/4，评级率比较低。

2017 年接受信用评级的保险公司主体有 33 家，比此前两年接受信用评级的比例还低，并且有 8 家公司评级降低①，也有 6 家评级由负面转为"稳定"。

（三）保险公司信用评级体系问题及建议

1. 本国保险信用评级处于起步阶段

我国保险信用评级还刚刚起步。目前，国内信用评级结构还不多，中诚信国际信用评级公司是国内一家进行保险信用评级的公司，曾为国内两家保险公司做过信用评级。中诚信的评级包括了个体评级和支持评级两大方面。在我国资本市场还不健全的情况下，管理层对评级活动给予有力的支持是非常必要的。为了提高我国保险信用评级的质量，应当建立健全保险公司信息披露制度。

---

① 中国人寿、人保财险、中石油专属、中铁自保被下调信用等级，安邦人寿、前海人寿、天安人寿、阳光人寿评级展望由稳定变为负面。

2. 本国保险信用评级话语权有待提高

我国保险业仍然存在一些薄弱环节，特别是缺乏信用评级领域的话语权和议题设置能力，在开放型经济新体制下应对外部冲击的能力还需要进一步提高。目前，四大国际信用评级机构仍然占有金融机构乃至主权国家信用评级绝对主导权，由于对于我国国情缺乏全面了解，其评级并不完全公允。目前，我国在海外的净资产超过 18 万亿美元，如何保障这些海外资产的安全性成为我国保险行业亟待解决的难题。如果不在国际市场上发出自己的声音，任由一些虚假或不实信息传播扩散，将给我国资本的全球布局带来一定负面影响。我国保险业可以尝试整合保险行业的研究智库体系，逐步打造一支可以应对国际市场风云变幻的研究队伍，增强保险行业的软实力。

3. 国内信用评级机构确实需要提高自身水平

由于内部评级机制的不完善，近年来多数保险公司借助外力为投资风险和信用定价"把脉"。不过，多起信用违约事件的发生，令保险行业开始加紧对外部评级机构的监管力度。截至目前，共有 7 家信用评级机构获保监会认可。保监会对外部评级机构的监管态度是"宽进严管"，并将评级机构纳入协会自律管理。2014 年中国保险资产管理业协会组织了保险机构和评审专家对这 7 家机构进行了首次年度评审。结果显示：中诚信国际和大公国际在各方面的综合评分都领先于其他信用评级公司。在合规方面，中诚信国际是 7 家机构中唯一一家"自成立以来，从未受到监管警示或调查处罚，并在政府部门、自律组织以及市场中保持良好声誉"的信用评级机构。另外 5 家评级机构都存在着不同程度的问题。如有的机构虽然市场占有率较高，但评级质量和团队素质相对逊色；也有机构在扩张规模和加强评级质量之间没有平衡好；此外，还有参与年审问卷调查的保险机构反映，有的机构存在评级普遍偏高的情况。值得一提的是，当前外部评级公司主动提供专业评级意见的服务相对欠缺。有保险公司反馈称，在 2013 年信用恶化，评级机构大幅下调周期行业信用评级后，保险公司内部评级人员与外部评级机构相关分析师直接交流沟通的渠道，较以前相对不通畅。"面对已爆发的风险事件，往往回避、闪烁其词，缺乏自身信用维护的意识和手段。"

五、完善保险偿付能力监管体系

（一）世界保险业偿付能力监管体系改革

保险偿付能力是指保险公司的资金用来支付所有到期债务和承担未来责任的能力，尤其是指在发生超出正常年景的赔偿或给付时的经济能力。具体表现为保险公司是否有足够的资产来匹配其负债，特别是履行其给付保险金或赔款的义务。保险是信用的象征，保险会计作为核算和反映经济活动的工具，它所产生的信息必须真实、可靠，这不仅关系到投资者、债权人的利益，而且直接关系到广大投保人的利益，是保险公司的社会责任。因此，保险业作为经营风险的特殊行业，是否具有偿付能力，意义十分重大。由于保险双方权利义务在时间上的不对称性，所以一旦保险公司出现偿付能力不足甚至破产的问题，被保险人将失去保险保障，蒙受经济损失，进而对整个经济的正常运行和社会稳定也会产生巨大的冲击破坏作用。因此保障和增强保险公司的偿付能力已成为保险监管工作的核心内容。

过去 20 年中，保险业发生了巨大变化。AIG 或 AXA 等全球性集团的出现、风险管理和投资策略（包括衍生品）增加的复杂性、信用风险转移的发展以及金融机构之间的竞争加剧，对于保险部门的效率而言无疑是好消息。不过这意味着，保险公司一旦陷入财务困境，监管当局迅速纠正行动变得比以往任何时候更重要。最近的金融危机表明世界经济比以往更具有波动性，现在保险公司个体风险特征的变化比过去几十年还要大，保险公司应该拥有更多的资本，才能提供与以往相同的安全水平。

一些国家承认这些演变，因此对其保险监管制度进行了深入改革。全球大多数主要经济体已将其监管偿付能力框架改为基于风险的资本标准体系。卡明斯（Cummins，1994）等研究了影响保险公司破产风险的主要标准，并讨论了基于风险资本（risk-based captial，RBC）形式的偿付能力监管的理论和目标。日本和澳大利亚分别于 1996 年和 2001 年将其监管系统转向 RBC 方法。美国鉴于 20 世纪 80 年代末到 90 年代初发生保险公司破产的浪潮接受并采用了 RBC 制度。欧洲最近进行了改革。欧盟委员会于 2001 年启动了偿付能力Ⅱ（SolvencyⅡ）项目。偿付能力Ⅱ从根本上改革了欧洲保险监管框架（Eling et al.，2007；Doff，2008）。瑞士联邦私人保险办公室在 2003 年开发了瑞士偿付能力测试（SST）。SST 在 2004 年和 2005 年进行了现场测试，并在 2008 年适用于所有保险公司（Keller，2007）。总体上，国际偿付能力监管内涵不断扩大，更加强调风险导向，国际合作更加紧密。

（二）我国保险业偿付能力监管改革

我国以欧洲偿付能力Ⅰ和美国偿付能力监管为主要参照，2003 年建立起我国第一代偿付能力监管体系，到 2007 年监管体系已经较为完整，在防范风险、促进我国保险业稳健发展上起到了十分重要的作用。在保险市场迅速发展的情况下，第一代偿付能力监管体系已经不能完全适应新的发展形式。主要表现在风险反映不够全面、风险计量仍不够科学、监管框架存在一定缺陷等方面。我国偿付能力监管改革成为课题。

国际上尚未形成统一的偿付能力规则，不过基本理念和原则逐渐趋同。2012 年 4 月我国正式启动第二代偿付能力监管体系（以下简称"偿二代"）建设工作。2013 年 5 月，《中国第二代偿付能力监管制度体系整体框架》正式发布，标志着偿二代的顶层设计基本完成，我国偿二代建设工作取得了一项重大的阶段性成果。偿二代的监管基础是保险公司内部偿付能力管理。内部偿付能力管理是外部偿付能力监管的前提、基础和落脚点，外部偿付能力监管必须与行业内部偿付能力管理水平相适应。科学有效的内部偿付能力管理制度和机制，可以主动识别和防范各类风险，对各类风险变化作出及时反应。偿二代将以风险为导向，全面、科学、准确地反映风险，确保行业不发生系统性和区域性风险。同时，还要兼顾保险业资本使用效率和效益，降低保险公司经营的资本占用，提升保险公司的个体价值和整个行业的整体价值。基于新兴市场的偿二代，将在风险和价值之间，寻求平衡与和谐。2015 年 2 月 13 日，保监会发布了偿二代全部主干技术标准共 17 项监管规则。

自 2016 年 1 月偿二代正式实施以来，保监会全面推进偿二代实施工作，持续强化偿付能力监管，行业整体偿付能力保持充足稳定，偿二代实施达到良好效果。银保监会《关于 2017 年度保险业偿付能力监管工作情况的通报》（2018 年 6 月 4 日）显示，2017 年末，169 家保险公司的综合偿付能力充足率为 251%，核心偿付能力充足率为 240%，显著高于 100% 和 50% 的达标线；实际资本 3.3 万亿元，较年初增加 4390 亿元；最低资本 1.3 万亿元，较年初增加 2075 亿元；综合偿付能力溢额 2 万亿元，较年初增加 2315 亿元。保险行业偿付能力充足率较高，抵御风险能力不断增强，但仍有个别保险公司存在业务结构不合理、高风险资产占比较高等问题。部分公司存在偿付能力数据不实问题。偿付能力数据真实性检查发现，部分公司存在资产不实、准备金不实、资本不实、风险综合评级基础数据不实和信息披露数据不实等问题，有 7 家公司综合偿付能力充足率一直处于 100% ~150% 的关注区域，C 级和 D 级有 3 家公司①，均是偿付能力不达标的，其中 D 级的两家偿付能力充足率已经是负数。

（三）我国保险业偿付能力监管建议与展望

1. 建立健全保险公司偿付能力风险管理体系，明确风险管理部门和人员责权利

保险公司自身风险管理水平是保险业风险管理的核心和关键。按照现有监管规则要求，整个风险管理框架从形式上是明确且健全的：董事会对保险公司偿付能力风险管理的完整性和有效性承担最终责任，董事会下设立的风险管理委员会（按保险机构类型有的不必设立，但是必须

---

① 其中，珠江人寿是 C 级，新光海航和中法人寿是 D 级。

有相应执行机构或负责人）履行偿付能力风险管理职责，高级管理层负责具体实施风险管理工作，并至少每年向风险管理委员会汇报一次公司偿付能力风险水平及风险管理状况，还要制定一名高级管理人员作为首席风险官负责风险管理工作（不得同时负责与风险有利益冲突的工作）。不过，实际工作中以上规定仍需要进一步细化和规范。董事会对股东负责，而股东具有强烈利益冲动，虽有长期获利目标，但是容易忽视风险因素。从根本上说，真正能够约束股东和董事会短期利益冲动的是保险公司退出机制。现实操作性上，应该考虑责任追查制度和薪酬风险期权制度，对于忽视风险管理造成公司和保险业巨大损失的董事会成员要追溯责任，薪酬中预留风险管理奖励比例。风险管理委员会在保险公司中的位置和作用更是需要认真对待和设计。从风险管理体系上看，风险管理委员会应该能够将包括董事长在内的所有高管层放在管理框架内，实际上应该作为股东大会的下设机构而不是董事会的下设机构。事实证明，保险公司最大的操作风险往往发生在高管层。

2. 重视市场约束作用

银行业监管的国际监管协议最著名的是巴塞尔协议，提出了监管"三大支柱"，即最低资金要求、外部监管和市场约束。保险偿付能力监管是仿效银行业监管中的资本监管规则而来，监管规则设计的最终目标是能够将保险机构面临的全部风险用充足的资本金覆盖，从而防止出现财务危机，进而影响整个保险业稳定。加上保险监管机构的监管，我国保险监管体系已经具备了两大支柱。不过，如果没有市场约束支柱存在，以上两大支柱仍然难以发挥出监管力量。在世界金融史上，已经多次证明"大而不倒"往往是金融机构敢于明知故犯、铤而走险的根本原因。我国银行业已经建立了存款保险制度，意味着以后银行业进入能进能退的进程中，银行监管的目标是保护存款人，而不是银行业金融机构。我国保险业退出机制仍然相当保守，人寿保险公司更是得到法律强力保护。如果，保险机构偿付能力严重不足，监管部门最严厉的处罚措施对保险机构高管来说并不能伤筋动骨，那么监管的作用将大打折扣。

3. 加快会计师事务所等外部中介机构规范发展步伐

保险公司偿付能力监管涉及包括财务评估、风险管理、信用评级等多个不同层面的工作。保险公司报送偿付能力报告至少包括季度报告、偿付能力快报和偿付能力临时报告。保险公司编制的报告可能会存在虚报、瞒报、编造等问题，所以按照监管要求，偿付能力报告需要有会计师事务所审计意见。现有规定中，要求保险公司第四季度报告应当经会计师事务所审计，其他报告根据自身需要和保监会要求提供。未来发展中，严格来说，每一份报告都应该有会计师事务所的审计意见。信用评级机构对保险公司的评级会影响保险公司资产价格和投融资成本，"偿二代"15号专门对保险公司信用评级做了规定，要求保险公司发行债务工具或资本工具时，应当按照法律法规要求进行信用评级，同时鼓励保险公司主动聘请信用评级机构对其进行主体信用评级，并公开评级结果。同时，涉及资产价值的，需要外部机构验资评估报告。显然，以上各种中介机构对于保险偿付能力监管均有重要作用。不过，我国市场体系中，各类中介机构普遍存在发展偏弱、专业性欠缺、人才储备不足等问题，相关法律法规有待完善，经营管理规范程度仍然不足。全球金融危机中，会计师事务所和信用评级机构是不可忽视的因素。如果没有完善成熟的中介机构，保险偿付能力监管工作很难有效开展。

4. 加强金融监管机构之间协调

保险偿付能力监管涉及对保险集团监管问题，原有分业监管模式存在监管难题①。2018年，银监会和保监会合并，组建中国银行保险监督

---

① 按照"偿二代"第17号定义，"本规则所称保险集团包括保险控股型集团、非保险控股型集团和混合集团三个基本类别"。保险控股型集团，是指由一家或多家保险公司以及其他保险机构所共同形成的企业集团，该集团中的母公司是一家保险集团（控股）公司或保险公司。保监会可以根据分业监管职责划分，对其母公司独立执行监管职责，进而从较大程度上保证集团运行稳定。不过，对于其他两类公司，保险集团的母公司或者并非保险公司，或者没有明显控制人，保监会对集团中从事保险业务的子公司或者非明显控制人的集团主要成员可以实施监管，但是对整个集团及其全部子公司独立执行监管职责面临困难。保险集团面临的固有风险不仅包括集团内单个公司的风险，也包括集团层面的风险传染、组织结构不透明风险、集中度风险、非保险领域风险等由于集团化经营产生的特有风险。保监会只对保险集团中保险业务或者保险机构进行偿付能力监管仍然存在监管漏洞。

管理委员会，银监会和保监会拟订银行业、保险业重要法律法规草案和审慎监管基本制度的职责划入央行，是对保险混业和保险集团发展的监管回应。从改革方案看，金融控股集团，包括保险集团风险宏观监管职责将由中国人民银行，原来银监会和保监会存在的监管职能重叠和交叉的问题也将得到较大改善。不过，机构改革刚刚完成，银保监会目前仍然保留着银监会和保监会各自组织机构，内部部门之间职能整合和协同问题仍然需要解决。

第三章

金融风险传导下的我国
保险业资产风险防范

第一节　保险投资的风险分析

一、保险投资风险的概念

保险投资风险就是保险资金在投资运作过程中资产负债不匹配，导致未来投资收益的不确定性的风险。保险资金属于风险厌恶型的资金，追求的是建立在资产负债相匹配基础上的长期稳定的回报。然而我们知道，高收益意味着高风险，低风险也就意味着低收益。保险投资收益与保险公司的偿付能力密切相关，投资失败不仅会影响保险公司偿付能力，还可能导致保险公司破产，因此如何防范投资风险，是保险公司资金运用的首要问题，也是风险管理的重中之重。

二、保险投资风险的特征

（一）保险投资风险具有传导性

银行存款、政府债券或金融债券是保险投资的重要渠道。保险存款是银行存款的一个重要来源之一，政府债券或金融债券等债券受银行利率的影响也较大，这导致保险业与银行业和债券业的关联性加强，保险业风险可以迅速在不同金融机构之间传递，并通过银行的杠杆效应放大和蔓延，保险投资的系统性风险具有较强的关联性。

另外，金融市场化趋势使得保险投资行为发生变化，加大了保险投资风险。随着全球金融市场化的不断加深，通过证券发行与交易进行的资金融通比率不断提高，大规模保险资金选择证券投资，以及更为复杂的金融创新产品，如垃圾债券、资产抵押债券等，而由于保险公司缺乏完善的风险控制机制和专门研究金融市场的人才，就加大了保险投资风险。英国的寿险公司就持有大量垃圾债券和商业抵押资产、委托投资合同，保险公司之间风险传染效应更加突出。

（二）保险投资风险的影响具有全局性

保险投资与资本市场之间日趋复杂的互动影响可能放大金融市场风险。按照行为金融的理论，保险公司作为机构投资者，其投资行为不可能完全理性，从而对资本市场上资产价格的波动产生助涨助跌的作用。资产价格的暴涨暴跌一方面可能加大保险公司的投资风险；另一方面又可能加剧资本市场资产价格的不稳定。

随着金融混业经营的不断发展，保险和银行之间的合作越来越紧密，保险和银行之间的信用风险转移，使得保险业风险可能放大从而影响到整个金融体系。大型综合化的金融集团不断涌现，保险公司与商业银行相互持股现象越来越普遍，一旦某一金融机构或保险公司出现流动性危机，就有可能波及相关联的金融机构，从而引发连锁反应，放大到整个金融体系形成系统性风险。

（三）保险投资风险具有复杂性

随着全球金融市场化的不断发展，保险业资金运用规模的不断扩大，保险投资品种不断增加，保险投资面临的风险越来越复杂，对一国金融体系稳定的影响也越来越复杂。随着保险投资渠道不断放开，保险业在资产负债业务方面涉及的系统性风险越来越多，系统性风险无法通过构建多样化的资产负债组合、业务组合来实现风险的分散，更多时候需要通过资产负债的久期匹配、交易衍生金融工具来化解和转移。金融危机中，没有对系统性风险采取充分的对冲措施成为保险业遭受重创的根本原因。

（四）投资风险使保险业具有内在金融脆弱性

大量承诺保底收益的保单产品在保险公司内部形成了资产负债不匹配，具有内在的金融脆弱性。在激烈的市场竞争中，保险公司推出大量承诺保底收益的保单产品，为兑现承诺，势必会将更多的保险资金投向高收益的领域，高收益势必伴随着高风险，致使保险公司内部形成固定收益的负债和不确定性收益的资产的不匹配，由于负债业务支付的时间相对固定与资产现金流入的时间相对不固定的矛盾，很可能使保险公司出现偿付能力危机，具有内在金融脆弱性。

现在保险公司管理着全球 40% 的投资资产，保险投资已经成为现代金融保险业得以生存和发展的重要支柱。然而，收益与风险是相辅相成的关系，资金运用的收益，其实就是对资金运用风险的回报。保险投资功能的凸现，不仅使保险投资收益成了保险公司弥补承保业务亏损和追求高收益的支柱，而且保险投资风险业已成为保险公司倒闭和破产的主要风险，如在 2008 年美国金融危机中全球保险巨头——AIG 因参与高风险的信用违约掉期一年内损失超过 1110 亿美元，最终被美国政府接管就是例证；又如 2008 年 10 月 10 日在日本寿险公司排行第 33 位的大和生命保险株式会社因高比例投资风险资产、无法忍受来自美国并横扫欧美洲的金融风暴，向媒体宣布其经营失败，已向法院申请民事再生，进入了破产行列。从保险经营实践看，对寿险资金运用效益的追求，容易出现将寿险资金运用引入高风险领域的情况。20 世纪 80 年代以后，发达国家寿险公司接连不断的破产倒闭，以及 21 世纪初美国保险业通过承保次级抵押贷款保险、次级债券担保保险等业务和购买大量次级债券成为此次金融危机形成的一个始作俑者和重要推波助澜者，并因此在危机中遭受重创。这些都在向我们昭示，一旦小风险不能得到足够的重视和控制，那就可能形成燎原之火。随着我国保险投资渠道的逐步放开，寿险经营所面临的风险也在加大，对寿险公司整体投资风险管理体系标准的要求也越来越高，迫切需要建立真正意义上的保险投资风险管理体系。

三、保险投资风险的种类

按照保险投资风险的成因，我们把保险投资风险分为以下几类。

（一）利率风险

利率风险是由于市场利率的变化，导致保险公司金融资产价格变动，进而导致投资收益和盈利状况产生波动的情况。利率风险是保险公司尤其是寿险公司经营的负债业务（承保业务）与资产业务（投资业务）面临的首要风险。保险公司除关注其资产业务所投资的金融产品的风险外，出于稳健经营需要，还需要关心其负债业务所提供的金融产品的风险，以避免出现偿付危机。

保险投资的利率风险主要表现在两方面：一是投资收益率与保单预定利率之间存在差异；一般情况下，寿险保单多为长期的合同，当市场利率下降，就会出现实际投资收益与保单预期支付资金不符合的情况，此时保险公司就会遭受巨大的利益损失。二是利率变化对保险投资的收益存在负面影响。利率的波动通过影响保险公司投资金融产品（如有价证券）的价格影响投资收益，从而带来投资风险。

（二）流动性风险

流动性风险是指保险公司投资资产的变现能力差，无法提供充足的现金流以保证保险责任按期履行。导致流动性风险的主要原因是保险公司投资资产与负债的不匹配，主要有三种情形：一是总量不匹配，即资金来源与投资额度在总量上存在缺口；二是期限不匹配，即资产期限与负债期限在长、中、短期上不吻合；三是资产性质不匹配，即固定收益资产、权益类资产与固定数额负债、变额负债之间不匹配。

由于寿险具有给付随时性的特点，若寿险公司现金不够支付流动性负债时需要以低价变卖一部分资产，或贴现未到期债券或到市场上临时筹集高成本的资金以满足最低限度的赔偿或给付的需要，但由于二级市场的不完善以及投资工具的流动性差，寿险公司同样会遭受市场流动性差带来的投资风险。

（三）环境不确定性风险

环境不确定性风险是指由于市场的不完善所带来的市场风险，恶性通货膨胀、政治变动、金融手段干预等，使寿险投资产生收益的冲击。我国的许多寿险公司已经逐步从以承保利润为主向承保与投资利润并重转变，因此寿险投资逐渐向证券市场融入。然而我国证券市场发展尚未成熟，常常受到市场新政策带来的不稳定影响，寿险公司很难预测和规避这些不确定风险，因此很容易造成投资损失。此外，由于寿险业具有付款随机性的特点，一旦需要偿付保险金，就必须要求寿险企业筹集资金满足赔偿需要，但是由于环境的不确定性，寿险公司存在着现金流量不足以支付随时性的赔偿款项，这时就需要采取低价变卖资产或者贴现未到期公司债券的方式来临时筹资，这样，寿险公司就遭受着强大的流动性风险，无法及时恢复正常运行。

（四）汇率风险

汇率风险是指在国际投资中，由于汇率变动引起的投资收益的变化。外汇汇率由于受各国政府的财政政策、货币政策、汇率政策以及外汇供求的影响而频繁变动，因此，当投资是以外币所表示的资产时就要承担汇率风险。如从我国的情况看，人民币升值预期强烈，这就意味着以外币持有的资产将会面临大幅缩水的风险，投资海外就需要关注汇率风险，避免保险 QDII 产品受益低于人民币升值幅度所带来的亏损。在20 世纪 80 年代，日本寿险公司作为机构投资者扩大了对外投资，1986

年《保险投资监管规定》允许日本保险公司外国资产投资占总资产的比率从原来的 10% 提高到 20% 、30% ，但由于 1985 年以后日元急剧升值，日本寿险公司蒙受了巨额汇差损失，极大削弱了公司的财务实力。

（五）信用风险

信用风险指由于保险公司的贷款对象或者是其购买的债券的发行者经营状况恶化或故意违约，使公司无法按期收回本金和利息的风险。信用风险在最严重的情况下，将会导致保险公司未来偿付能力受到极大影响，甚至导致保险公司破产。对于国内寿险公司而言，因为当前我国的保险资金运用渠道较为单一，并不包括发放贷款；从投资债券来看，主要是信用等级较高的国债和金融债券，而企业债券所占比重较低，并且对投资企业债有严格的等级限制，所以信用风险并不如利率风险所带来的影响迫切。

（六）资产经营风险

资产经营风险是由于寿险资金投资渠道单一造成的资产负债期限的不匹配，从而导致寿险公司收益损失。由于寿险公司的资金主要来源（负债）具有长期性，而对于寿险公司的资金运用渠道（资产）来讲，有长期投资，有短期投资。具体讲，在资产层面上，不同项目具有不同的到期时间、不同的现金流量分布以及不同的风险偏好，在面临市场利率变化、股价波动、通货膨胀等因素影响时，寿险公司存在很大的风险。在负债层面上，即使对同一家保险公司来讲，不同的险种，由于期限不同，产品的现金流也影响着寿险公司资产负债的匹配。

（七）市场风险

市场风险是由于证券市场不完善使寿险投资收益产生的不确定性。如经济衰退、通货膨胀、政局变动、金融市场干预力量的强弱等都会带来市场风险。现代寿险公司的财务管理目标逐步由以承保利润为主转向承保与投资利润并重，所以，寿险资金开始向证券市场转移。但由于我国证券市场尚处于初级阶段，政策性因素导致的系统性风险给寿险投资带来的是不稳定的投资收益。如国有股、法人股流通中存在的问题，而它们是无法通过证券组合策略消除或降低，很难为寿险公司所预测，因此最容易造成保险投资损失。

（八）操作风险

操作风险指由于寿险公司内部控制不健全或失效、操作失误等原因导致的风险。操作风险主要包括：一是政策执行不当，这往往是由于有关信息没有及时传达给操作人员，或者操作人员没有正确领会上司的意图等原因而造成损失；二是操作不当甚至违规操作；三是交易系统和清算系统发生故障。操作风险虽然发生的概率较小，但一旦发生，往往会造成非常大的损失。下面这一案例足以说明操作风险的严重后果。

《东方早报》2008年1月26日报道：一位名叫杰罗姆·科维尔（Jerome Kerviel）的法国兴业银行（下称"法兴银行"）交易员25日登上世界各大财经报章的头版，他被指"只身犯案"，一手造成了法兴银行高达49亿欧元（约71亿美元）的股指期货交易亏损，并直接引发了欧洲股市周一的暴跌。据新华社报道，这起欺诈案可能是史上由单个交易员所为的最大一桩案子。法兴银行此次亏损金额超过了美国商品期货对冲基金 Amaranth Advisors LLC 在2006年亏损的66亿美元，同时也是巴林银行1995年14亿美元亏损的五倍多。1995年，巴林银行前交易员里森违规买卖日经指数期货，令有230多年历史的巴林银行一夜之间输掉13.8亿美元而倒闭，被迫以1英镑的价格卖给了荷兰国际集团（ING）。31岁的科维尔现在已和"魔鬼交易员"画上等号。科维尔自2007年初开始对欧洲股市未来的走向投下巨注，"悄然"建立起预计高达500亿~700亿欧元的多头仓位。2007年12月，该仓位一度出现巨额的浮动盈利。但从2007年下半年开始，伴随着全球股市的动荡，科维尔不得不直面亏损。发生亏损后，为掩盖自己的操作踪迹，科维尔创设了虚假的对冲头寸。正是这一虚假的对冲头寸，令科维尔最终案发。2008年1月18日，法兴银行的一位法务官员发现一笔超过该行风险限制的交易。法兴银行立刻打电话给这笔交易的交易对手进行核实，而接到电话的一方声称他们从来没有进行过这笔交易。2008 年 1 月 21 日，法兴银行开始动手平仓。法兴银行 21 日起的平仓举动引发市场猜测，该行低价贱卖这些仓位也许就是导致全球股市周一大幅下跌的原因。当天，法国、德国和英国的股市全线下跌 5% 以上。与已经倒闭的巴林银行一样，法兴银行同样有着 200 多年的悠久历史，创建于拿破仑时代，经历了两次世界大战并最终成为法国商界支柱之一，现为法国第二大银行，该行在复杂的股票衍生金融产品投资领域享有盛名。

四、保险投资的风险管理

保险投资风险管理是指通过对保险投资风险的识别、衡量和控制，以最小的成本将风险所致的损失控制在最低程度。由于保险资金的特殊性质，保险投资需要保证资金的安全性、流动性同时兼顾收益性，以保障保险公司业务的正常运行，因此对保险投资的风险管理显得尤为重要。保险投资的风险管理与控制的第一步是风险辨识，识别保险资金投资过程中所面临的各种风险，并初步评估风险的性质和影响程度，最后针对不同的风险采取相应的控制措施。

保险投资的风险管理主要包括事前风险控制、事中风险控制、事后风险控制。

（一）事前风险控制

事前风险控制就是通过建立风险识别和风险预警机制来避免投资风险事故或损失的发生。

（1）风险识别与衡量是指对保险投资产品、对象等可能存在的各种风险进行分析和研究，了解风险的性质，掌握风险造成损失的概率和数额大小。

（2）风险预警是在对各项保险投资风险进行度量和风险评估的基础上，及时向公司及整个风险管理体系发出风险预警信号，提醒相关风险管理部门和决策机构予以高度警惕。

（3）风险控制。根据预警分析结果，形成风险报告，提出相应的风险控制措施和方法。敦促相关风险管理部门和决策机构采取有效措施进行控制和防范保险资金运用风险。

风险控制贯穿投资的整个流程：制定投资策略时控制风险承担，进行投资组合管理时通过投资的多样化分散风险，在对具体资产的管理中通过信用分析回避风险，以实现将风险控制在适度的水平上。

（二）事中风险控制

事中风险控制是指保险投资风险发生导致损失时，采取的避免损失进一步扩大的机制。在保险投资中主要是建立并严格执行"止损制度"。

（三）事后风险控制

事后风险控制是在投资风险发生后采取的各种相应补救措施。由于保险投资的主要风险是证券投资，因此应制定相应补救制度，如明确规定补仓的条件、可以补仓的数量等。

五、我国保险投资风险管理现状

（一）中国保监会的政策规定及各家公司的做法

目前，我国保险资金运用和管理水平相对落后。2000～2001年，三家国有保险公司中国人寿、中国人保、中国再保相继成立了专门的资金运用部门，并逐渐改制成为投资管理中心；平安保险、太平洋保险、新华人寿、泰康人寿等保险公司也对资金运用部门进行了改革，国内保险公司的资金运用业务开始走上了快速发展的轨道。2002年初的全国金融工作会议对保险资金运用提出了明确要求：强化保险资金集中管理。2003年之后，随着保险公司投资管理工作的逐步复杂化，成立专业的独立投资机构逐渐成为一种行业共识。在这种背景下，2003 年 7 月，中国人保率先成立了我国第一家专业保险资产管理公司。到 2006 年，我国内地共成立了 9 家中资保险资产管理公司和 1 家外资资产管理中心。另外，2005～2007 年，又在我国香港地区成立或申请筹建了 4 家专门从事境外投资的资产管理公司。它们是中国人保资产管理有限公司、中国人寿资产管理有限公司、华泰资产管理有限公司、中再资产管理有限公司、平安资产管理有限公司、泰康资产管理有限公司、新华资产管理有限公司、太平洋资产管理有限公司、太平资产管理有限公司、友邦中国资产管理公司、中国平安资产管理（香港）有限公司、中国人寿富兰克资产管理公司、泰康资产管理香港公司、华泰资产管理（香港）有限公司、中国太保资产管理（香港）有限公司。

由于股票直接投资、基础设施、境外投资以及商业银行股权等"新渠道"的投资必须通过保险资产管理机构才能进行，2006 年下半年，一些中小型保险公司开始呼吁批准它们设立保险资产管理中心，但保监会没有放行，而是要求它们委托已有的保险资产管理公司进行。经过一段时间的磨合，委托投资从政策导向变为实践。2007 年 3 月，生命人寿委托中国人寿资产管理公司股票直接投资的方案获批，成为保险业第三方理财第一单。至 2008 年 8 月，已有 30 家左右中小公司获批委托入市。2009 年 3 月保监会放行中小保险公司直接投资股市。

与发达国家相比，我国保险公司在资金运用管理和风险控制方面仍然存在着很大的差距，尤其是在风险控制方面。在保险资产管理公司成立以前，各家保险公司的资金运用部门或者投资管理中心人员总体相对较少、几乎都没有设立专门的风险控制部门和风险控制岗位，风险控制职能一般由集团公司的审计部门执行。对风险的控制方式更多的是合规性审计检查，风险控制的手段不够完善。2005～2007 年 3 年中，我国的股票市场大起大落、系统性风险凸显，参与股票投资的保险机构和资金量不断增长，股市为保险业带来了异常高的收益率。2006 年，权益类投资的资金量只占保险业投资资产的 10%，却创造了 77% 的投资收益；2007 年上半年，这一趋势得以延续，保险资金运用实现收益同比增长 260%，达到 1374 亿元，其中有 7 成以上收益来自权益投资。2008年受美国金融危机的影响，中国股市全球跌幅第一，导致保险业投资收益大幅下降。在金融危机造成金融市场投资环境急剧恶化的背景下，我国保险公司面临着巨大的投资风险。

2004 年 4 月保监会发布了第一个全面阐述投资风险控制问题的文件——《保险资金运用风险控制指引（试行）》（以下称《指引》）。《指引》在组织架构上、管理上、制度上对保险公司资金运用风险控制提出了全方位的要求。《指引》首先确立了风险控制的四个原则（独立制衡原则、全面控制原则、适时适用原则、责任追究原则）等风险控制原则和六项要求；其次，《指引》从组织体系控制、资产负债比例管理、投资决策管理、投资交易管理、风险技术系统管理、信息技术系统管理、会计核算管理、人力资源管理等若干方面，阐述了风险控制的具体内容；最后，还规定了对风险控制的检查、监督和评价方法。保监会又于 2006 年发布了《关于加强保险资金风险管理的意见》（以下称《意见》）。《意见》的内容主要是原则性的、定性的和指导性的，并不包括强制的、量化的和指令性的要求。主要内容包括：要求统一思想，提高认识，加强全面风险管理；要改革体制，健全机制，建立风险管理架构；要加强内控，细化流程，规范风险管理行为；要改进技术，完善系统，增强风险管理能力。2007 年 6 月，保监会公布了《保险资金管理暂行办法（征求意见稿)》，把实践过程中的有效做法上升到规章的高度。整个草案分为十章：总则、资金治理、资金归集、匹配管理、投资管理、资金托管、风险管理、信息披露、监督管理和附则，共 55 条。从整体看，该办法的作用是厘清保险资金管理的关键环节并确立各环节工作的基本原则。

（二）我国保险投资风险管理存在的薄弱环节

1. 保险资金运用中银行存款、债券占比较高，使投资风险较为集中、利率风险加剧

我国保险公司资金运用渠道中银行存款、债券占比较高（见表 3-1），

使保险公司的利润来源主要依赖银行存款和债券利息与保单利率之差。由于银行存款和债券对利率变化非常敏感，而目前我国债券市场仍不发达，具体表现是债券市场尤其是企业债券市场总体规模不大，债券品种较少，债券期限结构单一，缺乏衍生工具进行风险对冲，也在一定程度上减少了保险公司可以控制风险的工具。保险资金运用渠道中银行存款、债券占比较高，当利率下调时，投资收益下降，使保险公司累积了大量利差损，同时保险资产的缩水也使寿险公司面临巨大的经营风险。

表 3 - 1　　　　　　2005 ~ 2015 年中国保险资金运用结构　　　　　单位：%

年份	银行存款	债券	股票与证券投资基金	其他
2005	37.08	52.38	8.92	4.38
2006	33.67	53.14	10.35	2.84
2007	24.39	43.98	27.12	4.51
2008	26.47	57.88	26.6	2.35
2009	28.11	50.96	18.59	2.34
2010	30.21	49.49	16.8	3.5
2011	32.06	46.96	12.11	8.88
2012	34.16	44.67	11.8	8.4
2013	29.45	43.42	10.23	16.9
2014	27.12	38.15	11.06	23.67
2015	21.78	34.39	15.18	28.65

注：2006 年、2007 年是持有各类债券的总额。
资料来源：根据中国保监会网站和其他渠道数据整理。

2. 资本市场系统性风险较大，很难通过组合投资的方式进行分散

资本市场系统性风险较大，一方面受政策性因素的影响，如随着我国加入世界贸易组织，我国金融市场对外开放的进程加快，资本市场对外开放也日益临近。同股同权、全流通也成为人们关注的焦点。2001 年以来，几次关于全流通方案的讨论都引发了股票市场的下跌。另一方

面由于我国资本市场缺乏理性的长期机构投资者和成熟的信息披露机制，资本市场效率低，市场价格不能有效地反映宏观经济周期的波动和上市公司的业绩，并且股价波动剧烈。资本市场过大的系统性风险是阻碍寿险公司拓宽投资渠道的重要因素，监管部门担心市场风险过大而损坏寿险公司的稳健性，只允许寿险公司持有风险小的银行存款、债券。虽然使寿险公司的系统性风险得到控制，但同时也降低了寿险公司的投资收益率。如 2000～2009 年，我国保险投资收益率分别为 3.59%、4.3%、3.14%、2.68%、2.87%、3.6%、5.8%、12.17%、1.91%、6.41%。其中 2002～2004 年保险资金收益率走低的主要原因是企业债券市场规模小、银行间国债市场交易不活跃、大额协议存款利率走低。1999 年 10 月 29 日，中国保监会颁布《保险公司投资证券投资基金管理暂行办法》，我国保险资金可以通过投资证券投资基金而间接进入股市。2004 年 10 月保监会允许保险机构投资者在严格监管的前提下直接投资股市，参与 级市场和二级市场交易，买卖人民币普通股票、可转换公司债券及保监会规定的其他投资品种。保险公司资金运用不可避免地面对我国资本市场的系统性风险。

3. 资本市场的缺陷严重阻碍了保险投资资产负债管理方式的运用

长期资产和长期负债的不匹配是国内寿险投资现存的一个重要问题。长期资产和长期负债的严重不匹配，增大了寿险公司的投资风险。究其原因包括两方面。

（1）现行法规几乎放开了全部投资渠道，保险投资渠道不再狭窄，但仍难以找到合适的长期投资工具。

目前，随着我国社会保障制度改革和受人口老龄化因素的影响，我国寿险市场的主打产品是终身寿险、长期性两全保险。这些产品使寿险公司的负债呈现长期化的特征，期限有 20 年、30 年，甚至更长时间。而寿险公司持有的固定收益的金融工具——协议存款和债券大多为 5 年期，在债券市场上，10 年期以上的债券规模远远不能满足寿险公司的投资需要，金融工具期限偏短导致寿险公司资产负债期限匹配的困难，使寿险公司陷入再投资风险中。

（2）资本市场存在的缺陷。我国资本市场存在着流动性差、规模小和市场分割以及现代金融衍生工具极少等缺陷，进一步加剧了资产负债匹配风险的控制难度。

寿险公司资产组合的弹性表现为根据经济周期的波动和利率波动灵活地调整资产组合，而流动性差、规模小和市场分割的资本市场不仅限制了寿险公司资产组合的弹性，还限制了寿险公司可运用资产的种类。在我国证券市场上，国债和金融债处于主体地位，公司债和股票比重较小。

我国资本市场的金融工具主要是国库券、金融债券、公司债券、股票等传统品种，金融衍生产品市场尚处于起步阶段，只有股价指数期货，没有股价指数期权，也没有利率期货、期权，而且保险业在金融衍生产品的使用上还是空白，因此寿险公司不能利用利率期货、期权等现代金融工具进行套期保值和利率风险管理。

第二节　保险投资的国际比较

一、保险投资主体的国际比较

近年来，我国在保险投资的制度建设方面不断取得进展，保险资金的运用渠道逐渐拓宽，多元化资产配置的框架已经初步形成。但是，我国保险资金管理机制和保险投资决策机制尚不完善，保险投资风险管理还很薄弱。而选择适合的保险投资主体模式是加强保险资金风险管理、完善保险投资决策机制的前提和关键。国际上典型的保险投资主体模式主要有三种，即保险公司内设投资部门的运作模式、委托外部专业投资机构运作模式以及设立专业化保险资产管理公司运作模式。目前，我国保险投资主体也主要有这三种模式。这三种模式各有优缺点。本节对这些运作模式的优缺点进行比较分析，并探讨我国保险公司如何根据自身情况选择合适的运作模式。

（一）保险公司内设投资部门

保险公司内设投资部门，是国外保险公司早期资金运用的通行模式，其投资主体是保险公司本身，即保险公司通过内部设立的专门投资管理机构，具体负责本公司的保险投资活动。这种模式使保险公司可直接掌握并控制保险投资活动。保险公司内设投资部门常见的组织形式有直线职能制、事业部制和矩阵式制等。直线职能制实行行政指挥的集中统一和专业管理的合理分工，有利于高效配置企业资源，提高投资效率；但由于权力过于集中，难以适应现代企业经营多元化和复杂化的需要。事业部制是在公司内部按地区设立若干事业部和相应的职能部门，负责该地区投资经营的全部活动。事业部制有利于保险公司管理人员各司其职，发挥主观能动性，提高工作效率，有利于保险企业多元化经营的需要；但事业部制容易导致各自为政，缺乏全局观念，难以实现保险公司的整体工作目标和整体利益。矩阵式制有利于保证总体规划和总体目标的实现，但存在多头领导，机构过于庞大，决策缺乏效率。保险公司内设投资部门的运作模式是国际上通行的传统模式，其突出优点是有利于总公司对其资产直接管理和运作，易于监控，保证保险投资的安全；其缺点是缺乏专业性和竞争性，难以适应管理专业化和服务多样化的要求。同时容易产生内部黑箱作业，操作风险大，通常投资收益率较低。国外有的保险公司在总部设立专门的投资部，负责管理公司的投资账户资产，同时对国外子公司或分公司的投资业务进行监管。这些公司按部门、险种进行资金运用，有利于公司对其资产直接管理和运作。目前，仍有国际知名的综合性大型保险公司采用这种投资主体模式。例如，美国大都会人寿保险公司就是采用这种模式，其分公司遍及世界许多国家和地区，其业务包括人寿与健康保险、养老金、互助基金及证券、汽车和房屋保险、资产管理等。

（二）委托外部专业投资机构

外部委托投资是指保险公司将全部保险资金委托外部的专业投资公司管理，属于第三方投资管理公司运作模式，投资主体是受保险公司委托的证券投资公司、综合性资产管理公司等专业化投资机构。这种运作模式的优点是，保险公司将保险资金交给专业的投资公司进行有偿运营，从而使保险公司能够集中力量开拓保险业务；同时，由于投资机构可以对保险资金实行专业化管理，可以减少管理成本和交易费用，实现规模效益；而保险公司只需支付很少费用就可以享受专业投资管理服务，享受到专家理财的好处。这种模式通常是保险公司与专业投资公司签订一份投资管理协议，包括保险公司的投资目标、资产配置和风险控制要求，投资公司按协议进行投资决策和操作的权力，以及信息披露等条款。这种运作模式的缺点是投资风险比较大。由于保险公司把资金交给投资公司管理后，就无法控制他们的经营活动、保证资金运用的安全，因此，保险公司不但要承担投资失败的风险，还要承担投资公司的操作风险。例如，1929～1933 年美国经济危机时期，由于当时大多数保险公司实力不强，投资经验不足，大部分保险公司都采用委托专业投资公司的投资模式，由于投资公司缺少经营透明度，保险公司又不能直接控制投资风险，大量投资公司因经济危机而破产，保险公司也因此受到牵连，很多保险公司因此破产清算或被合并。这对保险公司选择保险投资主体模式具有重要的警示作用。目前国外一些中小型产险公司、再保险公司和少部分小型寿险公司倾向于采用第三方投资管理公司的运作模式。采取此种模式有利于减少资产管理中的各项成本支出，包括信息技术、人力费用等，还可以充分利用专业机构的专业化优势和成熟的经验。委托外部专业投资机构对保险资金实行专业化管理，具有费用率低，收益率高的优势；但也存在风险较大，保险资金的安全性较差的劣势。这种模式比较适合于一些投资经验不足、信息技术力量薄弱的发展中保险公司。

(三) 专业化保险资产管理公司

专业化保险资产管理公司运作模式，是通过全资或控股子公司运作，保险投资的主体是保险公司的子公司。这是目前大型保险公司普遍采用的投资主体模式。保险资产管理公司与保险公司在业务上相互独立、各司其职，在财务上独立核算、自负盈亏，双方就保险资金的投向、数量、收益以及双方的权利义务等达成协议。资产管理公司自主运用资金，但必须定期向保险公司报告投资状况；保险公司也可能根据自身业务的需要，向资产管理公司提出调整资金的投资方向和金额的要求。目前许多规模庞大的跨国保险集团公司不仅拥有一家全资的资产管理公司，还收购或控股了其他基金管理公司，分别接受各产险子公司和寿险子公司的委托开展保险投资业务，产、寿险子公司的资金分别设立账户，独立进行投资，母公司负责资金运作的总体规划、协调以及投资风险的控制。这些公司的资产管理公司或基金公司，具有完全独立的组织架构，有着独特的投资理念和鲜明的业务特色，拥有投资领域内出色的专业队伍，除重点管理母公司的资产外，还经营管理第三方资产。如美国国际金融集团分设了资产管理集团，其主要公司是 AIG 全球投资集团（AIGGIG），管理 AIG 资产 410 亿美元，第三方资产 350 亿美元，共计 760 亿美元，还管理着其他五家全资或控股的资产管理机构，经营不同产品，以满足客户多样化的需求。随着保险业的发展，以及保险投资功能的凸显，专业化保险投资管理公司已成为国际保险业投资主体的主流模式。采取此种模式不仅可以更好地吸引投资专门人才，提高资金运用效益，而且可以通过专业化资产管理运作，成为公司新的业务增长点，推动公司整体发展。

据统计，2006 年全球 500 强的股份制保险公司中，80% 以上都采用设立专业保险投资管理公司的模式。这种模式的主要优点是可以很好地弥补前两者的不足。内设投资部门管理的模式缺乏专业性和竞争性，委托外部投资机构则无法有效控制保险资金运作的风险，而设立保险资产管理公司模式能弥补内设投资部门及委托外部机构管理的不足，有利于对保险资金进行专业化、规范化的市场运作，降低投资的市场风险和管理风险，提高保险资金的收益水平。具体而言其优点包括：一是有利于母公司建立多层次的风险管理体系，执行总公司的投资战略，有效防范投资风险；二是保险资产管理公司具有完全独立的董事会、管理团队和组织结构，拥有出色的投资专业队伍，提高了工作效率和保险资金运用效率；三是专业化保险资产管理公司透明度高，市场适应性强，可以有效防止内部暗箱操作和关联交易；四是专业化保险资产管理公司使保险公司的业务向资产管理业务渗透，适应了金融机构综合化发展的潮流，既有利于明确保险公司与资产管理公司的责任和权利，加强对投资管理的考核，促进专业化运作，又有利于保险公司扩大资产管理的范围，为第三方管理资产，为公司获取更多的管理费收入，增强公司的竞争能力。

（四）我国保险投资主体模式的选择

从国外保险公司选择投资主体模式的经验来看，内设投资部的运作模式对保险资产管理的专业化水准和市场竞争能力的提高形成很大的限制，不能适应管理专业化和服务多样化的要求。完全依靠委托外部专业投资机构又很难对保险资金运用实行有效的风险控制，因而难以保证保险资金的安全。专业化的保险资产管理公司不仅有效地增强了保险资金的经营管理能力和市场竞争力，而且大大提高了保险资金的安全性与运用效率。因此，设立专业化保险资产管理公司是我国保险公司选择投资主体模式的方向。虽然国内保险公司资金运用尚处于初级阶段，资金运用渠道相对保险业发达国家较为狭窄，但各家保险公司资金运用体系建设应该从高起点出发，积极采取切实措施，按国际保险业资金运用模式及其惯例，逐步规范、不断创新，为建立专业化保险资产管理公司运作模式打下坚实基础。目前，我国多家保险公司已经开始这方面的尝试。中国人保集团、中国人寿集团、中国平安、华泰财险、新华人寿等保险公司相继设立了专业资产管理公司。但是，保险公司也不可跟随潮流盲目设立资产管理公司，而应该从实际出发，根据其可用于投资的资产规模大小或有无金融控股母公司来选择合适的保险投资主体模式。

对于可用于投资的资产规模较小或不存在金融控股母公司的保险公司，尤其是缺乏投资经验的发展中保险公司，则应选择委托外部专业投资机构的运作模式，这样可以节约机构和人员配置的成本及交易费用，可以集中力量开拓承保业务，但要密切关注保险资金运用的风险，防止投资失败而导致保险公司破产清算。对于不存在金融控股母公司而且资金规模不大，但发展比较成熟且具有一定投资经验的保险公司，则采用内设投资部门并细化为证券部、国债部等部门进行投资管理的模式较为合理，以便对保险资金进行分类投资与管理。对于资产规模较大的保险集团公司，则应设立资产管理公司或收购一家专业的投资机构作为子公司，积极谨慎地参与资本市场运作，充分发挥其优势。我国是发展中国家，我国保险业还处于初级发展阶段，大多数保险公司都是新成立不久的中小保险公司，投资经验不足，信息技术力量薄弱，还不具备设立资产管理公司的实力，目前应采用内设投资部门或委托外部专业投资机构管理的模式，待条件成熟后再转型。保险公司选择了适合自身实际情况的投资主体模式后，应该成立以资产管理为核心的投资决策机构，建立风险评估、投资操作和内控监督等相互独立又相互制约的资金运用决策体系，完善保险投资决策机制。只有建立一套规范有效的决策机制，才能避免保险投资决策和实施过程中的盲目性和随意性，掌握保险投资的主动性，保证保险资金运用的安全性和收益性，提高保险资金的运用效率。国际上普遍存在由保险投资决策委员会进行保险投资决策。决策委员会的成员由公司内部各投资专家和外聘技术人员组成。决策委员会可以下设投资决策支持小组或部门，分别对若干专项投资问题进行分析、论证，与下属部门沟通，为投资决策的进行做好各项准备工作。目前，国内不少保险公司虽已成立了资金运用的最高决策机构——资金运用管理委员会，但其职能并没有真正落实，保险资金运用的许多体制安排和重大事项还主要依靠部门层次协调推动，其结果是体制安排不尽合理，资金运用业务运行不够顺畅。

目前我国保险资产管理业务存在的主要问题有：一是在投资理念上，尚未完全确立起以价值投资、理性投资、稳健投资和长期投资为核心的思想；二是在投资技术上，运用资产的匹配管理、战略配置和投资组合管理的方法还不够娴熟；三是在投资策略上，对市场形势的判断、把握深度和准确度有待进一步提高；四是在投资风险控制上，仍然缺乏识别、计量、预警和对冲的技术手段；五是在投资绩效评估上，尚未形成科学统一的标准和方法。因此，首先必须建立科学的保险资金运用管理体系，按照集中统一和专业化管理的要求，启动和落实公司资金运用管理委员会的各项职能，对有关资金运用的体制安排等战略性事项做出决策，为资金运用业务的顺畅运行提供良好的基础和框架。其次必须根据实际情况、管理的资金规模、投资业务领域等，对保险资金运用过程中的决策权、执行权、监督权等进行分解，落实到具体的部门、岗位及责任人，保证责、权、利的对等，形成责权分明、行之有效的保险资金运作机制。再次必须建立风险评估、投资操作和内控监督等相互独立却相互制约的资产风险管理监控机制，建立和健全各项监管制度，培养高素质的保险资金运用监管人才，以实现对保险资金运用风险的有效监控，为我国保险资金运用实现"安全性""收益性""流动性"提供制度保证。

二、保险投资资产负债管理的国际比较

保险资金的负债特性，决定了保险投资必须充分考虑不同保险资金的负债特征，科学地配置资产以有效控制风险、实现投资价值最大化。资产负债匹配是保险资金投资运作的核心。保险投资要求实行资产负债匹配管理侧重于以下几方面。

一是总量匹配。即资金来源与资金运用总额平衡，资金来源总额匹配资金运用总额，做到各会计年度现金流入满足当年负债偿付的现金流出。

二是期限匹配。即资金运用期限与收益要与负债来源期限与成本

匹配，长期资产匹配于长期负债和短期负债的长期稳定部分，短期资产匹配于短期负债。如果投资期限超过了负债期限，就需要提前变现资产。一方面会面临市场变现损失，或面临变现的违约风险；另一方面可能面临恶劣的市场环境，遭受重大投资损失。如果投资期限小于负债期限，就需要对资产进行再投资，再投资环境一旦恶化，如利率下调、证券市场低迷，就会使最终的资产积累数量达不到负债总额要求。

三是速度匹配。即保险资金的运用周期要根据负债来源的流通速度来决定。

四是资产性质匹配。首先考虑的是固定数额收入的资产与目前保险市场上主要产品固定数额的负债匹配；其次部分变额负债如分红给付、通货膨胀挂钩给付等，需与股票投资、房地产投资等变额资产匹配。此外，还要考虑本币资产与本币负债匹配，外币资产与外币负债匹配。[①]

（一）美国

由于忽视资产负债的综合管理而造成资产运用不当，20 世纪 70 年代末到 90 年代初曾有大量的保险公司出现过偿付能力危机。大批寿险公司破产的教训使美国的保险业逐步认识到资产负债管理的重要性，并开始在日常的经营管理中运用一些复杂的资产负债管理策略和技术，其成功的经验主要可以概况为以下几个方面。

1. 创新寿险产品

为了规避利率风险，美国保险业加速了寿险产品的创新。从 1971 年开始，美国寿险市场先后推出许多新型寿险产品，包括可调整寿险、变额寿险、万能寿险、变额万能寿险以及投资联结保险等。这些利率敏感型寿险产品的推出，一方面将寿险公司的部分经营风险转移给了保险客户；另一方面又使寿险业务与证券投资的联系更加紧密。

2. 借助复杂的数学模型、资产负债管理方法以及计算机模拟技术

---

① 王朝晖、吴亭：《保险公司的资产负债匹配管理》，载《中国保险》2009 年第 1 期。

进行表内资产负债管理

如随机控制模型、机会约束规划模型以及其他一些随机最优化模型等。有代表性的资产负债管理与检测方法包括弹性检测方法、现金流量检测（c Fr）、动态偿付能力检测（DST）、现金流匹配、久期匹配、凸性匹配、免疫理论、财务状况报告（FCR）、风险资本（RBC）、动态财务分析（DFA）以及随机资产负债模型等，对资产负债匹配状况进行动态管控。

3. 大量运用金融衍生工具进行资产负债管理

美国的寿险公司在资产负债管理过程中所使用的金融衍生工具包括债券期权、股票期权、外汇期权、利率期权、互换及期货等，几乎无所不包。2001 年底，美国 86% 的寿险公司使用金融衍生产品控制利率风险和股市风险，金融衍生产品已经成为美国寿险公司基本的资产负债管理手段。

4. 成立资产负债管理委员会

建立权责分明的资产负债管理组织体系，设立由公司决策层及投资、精算和风险管理高层管理人员共同组成的资产负债管理委员会（或投资决策委员会），负责资产负债信息沟通、制定长期投资策略以及制定资产负债综合管理策略等，从组织上保证资产负债管理战略的实施。

5. 建立资产负债管理报告体系

形成了内容丰富科学有效的资产负债管理报告体系，报告的内容由传统的静态和动态利率报告、久期凸性报告、现金流和利润率测试、资产流动性报告、Beta 值报告、A/E 比率报告，扩展到涵盖动态平衡收入表、流动性/基金风险分析、VaR、EaR 报告、CET 报告、利润、资本、准备金、资金运用收益敏感性分析报告等。

（二）欧盟

2008 年国际金融危机后，各国金融监管当局及相关国际组织纷纷加快了保险监管政策的改革步伐，欧盟的"偿付能力Ⅱ"、国际保险监督官协会的"国际保险集团监管共同框架"中均涉及资产负债管理方面监管政策。

欧盟的"偿付能力Ⅱ"包含了风险定量要求、风险定性要求和风险信息披露要求三个支柱体系：在风险定量要求方面，保险公司要以全资产负债表方法为基础，技术性准备金须采用市场一致性度量原则，通过标准方程或内部模型确定两个资本要求，即对应 99.5% 风险值的偿付能力资本要求和对应 85% 风险值的最低资本要求；在风险定性要求方面，保险公司必须形成一整套风险治理规则，包括建立有效的公司治理、风险管理、内部控制、自有风险与偿付能力评估要求、内部审计及精算等制度；在风险信息披露要求方面，保险公司的信息披露需包括公开披露和监管报告两部分，内容包括经营状况、公司治理、偿付能力、承担风险和资产管理等信息。

2009 年 6 月，国际保险监督官协会（简称"IAIS"）在反思金融危机教训的基础上开始着手制定全球统一的保险监管规则，即"国际保险集团监管共同框架"（以下简称"共同框架"）。共同框架的主要特点是引入了全资产负债表方法下的经济价值、资本质量、压力测试、流动性测试等前沿定量分析工具来加强监管。此外，IAIS 出台了《资产负债管理标准》和《资产负债管理研究》等配套的规范性文件。《资产负债管理标准》提出，保险人的资产负债管理政策应该涵盖市场风险（包括利率风险、权益资产等其他资产风险、汇率风险、关联信用风险）、承保风险、流动性风险等内容；保险人应使用适合的指标去计量其市场风险和关联信用风险；复杂的产品及投资组合应使用复杂模型使得计量结果更加可靠；保险人应重视保险合同隐含期权可能带来的风险，并能计量其有可能带来的冲击等。《资产负债管理研究》提出，资产负债管理的关键性指标应包括久期和凸性、在险价值和尾端在险价值、流动性比率、现金流、静态情景测试、动态情景测试、压力测试等内容。总而言之，面对国际金融危机带来的挑战，新的监管政策在总结经验教训的基础上在资产负债管理方面提出了一些新的要求，主要表现在：一是建立与银行业可以协调一致的管理理念，为今后对金融混业集团实施统一的监管奠定基础；二是提高偿付能力对金融资产价值变动的敏感性，促使保险公司进一步降低杠杆化率，实施稳健的资产负债管理；三是强化对产品、业务、公司和国家等层面风险相关性的计量，并将其作为管理模型的关键要素；四是强调根据各国家或地区实际经验数据来确定风险收益特征，以提高模型参数对本地适应性。

全球金融危机后，欧洲保险公司普遍进行了调整，在资产负债管理方面出现了一些新的变化：一是根据自身偿付能力水平、权益类投资比重、资产规模、宏观经济环境等因素，普遍采取了"去杠杆化"的措施；二是监管机构对保险公司资产负债和资本的监管日趋严格，部分公司已提前按照欧盟"偿付能力Ⅱ"的标准来进行管理；三是在理论创新和统计检验的基础上，部分公司开始着手对原有资产负债管理模型中的有关技术参数进行适应性的修订。

（三）启示

资产负债管理是保险业经营的核心，直接关系到保险企业的可持续发展能力。国内外宏观经济金融环境越来越复杂多变，保险行业从高速增长进入了一个相对平稳的发展阶段。新形势下，我国应借鉴国际保险业最新发展经验，加强资产负债管理机制体制建设。首先，从监管层面应进一步加强资产负债管理的监督与指导，强化保险机构资产配置审慎性的要求，切实提高保险监管科学性和有效性。其次，我国的保险机构特别是保险集团应当树立正确的资产负债管理观念，加强资产负债管理，构建资产与负债管理互动协调的组织架构，以形成科学合理的资产配置策略；建立规范完善的管理流程；深入研究、完善资产负债管理模型，制定合适有效的资产负债管理方案；运用科学的分析方法和管理技术，对资产负债匹配状况进行动态管控。最后，保险公司应加强资产负债管理工具的研究，在借鉴国外成熟管理工具的同时，开发适应我国市场风险收益特征的管理工具。

资产负债管理是一项复杂的系统工程，资产负债管理的能力越来越成为提升保险机构核心竞争力的管理工具。

三、保险投资组合的国际比较

（一）美国保险资金投资组合

美国保险公司的资产总量自20世纪90年代以来增长迅速，保险业投资在各类投资机构中仅次于商业银行、联邦放款机构，位居第三。美国保险业的保险资金投向主要包括四个方面：债券、股票、抵押贷款和不动产投资等。无论是寿险还是财险，债券在资金运用比例中一直处于领先地位。股票投资比例居次，波动较大，寿险业和产险业存在很大差异。以寿险为例，在寿险保险资产分布中，债券资产占总资产的50%左右，各项贷款和不动产投资占比呈下降趋势，股票资产略有上升，1998年为26.82%，2007年达到32.8%，股票成为仅次于公司债券的第二大投资项目（见表3-2）。

表 3 - 2　　　　1998~2007年美国寿险投资结构（合并账户）　　单位：%

年度	债券	股票	抵押贷款	不动产	保单贷款	其他
1998	53.70	26.82	7.65	1.46	3.7	6.63
1999	50.50	32.23	7.48	1.24	3.22	5.29
2000	50.53	31.35	7.44	1.13	3.21	6.43
2001	53.00	27.81	7.45	0.99	3.19	7.59
2002	57.90	23.42	7.41	0.97	3.11	7.20
2003	56.10	26.30	6.92	0.79	2.75	7.11
2004	55.20	27.70	6.64	0.73	2.55	7.14
2005	54.40	28.70	6.57	0.73	2.44	7.12
2006	51.00	31.70	6.50	0.69	2.34	7.69
2007	49.50	32.80	6.60	0.69	2.29	8.14

由于美国将寿险资金运用区分为一般账户和单独账户，并实行严格

的分类管理，因此上述投资结构是综合寿险公司资金运用一般账户和单独账户所得到的合并账户数据。全美保险监督官协会（NAIC）对一般账户的投资监管比较严格，尤其是对投资股票实行严格的限制。实践中单独账户投资股票的比例可以达到80%，债券投资比例为13%左右；而一般账户的股票投资比例约为5%，债券投资比例高达70%以上。将一般账户与单独账户进行综合后，合并账户的股票比例在2006年和2007年超过30%，债券投资比例则在50%左右。[①]

（二）英国

英国是对保险投资监管最为宽松的国家，监管当局对保险资金运用几乎没有任何限制。投资范围完全可以由保险公司自行决定，因此英国保险资金运用范围十分宽泛，保险公司可以持有金融市场上的所有投资品种，不仅包括证券、房地产、信托基金、海外投资、风险创业投资等，还包括金融衍生品如期权、期货等。英国作为传统的金融中心，其股票市场非常发达，因此保险投资以股票为主，股票投资所占比例约为50%，其次是政府债券比例约为20%，公司债券、公司贷款及其他资产加起来约为30%。

英国的投资连接保险十分发达，投连险保费收入占到了英国总保费收入的50%以上。保险负债结构也决定了股票投资在保险资金运用中的重要地位。2008年全球金融危机后，英国股票投资比例大幅度下降，2012年股票投资比例为11%。另外，英国保险公司十分重视海外投资，海外股票的投资比重为15%左右。[②]

（三）德国

德国拥有强大的银行体系，商业银行在信贷市场和资本市场上处于

---

① 郭金龙、胡宏兵：《我国保险资金运用现状、问题及策略研究》，载《保险研究》2009年第9期。

② 罗欢：《保险资金投资风险管理研究》，财政部财政科学研究所硕士学位论文，2014年。

主导地位，其金融体系的整体特征表现稳健平和。稳健的金融体系为保险公司提供了稳定的投资环境，但市场收益率并不突出。与其监管体系与金融环境相适应，德国保险公司的资金运用结构也体现了稳健性特征。总体上，保险资金投向抵押贷款和银行存款的比例要高于英、美等国家，而投资股票的比例稍低。德国保险公司投资债券比例最高，约为60%，其次为贷款约为22%；股票投资比例为3%，远低于英国46%的比例。与非寿险相比，寿险资金投资股票的比例要少，投资债券和抵押贷款的比例相对较高。这种投资结构决定了德国的保险投资收益十分稳定，其市场收益率变动幅度也低于其他保险市场发达的国家。但近年来，随着德国金融体系结构的变化，尤其是欧盟共同市场发展的内在需要，德国保险公司也在逐渐增加对股票等高回报率的金融工具的投资，以增加投资收益，提高自身竞争力。从这个角度来说，保险资金投资回报率的国别差距正在逐渐缩小。

（四）日本

日本也是以间接金融为主的国家，以银行为主导的金融体系决定了日本保险资金运用结构中贷款所占比重较大，日本在20世纪80年代以前的投资比例依次为：贷款、有价证券、不动产、存款；1986年日本的保险资金运用才从以贷款为主转向以证券投资为主，贷款退居第二位。目前保险资金投资证券的比例，寿险资金接近80%，非寿险资金为70%左右；另外日本寿险资金投资贷款的比例为15%左右，但近年来比例逐渐降低。主要原因是由于近年来日本国内经济低迷，贷款利率持续走低，保险公司纷纷减少对贷款的投资，而增加了对收益较好的有价证券的投资。非寿险资金中的其他投资包括各种应收款项所占比重也较高。全球金融危机爆发以后，日本保险投资结构变化明显，股票和贷款的比重有所下降，而债券和存款的比重逐步上升，以防范金融危机的不利影响（见表3-3和表3-4）。

表 3 - 3　　　　　　　　2008～2012 年日本寿险业投资组合　　　　单位：%

年度	证券	贷款	不动产	现金及存款	通知贷款	货币信托	其他
2008	73.9	16.4	2.2	1.6	0.9	0.8	4.3
2009	76.7	14.7	2.1	1.6	0.7	0.7	3.5
2010	77.3	13.7	2.1	1.8	0.6	0.6	3.8
2011	78.8	12.9	2.0	1.1	0.8	0.6	3.8
2012	80.7	11.7	1.9	1.0	0.8	0.6	3.4

表 3 - 4　　　　　　　　2008～2012 年日本产险业投资组合　　　　单位：%

年度	证券	贷款	不动产	现金及存款	通知贷款	货币信托	其他
2008	72.2	7.4	3.3	3.8	1.2	0.2	11.9
2009	70.6	7.5	3.5	3.9	1.1	0.3	13.1
2010	68.9	7.3	3.6	3.9	2.5	0.3	13.5
2011	69.4	6.2	3.8	4.2	1.4	0.3	14.1
2012	72.3	6.2	3.7	4.2	1.5	0.3	11.8

（五）比较与启示

上述各国不同保险投资组合的形成与其宏观经济环境密切相关。任何一个国家保险资金运用的形式和比例都是与其经济发展阶段相联系的。与此同时，资本市场的结构在一定程度上决定着保险投资的结构，资本市场的效率与稳定性在一定程度上决定着保险投资的效果。具体来说，英美两国直接金融居主导地位，证券市场十分发达，效率很高，因此保险资金主要投资有价证券，投资回报率也很高，但由于管理等方面的原因，英国资本市场的稳定性不如美国，这也表现在各自的保险投资效果上。同时，美国证券市场以债券为主，而英国证券市场以股票为主，表现到保险投资结构上就是美国保险投资结构以债券为主，而英国保险投资结构以股票为主。而德、日两国资本市场以间接金融为主，直接金融为辅，因此保险公司投资银行和信贷领域的比重较英美相对要高，而银行贷款和信贷投资回报率显然要低于证券市场，所以德日两国的保险投资稳定性好，但收益率不如英美。全球金融危机后，日本对保险投资结构进行了调整，逐步提高债券和存款的比重，降低了股票和贷款的比重。

上述比较给我们带来以下启示：任何一个国家保险资金运用的形式和比例都是与其经济发展密切相连的。不同国家处在不同的经济发展阶段，其保险投资方式的选择也会不同。在国外运作成熟的保险投资模式在我国就未必行得通。我们必须从中国的国情出发，将国际惯例与中国国情相结合，并结合我国经济发展形势选择适合我国的保险投资组合。

四、保险投资风险监管的国际比较

（一）美国

美国对保险投资依法实行严格的监管，不仅监管范围广泛，而且监管贯穿了保险投资活动的各个环节。作为联邦制国家，美国各州享有独立的立法权与行政权，在对保险行业的监管上也实行联邦和州保险监管机构共同监管，州保险监管机构和联邦保险监管机构属于平行合作的关系，二者各自拥有独立的保险立法权和监管权。美国的全美保险监督官协会负责在各个州之间对其各自的监管行为进行协调，采用两套示范法规对财险保险公司和寿险保险公司的资金运用分别进行监管，两部法律都对保险公司可以投资的项目与禁止投资的项目分别作出了规定。例如，1996 年的《保险公司的投资示范法（规定限制版）》对财产和责任保险公司投资债券、股本、不动产、动产、抵押贷款等投资渠道的质量要求和数量限额都进行了详细规定。

美国各州都对保险投资进行相对严格的监管，不仅限制投资渠道，并且对保险公司在各个渠道的投资比例也都做出严格限制。

美国保险投资风险管理技术手段先进而成熟，现金流量测试、随机资产负债测试、动态偿付能力检测、弹性测试、财务状况报告等被广泛运用于投资风险管理中。美国保险监管机构要求保险公司必须使用现金流量测试和动态偿付能力测试。

（二）英国

英国对保险投资风险的监管主要通过两种途径：一是依靠行业自律组织对保险行业进行监管；二是保险监管机构通过制定科学、合理的偿付能力指标对保险投资进行监督管理。

英国保险监管机构对产、寿险公司分别制定出不同的偿付能力标准，并随着市场的变化而不断调整，从而使偿付能力标准能更真实、准确地反映保险公司的偿债能力。除了规定偿付能力外，监管机构还要求保险公司必须在指定的时间内提交财务报告，具体包括损益情况报表、资产负债表、投资情况报表等。当保险公司偿付能力低于规定的标准，保险监督机构就会禁止其再进行相关的投资活动，并采取一定的处置措施，如一定时间内限制其签发新保单、补充资本金等。由于拥有完善的保险行业协会自律监管和严格的偿付能力监管制度，英国保险法未对保险投资渠道和投资比例加以限制，保险人可以根据自身经营状况自由选择投资组合，最大限度地获取利润。

（三）日本

日本对保险投资实行严格统一监管，其严格程度仅次于美国。自1996 年 4 月 1 日起实施日本新保险业法，规定的保险投资渠道包括：有价证券投资、银行存款、不动产投资、黄金交易、金融期货交易、各种外国证券（外国国债、外国地方债、外国股票）、短期资金交易及各种形式的抵押贷款。同时对保险投资比例也加以限制，对于股票、外国地方债券、不动产等的投资比例都做了具体规定，对存款、拆借贷款、国债、地方债、公司债等无比例上的限制（1998 年）。新《保险业法》实施后，日本政府逐渐放松了对投资渠道和投资比例的限制，而将保险投资风险监管重点集中在偿付能力控制和信息披露上。

日本监管机构在保险法中引入了偿付能力比率指标，通过计算偿付能力总额与风险总额之比来控制保险企业的投资风险。偿付能力总额包括：资本金、价格变动的准备金，风险准备金及股份、土地的一定比例等；在计算风险总额时主要考虑四大类风险：预定利率风险、保险风险、资产运用风险和经营管理风险，其中资产运用风险又包括价格变动风险、信用风险、资产负债表外交易风险等。

为满足监管部门以经济价值为基础的偿付能力限制，日本的保险公司对风险计量精确性的要求越来越高，对资产负债价值的评估更加注重其市场价值，采用现金流量折现法估算资产负债的价值，在此基础上计算公司的偿付能力。

此外，保险公司要对各项风险控制指标进行及时有效的披露，定期向监管机构提交偿付能力报告并且加大在年度财务报告中风险管理方面的披露力度。

综上所述，我们得到以下启示：上述各国无论是采取严格的监管制度，还是采取宽松的监管制度，都不能简单地以孰优孰劣来判断，只要与本国的具体实际相适应就是好的监管制度。

第三节　次贷危机中保险投资风险的暴露及案例分析

一、西方保险公司投资在次贷危机中的表现述评

西方国家在此次金融危机中遭受了一定程度的损失，股东权益有所下降，但损失尚未伤及保险公司对保单持有人的偿付能力。绝大多数因为合规、谨慎经营的保险公司受到次贷危机的冲击很小，即使受到一些冲击，也能够通过自身努力来化解，最终安然无恙。数据显示，处于次贷危机中心的美国，在危机爆发的 2007 ~ 2008 年，美国的寿险公司投资收益率没有明显下降，只是在基准利率水平被大幅调低后的 2009 年，收益率才有明显下降，这说明危机爆发导致的风险资产贬值几乎没有对

美国通用账户资产造成多少损失。再从 2007 年、2008 年美国财产险业的投资收益情况看，美国财险业的投资收益分别是 639.73 亿美元和 313.79 亿美元，出现了明显下滑，究其原因，主要是 2008 年出现了 197.99 亿美元的买卖差价损失，说明 2008 年风险资产的下跌给财险业造成了较大的损失。12 个 OECD 国家提供的统计数据显示，12 个国家专业寿险、财险公司在 2007 年的平均收益率分别达到 4.88% 和 6.64%；而 2008 年分别降到 1.92% 和 3.7%。[①] 2007 年好于 2008 年，但 2008 年依然保持正收益说明这些国家受到的冲击不大。2008 年受到冲击比较大的国家有匈牙利、芬兰、比利时和荷兰四国。从整体来看，保险公司作为在债券市场、股票市场、房地产、抵押贷款和衍生工具等另类投资市场"全覆盖"的大型机构投资者，在百年不遇的金融大危机面前能有如此表现，实属不易。

但因经营某些高风险险种的公司、投资过于出格的公司和个别因为特殊原因而受到较大影响的保险公司确实也存在。在险种方面，主要是经营抵押贷款保险的 MAIG Investment Croup.、PMI Croup Inc.、Radian Croup Inc. 和 Triad Guaranty Inc. 等；投资过于出格的日本大和生命保险公司（Yamato-life）等；因特殊原因受损的公司，主要就是 AIG 和富通集团。AIG 无论从投资理念、投资工作的组织架构、大类资产配置，还是对债券的信用评级把关以及投资风险管理制度来看，都是符合行业惯例和监管规范的。但 AIG 在保险投资策略方面的一些弱点还是在危机中暴露无遗：一是过度迷信 AAA 评级而在次贷相关证券上的风险暴露过高；二是对借出证券所收押金的投资过于激进。除此之外，危机还暴露出 AIG 在整个经营上的两个弱点：一是忽略了次贷风险暴露在 CDS 业务和投资业务上的叠加冲击效应；二是在危机暴露过程中，应对措施力度不够，没有表现出足够的谨慎和果断，最终丧失了自救机会。

纵观英美国家保险资金投资监管法律，无一不对高风险的工具严格

---

① 徐高林：《西方险企投资在金融危机中的整体表现及原因探析》，载《保险研究》2011 年第 6 期。

规定投资上限，但并不是所有公司都适合满上限投资，回顾全球保险业在20世纪80年代、90年代和本次金融危机中，伴随金融市场的不断创新，因高风险投资工具的不断涌现而造成的倒闭或濒临破产案例屡见不鲜。倒下的都是垃圾债券、次贷债券、股票、衍生工具和房地产等高风险投资工具的激进参与者。究其根源在于这些公司忽视了投资工具风险往往是系统性风险，具有很强的多米诺骨牌效应，在市场向好时，那些不具备特殊专长的公司对这些工具的满上限投资甚至超比例违规投资酝酿着极大的风险，严重危及公司的流动性安全。即使像AIG和ING（荷兰国际集团）、大和生命这样拥有一流的风险精算技术，尚不能准确识别和科学预测投资行为对公司偿付能力的影响，何况其他公司。

二、次贷危机中英美保险公司投资经验述要

（1）秉承安全稳健投资策略的公司均平稳度过危机。以美国寿险公司通用账户为代表的全球保险业在资产配置上以固定孳息安全资产为主力资产，对风险资产实行比例控制、并采取分散投资，因此才能平稳度过次贷危机。寿险通用账户、财险、欧洲保险业和美国寿险单独账户因资产配置不同而表现迥异。美国寿险通用账户收益率稳定、资产稳步增长，而单独账户出现亏损，资产剧烈下降。比较而言，股票在资产配置中所占比重高的保险公司，在危机中受到的冲击更大。如2008年OECD国家中出现行业性投资亏损的芬兰和荷兰，其股票投资占比均超过23%。

（2）保险业的主力资产应定位在传统安全资产。由于保险公司主力资金仍然驻守在政府债和AAA评级的公司债上，这些传统安全资产在次贷危机中经受住了考验，险资才能免受巨大冲击。

（3）保险业的主力资金绑定"系统重要性资产"是保险资金能安全过关的重要经验。保险公司必须有相当比例的资产属于"系统重要性资产"：政府债、三成首付固定利率优质房贷、AAA级国企债和货币基金等，一旦这些资产出现大面积违约亏损，那么一国金融体系就会处于

崩溃的边缘。政府只要挽救金融体系，保险资金自然就会安全。事实上，美国次贷危机中，当货币基金被挤兑、固定利率优质房贷和 AAA 级国企债违约率上升之后，美联储就出台了资产收购计划。

三、日本大和生命保险公司破产案例分析

（一）日本大和生命保险公司破产经过

日本大和生命保险公司因陷入经营困境于 2008 年 10 月 10 日上午向东京地方法庭申请破产，要求适用《更生特例法》，放弃自主再建。这是此次全球金融危机中第一家破产的日本金融机构，也是日本战后倒闭的第 8 家生命保险公司。

大和生命保险公司成立于 1955 年，是目前日本最主要的人寿保险公司之一，其 2007 年的承保件数约为 17 万件，保险合同标的额高达 1 兆 2450 亿日元（约合 126 亿美元）。在 2008 年 9 月的年中决算中，该公司预计本年度将最终亏损 110 亿日元（约合 1.11 亿美元），债务超过 114 亿日元（约合 1.15 亿美元）。根据法律规定，在该公司的重整计划通过前，该公司不得再签订新的保险合同，也不得解除或变更已签订的保险合同。

与其他保险公司相比，大和生命一直是高成本经营，为追求利润而过度依赖高风险、高回报的金融商品。由于此次美国次贷危机相关损失不断扩大，使该公司财务状况不断恶化，负债总额最终高达约 2695 亿日元（约合 185 亿元人民币），结果将自己逼入绝境。

（二）应当吸取的教训

（1）激进冒险的投资策略为其破产埋下祸根。热衷于风险较大的公司债券，且投资比例达 68%，外汇投资风险较高的澳元占 9%，股票

投资到高风险的房地产板块，比例高达7%。①

（2）过分逐利忽视风险控制。大和生命在同行业中属于高成本经营，为追求利润而过度依赖高风险、高回报的金融商品。在其投资组合中，对冲基金和房地产投资信托（REIT）等另类资产所占比例偏高，约占其投资组合的30%，而日本其他寿险公司对此类的高风险投资多占投资总量的5%以下。一方面，为追逐眼前的丰厚利益而忽视了巨大的投资风险；另一方面，管理层对其投资策略的盲目自信，也为投资失败埋下祸根。

（3）偿付能力随企业规模扩大而降低。大和生命在2008年3月末的财务报告显示，作为衡量财务安全性指标的偿付准备金率为555.4%，远远低于日本寿险900%的平均值，加之金融市场动荡带来的海外投资大幅缩水，致使偿付准备金率骤然降为26.9%。大和生命在破产前一直谋求公司上市，从而采用激进投资策略以期迅速扩大企业规模。然而，在规模不断扩张的同时，负债也在日益攀升、资金利用率过高，导致资金流动性差，偿付能力急剧下降。

（4）大量持有美国的次级债成为最大硬伤。由于大和生命持有美国次级房地产债券以及美国的其他债券比例高达20%左右，由于美国次债危机所引起的全球性金融危机，造成大和生命保险公司所持有的有价证券价值大幅缩水，进而导致该公司股价急剧下跌、资金周转困难，公司财务状况恶化，直至破产。

（5）监管效率低以及监管滞后。早在2007年美国次贷危机发生时，大和生命的经营问题就已经暴露出来，而且在2007年财务年度的报表中，已经出现了海外保险资产运用大幅度赤字的记载。但是，直到2008年9月3日，日本的金融监管机构（金融厅）才开始派遣调查组进驻大和生命进行调查。

---

① 杨文生、孙乐：《日本大和生命保险倒闭案的教训》，载《保险研究》2009年第2期。

四、我国平安保险投资"富通"案例分析

为优化资本结构，寻求长期稳定收益，增强企业的竞争实力，中国平安于 2007 年投资富通集团旗下的富通银行。2007 年底，中国平安子公司平安寿险以 18.1 亿欧元的价格，从二级市场持有富通集团 9501 万股份，成为富通集团单一最大股东，后继续增持至 4.99%，中国平安先后向比利时富通集团投资总额约 238 亿元。但中国平安入股富通不到一年，2008 年席卷全球的金融危机爆发了，富通集团出现严重的流动性危机。到 2008 年下半年，富通股价已下跌逾 96%。

随后，比利时政府出台国有化救助方案，将其拆解出售，富通集团资产大大缩水。根据公开资料，比利时政府将富通银行从富通集团剥离，并将其 75% 的股权以 114 亿欧元的价格出售给法国巴黎银行。富通集团被比利时政府国有化，并以低价出售，导致中国平安损失达 228 亿元。

国有化之后，富通集团从"银、保双头鹰"肢解成一家仅含国际保险业务、结构化信用资产组合部分股权及现金的保险公司，而上市公司核心业务不复存在，其股价也一路跌至 1 美元，令中国平安损失惨重。为此，中国平安不得不于 2008 年底计提减值准备金 228 亿元。而其 2008 年年报显示，中国平安对富通的投资共合人民币 238 亿元，由此损失超过 90%。

这一投资失败的案例，对中国保险企业进行海外股权投资具有重要的警示作用。中国平安投资富通集团失败的原因有以下几方面。

（1）低估了富通集团存在巨大的财务风险。中国平安对富通集团财务状况的了解也仅是通过该集团的财务报告等公开信息，未对被并购企业的真实信息进行搜集、分析和挖掘。对富通内部已经存在的巨大财务风险认识不足。

（2）忽视了金融危机造成的系统性风险。中国平安与富通集团签订谅解备忘录显示：富通投资管理于 2007 年 12 月 31 日有约净 2300 万

欧元的 CDO（债务抵押债券）和 CLO（贷款抵押债券）风险敞口。富通已同意在该等资产出现减值时，给予平安全额的损失赔偿保证。平安低估了次级债对富通造成的巨大不利影响。

（3）缺乏风险应急处理机制。次贷危机爆发后，富通已出现明显的亏损迹象，中国平安却未能采取任何有效措施，反而在富通集团为应对金融危机进行 83 亿欧元的增发时再次斥资 7500 万欧元购买了其增发股票的 5%。随着金融危机在全球的蔓延，截至 2008 年 11 月，富通集团的股价下跌已超过 96%，导致中国平安在富通集团的投资缩水至 6 亿元左右。

第四节　我国保险资金运用的实践

一、我国保险资金运用的发展概况

我国保险业的投资活动始于 1984 年，这之前保险资金全部存入银行。从 1984 年起国务院批准保险公司收取的保险费中扣除赔款、赔款准备金、费用开支、税金后余下可自由运用。1985 年 3 月 3 日国务院颁布《保险企业管理暂行条例》第十七条规定"国家保险管理机关可以规定保险企业各项保险准备金的运用方法，保险企业应当遵守国家保险管理机关的有关规定"，首次从法律上明确了保险公司资金运用的可行性和可运用资金的范围。1995 年《保险法》的颁布对资金运用渠道进行了严格的限制。1998 年开始逐步放开保险资金的投资渠道，伴随中国资本市场的发展以及保险投资技术和风险管理水平的提高，对保险资金运用结构产生了重要影响。中国保险业的资金运用分为四个阶段。

第一阶段：1984～1995 年《保险法》颁布之前。资金运用渠道主要有：（1）银行存款。在存款利率上，按照单位存款利率计息。（2）流动资金贷款。中国人民银行对保险公司的流动性资金贷款实行计划规模管理，总行及各分支行对保险公司下达的信贷规模是指令性的，具有刚性，不能突破。（3）有价证券。有价证券投资主要指债券和股票。对债券的投资一直是保险公司重要的投资选择，这一时期保险公司的债券投资完全由各保险公司自行决定。在 1995 年以前，中国的股票市场尚处于起步阶段，但国家对保险公司购买何种股票、购买规模等都没有限制，保险公司在可运用资金规模内自行决定。（4）资金拆出。中国人民银行规定，保险公司只能将其资金拆出给其他金融机构，不得以拆出名义将资金贷给非金融机构和个人。拆借双方必须签订合同，内容包括金额、期限、利率、资金用途和双方的权利、义务等。拆借期限一般最长为 1 个月。

第二阶段：1995 年《保险法》颁布之后到 1998 年。我国《保险法》第一百零四条对资金运用的规定："保险公司的资金运用，限于银行存款、买卖政府债券、金融债券和国务院规定的其他资金运用形式。""保险公司运用的资金和具体项目的资金占其资金总额的具体比例，由金融监管部门规定。"因此，保险资金的运用渠道为：（1）银行存款。银行存款包括定期存款和活期存款。存款银行不再限于四大国有商业银行。保证金存于中国人民银行或其分支行，其他资金存放于"规模较大、资信较好的商业银行"。（2）政府债券。（3）金融债券。（4）国务院规定的其他资金运用方式。主要有股票投资、公司债券、不动产投资、抵押贷款和境外投资。实际上，国务院基本没有批准放开这些投资渠道。

第三阶段：1998 年以后逐步放开保险资金运用渠道。1998 年，财政部向数家商业保险公司发行了 60 亿元人民币的定向国债券；同年 10 月，中国人民银行同意保险公司（总公司）加入全国同业拆借市场从事债券现券买卖业务；1997 年 7 月，中国人民银行批准保险公司在国务院批复的额度内购买信用评级在 AA＋级以上的中央企业债券，并可对在沪深证券交易所上市的债券进行交易；1999 年 8 月，中国人民银行发出《关于批准保险公司在全国银行间同业市场办理债券回购业务的通知》，批准保险公司可与其他银行间同业市场成员进行债券市场回购交易；1999 年 10 月 29 日，中国保监会颁布《保险公司投资证券投资基金管理暂行办法》，可以说是我国保险资金运用的一次历史性转折，它标志着我国保险资金可以通过投资证券投资基金而间接进入股市。一是保险资金在二级市场上买卖已上市的证券投资基金；二是在一级市场配售新发行的证券投资基金。保监会原则上同意中国平安保险公司、新华人寿保险公司和中宏人寿保险公司的投资连接保险在证券投资基金上的投资比例最高可达 100%。至此，资金运用渠道在原有基础上增加了企业债券、银行同业拆借市场、债券回购、协议存款和投资基金。

第四阶段：进入 21 世纪，随着理论探讨与实践摸索的不断深入，保险投资的政策也日趋宽松。2002 年 10 月 28 日对《保险法》进行了修正。修改后的《保险法》在保持资金稳健的同时，拓展了投资空间。2003 年 2 月，以"新形势下的保险资金运用"为主题的中国保险发展论坛年会的召开，设立资产管理公司成为本次论坛的重要话题。2004 年 1 月 31 日国务院公布了《国务院关于推进资本市场改革开放和稳定发展的若干意见》，中国保监会颁布了《保险资产管理公司暂行规定》，到 2007 年底已批准设立了 10 家保险资产管理公司，为保险资金的进一步规范运作和我国保险投资的良性发展提供了政策支持。2004 年 2 月，国务院颁布了《国务院关于推进资本市场改革开放和稳定发展的若干意见》，把发展资本市场列为战略任务，给市场带来极大鼓舞。当年 10 月保监会允许保险机构投资者在严格监管的前提下直接投资股市，参与一级市场和二级市场交易，买卖人民币普通股票、可转换公司债券及保监会规定的其他投资品种。2006 年 3 月保险资金又获准间接投资于基础设施。

我国保险公司海外投资起步较晚，2003 年以前，保险公司的外币资金大多以外币存款的形式存在，外汇资金规模大约在 80 亿美元，主要包括活期存款和定期存款，以在境内银行定期存款为主。2003 年 6 月，保监会与央行联合发布《关于保险外汇资金投资境外股票有关问题的通知》，明确保险外汇资金可以投资境外成熟资本市场证券交易所上市的股票，但仅限于中国企业在境外发行的股票。2005 年初，平安保险获批运用自有外汇资金进行境外投资，额度 17.5 亿美元。后来，中国人寿、人保财险也先后获得境外投资额度。为了进一步拓宽保险资金运用渠道，提高保险资金的收益率，2006 年 4 月，央行发布"5 号公告"，允许符合条件的保险机构购汇投资于境外固定收益类产品及货币市场工具。同年，中国人寿资产管理（香港）有限公司获得香港证监会颁发的资产管理牌照，这是内地保险资产管理机构在国际资本市场上取得的第一张资金运用"通行证"。一年之后，紧随基金系及银行系 QDII 之后，中国保监会同中国人民银行、国家外汇管理局于 2007 年 7 月 25 日正式发布了《保险资金境外投资管理暂行办法》，允许保险公司运用自由外汇或购汇进行境外投资，投资范围包括股票、股票型基金、股权、股权型产品等权益类产品，这标志着保险资金投资海外之旅的正式启航。

2009 年 2 月 28 日，新《保险法》正式颁布，于 2009 年 10 月 1 日起实施。保险资金投资渠道大幅拓宽：第一百零九条第二款的"买卖政府债券、金融债券"，修改为"买卖债券、股票、证券投资基金等有价证券"，并增加了投资不动产的规定。2009 年我国保险资金出现新动向——投资房地产将被"阳光化"，保险资金进入房地产市场早已是业内外公开的秘密，但实际上目前出现的投资行为都是以特批形式出现，但是 2009 年保险资金投资房地产正式成行[①]。新《保险法》增加了保险资金可以投资不动产等规定。分析人士认为，如果保险公司投资房地产从政策上开闸，将至少有 1000 亿元的资金投向房地产。目前保险公司投资房地产的金额已超过 200 亿元，其中中国平安投资额约为 100 亿元，这些不动产投资早已通过特批形式开闸，大都是以经营性物业为主。包括房地产在内的不动产投资应该说是寿险公司一种匹配长期负债的新选择，因为寿险业务中的传统保单部分，其负债期限比较长，有 10 年、20 年、30 年，甚至更长。但目前我们在总体上还缺乏与负债匹

---

① 资料来源：参见《保险投资房地产 2009 年正式成行》，载《保险资讯》2009 年第 1 期。

配的资产，现在可以匹配长期负债的资产主要是开发银行的长期金融债，但长期金融债一方面规模有限；另一方面流动性不高。因此，对于长期性负债应该有更加多元化的资产来匹配。在高通胀的环境下，不动产投资也是对冲通货膨胀的一个重要手段；同时在快速城市化的过程中，不动产也可以成为保险资金分享社会财富增长的一种重要途径。

保监会相关部门 2010 年 5 月 26 日召开会议讨论调整保险资金投资政策，保险资金投资政策调整内容主要包括：股票和基金投资占比上调为不超过 25%；债权计划投资比例上调为 10%；有担保债券信用评级从 AA 调整为 A，总额不再限制；无担保债券投资比例不变，但增加在香港发行的债券品种；为加强流动性管理，活期存款、国债、央票、政策性银行债、货币市场基金等流动性资产的比例调整为 5%。中国保险监管机构将允许国内保险公司投资香港股市主板所有股票，在利好消息带动下，26 日恒生指数收复 19000 点关口，上涨 210.95 点，涨幅 1.11%。目前，内地保险公司只被允许投资在香港上市的 H 股和红筹股等有内地背景公司。2010 年 5 月 26 日来自保监会内部会议的消息还显示，保险资金投资 A 股、港股、无担保债等多个渠道的范围和比例上限将被放宽。此前规定，保险资金投资股票和基金（包括股票型基金、债券型基金、货币型基金等）投资合计不超过公司总资产的 20%。调整后，改为保险公司持有股票和股票型基金比例合计不超过 20%。虽然保险资金 20% 的权益投资上限没有改变，但将债券型基金、货币型基金等非股票型基金剔除后，保险资金实际投资股票及相关基金的规模得到了提高。有分析认为，政策调整后保险资金投资股市的资金将增加百亿元。另外，此次调整还扩大了保险资金持有无担保债券比例上限，由 15% 提高至 20%[①]。

2010 年 8 月 5 日下午，中国保监会正式公布了《保险资金运用管理暂行办法》（以下简称《办法》）。《办法》规定，保险资金投资股票

---

① 资料来源：参见樊大彧：《保险资金投资港股限制将取消》，载《北京青年报》2010年 5 月 27 日。

和股票型基金的账面余额，合计不高于公司上季末总资产的 20%。按照保监会刚刚公布的上半年数据测算，保险资金投资基金、股票、股权等权益类投资占比大约为 15%，离上线还有 5%。那么，按照 2009 年总资产 4 万亿元计算，险资投资股票还有近 2000 亿元的投资空间。

由于我国保险资金投资比例一直较低，那么，保险资金配置弹性和空间的进一步放大，有利于资金的有效配置，也进一步扩大了资本市场的资金来源。《办法》还规定，允许险资投资无担保债、不动产、未上市股权等新投资领域。

另外，根据《办法》，保险资金不得从事创业风险投资（VC）；不能投资被交易所实行"特别处理（ST）""警示存在终止上市风险的特别处理（＊ST）"的股票；不能投资不具有稳定现金流回报预期或高污染等企业股权和不动产。

《办法》严格限制保险资金参与衍生品交易，强化保险资金运用风险管控，规定衍生产品交易，仅限于对冲风险，不得用于投机和放大交易。与此同时，保险集团（控股）公司、保险公司应当加强同业拆借、债券回购和融资融券业务管理，严格控制融资规模和使用杠杆，禁止投机或者用短期拆借资金投资高风险和流动性差的资产。

2012 年 5 月，保监会发布《关于保险资金运用监管有关事项的通知》，7 月又先后推出《保险资金投资债券暂行办法》《保险资金委托投资管理暂行办法》《保险资产配置管理暂行办法》，与此前发布的《保险资金投资股权暂行办法》《保险资金投资不动产暂行办法》《保险资产管理公司管理暂行规定》共同构成比较完整的保险资金运用方面的政策法规体系，进一步放宽保险资金投资债券、股权和不动产的品种、范围和比例的限制，允许保险公司委托有关金融机构进行投资。

2012 年 10 月 12 日，为规范保险资金境外投资运作行为，防范投资管理风险，实现保险资产保值增值，根据《保险资金境外投资管理暂行办法》，保监会制定了《保险资金境外投资管理暂行办法实施细则》（以下简称《细则》）。《细则》发布以来，保险资金境外投资步伐明显加快，投资规模持续增加。截至 2014 年 12 月末，保险资金境外投资余额为 239.55 亿美元（折合人民币 1465.8 亿元），占保险业总资产的 1.44%，比 2012 年末增加 142.55 亿美元，增幅为 146.96%。保险机构逐步开始保险资产全球化和多元化配置，在国际金融市场上的活跃度与影响力日渐提升。

2013 年 2 月 1 日，保监会正式发布《关于债权投资计划注册有关事项的通知》，将资产管理公司发行基础设施债权投资计划的门槛调整为注册制，以进一步推动债权投资计划发行制度改革。稳步推进基础设施及不动产债权计划等产品发行制度的市场化改革。2 月 17 日，中国保监会发布关于保险资产管理业务试点的通知，支持保险公司试点资产管理产品，人保资产、泰康资产、太平资产三家公司申请发行的 5 只股票、债券、基金型产品，已获得保监会备案。

2013 年以来，保监会采取了一系列措施不断推进保险资金运用市场化改革：一是稳步拓宽投资范围和领域，支持保险资金服务实体经济发展和民生工程建设；二是推进注册制改革，将基础设施投资计划等产品的发行方式由备案制改为注册制；三是实行大类资产比例监管，基本做到"一个文件管比例"；四是切实转变监管方式，把监管重心放在事中事后监管上。总体看，资金运用市场化改革取得积极成效，资产配置结构不断优化，产品发行效率显著提升，投资收益率达近年来较好水平等。

2014 年，中国保监会不断深化保险资金运用市场化改革，陆续发布 12 项政策制度，把更多投资选择权和风险责任交还给市场主体。一是稳步拓宽投资范围。陆续发布一系列政策，放开保险资金投资创业板、历史存量保单投资蓝筹股、优先股、创业投资基金等。二是推行比例监管新模式。建立了以大类资产分类为基础，多层次的比例监管新体系，大大减少了比例限制，基本做到一个文件管比例。三是深化注册制改革，大大提升了产品发行效率。四是强化事中事后监管。不断强化信息披露、内部控制、分类监管、资产托管、资产认可等监管工具，初步构建起"一个基础、五个工具和三个支撑"的现代化多层次监管框架（见表 3 - 5）。

表 3 - 5　　　　　　　　保险资金运用领域 2014 年新规范一览

序号	内容
1	中国保监会关于保险资金投资创业投资基金有关事项的通知
2	中国保监会办公厅关于保险资金运用属地监管试点工作有关事项的通知
3	中国保监会　中国银监会关于规范保险资产托管业务的通知
4	中国保监会关于试行《保险资产风险五级分类指引》的通知
5	中国保监会关于保险资金投资优先股有关事项的通知
6	中国保监会关于印发《保险资金运用内控与合规计分监管规则》的通知
7	中国保监会关于印发《保险公司资金运用信息披露准则第 1 号：关联交易》的通知
8	关于保险资金投资集合资金信托计划有关事项的通知
9	关于授权北京等保监局开展保险资金运用监管试点工作的通知
10	中国保监会关于规范保险资金银行存款业务的通知
11	中国保监会关于加强和改进保险资金运用比例监管的通知
12	中国保监会关于保险资金投资创业板上市公司股票等有关问题的通知

2014 年 1 月 23 日，中国保监会印发《关于加强和改进保险资金运用比例监管的通知》（以下简称《通知》），整合了现行监管比例政策，建立了以保险资产分类（分为流动性资产、固定收益类资产、权益类资产、不动产类资产和其他金融资产五大类）为基础，多层次比例监管为手段，差异化监管为补充，动态调整机制为保障的比例监管新体系。《通知》的发布与实施，基本做到"一个文件管比例""抓大放小"。一方面，大大简化了监管比例，实现我国保险资金运用比例监管政策与国际监管惯例的初步接轨；另一方面，增强了市场活力，提高了监管效率，体现了"放开前端、管住后端"的监管思路及大力推进监管转型的基本取向。2014 年 5 月，大类资产监管办法正式生效。

2014 年 8 月，《国务院关于加快发展现代保险服务业的若干意见》发布，明确提出要加大保险业支持企业"走出去"的力度，拓展保险资金境外投资范围。同时，经过两年多的实际操作，保险机构对境外市场有了更深入的认识和把握，也积累了一些境外投资经验，培养了境外投资团队，适当放宽境外投资范围条件基本成熟。为加强保险资金境外投资监管，进一步扩大保险资产的国际配置空间，优化配置结构，防范资金运用风险，同时为适应相关保险业务外汇管理政策的变化，保监会于2015年3月27日发布了《中国保监会关于调整保险资金境外投资有关政策的通知》，调整了保险资金境外投资相关规定。主要内容包括以下几方面。

（1）对保险机构开展境外投资的专业人员数量和资质的要求，调整为应当配备至少2名境外投资风险责任人。

（2）受托管理保险资金可投资市场由中国香港扩展到包括中国香港在内的45个国家或地区的金融市场。

（3）保险资金投资境外固定收益类产品时，计价货币不限于国际主要流通货币，应具备的信用评级由"发行人和债项均获得国际公认评级机构BBB级或者相当于BBB级以上的评级"调整为"债项获得国际公认评级机构BBB－级或者相当于BBB－级以上的评级"，有利于与国际投资惯例接轨。

（4）保险机构投资境外的股票在原有的国家或者地区证券交易所主板市场挂牌交易的股票基础上增加了香港创业板市场挂牌交易的股票。

（5）保险机构申请境外投资委托人资格应当具备的"具有经营外汇业务许可证"条件，调整为"具有经营外汇保险业务的相关资格"；申请境外投资委托人资格需要提交的"经营外汇业务许可证复印件"相关材料，调整为"经营外汇保险业务的相关证明材料"。

目前人民币国际化趋势日益明显，国家"一带一路"建设需要保险资金更多的海外布局。在这样形势下，中国保监会调整保险资金境外投资的有关规定，拓展了保险资金境外投资范围，有利于推动保险机构在全球范围内实施资产多元化配置，分散投资风险，获取更稳定的投资收益。

2015 年 7 月 3 日，国务院发布《关于中国保险投资基金设立方案的批复》，同意《中国保险投资基金设立方案》，设立中国保险投资基金。

2015 年 12 月，中国保监会印发了《保险资金运用内部控制指引》（Guidance for the Internal Control of Insurance Funds，GICIF）及《保险资金运用内部控制应用指引》（第 1 号～第 3 号）（以下简称《指引》）。总指引与配套应用指引共同组成"1 + N"的保险资金运用内部控制指引体系，更加体系化和具有操作性。《指引》（第 1 号～第 3 号）分别对银行存款投资、固定收益投资、股票和股票型基金投资的关键环节制定了内控标准和流程，将有效防范股票等投资领域的资产配置风险、内幕交易和利益输送风险等问题。制定该《指引》主要有以下意义：一是有利于提升全行业保险资金运用内控水平、风险管理能力和合规意识，促进保险机构合规经营，稳健投资，防范和化解投资风险；二是有利于深化保险资金运用市场化改革，强化事中事后监管，将内部控制审计结果作为监管依据；三是有利于发挥审计等社会中介组织对保险资金运用内部控制的监督作用。

保监会还将陆续出台针对不动产、保险资产管理产品、股权投资、境外投资、衍生品等投资类别的配套应用指引，不断丰富和完善保险资金运用内部控制体系和标准。中国保监会将进一步加强对保险机构资金运用内部控制建设、内部控制专项第三方审计业务的监管工作，不断提升全行业保险资金运用内部控制建设水平。

2014 年以来保监会不断地推进保险资金运用市场化改革，发挥市场在资源配置中的决定性作用；同时，按照"放开前端、管住后端"的总体思路，从信息披露、内部控制、分类监管、资产负债匹配监管、非现场监管体系构建等方面，切实强化事中事后监管，不断完善偿付能力约束机制，进一步加大现场检查力度，防范资金运用风险，牢牢守住不发生系统性区域性风险的底线。

保监会副主席陈文辉强调，在推进市场化改革的同时，势必面对更多更复杂的投资风险，防范风险的压力不断加大。保险资金运用需要特别关注以下六大风险问题：一是保险资金不动产投资的顺周期风险值得关注；二是部分金融产品信用风险加大；三是保险负债业务呈现短期化和高收益倾向，带来较大的资产错配和流动性风险；四是道德风险、不正当关联交易、利益输送等风险隐患增多；五是投资冲动和能力不足的矛盾依然存在；六是资金运用风险管理薄弱的问题较为突出等。

二、我国保险资金运用的效益分析

根据中国保监会《2015 中国保险市场年报》，截至 2014 年末，保险资金运用余额为 9.3 万亿元，占保险业总资产的 91.9%，较年初增加 1.6 万亿元，增幅为 21.4%。

从配置结构看，一是固定收益类资产继续保持主导地位，国债、金融债和企业债等各类债券余额为 3.6 万亿元，在投资资产中占比 38.2%；银行存款 2.5 万亿元，占比 27.1%。二是权益类资产稳中有升，投资股票和基金的余额为 1 万亿元，占比 11.1%，较年初的 10% 增长 1.1 个百分点。受 2014 年股市牛市的影响，股市投资出现明显增长，合计增长 4.1 个百分点，其中，证券投资基金 4714 亿元，占比从 2013 年的 4.17% 上升到 5.05%，上升 0.88 个百分点；股票投资 5611 亿元，占比从 2013 年的 5.48% 上升到 6.01%，上升 0.53 个百分点。三是另类投资增长较快，长期股权投资 6398.8 亿元，占比 6.9%，比 2013 年上升 2.48 个百分点；投资性不动产 784.4 亿元，占比 0.8%；基础设施投资计划产品等 7317 亿元，占比 7.8%。长期股权投资、不动产投资、基础设施投资计划等分别比年初增长 59%、13.9% 和 66%（见图 3-1）。

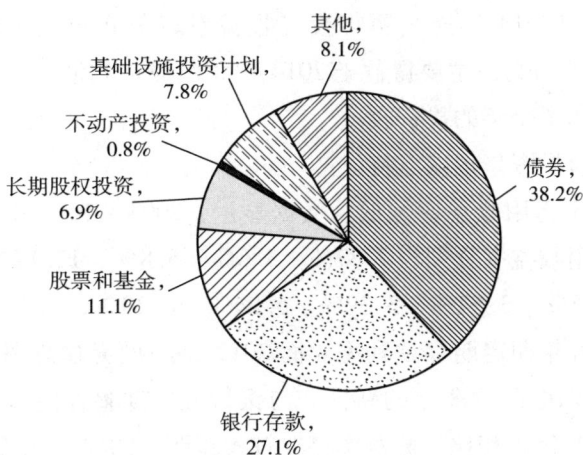

图3-1 2014年保险资金配置结构

从投资收益看，2014年保险资金运用实现投资收益5358.8亿元，较2013年增加1700.5亿元；财务收益率为6.3%，同比提高1.3个百分点；综合收益率为9.2%，同比提高5.1个百分点。财务收益率和综合收益率均创近5年来最好水平（见图3-2）。

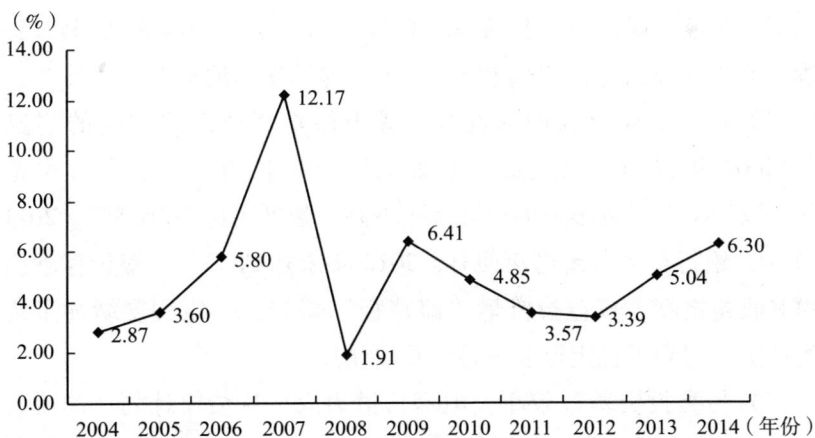

图3-2 2004~2014年保险资金运用收益率

2013 年和 2014 年连续两年投资收益率较前几年大幅提升，创下 2009 年以来的新高，主要得益于 2014 年我国股市和债市双牛的金融市场环境，提高了全年的投资收益。

我国保险投资呈现以下特征：

（1）资金运用收益率偏低。数据显示，2004 ~ 2014 年，我国保险行业资金运用收益率分别为 2.87%、3.6%、5.8%、12.17%、1.91%、6.41%、4.85%、3.57%、3.39%、5.04%、6.30%，大部分年度的收益率都低于五年期定期存款利率。而 2012 年的投资收益率，创下了金融危机以来仅次于 2008 年的新低。与银行五年期整存整取定期存款利率 5.50%、4.75% 相比，收益率存在较大差距。2013 年和 2014 年保险投资收益率较前两年大幅提高。

（2）权益投资波动性大。保险资金自 2003 年开展基金、股票投资以来，累计投资收益为 2767 亿元，年均收益率 7.76%。10 年来，权益投资以 13.17% 的占比取得 21.66% 的投资收益，特别是 2006 年、2007 年、2009 年，投资收益率分别达到 29.46%、46.18%、22.71%，总体业绩不错。但 2008 年、2011 年和 2012 年，投资亏损分别为 -11.66%、-2.34% 和 -8.21%；2013 年和 2014 年得益于我国股市和债市双牛的金融市场环境，保险资金投资基金的收益分别为 5.06% 和 8.64%，投资股票的收益分别为 3.61% 和 10.33%，显示出高波动性特征。

（3）银行协议存款周期性强，成为保险资金运用重要的"避风港"。2004 年以前，保险资金配置以银行存款为主，最高占比超过 80%，以后随着投资渠道的放开逐年下降，最低占比为 16.5%。2011 ~ 2012 年，银行存款占比迅速回升，2012 年末达到 33%。银行存款投资规模和收益贡献与权益投资呈"跷跷板"格局，一定程度缓冲了资本市场冲击，起到了稳定行业收益的重要作用。

（4）另类投资基数较小，但增长潜力大。从债权计划产品看，收益率较好，但规模还较小。截至 2012 年 12 月末，保险机构累计发售 83 项基础设施投资计划、11 项不动产债权计划，备案金额 3025 亿元，平均投资年限 7 年，平均收益率 6.36%。从股权和不动产看，2010 年开放股权和不动产投资政策后，规模增长迅速，但该类投资期限较长，在资产持有期间，受会计分类和估值政策影响，短期内收益释放较缓慢，而长期收益较高。

多年来的实践证明，保险资金运用一定要遵循以下几条基本规律：一是无论市场怎样变化，货币政策处于什么样的周期，保险资金始终以固定收益、类固定收益为主的投资方向没有改变，这是由保险资金的性质决定的。保险资金追求长期、安全、稳定回报的内在要求，决定了我们的投资必须坚持匹配为主原则。二是实现多元化投资策略，是弥补公开市场投资品种短缺、权益市场波动的重要途径。三是不断加大创新力度，努力寻找新的、可以与保险负债相匹配的投资品种。比如，债券投资收益稳定，但收益率较低，而股权投资收益率高，但波动较大。资金运用收益率下降。

2016 年上半年，利率下行叠加股市低迷，资金运用面临复杂多变的市场环境。保险公司资金运用余额 125629.30 亿元，较年初增长 12.37%。实现资金运用收益 2944.82 亿元，同比减少 2160.30 亿元，下降 42.32%。资金运用收益率 2.47%，同比下降 2.69 个百分点。

银行存款和债券余额合计 65683.67 亿元，占资金运用余额的比例为 52.28%，较 1 季度末下降了 3.50 个百分点，较年初下降 3.89 个百分点，实现收益 1428.92 亿元，比 2015 年同期减少 26.19 亿元。股票和证券投资基金余额合计 16959.44 亿元，占资金运用余额的比例为 13.50%，较 1 季度末下降 0.53 个百分点，较年初下降 1.68 个百分点，实现收益 241.44 亿元，同比减少 2612.10 亿元。

当前保险资金运用风险总体可控。一是资产结构总体稳健。主要以高信用等级固定收益类投资为主，其规模占比 75%，权益类投资规模占比 22%，资产配置结构较为审慎和安全。二是资产质量总体优良。存款主要集中在大中型银行；债券主要是国债、金融债和企业债，企业债中 AA 级以上的占比 96.3%；基础设施等产品大都有银行担保；股票投资主要以蓝筹股为主。这些资产风险相对较小。三是流动性相对充足。活期存款、国债等流动性好的资产占比接近 10%，总体能够满足退保、赔付等资金流转需要。四是涉及交叉金融领域产品程度较低，保险业投资信托产品占信托业总规模的3%。五是实行专业化运作和资产全托管制度（见表3-6）。

表3-6　　　　　　　　　最新保险投资范围一览表

投资类型	主要内容	投资比例
流动性资产	现金、货币型基金、活期存款、通知存款、剩余期限不超过1年的政府债券和准政府债券、逆回购协议等	不设总量控制
固定收益类资产	普通定期存款、协议存款、具有银行保本承诺的结构性存款、剩余期限在一年以上的政府债券和准政府债券、金融企业（公司）债、非金融企业（公司）债、债券型基金等	
权益类资产	股票、股票型基金、混合型基金等上市权益类资产，以及未上市企业股权、股权投资基金等未上市权益类资产	账面余额不高于上季末总资产的30%
不动产类资产	基础设施投资计划、不动产及不动产投资相关金融产品，以及房地产信托投资基金（REITS）等境外品种	账面余额不高于上季末总资产的30%
其他金融资产	商业银行理财产品、银行业金融机构信贷资产支持证券、信托公司集合资金信托计划、证券公司专项资产管理计划、保险资产管理公司项目资产支持计划、没有银行保本承诺的结构性存款等	账面余额不高于上季末总资产的25%
境外投资		账面余额不高于上季末总资产的15%

三、我国保险资金运用存在的问题

保险资金运用面临的突出问题，就是保险资金收益和结构不能有效支持负债。主要表现为以下几方面。

（一）投资收益率偏低

2008~2012年，行业投资收益率分别为1.89%、6.41%、4.84%、

3.49% 和 3.39%，大部分年度的收益率都低于五年期定期存款利率，而寿险产品精算假定一般为 5.5% 左右，收益率缺口较大。由于全球金融危机导致股市低迷，2008 年保险资金运用收益率降到只有 1.89%，明显缺乏稳定性。

（二）存在资产负债期限错配

从我国目前保险资金运用状况来看，由于缺乏具有稳定回报率的中长期投资项目，致使不论其资金来源如何、期限长短与否，基本都用于短期投资。这种资金来源和运用的不匹配，严重地影响了保险资金的良性循环和资金使用效果。据统计，我国寿险公司中长期资产与负债的不匹配程度已超过 50%；且期限越长，不匹配程度越高，有的甚至高达 80%。我国寿险业资产与负债的平均期间相差 10~15 年。期限结构与数量的不匹配，特别是可供寿险公司投资的、收益率较高的中长期金融资产规模太小、品种过少，直接限制了我国寿险公司进行较好的资产与负债匹配，使我国寿险业面临很高的资产负债匹配风险。保险投资行为短期化现象严重。2012 年末，保险行业 15 年以上的资产负债缺口近 20225 亿元，其中，传统险约 8814 亿元，分红险约 8161 亿元，万能险约 3250 亿元。从长远发展看，保险资金错配的风险还可能不断加大。

（三）权益投资波动大

比如，2007 年收益很高，但近两年亏损很大。固定收益类资产的收益率不能覆盖负债成本，保险机构不得不依靠证券市场投资，以获取超额收益。保险基金在 2014 年、2015 年取得了很好的收益得益于前一段时间股票市场比较好。股票市场下行时，缺少可替代股票的高收益投资产品，无法迅速调整配置结构，带来了巨大的风险和损失。

（四）人才储备和经验不足使保险公司投资能力有限

随着一系列保险资金运用新政策的出台，保险投资渠道几乎全部开放，打通了保险业和相关金融行业及实体经济的联系。但目前很多保险公司在人才、制度及运作机制上仍处于基础建设阶段，还难以充分应对不同投资领域中的激烈竞争。更有保险公司只看重收益率而忽视风险，缺乏完整的资金运作思路，相关制度和机制尚不健全，有的公司治理结构不完善，风险管理机制落后，风险管理信息系统落后，部分公司缺乏风险意识，保险机构对放开保险投资渠道的准备明显不足，整个保险行业在短期内面临很大的挑战。

上述问题表明我国保险业应对市场化改革带来的风险挑战的准备明显不足。内控制度不健全、运作机制不完善、内控工具手段相对滞后，执行难以到位、股东或董事长等可能凌驾于控制制度之上等，难以适应市场化改革带来的风险挑战。

四、我国保险资金运用问题的诱因分析

(一) 保险投资收益离不开宏观经济形势，资本市场以及投资结构

2012 年以来，受国际经济形势总体复苏较慢、我国经济结构性调整等因素的影响，我国经济增长总体上呈现下行的态势。2016 年上半年经济增速保持在合理区间，呈现稳中有进的态势。但国际环境仍然复杂严峻，国内经济增速换挡、结构调整阵痛、新旧动能转换衔接不畅的深层次矛盾相互交织且日益凸显，一些新的不稳定不确定因素还在不断显现，经济平稳运行的基础还不稳固，下行压力仍然较大。

近两年，连续六次降息，一年期基准存款利率从 3% 下降至 1.50%，这种低利率的市场环境给保险业带来潜在的风险，加上资本市场跌宕使得保险投资面临"资产荒"。

由于经济结构调整，我国在今后几年的经济增速处于下滑时期，防范风险是保险投资首要任务。比如 2016 年爆发了很多企业债的金融风险，债券的信用风险不容忽视。

（二）导致资产负债期限错配的原因主要是保险公司资产管理与负债管理相脱节

保险资产与负债管理需要保险公司建立包括投资、精算、销售以及财务等各个部门紧密合作的体系结构，并保证各环节的信息沟通顺畅及时。目前资产负债管理的理念虽然已基本形成，但在实际工作中真正把资产负债管理理念落实到机制层面的保险公司较少，大多数保险公司资产管理与负债管理相脱离，无法有效地实行资产负债管理。资产管理与产品定价、销售"两张皮"的问题比较突出，资产管理部门很少参与到保险产品的设计、定价和销售中。对于资产管理部门来说保险产品的期限特殊性等参数对于确定投资组合非常重要，如果不能准确把握产品特征，就存在资产负债不匹配的风险。产品开发、定价以及销售也同样需要了解各类投资工具的风险收益特征。而实际业务中，一些保险公司的产品部和投资部互不交流，存在信息沟通不畅问题，这些保险公司的"资产与负债匹配"存在严重的错配风险。资产负债管理没能有效贯穿保险产品设计、准备金提取、投资策略、流动性管理等多个业务流程。因此，保险公司要推行资产负债期限管理，必须完善公司治理，从制度、机制上解决产品定价与资产管理"两张皮"问题。

此外，受到资本市场上中长期投资工具较少的限制，保险机构很难做到资产和负债基本匹配。比如，30 年期寿险合同，很难找到适合的30 年期债券品种来匹配。再加上部分保险公司片面追求承保业务保费规模的增加，表现在保险投资上则是盲目追求高风险投资，甚至存在投机心理。

（三）缺乏金融对冲工具

对于规模较大的寿险公司而言，保费资金的平均获取成本大约在 5% ~5.5%，而中小公司和新公司的资金成本普遍在 8% ~8.5%。而当债权类资产收益率不能覆盖负债成本时，保险公司只能赌权益类资产，通过 10% 或 15% 占比的资金，去博取 10% ~15% 的收益。在缺乏金融对冲工具的情况下，保险投资与基金、券商等同样，都只得采取高抛低吸的方法进行股票投资，这就不可避免地产生系统性风险。

（四）金融市场产品种类与期限结构不合理

由于受我国金融市场产品与期限结构的制约，保险公司难以通过资产负债匹配防范利率风险。以债券市场为例，在产品种类方面，我国国债和金融债余额占全部债券余额的比重过高，二者合计达 91.8%，企业债余额占全部债券余额比重过低，仅为 8.2%，不利于保险公司进行多元化投资和收益利率匹配；在产品期限结构方面，我国长期债券供给严重不足，截至 2006 年底，可供投资的 10 年期长期债券总供给占债券余额的 19.6%，20 年期以上的长期债券供给占债券余额的 2.4%，直接限制了寿险公司进行较好的期限结构匹配和收益率匹配。

（五）利率调整频率和幅度加大，增加了匹配难度

国际国内经济金融环境日趋复杂，包括利率调整在内的货币金融政策变动频繁，加之随着保险业不断进入新的业务领域，保险公司资产负债匹配的难度和风险加大。1995 年以前，我国利率相对稳定，寿险业存量保单预定利率的高低限与同期银行一年定期存款利率差距较小，盈利能力较好。1996 年以后，我国利率频繁下调，且幅度很大，在经过 8 次降息后，一年期银行定期存款利率从 8% 下降至 1.98%，致使存量寿险保单预定利率高限和低限的平均值与一年定期存款利率的负利差，分别从 1996 年的 1.22% 和 0.52% 逐步增大到 1999 年的 5.65% 和 4.75%，此后负利差有所减小，但 2003 年仍高达 2% 和 1.7%。由于产品定价和预定投资收益率是建立在当期利率基础上，而未来的实际投资收益率取决于未来利率水平，存量保单预定利率与存款利率负利差的持续扩大，引致寿险业出现了巨额利差损。经历了 2007 ~ 2008 年上半年的连续加息以后，2008 年 9 月以来，我国央行又连续四次下调存款利率。频繁的利率调整，特别是利率下调，给保险公司资产配置调整增加了难度，特别是在我国目前货币资本市场投资工具品种短缺的情况下，如果保险

业在公司管控、定价能力和监管水平等方面跟不上，更容易出现资产负债匹配风险。2014 年起整个市场利率大幅度下滑，最典型的十年期国债从 4.6% 下降到 2.7%；2015～2016 年连续六次降息，一年期基准存款利率从 3% 下降至 1.50%。当前我国是处于利率下降的时期，低利率下保险资金承受较大压力。低利率带来的结果是投资收益率降低，可能造成保险公司出现利差损和流动性危机。

第五节　我国保险资金运用的风险防范与预警机制

一、改善保险资金运用的政策建议

（一）营造良好的保险资金运用环境

我国资本市场环境效率低下，稳定性较差，系统性风险较高。特别是从资本市场的价格机制来看，我国股票市场价格过于随机，政策市场特征明显，这种市场环境严重制约了保险资金投资的稳健性。一方面应加强对上市公司业绩审核，保证微观市场主体的稳健经营发展；另一方面应避免国家政策对资本市场干预过多，资本市场存在的问题应当由市场来解决。加强资本市场建设，积极促进资本市场价格机制市场化。

完善保险资金运用相关法律，健全行业自律规则体系，促进市场规范运作。

今后及未来的一段时间是我国国民经济发展的重要时期，也是我国保险业发展变化的重要时期，需要深化保险资金运用体制改革，推进保险资金专业化、规范化、市场化运作。根据国民经济发展的需求，不断完善保险公司资产负债匹配管理，拓宽保险资金运用的渠道和范围，充分发挥保险资金长期性和稳定性的优势，为国民经济建设提供资金支持，增强保险公司盈利能力和保险业竞争力，推动保险业的持续快速发展。

（二）加强资产负债匹配管理

资产负债匹配管理永远是保险资金运用的核心内容，保险资金不同于其他资金的本质也在于此。保险公司需要按照偿还金额、时间以及利率敏感程度对保险产品进行细化，确定适当的投资策略和目标，制定适当的资产配置和投资组合方案，实现资产负债的大体匹配。实现资产负债匹配主要是实现结构匹配和期限匹配。首先，实现资产负债结构匹配。也就是说保险资金投资的结构应该与其来源结构相匹配。具体来讲，将保险资金按照来源分成自有资本金、非寿险责任准备金和寿险责任准备金三部分。不同的资金来源对应不同的投资渠道与之相匹配，形成与之相适应的投资结构。其次，实现资产负债期限匹配。即实现保险资金投资期限与其来源的偿付期限相匹配。从美国的实践不难看出，美国寿险责任准备金具有长期性的特点，因此可以用来投资于中长期的投资项目，如大额协议存款、长期债券、房产抵押贷款以及收益稳定的基础建设投资等。而非寿险准备金通常具有短期性的特点，基于期限匹配原则应选择流动性较强的基金和企业债券、短期存款及中短期国债等投资项目。

资产负债匹配管理是保险公司稳健经营的重要基础，相对于其他金融机构，保险公司资产和负债的结构要复杂得多，匹配难度也大得多。历史上，我们保险行业就经历过利差损等问题。如何实现资产和负债的长期匹配与动态管理，一直是保险公司风险管理的核心内容，也是一项国际性难题。

1. 资产负债错配是行业长期存在的问题

当前，我们保险行业的资产负债匹配工作做得不好，存在"长钱短用"和"成本收益倒挂"等问题，而且在今后相当长的时期，都将是一个比较严重的问题。究其原因：一是资产负债管理理念尚未形成。真正把资产负债管理理念落实到机制层面的保险公司较少，资产管理与产品定价和销售"两张皮"的问题比较突出，资产管理部门很少参与到保险产品的设计、定价和销售中。二是受制于投资工具的限制。在保险资金快速增长的过程中，受到资本市场上中长期投资工具较少的限制，保险机构很难做到资产和负债基本匹配。比如，30 年期寿险合同，很难找到适合的 30 年期债券品种来匹配。三是投资理念还不够成熟。部分保险公司片面追求发展速度，希望通过承保业务迅速增加保费规模，并对投资收益寄予不切实际的期望，在资金运作上盲目追求高风险投资，甚至存在投机心理。

2. 加强资产负债匹配管理的关键在公司

一是必须牢固树立资产负债匹配理念。只有树立这一理念，才会有意识地主动做这项工作。保险公司要转变观念，不能一味求规模，铺摊子，要讲效益和质量，要有统筹经营的战略思维。只要实现了资产负债基本匹配，保险公司的很多事情就可以简单化，复杂的经营活动就有可能变得简单，甚至今后若干年能够取得的利润，都能算得一清二楚。二是严格落实资产负债管理机制。保险公司一定要建立产品开发和投资运作的协调机制，产品、精算、投资、销售要协调一致，要严格防范产品定价风险和利差损风险。在产品设计环节，要重视资产管理部门意见，考虑投资能力和市场状况，真正实现资产方和负债方良性互动。保险行业中已经有些公司在资产负债管理上进行了一些有益的探索，积累了一些经验，值得其他公司学习借鉴。

3. 监管机构将切实加强资产负债匹配管理监管工作

如何引导保险公司提高资产负债管理水平，汇集各方力量做好资产负债管理监管工作，成为当前监管部门迫切需要解决的问题。目前我国资产负债匹配监管委员会已成立，由资金部牵头，目前有产险部、寿险部、财会部、稽查局等部门参加。该委员会负责指导、协调和推动行业资产负债管理监管工作，制定资产负债管理监管制度，审议涉及行业资产负债管理监管重大议题等。2016 年，保监会以资产负债匹配监管委员会为载体，切实推进资产负债匹配具体工作，将其落实到实际经营中。总之，资产负债匹配管理对保险业来说是新事物，未来保监会应着力推动资产负债匹配工作取得实质性进展。

(三) 根据负债的特点配置投资的久期

目前我国保险资产负债期限匹配中最大的问题是，缺乏长期资产与长期负债匹配，这也是造成资金运用收益率偏低和稳定性差的根本原因。寻找能够与长期负债实现久期匹配的、具有稳定高收益的长期资产，是改善我国保险资产负债匹配的难点和重点。无论是财产保险公司还是人寿保险公司都是负债经营的公司，而且，对于财产保险公司来说，保费资金大部分属于短期负债资金。因此，保险公司在安排投资前，应根据保费资金在公司总资产中所占的比重，合理安排投资的期限。在考虑负债资金占比的同时，保险公司应预测公司盈利能力，并根据盈利能力的不同及发展的不同阶段，安排不同的投资组合和投资期限。当预测保险公司的保险业务经营具有盈利能力时，意味着公司在经营过程中基本不会动用资本金，公司应将资本金配置到期限较长、收益较高的投资上去；同时根据预测公司的盈利能力和现金净流量，将盈利积累的资金也配置到期限较长的投资中去，以提高公司的盈利能力；而将日常经营过程中需要使用的资金，配置在期限短、流动性强的资金上，以保证公司履行保险责任的及时性。

(四) 优化资金运用结构

目前情况下，应根据保险资金的来源与期限，合理利用各类投资渠道，优化资金运用结构，增加投资收益。人寿保险一般具有保险期限长、安全性要求高等特点，其资金运用比较适合于中长期及长期的投资策略，因此应主要增加投资债券与基础设施的比重等。财产保险期限短，因而比较适用于同业拆借、大额协议存款、股票等流动性较好、收益率较高的投资品种。此外，由于保险资金投资不动产有利于抵御通货膨胀的不利影响，保险公司可适当扩大基础设施投资、不动产及不动产投资相关金融产品，以及房地产信托投资基金（REITS）等境外品种的比率；也可以尝试抵押贷款投资；灵活掌握保险资金的"入市"比例的同时，完善保险资金在股票市场的投资行为和理念，实现保险机构优化资产配置和提高收益。股票市场从根本上来说是股权市场，不能作为投机市场对待。更要避免保险机构在股票市场的炒作和投机以及高买低卖的散户行为，要树立长期投资和价值投资理念，在稳定市场的同时实现优秀企业成长带来的高收益。

二、防范系统性风险是保险投资的主要任务

2012 年以来，随着我国保险资金运用市场化改革不断推进，保险投资领域不断扩宽，保险企业涉足高风险投资领域日趋频繁。近两年来保险公司在股票二级市场多次举牌上市公司股票，潜在的风险隐患不断升级。截至 2015 年 12 月 23 日，A 股单一险资持股比例超过 5% 的保险公司共有 39 家，中小保险公司是举牌的主力，举牌上市公司包括银行、房地产、能源等多个行业。2015 年全年至少有 35 家上市公司被不同险资举牌，涉及金额达到 1300 亿元，险资及一致行动人所持股份的市值达到 2595 亿元，举牌上市公司的险资公司数量是过去 5 年险资举牌总数的 2.5 倍。其中 90% 以上的险资举牌均发生在 2015 年下半年，仅 2015 年 12 月就有万科等 9 家上市公司被险资举牌。2016 年 1 月 4 日，A 股指数熔断机制触发当日保险重仓板块下跌 5.14%，保险板块下跌 6.71%。之后，股票市场单边下跌趋势进一步加剧，二级市场举牌的保险公司名义上的投资损失巨大，如果再有加杠杆的情况，损失会更大。如果情况继续恶化，也可能引起连锁反应，甚至引发潜在的系统性风险。[1]

保险公司举牌上市公司涉及的行业众多，保险企业与金融业以及保险与实体经济的关联性增强，一旦保险公司偿付能力出现危机，很容易波及银行及其他实体行业。保险公司举牌上市公司的资金主要来源于保费收入，其中万能险、分红险等理财型保险产品保费收入为保险公司举牌资金的主要来源。

---

① 郭金龙、周华林：《保险业的潜在系统性风险》，载《中国金融》2016 年第 6 期。

保险资金运用的市场化改革和创新，不可避免地带来更多更复杂的风险，保险机构、保险行业，以及监管部门都需要不断增强风险意识和危机意识。

（1）部分机构投资能力不足，风险管理不健全等问题较为突出。一部分保险公司盲目追求投资收益率，存在较大的投资冲动，风险意识十分薄弱。对自身内部控制和风险管理机制欠缺缺乏认识，致使操作风险时有发生。另外，道德风险也应引起高度重视，表现在另类投资领域的运作流程和定价机制等方面透明度不高，操作风险较大，存在利益输送等风险隐患。还有股票投资老鼠仓、债券利益输送等问题，也容易引发案件风险。

（2）保险机构高杠杆、高风险运作，过度聚集"资金资源"等问题依然严峻。部分机构尤其是一些寿险公司，大力发展短期限、高回报理财型保险产品，聚集起大量资金来，然后用于投资，高杠杆、高风险运作，博取高收益。这些资金成本在6%以上，有的甚至超过8%，倒逼保险资金不得不"短钱长配""风险错配"，甚至铤而走险，带来较大的流动性风险等隐患和问题。

（3）保险资金运用风险已经与我国经济金融风险深刻交织交融在一起，经济金融领域的风险点、风险变化趋势也深刻影响并直接形成保险资金运用风险。表现在以下方面：一是部分金融产品信用风险增大。当前在经济新常态下，经济去杠杆压力大，金融市场"刚性兑付"将逐步打破，某一区域或行业的信用风险已不断爆出，部分金融产品信用风险增大。二是地方融资平台风险不确定性增大。随着新《预算法》以及《国务院关于加强地方政府性债务管理的意见》的印发，进一步规范了地方政府举债融资机制，地方融资平台风险变数增大，一些融资能力不强、负债率较高、支柱产业产能过剩，环保压力大的区域或行业，保险投资应高度关注此类风险。三是境外投资风险。我国保险资金在境外投资仍处于探索阶段，目前规模相对较小，相对比较谨慎。但是，由于保险机构自身能力不足，以及世界各国的法律、环境、文化背景的迥异，保险资金境外投资就蕴藏较高的风险。四是股票、债券等市场波动风险。当前，国内国际经济形势变化错综复杂，大宗商品仍处于低位，国内经济下行压力依然较大，这些因素都给我国经济发展和资本市场发展带来一定影响，增加股票、债券的市场波动性，保险资金运用风险管控难度加大。

保监会副主席陈文辉指出：必须清醒认识保险资金运用的风险。保险行业存在"长钱短配"和"短钱长配"现象，前者带来再投资风险，后者带来流动性风险。陈文辉认为，资产配置的难度、个别公司经营行为、"长钱短配"和"短钱长配"现象以及风险的交叉蔓延这四个方面都在不同程度上加大了保险资金运用的风险。因此，防范保险业系统性风险，首先应加强我国保险业系统性风险监管制度体系建设，积极探索适合我国保险市场发展阶段和特点的保险业系统性风险监管制度体系和措施。例如，加强资金运用市场化以及能力评估；对于经营激进的公司以及相关高风险业务，通过直接叫停业务和投资等措施及时防止风险的蔓延。2016 年 5 月初，保监会连发三文加强信息披露以防范风险，重点规范了保险机构投资大额未上市股权的信息披露，并要求进一步增强关联交易的规范性和透明性，防范风险跨行业传递，规范保险公司筹建及股权变更行为。其次是积极参与保险业系统性风险的国际监管规则制定，使国际保险监管规则更适合新兴市场国家特征，为中国保险市场的发展争取到更多的发展空间和权益，为中国保险市场的发展创造多更好的条件。最后应加强对国际活跃保险集团的监管。2016 年正式实施的"偿二代"已经明确了针对保险集团的具体监管措施，尚未形成专门针对国际活跃保险集团监管的监管制度体系，对此还需要进一步细化和完善。

三、保险资金入市的风险防范与监管

（一）我国保险资金入市的风险测算

多年来，国内有些学者在关于风险测度的研究也在进行大胆的尝试，如姜青舫（2000）在对风险进行定义的基础上，提出了风险测度模型，他的工作在这一领域显然走在国内前列。而其他学者工作主要体现在对国外主要风险测度方法的介绍和检验上，如宋增基等（2004）根据米勒对 CAPM 的修正模型，利用中国证券市场 1995～2000 年的数据测算证券市场的风险，结果发现系统风险仍占总风险较大比重，但投资者的预期收益降低，表明投资者区域理性，从而证明了米勒修正的有效性。王鲁平、李昕（2004）利用在险价值模型对国内股市的风险进行验证。高全胜（2004）对动态的一致性金融风险测度理论进行了简单的评述。郭名媛、张世英（2005）和孔顺军（2005）介绍了 VAR 风险度量方法的基本原理。叶青、易丹辉（2000）基于中国证券市场提出了风险定义和风险分析框架，认为风险是影响价格波动因素非理性变化导致的损失可能性，风险分析包括价格与价值的偏离、价格与合理价格的偏离、价格趋势与宏观经济趋势的偏离等分析内容。

张维（2006）基于我国证券市场发展时间短、证券市场的制度设计从一开始就存在缺陷，股权分置、法规建设滞后和市场缺乏合理的定价工具等因素的事实，本着风险与收益对称的基本原则，认为保险资金投资证券市场与其他投资者一样，其收益主要表现为财务收益和流动性收益，相应地，其所承担的风险也包括财务风险和流动性风险，所以，证券投资风险的测度包括财务风险的测度和流动性风险的测度，设计出一个基于中国证券市场的简单风险测度模型。

1. 分析框架

我国保险资金入市仍是在强制性制度变迁背景下的产物，尽管保险资金确实存在急于寻找投资渠道的需求，但是，政府稳定证券市场的政策目标才是推动保险资金投资证券市场的根本动力，所以，保险资金如果不进行科学的投资风险管理必然使政府推动与保险业商业原则出现冲突。

尽管在证券投资过程中，证券价格无论从财务价值还是从价格趋势的风险表现为价格下跌带来的损失，但是，在证券不退市的情况下，证券投资的总风险既包括财务状况恶化带来的风险，也包括市场价格波动带来的风险，这里主要指价格出现崩盘带来的风险，所以，证券投资风险的测度包括财务风险的测度和流动性风险的测度。

2. 模型设计

（1）假定。

——证券市场不允许卖空。

——证券无退市可能（公司不破产）。

——证券价格靠资金推动决定。

——证券市场非均衡。

——证券价格运行具有周期性。

——投资管理人存在道德风险。

上述假定主要基于中国证券市场和证券投资管理服务业的现实状况，这些假定可以使模型更适用于中国证券市场。

（2）模型的结构。

①证券财务风险测度公式：

$$F = （C_t - TP） \div C_t \tag{3.1}$$

其中：F 是证券财务风险值；C_t 是第 t 期的证券收盘价；TP 是证券的理论价格。

②流动性风险测度公式：

$$E = （H_t - L_t） \div H_t \tag{3.2}$$

其中：E 是证券流动性风险值；H_t 是第 t 期的最高证券价格；L_t 是第 t 期的最低证券价格。

③证券投资总风险测度公式。根据 F 值和 E 值，可得证券总风险值公式：

$$WIR = P_{wf} \cdot F + P_{we} \cdot E \tag{3.3}$$

其中：WIR（Worst Investment Risk）是证券投资总风险值；P_{wf} 是最坏财务风险的概率；P_{we} 是最坏流动性风险的概率。

（3）模型的说明。

公式（3.1）、公式（3.2）、公式（3.3）构成的 WIR 证券投资风险测度模型直接借助统计学工具，计算投资者最坏投资决策的风险，尽管考虑了可能性（概率），但并没有考虑证券价格的运动路径，避免了随机过程这一复杂数学工具的使用，使模型简单易懂。

3. 模型的适用性

该模型设计于 2006 年，考虑到当时我国证券市场制度建设逐步改善，股权分置改革逐步推进将改变证券价格的水平和证券定价方式，投资者结构调整使市场理性不断增强，同时，新《公司法》和《证券法》也将给证券市场带来新的变化，但是，证券市场历史较短，国有资产占主体决定上市公司法人治理结构不会有较大变化，信用交易机制的建立还需要时间，因此模型设计者认为该模型的假定仍将在相当长一段时间内与市场相适应。

考虑到制度变化的空间较大，保险资金投资证券市场必须考虑最坏投资决策带来的风险。该模型在实际操作中，可以根据各保险公司和保险资产管理公司的需要进行调整，如证券理论价格以及 F 值和 E 值的概率都可以根据资产管理者的判断和偏好来进行确定，然后再对风险进行测度。在证券组合建立的过程中，该模型避免了像马柯威茨风险测度模型复杂的资产组合最优化求解，直接可以根据 WIR 值进行排序或者使用排除法来建立证券组合，各证券的权重根据保险投资相关的规定和均值进行调整即可。

从前面的相关研究评述可以看出，国内在投资风险测度方面还有大量的工作要做。在目前的研究现状下，国内保险业面临两难选择，要么直接使用国外的风险测度方法，要么将风险管理直接置于一般的经验管理模式。前者必然遭遇"水土不服"的问题，况且，国外的风险测度方法都较为复杂，具体使用存在一定难度；而后者在目前的保险公司治理结构下，在没有经验或者经验较少的情况下来推以经验为基础的风险管理模式本身面临更大的风险。因此，如何开发具有个性化的风险测度工具来推动保险公司投资风险管理效率的提高显得十分紧迫。

4. 模型的实证检验

为了进一步验证张维证券投资风险测度模型的有效性，本节采用中国证券市场的数据进行实证检验。

（1）样本与数据。本节选择上证 50 指数 50 家公司的股票作为样本，利用 2015 年的财务数据和年度价格数据来对模型进行检验。上证 50 指数是上海证券交易所上市公司中的"佼佼者"，同时，中国证券市场年度行情周期的特点明显，恰逢 2015 年是中国证券市场大幅波动的年度，所以，本节选取的样本与数据符合模型的基本假定。

所有样本公司的数据直接从国信证券金太阳网上交易系统分析软件导出股票价格 Excel 数据和获得相关财务数据。

（2）计算过程。

第一，根据上证 50 指数股对应的上市公司 2015 年的每股收益，按照 15 倍市盈率为合理市盈率计算出每个指数股的理论价格 TP，利用 2015 年 15 倍市盈率只是本节的假设，在实际操作中，保险资金可以根据自己的偏好来设定合理的市盈率，同时，除了市盈率定价法外，还可使用其他股票定价方法。

第二，利用 50 只股票在 2015 年的最高价与最低价计算出 E 值。本节的 E 值并非股票的振幅，而是最坏投资收益率即最大亏损率，买最高价卖最低价的投资风险。

第三，利用计算出来的每只股票的 F 值和 E 值，按照 Pwf = 0.3、Pwe = 0.7 的概率计算出 WIR 值。F 值和 E 值的概率值在实际应用过程中可以根据保险投资管理者对最坏证券风险出现的可能性进行估计，然后再计算 WIR 值。

（3）检验结果。根据相关数据和计算过程，本节 WIR 模型风险测度值结果如表 3-7 所示。

表 3-7　　　　　　　　上证 50 指数股 2015 年风险测度值

股票名称	股票代码	F	E	WIR
浦发银行	600000	0.022687	0.408052	0.292442
邯郸钢铁	600001	已经停牌		
武钢股份	600005	11.95631	0.595269	4.003582

续表

股票名称	股票代码	F	E	WIR
上海机场	600009	0. 179031	0. 571013	0. 453419
包钢股份	600010	59. 89121	0. 578667	18. 37243
华夏银行	600015	0. 198105	0. 524545	0. 426613
民生集团	600016	0. 1639	0. 3687	0. 30726
上港集团	600018	0. 106236	0. 48422	0. 370825
宝钢股份	600019	− 0. 23843	0. 504921	0. 281915
中国石化	600028	0. 184409	0. 528078	0. 424977
南方航空	600029	0. 503472	0. 738351	0. 667888
中信证券	600030	− 0. 61206	0. 665277	0. 282075
招商银行	600036	0. 186681	0. 363007	0. 31011
保利地产	600048	− 0. 24295	0. 546345	0. 309556
中国联通	600050	− 1. 61073	0. 600746	− 0. 0627
上海汽车	600104	− 0. 00962	0. 519547	0. 360797
雅戈尔	600177	0. 296594	0. 601469	0. 510006
振华港机	600320	0. 226968	0. 543024	0. 448207
江西铜业	600362	0. 413043	0. 615566	0. 554809
驰宏锌锗	600497	− 2. 84525	0. 612774	− 0. 42463
贵州茅台	600519	− 0. 20465	0. 426897	0. 237433
方正科技	600601	NA	0. 688647	0. 482053
申能股份	600642	0. 293351	0. 598582	0. 507012
天津港	600717	0. 196806	0. 626957	0. 497911
辽宁成大	600739	0. 699357	0. 578877	0. 615021
国电电力	600795	0. 562341	0. 560468	0. 56103
东方集团	600811	0. 005419	0. 600685	0. 422105
亚泰集团	600881	2. 430939	0. 646987	1. 182173
伊利股份	600887	0. 296896	0. 703893	0. 581794
长江电力	600900	0. 021696	0. 402102	0. 287981

续表

股票名称	股票代码	F	E	WIR
大秦铁路	601006	-0.26218	0.479868	0.257253
中国神华	601088	0.164676	0.510759	0.406934
中国国航	601111	0.121795	0.57487	0.438947
兴业银行	601166	0.198828	0.444444	0.37076
西部矿业	601168	0.637483	0.606625	0.615883
中国平安	601318	0.352722	0.481915	0.443157
交通银行	601328	0.197731	0.495228	0.405979
广深铁路	601333	0.35497	0.582703	0.514383
中国中铁	601390	0.275716	0.689597	0.565433
工商银行	601398	0.061839	0.37303	0.279673
北辰实业	601588	0.375094	0.593946	0.52829
中国铝业	601600	0.023944	0.58364	0.415731
中国太保	601601	-0.49146	0.516961	0.214435
中国人寿	601628	-0.27293	0.517994	0.280717
中国石油	601857	-27.6442	0.477573	-7.95896
中国远洋	601919	NA	0.668643	0.46805
建设银行	601939	0.190744	0.404993	0.340718
中国银行	601988	0.227083	0.43696	0.373997
大唐发电	601991	0.358934	0.513572	0.467181
中信银行	601998	0.221683	0.494655	0.412763
平均值		1.024771	0.543911	0.675621

注：基于部分股票动态市盈率无法查询，故无法计算股票的理论价格，因此部分股票的 F 值记作 NA。

资料来源：国信证券金太阳网上交易系统。

（4）结论。

第一，F 值作为测度最坏财务风险的指标，本身也可以体现证券价值低估的程度，如表 3-7 所示，F 值为负的股票都属于市场价格低于理论价格的情况，可以作为证券组合构造的参考工具。

第二，通过对测度证券的流动性风险 E 值进行计算分析发现，其均值为 54.3911%，可见 2015 年股票市场价格波动幅度相对较大，证券流动性风险较大。

第三，从 WIR 的均值 0.675621 可以看出，上证 50 指数股票的最大亏损率为 67.5621%，可见 2015 年上证 50 指数组合投资存在极大的风险，故寿险投资股市需谨慎。

5. 结论与启示

对张维设计的 WIR 风险测度模型进行检验的结果可以说明，在一定的假定基础上，借助常用的数学工具对证券投资的财务风险和流动性风险进行测度，从而为投资风险管理提供投资决策依据。与国际上流行的风险测度工具相比，WIR 模型具有两个优点：一是更多地接近国内证券市场的实际状况；二是避免了复杂的数学工具带来的麻烦。此外，也为证券风险投资测度提供了一个新的分析框架，对国内保险资金等机构投资者而言具有较强的可操作性。

当然，WIR 风险测度模型也有其局限性：一是由于较为简单，其精确度与国际上目前流行的风险测度工具还有较大的差距；二是模型主要考虑的是财务风险和流行性风险的极端情形，没有考虑风险分布，风险测度结果尽管可以在较大程度控制风险，但也容易失去一些投资机会。

（二）我国保险资金入市风险传导机制研究

保险资金入市风险是指保险投资由于一国宏观经济环境、宏观财政货币政策等因素影响而引起证券市场价格波动导致投资收益不确定性的风险。如政局变动、经济环境恶化、宏观财政政策和货币政策调整、金融市场干预的强弱、投资者心理波动与预期，以及投机行为都会直接影响证券市场，造成证券市场的波动，进而给保险投资带来较大的收益不确定性，此外，保险公司内部由于经营决策失误、操作失误对保险投资也会产生较大影响，导致投资失败的风险。保险资金入市的风险主要表现在以下几个方面。

1. 市场风险

市场风险属于系统性风险，是不可分散风险，通常与一国的总体经济状况、政策变化、法规制定密切相关，无法通过分散化投资进行规避。

由于证券交易通常不按面值买卖，而是以市场价格进行交易，因此市价的波动会给投资者带来投资收益的变化。证券市场价格波动是难以预料的，尤其是股票价格变化莫测，因此保险资金入市面临较大的市场风险。市场风险形成机制：宏观经济环境变化引起资本市场价格变化导致市场风险。

2. 经营决策风险

经营决策风险即保险公司在投资运用中因投资决策失误、经营不善、经营水平差、成本高等原因而产生的内生性风险。产生决策风险的具体情况包括经营策略不当，面对超过风险承受能力的风险水平，投资业务过于集中于某一品种或市场，形成风险单一化重大项目决策失误，可能造成巨额损失，决策层在经营思想上存在偏差，违规进行投资运用对宏观经济走势预测失误，导致业务结构等的错误调整等。

3. 操作风险

操作风险是指保险投资中由于业务部门操作不当，如投资部门越权经营、超风险限额投资、违章调度使用资金、业务部门虚报信息等造成投资损失的风险。防范、控制操作风险的主要措施是加强并完善制度建设，建立包含自上而下的风险控制、监督与自下而上的风险咨询、反馈的多层次双向管理模式，强化对决策系统、执行系统和考核监控系统的风险控制，有效地规避和化解管理风险。操作风险形成机制：

规章制度不完善──→操作不当──→操作风险

经营决策风险与操作风险均属于非系统性风险，可以通过分散化的投资组合进行规避的风险。

（三）我国保险资金入市风险监管

2014 年 1 月 23 日保监会发布《关于加强和改进保险资金运用比例监管的通知》（以下简称通知）。为进一步推进保险资金运用体制的市场化改革，加强和改进保险资金运用比例监管，根据《保险资金运用管理暂行办法》等相关规定，保监会系统梳理了现有的比例监管政策，并在整合和资产分类的基础上，形成了多层次比例监管框架。根据《保险法》及有关规定，将保险公司投资资产划分为流动性资产、固定收益类资产、权益类资产、不动产类资产和其他金融资产五大类资产。

其中权益类资产包括：境内上市权益类资产品种主要包括股票、股票型基金、混合型基金、权益类保险资产管理产品，境外上市权益类资产品种主要包括普通股、优先股、全球存托凭证、美国存托凭证和权益类证券投资基金，以及其他经中国保监会认定属于此类的工具或产品。境内、境外未上市权益类资产品种主要包括未上市企业股权、股权投资基金等相关金融产品，以及其他经中国保监会认定属于此类的工具或产品。

在五大类投资资产的基础上，监管层在 2014 年进一步放宽了投资渠道，给保险机构更多的投资自主权，资产配置组合越来越丰富，使保险资产配置成为可能。

相应的保监会重构了保险投资的监管体系，在政策上更加关注投资品的真实属性，有利于后续资产配置结构的监管和优化，在增强投资灵活性的同时，加强了对公司风险集中度、资产负债匹配风险和流动性风险的监管，避免了收益率的大幅波动和过度分化。[①] 具体监管规定包括以下几方面。

1. 设立大类资产监管比例

为防范系统性风险，针对保险公司配置大类资产制定保险资金运用上限比例。投资权益类资产的账面余额，合计不高于本公司上季末总资

---

① 孙祁祥、郑伟：《中国保险业发展报告 2015》，北京大学出版社 2015 年版。

产的30%，且重大股权投资的账面余额，不高于本公司上季末净资产。账面余额不包括保险公司以自有资金投资的保险类企业股权。

2. 设立集中度风险监管比例

为防范集中度风险，针对保险公司投资单一资产和单一交易对手制定保险资金运用集中度上限比例。

（1）投资单一固定收益类资产、权益类资产、不动产类资产、其他金融资产的账面余额，均不高于本公司上季末总资产的5%。投资境内的中央政府债券、准政府债券、银行存款，重大股权投资和以自有资金投资保险类企业股权，购置自用性不动产，以及集团内购买保险资产管理产品等除外。

投资上市公司股票，有权参与上市公司的财务和经营政策决策，或能够对上市公司实施控制的，纳入股权投资管理，遵循保险资金投资股权的有关规定。

单一资产投资是指投资大类资产中的单一具体投资品种。投资品种分期发行，投资单一资产的账面余额为各分期投资余额合计。

（2）投资单一法人主体的余额，合计不高于本公司上季末总资产的20%。投资境内的中央政府债券、准政府债券和以自有资金投资保险类企业股权等除外。

单一法人主体是指保险公司进行投资而与其形成直接债权或直接股权关系的具有法人资格的单一融资主体。

3. 设立风险监测比例

为防范资产的流动性、高波动性等风险，针对流动性状况、融资规模和类别资产等制定监测比例，主要用于风险预警。

4. 内控比例管理

保险公司应当根据本通知及有关规定，按照资产负债管理和资产配置要求，制定分散投资管理制度和风险控制措施，严格控制大类资产投资比例、高风险（类）资产投资比例、行业和单一品种以及单一交易对手投资比例等。同时，还应当制定流动性风险、信用风险、市场风险等风险预警监测比例。保险公司应当密切监控相关风险敞口，确保其在自身风险承受能力和资本覆盖能力之内。

四、加强对保险集团的监管

大型金融保险集团的不断涌现已成为系统性风险的主要来源。与一般保险机构相比，保险集团的业务范围远远超越了传统领域范畴，使得运用一般性监管标准难以对其资产负债管理状况作出合理判断。因此，全球各类保险监管组织均提出对保险集团实施更全面的监管，要求监管者了解和评估集团整体风险状况，设计更加合理的资产负债匹配管理监管标准，综合使用并表监管、内控体系检查、信息披露等方法防范化解财务风险。

近年来，我国保险集团数量不断增加，随着我国保险业改革的不断深化和推进，这些保险集团大量涉足国际资本市场和高风险业务。例如，平安保险公司人力发展保证保险业务，是我国保证保险业务规模最大的保险公司，一旦整个宏观经济形势恶化，违约风险加剧，将迅速对平安集团的偿付能力造成较大的影响。安邦集团经营的主要是理财型业务，保费规模扩张极为迅速，在全球市场的投资活动极为活跃，投资收益成为其业务增长的主要动力。其他保险集团也加强了在国际市场投资中的布局，我国保险业与国际资本市场的关联性越来越高。

为全面监控和防范集团化经营风险，保监会制定《保险公司所属非保险子公司管理暂行办法》，对保险公司所属非保险子公司的风险进行全面监测，防止风险跨公司、跨行业传递。推动开展国内系统重要性保险机构（D－SII）监管，逐步建立与国际监管衔接、具有中国特色的D－SII监管体系。加强对保险集团风险的全面监测，制定发布《保险集团并表监管指引》，明确保险集团并表管理的主体责任。夯实集团监管基础设施，完善保险集团信息报送机制，健全集团监管信息档案，筑牢保险集团非现场监管基础。

2014年9月，为加强对保险公司所属非保险子公司的监督管理，不断健全对非保险子公司的风险监测机制，中国保监会出台了《保险公司所属非保险子公司管理暂行办法》（以下简称《办法》）。《办法》重点规范保险公司投资和管理非保险子公司的五类行为：一是投资设立非保险子公司；二是对非保险子公司的管控；三是与非保险子公司之间的内部交易；四是向非保险子公司的外包；五是与非保险子公司的防火墙建设。《办法》在保险公司进入非保险业务领域的准入条件，保险公司退出非保险业务领域的情形与报告机制方面做了具体规定。

2014 年 12 月，为进一步加强保险集团监管，完善对保险集团的并表监管，有效防范保险集团经营风险，中国保监会出台了《保险集团并表监管指引》（以下简称《指引》）。《指引》立足于有效防范保险集团风险，在支持保险公司集团化经营，发挥协同作用、规模效应的同时，通过明晰集团结构、监测内部交易，健全全面风险管理体系、风险隔离机制，完善公司治理、信息披露机制，实现对保险集团风险的全面监测。2014 年，平安保险集团再次入选全球系统重要性保险机构（G - SII）名单。中国保监会积极参与 G - SII 认定工作，在深入研究 G - SII 国际监管制度的基础上，牵头成立了平安集团危机管理小组，指导平安集团建立了系统性风险管理计划和恢复与处置计划。同时，推动开展国内系统重要性保险机构（D - SII）监管工作，研究起草监管框架和相关配套监管文件，逐步建立与国际监管衔接、具有中国特色的 D - SII 监管体系，提升了我国集团监管的国际话语权。

2016 年正式实施的"偿二代"已经明确了针对保险集团的具体监管措施，尚未形成专门针对国际活跃保险集团监管的监管制度体系，对此还需要进一步细化和完善。未来加强保险集团监管还应当建立对金融保险集团监管的主监管人机制；加强对保险控股集团的信息披露；建立保险集团紧急事件处理机制。为防患于未然，应当建立保险集团紧急事件处理机制，就是当集团中的某子公司出现危机时，如出现现金流动性困境、挤兑现象时，规定保险集团公司应尽的义务和应采取的措施。

五、加强对冲基金监管

对冲基金监管应遵守适度监管原则，通过强化市场约束、完善信息披露和风险管理等间接监管手段，有效避免对冲基金可能给金融体系带来的不良影响。

我国香港地区的监管模式值得借鉴：政府监管与行业自律双管齐下，政府从宏观上监管，着眼于风险控制，建立专门的监控和防范信用交易风险的部门，加强对对冲基金的监控，但对对冲基金的投资策略和投资方向、投资领域不做过多的干涉。而在对冲基金运作上的监督由行业自律来完成。这便对行业协会提出了更高的要求。首先，要尽快强化行业组织的指引、监督作用，同时应出台配套的行业自制规范；其次，加强信息披露；最后，加强对冲基金监管的国际协调与合作。对冲基金的发展依赖全球化的大背景，各国监管当局应加强彼此间的协调与合作，预防和化解区域性和全球性的金融危机。尤其是近期以来，中国的资本市场成为全球著名对冲基金的觊觎之地，国际上甚至有更为嚣张的基金经理扬言要"做空中国"，这都给我们敲响了警钟。应当尽快着手制定对冲基金的单行指引性规范。

直接监管与间接监管相结合，并让行业组织真正发挥应有的作用，二者分工协作对冲基金监管应遵守适度监管原则，通过强化市场约束、完善信息披露和风险管理等间接监管手段，有效避免对冲基金可能给金融体系带来的不良影响。

第四章

金融风险传导下的我国保险
混业经营风险管控

　　第二次世界大战后，世界经济金融化、金融全球化、金融自由化趋势加快，特别是20世纪80年代后，美国、英国、日本等发达国家逐步打破分业经营界限，对金融混业经营管制放松，这些制度创新和改革为保险不同业务之间、保险业务与其他金融业务之间、保险机构与其他金融机构之间融合、金融一体化和集团化创造了宽松的制度环境。这是近年来金融服务业发生的最显著变化之一。其次，发达国家开拓发展中国家保险资源与市场、全球巨灾风险促使世界保险市场的联合、全球计算机网络和卫星通信技术的广泛应用都推动了金融集团、保险集团、特别是跨国金融集团、保险集团的发展壮大。

　　金融服务业功能整合和金融机构集团化对于经济增长影响问题吸引了大量研究者的关注。金融业务一体化和国际化提高了资本流动性，优化了金融资源配置，分散了金融风险，金融保险集团具有资本放大、资源整合、成本节约、低成本扩张及高投资回报等特征，与专业化金融机构相比，更加具有规模经济和范围经济优势。不过，金融保险集团作为多种金融机构业务的聚合体，其复杂的组织结构和内部关系网络、多元化的经营特征，不仅面临专业化金融机构的一般风险，还需要承担多种新型特殊风险。主要包括资本不足风险、风险传递风险、信息不透明风险、利益冲突风险、关联交易风险、监管套利风险和金融垄断风险等。

金融保险集团产生的特殊风险给监管制度带来了新的挑战。

因此，我国应加强金融混业和金融保险集团及其监管研究，明确金融保险集团及其监管的发展方向，加快我国金融保险集团发展及其监管的科学化进程。充分认识混业经营特征，确立"适度混业经营"发展方向；明确混业经营主体市场定位和法律地位，降低系统性金融风险；建立符合我国国情的金融监管模式，推动我国金融监管和金融集团监管持续向"业务监管、混业监管、直接监管"模式转变；完善金融保险集团监管法律体系和监管标准要求，提高金融保险集团监管的科学性和有效性。

第一节　保险业混业经营发展趋势

一、国际保险混业经营发展概况

保险业发展经历了一个混业与分业交替演进的过程，保险混业模式从最初交叉销售逐步发展成为混业金融集团等复杂形式，保险混业随之由自然原始状态逐步发展为现代成熟模式。

（一）保险混业历史进程

保险发展初期的"混业"和"分业"是经济发展自然形成的。保险业最初也是随着商业贸易和经济活动繁荣发展出现的，起源于为海上运输货物提供风险保障，也仅仅提供财产保险。寿险活动一般认为源于古希腊宗教团体建立丧葬基金。在保险业萌芽阶段，与银行业一样，并没有专业化机构进行经营，通常是由资本雄厚、具备开拓精神的商人们作为"副业"兼营。随着商业贸易对资金融通和风险管理需求越来越多，专门经营银行业务和保险业务利润丰厚，专业化银行机构和保险机构开始出现。在此后较长时间内，这些专业金融机构限于业务能力以及资本实力等诸多因素限制，通常只能专注于银行、证券、保险等金融业务的一种，很少能够跨领域开展业务活动。

金融混业在相当时期内主要是商业银行为主导的。商业银行兼营证券业务，是商业银行和金融体系自然发展的结果，也是商业银行客户业务需求变化的结果。随着金融机构专业化运作逐渐成熟，各大金融机构，尤其是商业银行业务范围不断扩张，资本实力日益壮大。在这个时期内，证券业和保险业虽然同样取得了长足进步，然而银行业始终处于各国金融体系中绝对重要的地位，保险业务尚无法在混业经营过程中起到主导作用，也并不是银行兼营的主要目标。从 19 世纪初开始，美国的商业银行已经可以兼营证券业务，到 19 世纪中期，其他主要发达资本主义国家同样出现了银行业兼营证券业务的趋势。

虽然金融混业和金融集团发展对经济增长一度起到了重要推动作用，然而在金融混业和集团化过程中出现了新的风险，一度引发了严重经济金融危机，此后各国金融监管严格限制金融混业发展，相当长时期内金融分业经营、分业监管再度成为主流。银行证券兼营，打破了金融中介机构和金融市场之间的界限，改变了商业银行经营的风险环境，而相应的风险管理体系并没有建立起来，至少在当时并不完善。1929 ～ 1933 年，美国股市暴跌过程中，美国有将近 1/3 的银行破产倒闭，信用体系遭到严重破坏，引发至今为止历史上最严重的经济危机。对危机进行分析和反思的结论是，商业银行兼营证券业务存在风险管理疏漏，商业银行承销证券存在利益冲突，难以避免不正当做法。在大萧条背景下，旨在确立分业经营、分业监管格局的《格拉斯—斯蒂格尔法案》1933 年在美国国会获得通过。从此，美国结束了银证混业经营格局，走上严格分业之路。该法案的通过不仅对美国金融业影响深远，而且成为战后许多国家的效仿对象。整个世界金融发展的潮流从初级混业阶段，转向了分业经营阶段。在这样的历史背景下，保险业务主要由保险机构进行专业化经营。

经过 30 年发展演变，到 20 世纪 60 年代，美国金融体系已经发生了明显变化，金融体系变化与金融创新涌现迫使分业监管出现松动。

《格拉斯—斯蒂格尔法案》是在特定背景下出台的，带有强烈的时代特征。以商业银行为代表的间接融资占绝对主导地位的金融体系时代过去了，银行类金融机构存款大幅度下降，资金大量向资本市场转移，加之银行业本身趋向自由竞争，银行盈利能力下降，利润下滑，不少银行出现亏损甚至倒闭。为了扭转不利局面，商业银行不得不想方设法扩大业务范围，改进经营手段，同时进行大量金融创新。另外，金融监管机构的态度也在发生转变。金融创新让许多旨在确保分业经营的措施在一定程度上已经失去了意义，而且严格的分业经营监管制度正在使美国银行业在全球金融竞争中丧失原有优势。1986 年，英国推出《金融服务法》，已经允许银行兼并证券公司，而且所有金融机构均可以参加证券交易，而且不需要通过控股公司方式就可以直接经营，这被称为"金融大爆炸"。而日本 1998 年推出了金融体制改革一揽子措施方案，也放宽了对银行、证券、保险跨行业经营的限制。英国和日本放宽分业监管的措施，催生了大量体量巨大、多元化经营的金融混业集团，迅速而强势地攻占和挤压了美国金融业全球市场份额。以商业银行为代表的美国金融界极力游说政府和议会，最终取消跨业经营限制的《金融服务现代化法案》得以通过，《格拉斯—斯蒂格尔法案》废止，允许银行、证券、保险公司业务相互交叉。自此，美国金融业从立法上告别了分业经营和分业监管历史，进入了一个更加成熟的混业经营时代。

（二）保险混业主要形式

保险混业主要有两种形式：一是银行和保险融合；二是保险与证券融合。

银行和保险的融合通常被称"银行保险"。银行保险兴起于法国，现在已经是一种发展潮流。银行与保险融合出于双方共同需要，可以建立起特殊的竞争优势。这种竞争优势可以表现在节省成本、增加客户选择和黏性以及收入协同效应等方面。

不同国家对银行保险形式要求不尽相同。按银行保险形成途径与一体程度水平，可以分为销售联盟、合资组建、相互并购和直接进入四种形式。销售联盟通常是指通过合作协议形式，保险公司利用商业银行客户和网点优势销售保险产品；合资组建是指银行和保险公司共同出资，建立合资公司承销或销售保险产品；相互并购是指独立的银行和保险机构相互持股或兼并；直接进入是指银行或保险机构组建自己的保险或银行机构。销售联盟方式在大多数国家被普遍接受，而直接生产方式则是大部分禁止的。

对于银行保险组织形式的问题，各国要求也有差异。银行保险组织形式可以分为银行设立保险子公司、保险公司设立银行子公司、银行参股保险公司和保险公司参股银行等几种。丹麦、意大利、卢森堡、西班牙、英国等对此完全放开，不受限制；日本禁止设立子公司组织形式，也限制相互参股；比利时对银行向保险渗透严格限制，但是不限制保险向银行渗透；德国、希腊、爱尔兰等限制保险参股银行，而允许其他三种组织形式；荷兰则只允许银行设立保险子公司。

保险与证券的融合表现为以下几个方面：第一，保险机构在激烈的竞争下，将证券投资作为重要的投资方式，成为证券市场上最重要的机构投资者之一。第二，为了壮大资本实力，越来越多的保险机构通过资本市场筹集资本。现在世界各国的大型保险机构绝大多数都是股份公司，相当大比例是上市公司。一些如加拿大宏利、加拿大永明、美国恒康等大型相互保险公司也加入了股份制大军，成为公众上市公司。第三，出现了保险证券化趋势，既包括保险公司发行的具有投资功能的保险单，也包括保险公司通过将风险资产打包分割，将承保风险再转移到资本市场。比如，瑞士再保险公司 1997 年发行了以加利福尼亚地震风险相关联的债券，东京海上保险火灾保险株式会社和三井海上保险公司均发行过与东京地震风险相关的债券或互惠信贷。除了保险机构通过资本市场进行交易，随着保险业务与证券融合程度提高，证券机构和保险机构在组织上加快交叉融合，在竞争与合作中一体化程度提高。当然，在融合程度上，保险和证券的融合程度还无法与银行保险相比。

二、保险业与银行业的融合与渗透

银行和保险的融合是近 30 年来金融领域最重要的变化之一。保险与银行的融合与渗透最主要的形式是银行保险。法国先于欧洲其他国家开展银行与保险合作业务，因此"银行保险（bancassurance）"最早源于法语。银行保险最初的含义是保险通过与银行通过销售协议进行保险产品分销，现在广义上已经包括银行业与保险业之间所有关系类型。

（一）保险业与银行业融合与渗透的原因

虽然银行业务和保险业务起源很早，银行保险的出现只是近 30 多年内的事。银行保险是金融"脱媒"和放松金融混业管制的自然结果。经过不断发展演进，银行与保险之间的联系已经从最初简单销售协议合作，发展成为战略联盟和所有权关系。投资者对长期储蓄的需求、预期寿命延长和社保系统危机等多种因素共同推动了银行保险发展。

20 世纪 90 年代，欧洲银行业通常是国内市场导向的，并且在严格分业监管体制下竞争程度不高。传统银行存贷款业务产生的纯利差在银行收入构成中占据着主导地位。高监管门槛大大降低了非银行机构和国外银行机构对国内银行机构的竞争压力。在这种环境下，银行可以轻松获得高额且稳定的利润，股东价值和消费者满意度等并不在银行管理中处于优先地位，银行、证券和保险之间的联系非常有限。

金融监管环境变化给银行带来的竞争压力是银行涉足保险领域的重要原因。20 世纪 80 年代末，金融管制放松、全球化和信息交流技术革命让这种景象出现了实质性变化。资金自由出入国界的限制已经逐步破除，银行可以更加自由地配置自己的投资组合。信息技术，尤其是互联网的广泛应用，大大降低了信息管理、与客户交流以及与交易对手实现远程交易的成本，全球化竞争的舞台已经拉开帷幕。存贷款为主的银行业务感受到了明显的竞争压力。资产方面，资本市场发展让直接融资变得更加容易，成本比从银行贷款更低。企业融资中贷款的比重相对债券和股票等方式明显下降。负债方面，居民存款结构发生了显著变化，短期、低回报率银行存款比重下降，长期高回报率的金融资产持有比重上升。这种结构变化的原因是多元的，比如居民收入水平的提高（短期流动性需求比重下降）、预期寿命延长（养老需求要求有长期投资）以及低通货膨胀率（长期储蓄成本小）等。相互基金和储蓄类保单的出现，迎合了居民理财需求，银行存款进一步减少。银行利润率下降，迫使银行机构不得不进行业务结构调整，提高非利息收入比重。比如，法国商业银行净利息收入占总营业收入的比重，从 1990 年的 77.4% 锐减到 2000 年的 39.1%。银行对于这种不利发展趋势的反应之一，是通过将业务范围扩展到保险和资产管理领域，从而分享这种发展趋势带来的好处。放松分业管制之后，欧洲金融混业程度比美国要高得多。《1989 年第二版银行业指引》中引入了"全能银行"模型，允许全能银行直接经营包括证券发行与交易、资产管理等大多数金融业务。保险业务虽然仍然要求必须由特定金融机构经营，但是对于银行和保险公司直接相互参与没有任何限制。相比之下，美国要求银行与保险之间相互参与，必须以金融控股公司的形式进行。

银行保险能够迅速发展起来，还有一个原因是彼此业务上具有相似性和互补性。银行和保险业务的相似性和互补性更主要体现在寿险业务当中，这可以解释为什么寿险业务上银行保险发展为不同层次，而在非寿险领域始终处于初级阶段。

人寿保险是应对人口老龄化的一种有效方式，未来发展前景广阔，与银行传统业务存在相似之处，可以相互补充，因此尤其受到银行机构的关注。20 世纪 60 年代开始，发达国家人口年龄结构发生了变化，死亡率下降，预期寿命提高，老龄化人口增加。这种趋势持续数十年，导致经济发展速度趋缓，政府债务增加，出现社会保障体系危机，不得不逐渐削减养老金支付水平。在此背景下，以其他方式补充养老金缺口必要且迫切。保险产品中的年金产品能够比较好地贴合生命周期中经济状况变化，熨平收入波动，因此广受欢迎。人寿保险实际成为社会保障体系的重要支柱之一，得到各国政府的支持和推动。欧洲国家中，比如法国、意大利、西班牙等，居民购买长期储蓄性保险产品，可以享受持续的税收优惠。人寿保险良好的发展势头，对于传统存贷款业务陷入困境的商业银行来说颇具吸引力。银行保险的出现和发展被认为是近 30 年来欧洲现代银行业最重要的发展趋势之一。

银行保险的兴起不仅仅是因为金融服务业变革和寿险业务的吸引力，金融混业发展趋势也有其他方面的经济合理性。费尔德（Fields，2007）认为，尽管银行和保险的最核心的业务存在根本上差异，但是它们都是集中个人储蓄投资于资本市场的金融中介机构，都需要基于收集的信息依靠大数法则进行经营，都必须关注流动性和风险管理。詹尼提和莫利纽克斯（Genetay and Molyneux，1998）提出，银行和保险可以用相近方式为客户提供储蓄产品，并且在某些业务活动中相互联系、相互支持。比如在抵押贷款合同中，为了保证回收贷款，银行通常会要求贷款客户为其生命风险、失业风险和财产风险投保。

从供给一侧考虑，银行业和保险业的聚合可以用规模经济和范围经济来解释。银行拥有规模庞大的雇员队伍和数量众多的分支网点，经营的固定成本居高不下。如果运用银保策略，销售更多种类和数量的产品，可以有效分摊固定成本带来的财务压力，提高单位雇员产出率。站在保险公司的立场上，可以利用商业银行已经建立的分支机构和拥有的众多员工将产品销售给新的客户，销售成本远低于保险中介机构分销渠道，包括保险代理人和保险经纪人。以降低销售成本为前提，保险公司可以将保费水平降低，从而取得更强的竞争力。

从需求一侧考虑，客户也能从银行和保险合作中受益。如果能一站式购买到自己所需要的多种金融产品，包括保险产品，消费者虽然会付出一定费用，但是可以节约搜集成本和多次交易带来的烦琐。商业银行具有良好的信用水平和社会声誉，与客户关系密切，通常是客户选择一站式购买金融产品的理想选择。相对而言，因为保险公司业务经营中理赔环节会与客户存在利益冲突，往往并不是客户选择多种理财产品的首选。对现有客户进行交叉销售要比寻找新的客户更加有效，商业银行为了满足客户多元化金融需求，同时也是为了能够增强客户忠诚度，推出了越来越多涉及范围广泛、合同内容复杂的金融产品。

除了供需关系之外，代理问题也是金融混业集团发展的一种解释。这种解释认为，如果将企业经理人视为代理人，他们的收入往往与其所在企业的规模相关，而他们职业的稳定性又与其企业业务的复杂性密切相关，因此企业经理人有推动金融机构混业发展的动机。迪瑞克（Dierick，2004）指出，金融集团过于庞大和复杂，管理成本和协调难度增加、利益冲突增多，集团经营效率低下。另外，金融混业经营会产生专业化经营所没有的其他风险，关于这个问题及其带来的监管影响，将在此后内容中阐述。

（二）银行保险发展与主要形式：以欧洲为例

银行保险的出现并非偶然，可以认为是在金融一体化大背景下产生的，更宽泛看来是最近30年来兼并、收购、重组盛行的大环境下发生的（Sudarsanam，1995）。银行保险最早从欧洲起源，时至今日仍然在欧洲市场发展最为典型和兴盛，因此以欧洲为例介绍银行保险发展具有代表意义。

银行保险最初形式主要是以银行销售保险产品为主，最初是以与银行经营的传统业务有关，逐渐扩展到储蓄型产品，然后才逐步发展为销售更广泛范围的保险产品。此时，银行与保险主要是通过比较简单初级的销售协议建立联系。以法国为例，摩根、安德鲁、丹尼尔和奈特（Glenn Morgan and Andrew Sturdy and Jean – Pierre Daniel and David Knigths，1994）将银行保险发展分为三个主要阶段（见表4－1）。

表4－1　　　　　　　　　　银行保险发展阶段

银保阶段	所处时期	特征
第一阶段	20世纪80年代之前	银行仅提供与其传统业务密切相关的保险产品，如消费信贷保险和抵押贷款保险等
第二阶段	20世纪80年代早期开始	银行开始提供具有储蓄功能的保险产品，如年金保险

续表

银保阶段	所处时期	特征
第三阶段	20 世纪 80 年代末开始 20 世纪 90 年代繁荣	银行提供保险产品的范围进一步扩大，包括具有投资功能的投资连结保险产品

资料来源：Glenn Morgan and Andrew Sturdy and Jean – Pierre Daniel and David Knigths，1994. "Bancassurance in Britain and France：Innovating Strategies in the Financial Services，" The Geneva Papers on Risk and Insurance – Issues and Practice, Palgrave Macmillan；The Geneva Association，Vol. 19（2），pages 178 – 195，April.

在欧洲，银行保险是寿险产品最主要的分销渠道，在非寿险领域也正在不断发展壮大。在西欧，通过银行保险渠道获得的寿险保费收入已经超过了总保费收入半数以上（见表4-2）。

表4-2　欧洲几国银行保险渠道寿险保费收入占比情况（2010 年）

国家	银行保险渠道保费占比（%）
葡萄牙	82
西班牙	72
意大利	63
法国	60

资料来源：Glenn Morgan and Andrew Sturdy and Jean – Pierre Daniel and David Knigths，1994. "Bancassurance in Britain and France：Innovating Strategies in the Financial Services，" The Geneva Papers on Risk and Insurance – Issues and Practice, Palgrave Macmillan：The Geneva Association，Vol. 19（2），pages 178 – 195，April.

在欧洲各国，银行渠道还获得了5% ~10%非寿险业务。其中排名居前的包括土耳其（12%）、西班牙（12%）和法国（10%）。相比之下，中东欧银行渠道销售的保险业务量都没有超过总业务量的2%。银行代销量最大最主要与贷款业务相关的保险产品，在机动车辆产品中所占份额有限，在所有欧洲国家中不足5%。健康险业务的表现与车险类似，只有葡萄牙例外，银行保险方式销售的健康险占总量的30%左右。

伴随着银行销售保险产品范围扩大，银行和保险之间一体化水平也提高了，从银行仅仅作为销售渠道收取代销费，逐渐演变为更加复杂的伙伴关系，或者股权交换关系。比如建立银行控股金融集团，下设保险子公司，与大量保险代理公司建立广泛联系，与现有保险公司成为竞争合作关系。银行也可以与国内或者国外公司建立战略联盟关系，取得进入保险业的许可，开拓新的市场。更加复杂和一体化程度更高的银行保险合作模式并没有让原始合作模式消失。没有任何一个国家只有一种银行保险组织形式，更为常见的情况是交叉销售协议、互利合作伙伴关系和股权控制方式同时存在。在欧洲和世界其他地区，最为常见的银保组织形式是伙伴关系、合资关系和股权关系（Fitch Ratings，2006；EY，2010）。影响银行保险组织形式的因素是多样的，比如市场结构、消费者偏好、社会经济情况、历史文化传统、监管环境等（Swiss Re，2007）。

（三）银行保险发展趋势：从并购潮到逆集团化

业务多元化是创造价值还是有损企业价值，对金融服务业是特别重要的研究主题。有很多观点支持金融业通过多元化达到企业的最优化边界。其中最重要的观点包括范围经济能增加收入和降低成本；企业内部交易具有的税收效率降低了税收负担；多元化企业内部资本市场能够协调多种高度专业化业务，从而优于外部交易效率；对于资本投入更好的监督和控制；优秀管理经验可以在多部门共享，等等。这些因素使得金融集团比专业化金融企业运作更好。此外，相对于后者，前者通过多样化经营，资金流相关性弱化，破产风险降低。因此，债务评级提升，负债能力增强，股票价值上浮，加权平均资本成本（WACC）较低。最后一点，金融集团中的商业银行因为吸收公众存款，受到中央银行和银行监管机构的严格管理，具有较高商业声誉，而且有"大而不倒"的问题，信用评级往往较高，并将这种高信用等级扩展到集团内其他所有金融企业。鉴于金融中介机构在信息共享、降低交易成本的作用，潜在的范围经济（交叉销售），以及由此产生的大型复杂金融机构（large complex financial institutions，LCFIs）在对金融稳定肩负责任具有的重要利益，"更大更广就更好"的观点已经成为金融企业的战略共识。

反对金融中介业务多元化的主要理由是，跨行业边界会造成资本配置低效和企业运营盈利激励下降。相关研究者认为，追求业务多元化可能会导致企业为了获取自由现金流，过度投资到净现值低的项目中，损害资金流动性以及企业资产配置失误。金融集团不同业务部门客户利益之间和业务领域之间的冲突会增加声誉风险，导致债务成本偏高和股价偏低。赞同还是反对多样化和金融集团化趋势是一个至关重要的问题，关乎金融中介机构的发展战略与一国和国际金融体系演化趋势。

近几年金融领域的重组和并购（M&A）风起云涌，1985～2007年世界范围内有大约 372000 宗并购交易，总值约 31.3 万亿美元，其中约 126500 宗交易，总值约 12.2 万亿美元与金融服务业有关。并购的主要目的是通过扩充实力、提升效率、降低风险提高公司价值。所有这些交易或者在功能或地域既定的情况下扩大了企业市场份额，或者在金融功能和经营区域二者之　或者两方面都实现了多样化经营。在前面提到的金融业并购交易中，涉及了至少两个金融业务的"跨市场"交易份额占到了 24.6%，而涉及两个以上国家的"跨地域"交易份额占约 9.2%。

从世界范围看，在银行保险发展过程中，欧美银行保险正在从并购浪潮走出，出现了"逆集团化"趋势（涂东阳，2011）。欧洲银行与保险之间并购数量在 1999～2000 年达到高峰，达到 60 宗之多。此后平均每一年也有 30 宗并购事件，美国次贷危机引发的全球金融危机爆发后，银行和保险之间并购数量迅速下降，2008 年不足 10 宗并购案，2009 年只有 1 宗。其中银行主导的并购与保险公司主导并购相比数量在 1998～2001 年不分伯仲，此后一直比保险主导并购数量稍多，到 2007 年这种差距达到峰值，银行主导并购数量达到 23 宗，保险主导并购只有 5 宗。20 世纪 80 年代以来，银行业与保险业之间收购兼并经常成为金融新闻。如 1990 年荷兰保险公司与两家银行合并（荷兰的 VSB 银行和比利时的 AG 银行），一举成为当时欧洲第一家综合性金融集团；2001 年德国安联保险并购了德累斯顿银行，成为当时欧洲最大的银行保险业务集团等。这其中最引人注目的，是 1998 年全球银行业拥有霸主地位的花旗银行，并购了经营保险业务和投资银行业务的旅行者集团，合并后的花旗集团的总资产为 7100 多亿美元，年净收入为 500 亿美元，年营业收入为 750 亿美元，股东权益为 440 多亿美元，股票市值超过 1400 亿美元。其业务遍及全球 100 多个国家和地区，客户达到 10000 万个以上，全公司的雇员为 162000 多名。该并购案之所以引起广泛关注，一是并购金额之大，前所未有；二是形成了一家全球规模最大、服务领域最广的全能金融集团；更重要的是，这次并购并未受到当时仍然处于分业监管法案之下美国司法部门反对，意味着美国金融混业趋势已经势不可当，法案修订指日可待。

然而，欧美国家并未一直处于金融混业和集团化发展趋势中。早在 1999 年，瑞银集团就出售了旗下的部分保险业务；紧接着，德意志银行将其旗下保险控股公司 75.9% 股份与在意大利、葡萄牙和西班牙的寿险全部股份出售给苏黎世金融服务集团；2004 年瑞士银行也剥离了自己的保险业务。而花旗集团 2005 年除了保留美国国内保险业务以外，将几乎全部国际保险业务出售给了美国大都会。次贷危机爆发后，以银行业务为主导的金融集团不得不剥离非核心资产，其中出售保险业务成为一种非常普遍的选择。苏格兰皇家银行、荷兰国际集团、劳埃德集团均相继出售了全部或部分保险业务，将发展重点转移到银行服务业务上。2011 年美国银行将旗下的 Balboa 保险部分出售给了澳大利亚最大的保险公司昆士兰保险集团。值得一提的是，银行保险逆集团化的同时，银行保险分销模式得到了进一步加强。

银行保险逆集团化的主要原因有以下几点：

（1）未达到收益预期。银保合作最终目的是达到"双赢"。通过建立银行保险混业金融集团的方式，虽然提高了对客户的服务能力，但是同时管理层级增加，内部冲突协调难度加大，可能会损害企业价值。花旗集团、GE 保险和瑞士信贷集团均在收购保险业务后，出现了盈利下滑，最终不得不拆分保险业务。

（2）监管环境变化。次贷危机之前，金融混业集团外部监管环境宽松，相对专业金融机构来说，可以获得监管套利的好处较多。次贷危机之后,《巴塞尔协议Ⅲ》出台,对于银行业务提出了更高的资本要求,而且对非核心业务提出的风险准备提高,出售保险业务成为减轻资本金要求压力的普遍选择。

(3) 集团风险传递问题。分业监管体系下,不同金融业务之间风险传递的渠道有限,彼此影响的程度较小。建立混业金融集团之后,风险在集团内各业务之间有了更加通畅的传递渠道。次贷危机中,大型金融集团纷纷中招倒下,金融集团内部风险传导的危害暴露无遗。大部分金融庞然大物的倒下,实质上均与其核心业务经营风险关系甚微,几乎都是因为非核心业务风险暴露传导给整个集团,尤其是对集团信用评级的打击,几乎是致命的。

第二节 保险混业风险及其案例分析

保险混业发展提高了信息不对称程度,增强了保险机构流动性风险程度,带来了风险传递问题,甚至会诱发系统性风险。保险混业高级阶段是金融集团。金融集团与传统单一业务的金融中介组织在交易规模、数量和种类等方面均有不同,给金融监管带来了前所未有的挑战。金融混业经营带来的交叉业务数量之大,产品之复杂,远远超出以往金融机构跨国业务活动。金融集团庞大的规模和经济实力,在金融领域里主导能力之强,比以往有过之而无不及,不能不引起监管机构的注意。此外,金融混业集团内部各公司之间错综复杂的网络状联系,会产生以往分业经营情况下不会出现的潜在风险。

以美国国际集团(American International Group,AIG)为例,说明混业经营对保险业的冲击再合适不过了。可以说,2008 年 9 月 16 日AIG 濒临崩溃可以作为美国次贷危机的经典时刻。即使没有忘记此前历史上多次经历的经济危机和金融危机中惨痛的教训,在当时还是很少有人会相信一家保险巨头会因为资本市场波动深陷危机之中。这家资产万亿级的庞然大物,仅在 2008 年就损失了 993 亿美元,不得不由美联储、纽约联储和美国财政部联手营救，历时数月，耗资接近 2000 亿美元。营救计划非议众多，至今尚未平息。AIG 混业经营引发的风险和影响，促使监管机构重新考虑对非银行金融机构和金融衍生品的监管规则，成为金融改革争论的焦点。因此，分析 AIG 金融危机前后企业财务指标，尤其是分析表面看来与保险市场关联不大的房地产价格下跌和抵押贷款赎回权变化何以将保险公司推向破产边缘，具有相当重要的研究意义。在相关研究文献中，视线主要集中在信用违约互换（credit default swap，CDS）业务上，认为主要是 CDS 业务的损失导致 AIG 濒临破产。实际上，除了 CDS 业务，证券借贷（securities lending）业务扮演了同样的重要作用（Pierce，2014；Taibbi，2011）。无论如何，这两种业务均非保险公司的核心业务，然而恰恰是这两种跨界经营业务造成了 AIG 巨额亏损。

一、保险混业风险

随着保险公司与其他金融机构，尤其是场外衍生品交易市场之间界限逐渐模糊，防止保险业陷入系统性风险的重要性提高了，对保险业金融风险的监管有必要加强（Haüsler，2003）。银行保险发展、保险与其他金融机构交叉持股、风险转移工具运用等，让保险公司面临与银行一样的外部冲击。金融集团，包括银行保险集团或者保险金融集团，财务规模更庞大，地理分布全球化，加剧了保险和银行间的风险传导影响。金融混业集团中，无论是保险公司财务出现问题，还是银行业务遭受损失，都会由于集团内管理渠道相互影响。保险混业带来的风险对传统监管方式提出了挑战，如何应对成为世界各国保险监督机构无法回避的问题，推进监管制度改革、打破分业监管壁垒、强化国际保险监管合作等措施成为发展趋势。

（一）信息不对称与保险混业风险

与对银行业监管研究类似，保险监管文献也常聚焦于信息不对称问题，只不过对象不是存款人和银行，而是投保人和保险公司。由于信息不对称性存在，保险公司要面对道德风险和逆选择问题，而投保人对于已经缴纳保费的管理和使用几乎无法监督。根据公共利益理论（Klein，1995），因为保险市场这种不完善性，监管者应发挥弥补市场缺陷的作用。保险监管核心职责是保证投保人索赔时保险公司能够履行其合同约定的义务。能够尽可能保证消费者在签约前和合同有效期内了解和监督投保的保险公司财务情况是保险监管要实现的目标之一。与非金融企业不同，保险公司通常财务杠杆率比较高，而投保人通常并不精通财务知识。此外，相对银行存款人，或者证券投资者，投保人很难通过投资多元化分散风险，通常仅能依靠与之签约的那家保险公司。保险混业经营进一步加剧了信息不对称性。

保险公司经营失败可能是多种因素共同作用的结果。对保险公司造成不利影响的因素可以大致分为两种：内部公司治理和外部冲击。大多情况是糟糕的管理行为和外部冲击相互交织。面对同样的外部冲击，不同的保险公司受到的财务影响不尽相同，可以反映出公司治理的差别。公司治理问题指的是高管决策损害企业未来发展，比如投资失误、再保险不到位、财务决策失当、超速扩张、承保风险过高或合同定价过低等（Plantin and Rochet，2007）。相对外部冲击，内部治理问题不易识别，而且保险合同有的长达20多年，为了保护投保一方因保险公司偿付能力不足而受损，需要进行外部监管。保险混业经营，一方面让保险公司受到外部冲击的因素和路径变得多样化和复杂化；另一方面公司治理难度变得更大，不透明程度更高，对外部监管形成新的挑战。

（二）流动性风险与保险混业风险

流动性风险最初应用于银行业。相对其他行业，因为需要随时面对和满足提现需求，对银行流动性的要求更加苛刻，流动性不足可能会引发存款人恐慌并集中大量提现，形成挤兑和银行破产。

近些年来，不同金融服务行业之间原本清晰的界限逐渐变得模糊。保险是金融行业中重要且发展迅速的机构之一，把保险公司仍然看作仅仅是销售传统保险合同的机构显然已经不再合理。保险公司，尤其是寿险公司，已经变得更加类似于储蓄机构。而且，我们可以预计到，随着人口老龄化趋势越来越明显，保险公司这种变化会越来越显著。因为预期寿命越长，意味着劳动人口越来越少，退休人口占总人口比重会不断增加，依靠下一代赡养上一代的困难越来越大，依靠自身积蓄作为养老金也面临挑战。CEA（2007）称，欧洲人均生活费用 1993 年为 400 欧元左右，到 2004 年已经上升到了 900 欧元。为了避免晚年陷入财务困境，购买养老保险需求逐渐增加，人寿保险产品已经成为一种长期储蓄手段。

非寿险业务，一般是指财产保险和意外伤害保险等，保险赔付金额多少取决于承保事件自然概率和出险损失程度。单个非寿险投保人付出保费和保险赔偿金可能完全不对称，不过如果将所有投保人保单总体计算，保费与保险赔偿金之间仍然大致上现值接近。非寿险业务保费几乎没有储蓄性。寿险业务原本是与储蓄存在明显差异的。一般认为，保险公司被认为有三种作用。第一，保险公司可以为风险厌恶者将面临的风险转移给更愿意承担这种风险的企业，从而激励公司和个人开展原本他们不想启动的项目或者从事的活动；第二，保险公司遵循大数定律，将相关风险集中然后分散出去；第三，通过收取投保人合理保费，可以降低其面临的风险水平。寿险最初主要是为了提供过早死亡风险保障，购买寿险的保费价格主要由被保险人的年龄决定，索赔只有到被保险人死亡时才发生。不过，随着人寿保险公司与银行业务越来越同化，这种状况已经发生了很大的变化。现在，包括中国保险市场上，新型寿险产品几乎都具有显著的投资特征，产品设计和宣传突出回报率和流动性优势。

按照监管要求，保险公司持有的流动性较差资产比重很低，很少面临流动性风险。非寿险和寿险公司在保持流动性方面有所区分。非寿险公司承保险种一般是短期的，风险是否发生取决于自然风险和意外事故，索赔发生时间和数量具有很强的不确定性，所以对保持流动性的要求更高，资产主要是股票和债券。寿险公司经营的风险主要依赖于生命表，而人的寿命相对稳定，且保险合同通常是长期的，寿险公司资产配置的需要考虑平滑利率风险，所以更倾向于配置长期资产，比如房地产、私募股权和长期债券。

与银行储户相比，保险单持有人无法要求保险公司随时提取现金，解约通常要支付一定费用，从索赔到得到赔偿金程序也比银行提款周期长。不过，随着保险创新产品不断推出，保险产品体现了越来越多银行储蓄的特征。最初是带有储蓄功能的保险产品出现，使保险公司站在了与其他储蓄产品以及金融市场收益竞争的舞台上。投资连结保险进一步扩大了保险持有人投资风险，从风险性质上更接近相互基金或者资产管理产品。这种风险较高的保险产品经历过一个惊人的增长速度，从1997年占总保费21%飙升至2001年的36%。最初投连险只有投资风险，随着竞争加剧，投连险引入了越来越多吸引投保人的条款，比如最低累计收益保证、最低死亡收益保证、保证收益率、退保选择权等。这些条款大大增加了保险公司经营风险，提高了经营成本。尤其是退保选择权，允许投保人在利率或其他经济情况发生较大变化时撤出资金，甚至不需要支付任何退保费，保单持有人退保更加容易，且成本极低或为零，保险合同期限弹性变大，实际有效期可能变得很短，保险产品更加接近于银行业务性质，让保险公司面临比经营传统保险产品更多的流动性风险，保险公司需要比以往有更充足的现金准备。2001年，因为全球股票市场下跌，销售预期高利率回报投连险的保险公司既要对到期产品履约支付，又有大量退保解约申请，遭受到了巨大的财务压力，形势严峻，颇似银行挤兑，甚至导致保险公司破产或被兼并。例如，法国Europavie寿险公司因经营许诺高利率回报的投连险陷入财务困境，被1994年成立的Thinet集团公司收购。中国保险业1997年左右大量开展投连险业务，同样在2001年金融市场巨震中坠入寒冰，此后投连险业务锐减。

尽管遭遇了挫折，在市场竞争加剧和金融创新层出不穷的背景下，保险公司已经无法仅仅从事传统型保险业务了，理财型产品在保险产品中的比重仍然有增无减。为了能够实现保险合同许诺的投资回报率，保险公司需要持有高回报、流动性较差资产的比重必然增加，比如房地产、私募股权、股票、长期债券等。一旦遭遇财务危机，这些资产即使能够变现，也要遭受比较大的损失。

在这种情况下，保险公司面临的流动性风险已经越来越大，保险监管机构不仅要关注保险公司风险准备金情况，也要重视流动性风险对保险公司的影响。

（三）风险传递、系统性风险与保险混业风险

系统性风险是指经济总体下滑的风险或可能性。对于银行系统性风险的研究比较多，认为银行业危机会对实体经济造成严重损害。相对而言，对于保险业系统性风险的研究文献少得多。

作为金融中介，保险公司需要参与资产配置活动。保险费收取到保险金赔付之间存在资金的数额和时间差，保险公司将在保险监管规则下通过金融市场进行投资活动。保险公司在金融市场上所占的投资比重不断增加，尤其是最近几年，保险公司越来越明显成为金融市场上主要参与者，甚至已经成为证券交易中最大的机构投资者。寿险产品，尤其是投资连结保险，将保险公司财务绩效与金融市场波动密切联系在一起。赋予寿险产品投资品特征的市场需求与日俱增，随之而来是保险公司面临的风险不再仅仅是技术风险，还有越来越多的市场风险。金融衍生产品等金融创新改变了原有投资组合选择，金融企业财务复杂性极大提高，原本泾渭分明的产品分类也相对模糊。保险公司经营具有理财功能的创新寿险产品利润更高，也促使其积极推动创新产品研发和营销，与此同时风险管理技术当然变得更加复杂。理财型保险产品吸引客户主要买点是其回报率，为了保证投保人投资收益率能够实现，承保的保险公司必须投资于投资收益率更高的金融产品，创造更高的边际利润。与传统型保险产品相比，这些保险创新产品显然更容易受到金融市场波动的影响。

曼德豪德（Minderhoud，2003）认为，相对银行业而言，保险公司业务模式更为单一，参与市场业务受到限制更多，因此保险公司之间经营项目和投资方向更容易"扎堆"。寿险公司更是非常近似，一家保险

公司出现问题，很可能意味着其他保险公司也一样。寿险公司经营大量带有理财功能的创新产品，与证券市场连接紧密，同时具体经营情况相当不透明，很难衡量和评估这些公司运行的总体风险水平。保罗契克和米勒（Polonchek and Miller, 1999）对 20 世纪 90 年代前后保险业风险传导影响进行了衡量和评价。在当时，寿险公司持有的所谓优质资产出现了恶化，其中两家大型寿险公司出现了资产减记，引发市场对于所有保险公司资产组合价值进行重新评估（Fenn and Cole, 1994）。因为保险业务与金融市场密切相关，跨金融行业金融传导也越来越容易。比如利率上升，或者股票价格快速下跌，尤其是发生金融危机，对保险公司形成的冲击在所难免。

由银行向保险公司传导的风险在增加。2001 年，银行购买了全球信贷衍生品的 47%，而与此同时，保险公司和再保险公司卖出了全球信贷衍生品的 33%。这些衍生品的主要作用之一是把银行面临的风险转移给保险公司，保险公司因此承担了银行业务原来面临的信贷风险，也最终将承担因为信贷合同违约造成主要损失。在 2001 年时，信贷风险与保险公司资产相对还比较小，随着信贷衍生产品的扩张和发展，风险逐渐增加和积累，在 2005 年已经开始有保险公司因此遭受损失，到 2008 年风险集中爆发。

（四）金融保险集团与监管难题

金融集团复杂性带来系统稳定性下降和道德风险提高问题。金融集团主导金融体系可能会引发严重的所在国家金融系统性稳定问题。广泛多元化业务活动带来的内部协调和风险管理难度总体上升，即使谨慎经营，金融集团稳定性也比单一业务金融机构容易受到质疑。同时，金融集团容易陷入道德风险困境中。扩大经营范围，企业规模扩张，会形成"大而不能倒"假定，从而过度承担风险。产生道德风险的另一种方式，是当金融集团过度承担的风险转嫁到集团内银行部门时，银行风险过大的压力最终会甩手给存款保险机构和中央银行。

金融混业集团还带来风险传导风险。在分业经营情况下，每个金融领域的公司主要关注与自身业务相关的特定风险，监管机构也专注于防止此类风险造成金融机构经营失败或对金融系统产生冲击。然而，在金融集团产生后，某种特定事件发生可能会影响不同的金融业务领域。金融集团中一个业务领域风险集中造成的影响会自动扩散到集团旗下其他业务领域中。比如发生了巨灾，保险部门当然会因为需要赔付保险金而遭受财务压力，但是同时银行部门也会因贷款客户受灾破产丧失还款能力受到影响。不同金融部门之间相互影响也可能是货币市场或资本市场原因，比如证券市场价格下行，银行客户偿付能力可能随之恶化。

这种风险传导可能是通过集团内部交易发生的，也可能是由于声誉效应造成的。通过建立金融集团跨业务领域经营的目的是多样的，核心目标是取得更好的经营绩效，不过复杂的组织结构和巨量的集团内部交易会产生金融风险传导，集团中某个业务领域部门出现财务问题，因为没有分业经营那样的防火墙，很容易传导给运行良好的其他业务领域部门。

金融集团风险传导风险意味着，单一业务部门没有财务问题，并不意味着该部门就不存在风险，这给监管带来了较大挑战。因为这意味着，原来分业经营、分业监管模式需要进行相应调整，监管指标、监管流程和监管处置都要做出改变。

金融集团内部交易会产生监管套利。在保险监管薄弱情况下，金融集团可能会将旗下银行损失转移给保险公司，或者将银行交易中高风险部分转移给保险公司，从而减少原本应该提高的准备金。因此，如果对银行和保险监管严格程度存在差异，那么监管套利必然存在。避免监管套利，已经成为金融集团监管的一个重要课题。

建立金融集团最重要的动机包括通过内部交易降低运营成本、从风险管理中获益以及提高资产负债配置效率。这些内部交易包括交叉持股，在集团内部进行交易，集团内进行短期流动性集中管理，集团内进行贷款、担保或保证，通过再保险转移风险等。金融集团内部交易可以让原本受到监管的部门业务转移到不受监管的部门，或者本应受到监管的交易内部化，因此产生监管空白。在这样的情况下，监管部门不得不持续关注金融集团内部交易，确保这些交易没有损害客户利益或者集团内成员的利益。比如，集团内部交易转移受监管成员收入，以达到避免审慎监管目的。以资本充足率为监管目标的体系下，金融集团普遍存在双倍或多倍杠杆率问题。通过财务处理，集团内两个或两个以上的成员可以用同样资本金作为风险资本准备。类似问题还可能是通过集团总公司以增加信贷方式获取资金，分配给成员公司作为资本金使用，或者集团公司将成员公司次级资本金转换为初级资本金，同样会形成高杠杆率。一旦未预期风险发生（如"黑天鹅"事件），用于吸收损失的资本金可能会明显不足，融资也会发生困难。监管当局核心目标之一应该是防止这种行为发生。

二、次贷危机中混业经营风险的暴露：以 AIG 为例

AIG 是典型的国际保险混业集团，业务遍布 130 多个国家和地区，从原来的保险业务扩展为四类主要业务。第一类是普通保险（general insurance），包括财产和意外保险、工商业保险等；第二类是财产保险和退休计划，包括个人和团体保险、年金保险等；第三类是资产管理，包括私人银行业务、经纪业务和投资咨询服务；第四类是金融服务业务，包括资本市场业务、消费金融和航空器租赁。

AIG 作为全球市值最大的保险公司，赢得的市场信赖绝不是偶然的，几代领导者敏锐的市场嗅觉、勇于开拓的精神以及稳健经营的企业文化，为 AIG 赢得了非常高的社会评价和良好的社会形象。而且，仅从 AIG 经营业务范围上看，很难看出 AIG 会因房地产价格下降和次贷违约率上升面临巨大风险。因此，当 2008 年金融海啸中 AIG 宣布公司遭受巨大损失时，举世震惊。以 AIG 为例分析混业经营风险暴露问题对日益开拓进取、大踏步进行混业经营、集团化发展的我国保险业有重要启示。

（一）AIG 发展历程与财务危机

AIG 是一家悠久历史的公司，而且与中国颇有渊源。其前身可以追

溯到 1919 年，当时集团创始人斯塔尔（Cornelius Vander Starr）[①] 在中国创立美亚保险代理公司，后在此基础上成立了此后对中国保险业产生深远影响的友邦人寿保险，并用仅仅 10 年左右时间将公司业务扩展到全中国及东南亚，直到日本侵华战争爆发，才将公司总部从中国上海迁往当时作为分部的美国纽约，之后又扩展业务到拉丁美洲。斯塔尔后来让格林伯格作为接班人，执掌公司发展全局。在格林伯格带领下，斯塔尔开创的企业和业务得到了全面发展，将曾经一家小小的保险代理公司，打造成为全球瞩目的大型跨国混业集团。

　　根据美国证券交易委员要求，上市公司每年必须提交 10K 报告（年度财务报告），通过 2006～2009 年 AIG 公司的财务报告，我们可以总体了解一下 AIG 在次贷危机期间的财务情况。2007 年，10K 报告显示 AIG 总资产规模高达 1.06 万亿美元，同时金融服务业务收入出现损失。到 2008 年，这种亏损趋势扩展到 AIG 全部业务板块中，其中损失最严重的是金融服务部门和寿险部门。这两个部门的损失均与投资与房地产相关的金融产品密切相关。寿险部门的损失主要是因为证券借贷业务。AIG 的寿险公司通过证券借贷业务，以资产交换现金，投资于抵押贷款关联债券，该业务导致了 2100 万美元损失。金融服务业务上，AIG 签发了大量 CDS 为抵押贷款关联债券担保，因此 2008 年损失了 2860 万美元（见表 4-3）。

表 4-3　　　　　　　AIG 主要财务指标一览（2006～2009 年）　　　单位：百万美元

财务指标	2006 年	2007 年	2008 年	2009 年
总收入	113.39	110.06	11.10	96.00
总收益	14.05	6.20	-99.29	-12.31
已实现资本利得	0.11	-3.59	-55.48	-6.86
未实现 CDS 损失（AIGFP）	0	-11.47	-28.60	1.42

[①]　中国早期译名为"史带"，后也有译为"施德"，现在更加广泛使用的译名是"斯塔尔"。

续表

财务指标	2006 年	2007 年	2008 年	2009 年
营业收入				
普通保险	10.41	10.53	-5.75	0.17
寿险和退休服务	10.12	8.19	-37.45	2.04
金融服务	0.38	-9.52	-40.82	0.52
资产管理	1.54	1.16	-9.19	—
总资产				
普通保险	167.00	181.71	165.95	154.73
寿险和退休服务	550.96	613.16	489.65	553.49
金融服务	202.49	193.98	167.06	132.82
资产管理	78.28	77.27	46.85	—

资料来源：AIG 的 10K 财务报告（2008 年、2009 年）。

（二）AIG 混业经营风险形成原因分析

从以上情况看，AIG 财务危机并不是由保险业务引起的，风险主要出现在其金融衍生品业务上，并冲击了公司的保险业务。那么，AIG 混业经营问题在哪里？是混业经营本身有问题，还是混业经营中某些环节被忽视造成了危机呢？从事后大量证据和分析看，集团公司治理结构出现风险管理疏忽、过度信赖风险评估模型和信用评级机构、滥用自身最高等级信用评级、竞争激烈的市场环境下对高利润增长的过度狂热和监管机构失职等多种因素均是导致 AIG 集团混业经营中金融服务和资产管理板块出现巨额亏损的几个主要原因。

1. 集团扩展过度，破坏原有良好公司治理结构

混业经营是 AIG 成长壮大的重要原因。在具有传奇色彩的首席执行官格林伯格带领下，AIG 公司一路披荆斩棘，不断开拓新领域，勇于承担风险，从原来不太知名的小公司发展成为世界范围内最大的保险公司。AIG 发展历程中，几乎一直伴随着开发新产品和合并其他企业。AIG 旗下有 300 多家分公司，遍布 130 多个国家。其组织结构之复杂，

让人叹为观止。在相当长时期内,脾气暴躁但经验丰富的格林伯格掌管着 AIG 大船,对所有分公司有惊人的掌控力,公司激励机制成熟并完善。AIG 公司的最大股东是斯塔尔国际公司,格林伯格是其最大股东,而公司所有董事几乎都是 AIG 高管。换句话说,只要齐心协力,随着 AIG 不断发展和股价提升,斯塔尔国际公司几乎就是格林伯尔和他的高管团队的"奖金提款机"或者"退休养老奖励"①。可以说,AIG 原有框架下,公司可以说完全在最高管理者掌控中。然而,当 AIG 经营范围逐渐扩展,开始出现公司治理的空白区域。这个空白区域主要是 AIG 的金融产品公司(Financial Product),AIG 内部一般称为 FP。

金融产品公司负责 AIG 的金融衍生品业务。AIG 集团尽管善于把握机会,开疆拓土,不过进入金融衍生品业务比较晚。因为 AIG 集团以保险业务起家,具有保险公司通常的谨慎与保守。AIG 集团在保险业务领域具有高超的经营水平,能够创造和推出其他保险公司很难开展的保险产品,并且资产负债表业绩骄人,利润增长速度远远超过其同行,并且能够保持持续增长。不过,在金融衍生品市场快速发展的大背景下,经营金融衍生品的丰厚利润让处于激烈竞争中的保险公司很难免疫。AIG 最初只是出于满足公司股东和客户需求,以试探和了解金融衍生品市场为目的,以合作关系模式,建立了金融产品公司。金融产品公司的最初负责人是原德崇证券的索森②。

对于 AIG 当时的掌门人格林伯格来说,需要金融衍生品交易带来的可观收益,不过对于这个领域实际上他是相对陌生的。虽然他指派了其副手马修斯作为索森的主管,但是索森要求完完全全独立。最终索森与 AIG 以合资公司方式进行了合作,AIG 占金融产品公司全部股份的

---

① 因为 AIG 规定,高管需要到 65 岁才能拿奖金,如果 65 岁之前离开公司,奖金就泡汤了。

② 索森是典型的华尔街金融家,博士毕业于斯坦福大学,曾在哥伦比亚大学任教,还在贝尔实验室工作过,是一位地地道道的数量化专家。因为厌弃在原公司负责垃圾债券,他带领自己的团队,寻求需要开展金融衍生品交易的大型集团公司,依靠其高信用等级,建立自己的公司,开展金融衍生品业务。

80%，索森占其中的 20%，对于金融产品公司创造的利润，索森及其团队可以获得其中 38%，并且索森完全可以自由支配使用这部分"奖励性薪酬"。这种制度安排，完全不同于以往 AIG 对于其他子公司强力控制模式，为今后的冲突和风险埋下了隐患①。

2. 创新衍生产品提供银行风险向保险业转移通道

客观而言，AIG 进入金融衍生品市场，特别是信贷违约掉期市场，的确与当时的市场环境密不可分，甚至可以说是银行系统风险和金融市场风险转嫁需求形成的。AIG 最初并不想进行信用违约掉期交易，引导其入门的是摩根大通银行。因为 1997 年亚洲金融危机期间，摩根大通银行遭受了巨额损失之后，非常重视信用违约掉期转移信贷风险的作用。银行监管者也非常感兴趣，希望通过这种工具可以把银行风险转移给其他机构，甚至对于使用这种工具的银行，允许其减少准备金。在当时并没有建立起规模化的交易市场，原因可能是多样的，至少很难得到较高信贷风险评级是一个。不过，后来情况出现了变化，出现了组合证券分档处理，其中一部分分离出来，称为"最高等级债券"，意味着这种产品非常安全，风险极低。第一批产品被称为"小酒馆"证券（后来正式定名为"债务抵押债券"），一经推出，迅速被疯狂抢购。可是监管机构认为只要有违约风险，哪怕最高等级债券风险很低，摩根大通也不能享有准备金减免政策，除非能够想办法将违约风险全部转移走。而摩根大通想到的办法就是通过 CDS 把风险转移给 AIG。AIG 金融产品公司特殊性在于，它是在保险集团内部运行的衍生品交易者，并不受准

①　索森和他的团队这种做法不能说没有客观原因。虽然 AIG 集团声名显赫，不过金融产品公司所经营的金融衍生品领域里，是要直面高盛和摩根大通银行这样量级竞争对手的。因此创新取胜可能是生存发展的必要手段。而且金融衍生品具有非常强的复制性，一旦开发出来，不需几年，只要确实能带给客户利益，高盛和摩根大通银行就会迎头赶上，从而需要新一轮创新竞赛。不过，主要问题是 AIG 集团的管理体系和此前签订的合同，使得金融产品公司处于风险管理的真空地带，金融产品公司经营的业务甚至其风险模型，AIG 集团几乎都无权也没有能力插手和过问。无论是想暂停某项业务或者开展某项新业务，即使格林伯格直接过问，索森也可以拒绝。这样自然会产生摩擦和矛盾，虽然处于利润考量（金融产品公司成立第四年利润已经高达 1.05 亿美元），索森第一次想要离开 AIG 被格林伯格说服留下，但是最终还是分道扬镳。金融产品公司在 1988～1992 年累计收益超过了 10 亿美元。

备金政策约束。金融产品公司与摩根大通本来就是长期业务合作伙伴，其母公司 AIG 的 AAA 信用评级让它发售的 CDS 深受信赖。虽然理论上风险与收益相伴相生，但是当时无论是摩根大通还是 AIG 金融产品公司，没有人认为最高等级债券存在风险。摩根大通只是为了降低准备金（按当时监管规定，可以降低 80% 准备金），而金融产品公司认为这几乎是白得的钱。金融产品公司总体运作谨慎稳健，主要的盲点就是 CDS。金融产品公司因经营 CDS 获得巨额利润，可是随着其他竞争者进入，在原有市场上金融产品公司优势减少，利润下降。为了能够重新获得优势地位，金融产品公司开始寻找新的方法利用信贷衍生品赚钱。到 2007 年债务抵押债券的核心内容已经从公司债券转为抵押贷款。抵押贷款比公司债券违约出现系统性风险的可能性高很多，可是 AIG 金融产品公司似乎并有意识到（也可能是故意忽视）这种区别，仍然保持过于乐观的态度。

3. 过度依赖和滥用高等级信用评级，承担过高金融风险

一般情况下，一旦发生海啸、地震、洪水等巨灾或陷入大型法律诉讼，几乎所有保险公司都难免会影响收入，但是 AIG 似乎从来不会，收益一直向上增长。其中主要原因与其多元化产品组合有关，包括其形式多样的贷款服务部门（占集团全部利润来源的 25%）。金融服务公司在索森带领下，依靠 AIG 的 AAA 信用（当时这种最高信用等级公司非常少，大概只有 12 家左右），通过承担更高的风险，成立 6 个月即创造了 6000 万美元利润，令人瞠目结舌。而这种利润的背后，是金融产品公司几乎专门做 30 年期限的掉期产品。一般情况下，经营金融衍生品业务的公司不会做如此长期限的交易，因为这意味着需要承担未来动态环境变化的不确定性。在 AIG 经营业绩良好，且交易对方产品价格或者利润保持上升期间，通过这种业务交易，可以收取很高的手续费。而实际上，AIG 有可能很早就开始为了高收益承担了过高的金融风险，只不过一直处于风险潜伏和积累中，暂时没有暴露而已。比如，索森带着 2 亿美元奖励性薪酬离开时，AIG 并没有意识到，此前金融产品公司开展的业务中有大量是长达 30 年的合同，这些合同后来给 AIG 造成了巨大的

财务损失。

另外一个潜伏的问题早就存在，即实际上金融产品公司是依赖 AIG 集团信用获得市场 AAA 评级的，而实际其母公司是保险公司，对准备金要求有严格限制，并不能在金融产品公司出现流动性问题时随意支配资本，所以母公司很难成为金融产品公司的靠山，本质上它应该被视为一家独立运行的衍生品交易公司。如果是这样，本来它是不应该被评为最高信用等级的。可是，金融产品公司仰赖和盲信 AAA 资金评级的作用，从来没有想过需要为自己销售的 CDS 进行风险对冲。因为金融产品公司认为，把 AAA 级别母公司都难以处理的财务风险转移给还不如母公司的其他机构，是难以理解的事情。在这种盲目自信情况下，金融产品公司合同中敢于记载三个交付抵押品的触发条件。如果条件满足，交易对方可以要求 AIG 提供现金（抵押品）应对可能发生的违约。第一个触发条件是 AIG 信贷评级下降到 A 级。第二个触发条件是最高等级证券被降低评级。第三个触发条件是 AIG 担保的证券市值下降，即使这些债券也许仍然保留着 AAA 资信评级。这些触发条件可谓严格，金融产品公司因此获得巨大的营销优势，对投资者来说是提供了安全保障，对 AIG 来说则是被置于危险之中。因为 AIG 陆续暴露出的问题受到质疑，董事会决定让长期执掌 AIG 的格林伯格离开，之后评级机构马上将 AIG 评级降至 AA 级，2005 年受此影响金融产品公司必须按约定解约依靠 AAA 资信评级的数十亿美元的复杂交易。

4. 公司的风险管理理念发生了变化，高管层追逐高风险高收益交易

实际上，AIG 对金融产品公司开展业务最初还是比较警惕的。1993 年，金融产品公司在一个掉期交易上损失了 1 亿美元，索森受追责，最终离开 AIG。AIG 为金融产品公司挑选了新的首席执行官，金融产品公司从 1994 年不再是合资企业，开始成为美国国际集团的一个成熟部门。当时 AIG 的掌门人格林伯格对新任首席执行官萨维奇明确警告，金融产品公司的业务不得威胁到 AIG 的 AAA 信用评级。

不过，长期执掌 AIG 获得世人崇高赞誉的格林伯格逐渐发生思想转变，认为 AIG 的资产负债表上数额巨大而且获得了很高的信贷等级，

AIG可以承担那些其他公司无力承担的风险。这种做法导致了很多后果，其一便是大量AIG子公司对次贷进行投资。当然，金融产品公司同时在为最高等级债务抵押债券分档证券提供担保。但是，AIG也是发放次贷的抵押贷款公司。而且，它同时还拥有向次贷投资的证券借贷项目。华尔街上所有的公司都找AIG为自己公司的最高等级证券购买信用违约掉期。2004年这部分业务量为500亿美元，而到2005年末时飞涨至1100亿美元。虽然公司内部早有提出反对金融衍生品快速扩张的声音，至少警惕风险，但是并未得到重视。而且，如前所述，很多设有证券借贷项目的公司会将现金投入低收益、短期的商业票据。但是，AIG相当一部分资金投入基本不能兑现的债务抵押债券分档证券中。到2007年，美国国际集团中来自证券借贷项目的780亿美元被绑定在了抵押贷款支持证券上。

5. 过度信赖风险模型，忽视基本金融规律和长尾风险

尽管金融产品公司的高管们行事谨慎，他们根据公司内部的风险管理模型确实做出了看似保守的投资策略，然而问题是他们没有意识到风险模型本身和他们的判断方式是存在问题的。按照公司内部风险模型，金融产品公司进行的信贷违约掉期交易几乎不存在任何风险，因为模型显示99.85%情况下，公司根本不用进行任何偿付。这意味着，金融产品公司可以放心大胆地赚取高额利润。然而，首先这种轻率的判断违反了金融原理中风险与收益相伴的基本定律；其次是内部风险模型基于历史数据和静态判断，也没有考虑产品销售会反过来影响投资者行为（鼓励更多财力不足的人购置房地产）。更为重要的是，模型并没有否认存在小概率违约风险，而长尾模型中这意味着一旦发生风险，损失是不可估量的。

第三节　金融保险集团监管的国际经验借鉴

金融机构规模和业务类型的持续扩张，形成了许多大型金融集团，

其中包括资产规模巨大、分支机构众多、业务种类复杂的庞大保险混业集团。如上所述，保险集团的出现给保险监管带来诸多难题，金融风险传染渠道更加复杂隐蔽，对金融体系稳定性形成威胁。对此，世界主要发达国家均比较重视，对原有监管体系进行了相应改革。由于大型金融保险集团往往进行多元化和跨国经营，单纯依赖单一专业监管机构或单一国家及地区进行监管往往存在监管空白、监管套利等问题，因此国际合作非常具有必要性。

一、金融保险集团监管国际比较：美国、欧盟和澳大利亚

世界各国政治经济制度存在差异，金融体系各有千秋，对于保险业和金融混业、金融集团采取的监管原则、监管制度和监管措施等方面均有所差异。我们以美国、欧盟和澳大利亚金融保险集团监管情况进行比较，以期获得有益借鉴。

（一）美国保险监管与金融混业监管

美国的保险监管与大多数联邦国家情况不同，美国没有联邦保险监管机构，保险监管由各州负责。该原则根据美国最高法院 1869 年一项裁定建立，认为保险并非州际交易行为，因此联邦政府无权管辖。50 个州、哥伦比亚特区以及 5 个美国领地保险监管部门由经任命或选举的 1 位专员负责，总共有 56 名专员。这些专员组成美国全国保险专员协会（NAIC），负责保险监管州际协调工作。

在当前保险发展环境下，美国这种以州为监管主体的保险监管体系显然需要有所变化。首先，对于美国的全国性保险公司而言，当前监管体系过于复杂且成本高昂，因为这些公司开展每一项经营业务，必须向每一个州申请经营许可；其次，在保险业务日益国际化的当今世界，国际保险监管协调日益重要，而美国没有能够代表全国保险监管的专门机构，对于协调国际监管事务存在困难；再有，欧盟提出的偿付能力指令Ⅱ协议中承认国外公司监管制度的前提是"偿付能力制度相当"，如果

美国保险公司在欧盟开展业务，必须也满足以上要求，但是美国没有欧盟认可的作为国家保险监督的机构，也就无法证明美国保险公司实现了"偿付能力制度相当"，因此美国的保险公司和再保险公司将会在欧洲缺乏竞争力。为了应对这个问题，美国国会已经立法，以建立一个具有有限优先监管权的联邦保险局。该机构作为美国参与国际保险监管协调的主体，可以与其他国家达成国际保险监督协议，如果其中内容与各州法规存在差异，联邦保险局达成的国际协议具有优先地位。这表明，美国在保险监督体系方面，已经向更为一体化迈出了重要一步。

　　关于金融混业监管方面，美国众议院批准的格拉斯—斯蒂尔法案恐怕是被引用最多的限制金融混业法律规定。众所周知，该法案提出的背景是大萧条时期大量银行倒闭。该法案将商业银行、投资银行、保险等功能严格分离，确立了分业经营、分业监管的格局。除此之外，该法案还限制金融机构经营的区域范围。然而，金融创新和满足客户需求是金融机构的内生动力，尽管形式上仍然遵守法案要求，金融机构从来没有停止扩张业务范围的努力，通过各种途径提供银行、投资和保险服务。到了 20 世纪 80 年代，银行已经开始建立起可以承销和交易证券的分支机构，也允许销售保险产品（当时仍有限制，只能面向所在社区且不超过 5000 位居民）。1998 年，花旗银行和旅行者集团合并，建立起集投资银行和保险业务于一身的大型混业金融集团，得到监管当局批准，成为一次分业监管松动的标志性事件。最后，经过长期有效的游说活动，不仅证券经纪商和保险公司，甚至非银行金融机构都被允许进入其他金融领域。实践领域发生的变化与现行法规之间存在矛盾不可能持久。1999 年，格雷姆—里奇—比利雷法案（Gramm – Leach – Bliley Act）出台，以正式法律形式允许原来严格分离的保险业务、资产管理业务、证券承销业务和商业银行业务等可以在一个组织体系内进行。不过，该法案严格限制组织体系的组织形式，即金融控股公司（financial holding company，FHC），而且该公司必须经美联储登记授权。对于金融控股公司资本量、风险管理和信贷利率等具有一定要求或规定，对于金融控股公司下属各分支同样有以上各项具体要求。法案特别重视在金融控股公司情况下避免其他分支机构风险向银行部分转移，严格限制银行部门和控股公司内其他分支机构之间的交易。考虑到混业活动问题，银行业金融分支业务受到更为严格限制，不仅不能从事保险业务和投资银行业务，还限制进行保险组合投资、房地产投资等业务。金融控股公司各分部之间进行的内部交易同样受到严格限制，通过银行部门开展金融业务的数量受控制，所有分支机构合并资本负债表资产总量不得超过母公司总资本的45%或500亿美元。应该说，尽管该法案改变了严格分业经营管制传统，但是对于金融混业可能产生问题的警惕性还是很高的。不过可以看出，该法案将重心仍然主要放在防范其他金融行业风险可能向银行业传递方面上。对于金融机构监管的安排上，美国实行了功能性监管模式。实际上，在对专业金融机构监管方面，监管机构仍然保持了分业监管格局，美联储、证券交易委员会、商品期货交易委员会和州保险监管局各司其职。不过，金融控股公司实施了由美联储主导的伞形监管模式。金融控股公司总体运行情况由美联储监管，同时其下属各分支机构视金融业务范围分别由对应具体监管机构监管。

（二）欧盟金融监管框架与金融集团监管

欧盟各国金融监管由成员国各国具体实施，共同遵循审慎监管原则。欧盟金融稳定的基础是监管规则的统一和相互认同。金融监管框架中包括义务性规则，由欧盟金融财政理事会确认和接受。欧盟金融财政理事会由欧盟各国金融部长组成，确保欧盟金融监管规则能够适用本国情况和有效执行是其重要职责。欧盟各国政府可以根据本国法律留有一定自由调节空间，采用相对有差异的监管模式。监管框架和监管安排多样化是为了服务于监管实践多样性。不过，这种监管模式的区别，可能会提供监管套利机会。为了尽可能减少监管套利空间，国家之间双边监管协定是非常重要的，通过规范条款和协调国内监管法规，实现监管规则统一。不过，目前为止监管协定主要仍然侧重于银行业机构国际监管规则协调统一，保险业机构监管协调工作相对仍然有较大差距。

为了便于欧盟各成员国监管当局之间合作和信息交流，各成员国之间和各成员国央行之间的几个论坛已经建立。银行业监管委员会是为了支持欧盟中央银行体系建立的，是银行业监管规则讨论和制定的专业机构，主要是为了保证银行体系稳定性，解决清算系统问题和流动性危机。显而易见，这个组织也对国际贸易信息交流和合作有帮助。证券监管协调工作由欧洲证券委员会和欧洲证券监管委员会进行。欧盟成员国组成的保险监管局会议框架下进行保险监管信息交流。

20 世纪开始，与全球化趋势并行出现的是金融混业趋势。18 世纪末大多数行业出现了行业集中度提高和大规模并购，不可避免地对金融行业产生了影响。与 18 世纪和 19 世纪初不同的是，19 世纪金融行业主要不是同类行业的收购与兼并，更主要的是涌现了横跨多个业务领域的全能银行和金融集团。

不同金融部门可能是通过经营业务类型或者监管部门区分的。两种方式并不必然相同。比如，一般来说证券市场通常被单独划分为一类，这其中可以参与的机构包括投资公司、全能银行、机构投资者等。从监管金融混业集团来说，还是要从机构主要经营的业务区分金融部门更符合欧盟监管指引需要。这样，根据欧盟监管指引 2000/12/EC，银行业被定义为以吸收存款、发放贷款为基础的金融机构，而保险机构被定义为从事保险业务活动的机构，其中寿险遵从欧盟监管指引 79/267/EEC，非寿险则要遵守欧盟监管指引 73/239/EEC 和 92/49/EEC。某一个金融机构，按照监管指引的定义可以同时属于不止一种金融业态。

欧盟金融集团监管规则可以分为三类。第一类是按专业监管要求对于金融集团各业务分部进行监管；第二类是同业金融集团进行审慎监管的要求；第三类是专门对于混业金融集团的监管体系和监管方法。前两类与以往分业监管并无本质区别，而第三类是与以往监管有明显区别的。

以欧盟原有对于同业金融集团监管体系直接用于混业金融集团监管，会存在一个明显监管不足的地方，即对于信贷金融机构和投资公司旗下保险业务有监管真空。有保险业务在内的混业金融集团在这样体系下会出现监管套利可能，将其他金融业务风险转移到保险业务中，隐藏原本应该披露和被监管的内容。为了解决这个问题，2002 年，欧盟专门召开会议，发布了一个专门针对混业金融集团监管的补充监管指令。这个新指令并没有替代原有的金融分业监管规则，主要是针对混业金融集团与其他金融组织形式的特有情况进行补充，填补原有监管法规监管真空，剔除原有分业监管法规在监管混业金融集团时相互重叠尤其是冲突部分，建立统一规范的指引。这样，在新指令出台的同时，原有分业监管法规相应部分同样做了修订和完善。考虑到混业金融集团快速发展变化，组织形式不断演变，地域持续扩张，法律规范很难完全适应。因此，欧盟监管指引提出应由专业监管委员会根据金融市场发展情况对混业金融集团的定义进行及时解读，确保始终合理有效，对于资本充足率要求和所需监管技术及监管程序保持始终统一。该委员会设立在欧盟金融集团委员会，由所有成员国推选产生。

欧盟保险监管一直在不断演变和改进。1973 年，欧洲首次引入了偿付能力监管，当时是非寿险指令。紧跟着，1979 年发布了寿险指令。1994 年，整个欧盟地区废除了费率和险种监控，取而代之的是偿付能力监控制度[①]。这种监控措施基于简单计算，重点是监控保险公司资产负债表上承保风险。2009 年 5 月，偿付能力Ⅱ（简称"偿二代"）框架指令被采纳，并于 2012 年底开始实施，替代原来偿付能力Ⅰ框架（简称"偿一代"）。

（三）澳大利亚金融混业集团监管

相对于美国和欧盟，澳大利亚对金融集团监管更为容易，因为澳大利亚是单一市场，没有美国联邦与各州管辖权之争，更不存在欧盟各成员国之间协调问题。1999 年 3 月，澳大利亚审慎监管局（Prudential Regulation Authority，APRA）以出版宣传手册形式首次阐述了监管金融混业集团的原则，此后陆续又出版了阐释更加细致的出版物。监管当局

---

① 瑞士再保险股份有限公司经济研究与咨询部：《保险业监管问题》，载《sigma》2010 年第 3 期。

实施监管的目标是寻求实施监管过程中成本和收益的平衡。关于金融混业集团资本管理和风险暴露情况的手册 2001 年出版，经过与相关机构磋商，2002 年指导原则专项审慎监管标准，并逐步实现与新巴塞尔协议实现对接。对金融混业集团监管的基础是，要么这个金融混业集团是信贷机构管理，要么作为控股集团，控股公司包括信贷机构。金融混业集团旗下包括可以从事金融活动的成员，也有从事非金融活动的成员，按照业务范围前者可能要接受 APRA 监管，后者就不受 APRA 监管。不过，集团成员从事的业务活动必须清晰、透明并进行良好披露。监管当局有权限定集团控股公司经营业务范围、可以采用的所有权结构、集团管理机构设立标准以及其中信贷部门成立条件等。制定这些标准的目的是确保利益体系透明度，避免利益冲突。

监管指导原则侧重信贷机构个体风险和集团风险披露，以及所有信息披露清晰明确和易于理解。金融混业集团组织机构和运营范围应该做到对于监管当局预测风险是足够透明的，混业集团的 CEO 必须每年向 APRA 提交关于该集团适度风险披露和风险管理政策与实际的公开声明。此外，集团中的信贷机构必须满足所要求的流动性和建立相关稳定基金，该机构无论与外部还是内部成员交易必须满足严苛标准要求。有专门条款要求交叉销售必须明确说明真实交易对手的情况。

APRA 将保险集团定义为包括集团在内国内外从事保险和相关业务的所有实体。澳大利亚保险集团外国子公司无须单独符合 APRA 的要求，但是必须符合当地规定的资本金要求。APRA 致力于将金融混业集团作为一个整体，像监管独立信贷机构一样实施监管，由此采用了三层级评价体系：独立信贷机构、信贷机构集团和金融混业集团。对于每一层级，APRA 分别设置了不同的资本充足率要求。同时，建立了对于内部交易和外部交易风险暴露限额体系。对于保险集团内非保险子公司的投资必须单独编制，并从保险集团资本金中扣除。对于未受监控的集团子公司，必须提供相关信息，APRA 可能会要求保险集团对该类子公司从事业务活动持有额外资本金。

二、保险集团监管的国际协调与合作

保险集团监管国际协调与合作涉及两个层面：一是世界各国保险监管机构之间建立沟通对话机制，保持监管规则一致性；二是保险监管机构与其他金融部门国际监管机构之间建立有效协调机制，共同面对金融混业和金融集团带来的监管问题。

（一）国际保险监管协调合作

保险活动使一国保险市场上的风险复杂化、国际化、系统化，对本国和东道国的保险法律与监管提出了新的挑战。各国政府为应对这一局面，希望通过监管合作实现对跨国保险的有效监管并解决跨国保险活动中引发的法律和监管制度的冲突，以有效维护被保险人的利益，保证国内保险市场的稳定发展。同时，希望通过制定统一的保险监管法律和监管标准，协调跨国保险活动实践中遇到的制度冲突。各国保险监管机构迫切要求在巩固和加强彼此间合作的同时，建立各国金融监管当局内部的交流与合作，加强与国际金融监管组织的联系与合作。这样，期望成为协调各国保险监管制度的国际保险监督官协会（International Association of Insurance Supervisors，IAIS）诞生了。

IAIS 是于 1994 年在瑞士成立的全球性非政府间保险监管组织，代表着来自 130 多个国家、180 个司法管辖区的保险监管机构和保险监督官，包括国际组织，如国际货币基金组织、世界银行、经济合作与发展组织，以及来自保险行业机构、专业协会、保险和再保险机构、顾问机构、国际金融机构等方面的 100 多个观察员。IAIS 汇聚各国保险监管当局的意志，制定全球性的、各国协调一致的、非强制性的保险监管原则、标准和指导性文件。由于 IAIS 通常以各会员保险监管机构的表决方式制定和通过加快保险服务贸易自由化进程的国际性保险监管原则和国际化制度标准，使这些规则具有较高的权威性和国际认可性，IAIS 也因此被视为各国会员推进国内保险市场的国际化和自由化进程的国际性协调机构。

　　IAIS 与其他制定国际标准和规则的金融机构和国际组织，如国际货币基金组织、世界银行、经济合作与发展组织、国际精算协会、国际会计标准理事会进行广泛而深入的合作，共同解决保险监管中面临的问题。IAIS 通过向各国会员在第一时间发布其汇集的世界各国保险业的最新发展信息和掌握的各国保险监管的具体情况，通过其在全球范围组织的专题论坛和培训以及各种国际交流会议，为各国会员保险监管机构提供国际交流平台，使其能够合理预测国际保险业发展走势，并可借助 IAIS 搭建的国际监管交流与合作平台发表各自主张，取得充分沟通，增进相互了解和理解，营造区域和国际合作基础。

　　作为协调不同国家和地区保险监管制度的国际组织，IAIS 已成为与巴赛尔银行监管委员会和国际证券委员会并列的推动金融监管国际合作的重要力量。成为 IAIS 会员，拥有国际监管规则和标准的制定权和表决权，是一国保险监管融入国际监管协调与合作体系的标志，一国对国际保险事务的监管发挥重要影响的标志。

（二）金融集团监管框架

　　金融集团联合论坛成立于 1996 年，建立者是银行业国际监管组织——巴塞尔银行监管委员会（The Basle Committee on Banking Supervision，BCBS）、证券业国际监管组织——国际证券组织委员会（The International Organization of Securities Commissions IOSCO）和国际保险业监督机构——国际保险监管官联合会（The International Association of Insurance Supervisors，IAIS）。金融集团联合论坛是三方参与的正式组织，建立的初衷和目标是解决金融集团建立和发展带来的监管问题。以上三家成员是在全球化背景下，为了国际金融秩序稳定，避免在国家之间出现监管套利逐步建立起来的国际监管协调机构。金融联合论坛管理范围包括三家国际金融监管组织管理范围内的 13 个国家的银行业、证券业和保险业，虽然其组成成员国家没有义务一定要执行其规则，但是无论是市场参与者还是金融机构都将其制定的准则视为金融稳定的最基本信号。金融集团联合论坛努力方向有两个：一是排除各国监管当局和各国际金融监管组织合作中存在的障碍；二是尽快建立监管金融集团的具体规则和程序。

联合论坛先后在 1999 年 2 月和 12 月发布报告，提出金融集团监管的基本框架（简称 1999 年版《原则》）。1999 年版《原则》主要解决以下问题：（1）金融集团资本充足性评估方法，包括资本重复计算的认定；（2）促进监管机构之间信息共享；（3）监管机构之间的合作；（4）对金融集团管理层、董事和主要股东的履职评价；（5）对风险集中度、集团内部交易及其风险敞口的审慎管理与控制。

金融集团联合论坛 2000 年建立了一个工作组，主要工作是比较三个国际金融监管组织规则之间的差异和确认三者监管不足。因为尽管基本监管原则或多或少是相似的，银行业、证券业和保险业无论是业务内容，还是组织结构都存在差异。工作组需要确认，在监管金融集团时，当涉及三种不同业务领域时，是否存在监管规则上的冲突或者矛盾。

经过艰苦细致的工作，工作组对金融集团监管提出了建议。首先，针对风险集中问题，可靠的风险管理必须清晰划分责任范围，建立发现、衡量和管理核心风险的综合风险管理体系和用于衡量风险集中发生可能性大的压力测试，以及风险相关性分析和解决方案；其次，对于内部交易问题，金融集团联合论坛提出的监管原则与风险集中处理办法类似。监管者最重要的责任是确保金融集团是否恰如其分地管理其可疑或风险过高的内部交易，要用预防措施防止损害集团和公共利益的内部交易发生，确认集团内部审计功能运行正常。

2007 年美国次贷危机爆发，暴露了新的监管问题。联合论坛在 2009 年进行的对 1999 年版《原则》执行情况的内部评估（简称《内部评估》）和报告中，建议对 1999 年版《原则》进行更新和完善。2010 年 1 月联合论坛发布《对金融规制性质和范围差异的审议报告》（简称《审议报告》），总结了金融危机中金融集团监管的经验和教训，再次提出对 1999 年版《原则》进行评估和扩充，得到金融稳定理事会（FSB）的支持。根据《内部评估》和《审议报告》的建议，2012 年《金融集团监管原则》（简称 2012 年版《原则》）对 1999 年版《原则》进行了更新和完善。

2012 年版《原则》适用于整个金融集团范围。对金融集团的定义是：在受监管的银行业、证券业或保险业中，实质性地从事至少两类金融业务，并对附属机构有控制力和重大影响的所有集团公司，包括金融控股公司。

《原则》构建了对金融集团的监管框架。该框架是对现有银行、保险和证券监管框架的补充，而非替代现有的监管框架。《原则》的目标是处理因金融集团跨业经营而导致的复杂性和监管差异问题。

作为一个补充性的框架，《原则》关注金融集团的特有审慎性风险，在分业监管的框架下填补分业监管的漏洞，并未否定分业监管。《原则》致力于缩小监管差异，消除监管"盲点"，确保对未受监管业务和实体引发的风险进行有效监管。《原则》在尊重国别差异和分业监管的前提下，推动各国对金融集团的有效监管。例如，2012 年版《原则》无意推翻或替代现有的分业监管对金融机构资本和流动性的要求。监管机构应尽量避免因监管要求的重复或冲突，增加金融集团不必要的负担。

为了保证金融集团所有潜在风险得到全面监管，应用《原则》对金融集团进行监管时，允许有一定程度的国别差异。有效监管可能要求提高监管者的权力。在适用 2012 年版《原则》时，某些国家（地区）可能希望完善国内立法以推进原则的实施，但并不是每一个国家（地区）都应如此。

2012 年版《原则》强调监管机构要认清金融集团组织体系的复杂性，并了解其可能引发的风险，包括各附属机构对集团整体风险轮廓（risk profile）、财务头寸和集团内部其他机构的影响。

三、全球保险集团监管发展趋势

金融危机凸显了监管系统的脆弱性，因此全球各国的政策制定者和监管机构正努力提高对金融机构的监督水平。长期以来，金融监管主要针对银行业、金融保险集团的出现和发展提出了新的监管课题，为了保证监管一致性，监管改革不可避免扩展到包括保险公司在内的其他金融中介机构。

（一）全球保险规则趋于统一

次贷危机前，国际上没有形成对保险业的统一监管规则。美国国际集团危机暴露出各国监管规定宽松不一所导致的监管套利等风险，制定统一的国际保险监管规则由此被提上议事日程。2009 年 6 月，IAIS 决定比照银行监管的"巴塞尔协议 II"，面向保险集团研究建立全球统一的保险监管规则，即"共同评估框架（CAF）"。CAF 将重点关注集团监管，从适用范围、集团结构与业务、定量和定性标准、监管合作、管辖权五个方面评价集团监管。这是国际保险监管界首次提出建立统一的监管规则，标志着国际保险监管向全球统一方向迈出了重要一步。

此前，欧盟和美国等发达市场也先后启动了对其偿付能力监管规则的评估和修订，以使其更符合现实情况，同时力求对全球监管规则施加更多影响。欧盟"偿付能力 II"项目于 2016 年 1 月 1 日正式实施。全美保险监督官协会（NAIC）于 2008 年 6 月启动"偿付能力现代化项目"，在资本要求、会计准则、保险负债评估、再保险和集团监管五个方面开展偿付能力评估框架研究。

（二）宏观与微观审慎监管并重，维护金融稳定

危机后，防范系统性风险和维护金融稳定成为监管机构的主要任务，宏观审慎监管由此备受关注。美国、英国和欧盟的金融监管改革方案中都不约而同地提出要加强宏观审慎监管，改变以往仅从微观层面关注个体金融机构风险的做法。宏观审慎监管应包括宏观审慎监管工具和宏观审慎监测，"工具"主要指监管者采取的行动，是一部分或全部微观审慎监管工具之和，"监测"主要侧重于市场分析，包括数据搜集和分析、预警系统及压力测试等。目前，金融稳定理事会（FSB）及其成

员正致力于开发定量工具，用于监测和评估金融体系中的宏观审慎风险及其演变过程，包括杠杆率等系统性指标。IAIS 认为，保险领域存在系统性风险，但作用方式与银行不同。保险业通常并非系统性风险的始作俑者，而只是其传递载体或受害者；少数源于保险业的系统性风险的影响也将在较长时间内逐步释放，而不会在短时间内对市场造成巨大冲击。目前，IAIS 已经向二十国集团和 FSB 提交了《系统性风险和保险业》调查报告，介绍保险领域的系统性风险状况；修改《保险核心原则》，制定独立的宏观审慎监管原则，明确保险监管机构拥有维护金融稳定的职责；建立针对跨国保险集团的跨境危机管理和解决机制，解决"大到不能倒"的道德风险问题；将金融稳定工作组升格为常设的金融稳定委员会，负责建立金融稳定框架，研究宏观审慎监测体系和宏观审慎监管工具。另据欧盟保险和职业养老金委员会介绍，欧盟正对大型金融集团开展压力测试，对欧盟内部各地区风险进行评估，并收集有关金融稳定数据上报 FSB。

（三）加强逆周期监管，熨平经济波动

顺周期效应放大了金融市场的波动程度，是金融危机升级的重要原因。英国金融稳定委员会（Financial Stability Board，FSB）认为以下领域易产生顺周期效应：以风险为基础的资本监管方法、以"已发生损失"为标准的拨备方法、以公允价值为原则的会计准则和以短期业绩为激励的薪酬体制。IAIS 认为，保险业在上述领域也面临顺周期压力，需开展逆周期监管。要特别关注市场风险、信用风险的周期变化及关联程度，考察其对实际资本和最低资本的影响，研究建立超额资本和应急资本的可能性；重点监控利率变化对保险公司负债的影响，考虑使用更为灵活的评估利率计提技术准备金，减缓低利率环境对保险公司负债的压力；密切关注国际会计准则在资产减值准备方面的最新进展，深入考察"动态拨备"的潜在影响；全面了解"公允价值"会计方法对保险长期资产计量的影响，寻找适应保险业特点的解决办法；借鉴 FSB 2009 年 4 月颁布的《稳健薪酬实践原则》，建立具有长期风险视野的保险薪酬体制。

（四）完善金融创新监管，向全方位监管过渡

监管机构对金融衍生品等金融创新的监管过于松懈甚至缺位，是欧美金融危机爆发的重要原因之一。此次金融体制改革体现出弥补监管漏洞、扩大监管覆盖面并实现全方位监管的趋势。机构方面，将对冲基金和信用评级机构纳入监管范围。FSB 2009 年 6 月发布了《信用评级使用综述》，供银行、证券和保险监管者在使用外部信用评级时参考，以降低监管机构对外部评级的过度依赖。产品和市场方面，将场外衍生品和其他未监管市场和产品纳入监管范围，在引入中央对手方和推动场外衍生品市场的标准化和透明度方面不断取得进展。2009 年 9 月，场外衍生品监管机构论坛正式成立，以推动全球统一监管。

（五）加强国际金融监管合作，完善跨国金融集团监管

在资本跨行业、跨境流动日趋活跃的今天，单一国家和地区的监管机构容易犯下"只见树木不见森林"的错误，在维护整体金融体系稳定和防范系统性风险方面存在明显不足。加强国际金融监管协调与合作已成为全球金融监管改革的重点之一，而重中之重是加强对大型跨国金融机构的监管。为实现宏观审慎监管，目前国际上普遍认为应加强对大型金融集团的监管，尤其应将集团内部不受监管的实体和不经营业务的控股公司纳入监管范围，并对不同地域和业务领域实施标准统一的监管措施。

目前，FSB 已针对 30 多个被认定的大型复杂金融机构建立监管联席会议机制。本次国际金融危机爆发之前，监管联席会议一般自发形成，组织松散，数量不多。危机发生以来，随着一些大型跨国金融机构先后陷入困境，甚至成为系统性风险的载体，监管联席会议作为一种跨境监管合作机制备受瞩目，并取得了一定进展。IAIS 在 2009 年 10 月举行的第 16 届年会上通过了《将监管联席会议用于集团监管的指引文件》，针对监管联席会议的职能、监管机构之间的关系以及监管联席会议的建立时间和形式等问题提出了较为具体的指导意见。

第四节　我国保险集团混业经营发展与监管对策

近年来，随着我国金融混业经营限制的逐步放开和混业经营政策导向的日益明朗，我国混业经营步伐不断加快，在加快金融创新、完善金融结构、提高金融效率、进一步发挥金融对实体经济促进作用的同时，也引发一系列新的矛盾和问题，主要集中在金融保险集团定位不清晰、监管模式不明确、监管法律体系不完善、监管要求不全面等几个方面。2008 年爆发的美国金融危机和 2011 年爆发的欧债危机，深刻揭示出金融保险集团经营不善和监管不严引致系统性金融风险的巨大危害性和破坏力，为汲取前车之鉴，避免重蹈覆辙，我国应加强金融保险集团及其监管研究，及早明确金融保险集团及其监管的发展方向，加快我国金融保险集团及其监管的科学化发展进程。

一、我国保险混业与集团化发展情况

（一）中国金融体制从分业经营到综合化经营

新中国建立初期，金融体系经历了一个"大一统"时代。在 1978 年以前，中国人民银行几乎可以看成中国金融体系的代名词。1978 年十一届三中全会成为中国金融体制改革的开端，中国人民银行在 1983 年后，成为专门行使中央银行职能的机构，各种形式的金融机构涌现，金融市场得到更大解放，商业保险公司在这个时期才开始真正起步。在改革春风的吹拂下，金融混业模式在 20 世纪 80 年代末 90 年代初在全国涌现，金融机构之间业务渗透加快。虽然取得了一些显著成绩，但是因为金融发展时期短，经营粗放，监管不足，出现了风险增大，金融秩序混乱的局面。在这种大背景下，1993 年底，国务院发布了《关于金融体制改革的决定》，初步提出了分业经营构想。1995

年，陆续颁布了《中华人民共和国人民银行法》《中华人民共和国商业银行法》《中华人民共和国保险法》，1998 年颁布了《中华人民共和国证券法》，从法律层面确立了分业经营体制的基本格局。保险公司与银行、证券、信托业务机构分别设立，几大金融机构业务不得交叉经营。

总体来看，当时确立金融业分业经营、分业监管体制是在盲目混业造成金融秩序混乱背景下的对策，政府从中起到了主导作用，降低了金融系统性风险，稳定了金融局势，为经济稳定健康发展起到了非常重要的作用。在此时期内，为了顺应经济形式和金融实践发展需要，尽管分业经营体制的管理体制基本框架没有改变，但是分业监管力度适时放松的趋势一直存在，甚至可以说中国金融控股集团主要形成时期就是在这个阶段。一种方式是通过海外市场迂回形成金融控股集团，比如，1992 年中国银行在香港成立中银集团保险公司；另一种方式是原有混业经营企业分离成的金融控股公司或者经国务院特批进行金融控股公司试点，典型例子是中信集团。因此，在这个时期，实际上金融控股集团公司仍然存在并且发展，在分业体制下基本上遵守"集团混业、子公司分业"的经营管理模式。

时隔 10 年，2005 年开始，中国分业经营体制出现全面松动。其中，准许商业银行参股保险公司是一个重要标志，实践中商业银行为主导，设立金融控股公司成为潮流。2008 年，"一行三会"制定和公布了《金融业发展和改革"十一五"规划》，提出"要稳步推进金融业综合经营试点，鼓励金融机构通过设立金融控股公司、交叉销售、相互代理等多种形式，开发跨市场、跨机构、跨产品的金融业务，发挥综合经营的协同优势，促进资金在不同金融市场间的有序流动，提高金融市场配置资源的整体效率"。这标志，在监管层面，已经从限制混业转变为推动多元化经营。

（二）中国保险集团发展现状

在过去的几十年里，放松管制和技术的进步从根本上改变了金融中介提供金融服务的方式，对金融中介的发展产生了重要影响。世界各国及地区放松管制，促进金融机构之间的竞争，不得不灵活地提供金融服务。对于垂直一体化并购的管制放松，加之技术的进步能够提供过低成本监控多业务部门管理活动的能力，因此可以大幅度提高盈利水平（Berger，2003；Berger and DeYoung，2006）。

金融服务行业所经历的其中一个最突出的转变是银行保险的出现和扩大。随着竞争水平的上升，银行很快发现在利润率下降的情况下需要寻找新的经济增长点，而保险公司则需要通过银行网点和技术力量扩大销售能力。银行保险是借助于银行客户关系售卖寿险和非寿险产品的销售方法。在一些发达国家，银行保险对保险销售量影响巨大：在寿险市场有超过50%的市场份额，在非寿险业市场也超过10%。

除了简单的销售合作，更深层次的银保合作体现为金融集团的建立。多家银行成立银行控股的保险公司，目的是更大程度地整合业务。2008年，银监会、保监会正式签署《关于加强银保深层次合作和跨业监管合作谅解备忘录》，明确了商业银行和保险公司在符合国家有关规定及有效隔离风险的前提下，按照市场化和平等互利的原则，可以开展相互投资的试点，标志着国内银保相互渗透趋势的开始。2009年11月26日，银监会发布了《商业银行投资保险公司股权试点管理办法》，此举契合金融混业经营的国际趋势，该办法的出台允许了商业银行投资保险公司的股权，打破了双方分业经营的僵局，实现了制度上的重大突破，标志着我国的银行保险即将步入战略转型的新阶段。2012年11月，中国农业银行先后收到中国银监会和中国保监会的批复，同意其入股嘉禾人寿保险股份有限公司并持有其51%的股份。同时，嘉禾人寿也收到了中国保监会关于同意其变更注册资本、公司名称和迁址的批复。在农行之前，交行、建行、中行、工行都分别收购了保险公司，如交行2009年收购中保康联51%的股权，中保康联更名为交银康联人寿，交通银行随即成为全国首家入股保险业的商业银行；中行2010年获批收购中银集团保险有限公司持有的中银保险100%股权；建行2011年收购太平洋安泰人寿51%的股权，将其更名为建信人寿；工行也在2012

年 7 月完成了对金盛人寿 60% 股权的收购,并将其更名为工银安盛。至此,包括工农中建交在内的五大行已悉数入股保险公司,实现初步混业经营。

在银行通过控股公司进入保险领域的同时,保险企业也在积极通过集团化经营实现金融业务多元化发展。目前国际上成功的保险企业从组织形态上大多都进行集团化经营,并采用集团控股的模式,例如,美国国际集团(AIG)、苏黎世保险集团(Zurich)、德国安联集团(Allianz)、法国的安盛—巴黎联合保险公司(AXA—UAP)以及英国皇家太阳联合保险集团(Royal and Sun Alliance)等。事实上,当前国际上比较成功的保险企业集团大多数都已经不能只用保险集团的概念来界定,更多的是倾向于一个金融集团,2003 年全球上市保险公司按照营业收入排名,前十位的企业均以集团的方式存在。

近年来,中国保险业发展迅速,更多的保险公司开始进入多类保险专业市场,通过不同的方式寻求集团化发展。尽管中国分业经营的政策框架仍在运行,但多方政策的鼓励和支持导向已非常明确,综合经营和集团化发展是中国大型保险公司的主流趋势。2006 年 6 月"国十条"的颁布,成为中国保险公司做大做强的"催化剂",即"支持具备条件的保险公司通过重组、并购等方式,发展成为具有国际竞争力的保险控股(集团)公司。稳步推进保险公司综合经营试点,探索保险业与银行业、证券业更广领域和更深层次的合作,提供多元化和综合性的金融保险服务"。在这种情况下,未雨绸缪,研究银行保险的效益、风险及其他保险销售渠道非常必要。

中国保监会 2010 年出台了《保险集团公司管理办法(试行)》(以下简称《办法》)。《办法》所称的保险集团公司,"指经中国保监会批准设立并依法登记注册,名称中具有'保险集团'或'保险控股'字样,对保险集团内其他成员公司实施控制、共同控制和重大影响的公司。"保险集团公司是保险企业集团化的产物,是保险公司规模扩张和综合经营的必然趋势。保险集团一般采用金融控股公司模式,全球最大的几家跨国保险公司都采用集团经营模式。随着中国保险业不断多元化发展，中国保险业集团化趋势越来越明显。

"保险集团是指保险集团公司及受其控制、共同控制和重大影响的公司组成的企业集合，该企业集合中除保险集团公司外，有两家或多家子公司为保险公司且保险业务为该企业集合的主要业务。保险集团成员公司是指保险集团公司及受其控制、共同控制和重大影响的公司。"这意味着，《办法》所指保险集团既包括集团总公司，也包括其子公司；既包括经营保险业务的子公司，也包括其他非保险子公司；保险集团必须以保险业务为主业，且至少有两家保险公司。按《办法》规定，保险集团设立可以有两种方式：保险公司作为股东发起设立和保险公司更名设立。

以此为标准，目前严格意义的中国保险集团包括中国人民保险集团股份有限公司、中国人寿保险（集团）公司、安邦保险集团股份有限公司、中国再保险（集团）股份有限公司、中国太平保险集团公司、中国平安保险（集团）股份有限公司、中国太平洋保险（集团）股份有限公司、阳光保险集团股份有限公司、中华联合保险控股股份有限公司和泰康保险集团股份有限公司①，共 10 家集团公司。除了以上保险集团公司之外，保险企业通过建立集团公司兼营寿险和财险已经成为一种趋势和潮流，拥有庞大且稳定资金寿险企业进军资产管理市场、投资市场的条件和冲动也是显而易见的。保险业正在进军混业经营时代，与银行、基金、信托等金融领域互相融合，同时还向实体经营扩张，如不断向地产、健康、医疗等领域发展，风险相关性不断增强。统计数据显示，国内已有 10 家保险集团的业务规模和总资产占行业近 70%，在行业中占据主导地位，而这些保险集团已经或正在争取拥有金融全牌照（见表 4 - 4）。

---

① 2016 年 11 月，中国保监会做出批复，同意泰康人寿进行集团化改组，将泰康人寿更名设立为泰康保险集团股份有限公司。

表 4-4   中国国内保险集团（控股公司）概况

	公司名称	集团下属公司
1	中国人保	人保财险　人保寿险　人保资产管理　人保健康　人保投资控股　人保香港
2	中国人寿	人寿股份　人寿财险　人寿资产管理　人寿养老　人寿（海外）国寿投资控股
3	安邦保险	安邦财险　安邦寿险　和谐健康保险　和谐保险销售　瑞和保险经纪　安邦资产管理　安邦国际成都农商银行　安邦养老　邦银金融租赁
4	中国再保	财产再保险　人寿再保险　大地财险　中再资产管理公司　华泰保险经纪
5	中国太平	太平人寿　太平财险　太平资产　太平养老　民安中国　太平香港澳门及海外公司
6	中国平安	平安寿险　平安财险　平安资产管理　平安健康　平安养老　平安信托　平安证券　平安银行
7	中国太保	太平洋财险　太平洋人寿　太平洋资产管理　长江养老
8	阳光集团	阳光财产保险　阳光人寿保险
9	泰康保险	泰康寿险　泰康养老　泰康资产　泰康之家　泰康健康管理　泰康在线
10	富德集团	富德保险控股　富德生命人寿　深圳市前海富德能源投资控股　生命保险资产管理　富德财险　富德能源化工等
11	中华联合	中华联合财产　中华联合寿险股份　万方电子商务股份有限公司　资产管理管理公司（筹建）农险公司（筹建）
12	华泰保险	华泰财险　华泰寿险　华泰资产管理　华泰保兴基金　华泰保险销售　华泰伟业上海保险经纪

从总体上看，我国保险集团发展较快但尚处于起步阶段，混业经营程度不高，混业合作层次较低，主要表现在以下三个方面：

（1）集团混业经营尚处于专业化分工阶段。尤其从以保险企业为主体的保险集团来看，现阶段强调的是保险业务与资产管理以及为保险服务的相关业务如经纪、代理等的专业化运作，集团内企业之间尚缺乏有效的资源整合，集团化经营的协同效应还没有形成。

（2）集团公司管控能力不足。较为严格的分业经营制度制约了保险集团的内部整合。从公司内部协同性以及与控股股东的关系看，目前国内保险集团仍然是相当松散和表面化的结合，大都只是简单的投资入股，即使是形成了金融控股集团的架构，也未能对所控股的金融机构实现一体化的经营和管理，形成了"重控制、轻管理"的现象，致使保险集团的规模经济、范围经济和协同效应难以有效发挥。从集团公司管理人才和管理机制来看，缺乏具备集团管理经验和能力的优秀管理人才，缺乏完善的集团公司治理、风险管控和资源整合机制等，难以对子公司进行有效管控，难以在集团内实现资源的优化配置和促使集团实现可持续发展。

（3）集团混业经营层次还不高。在混业经营的初期阶段，金融机构之间的跨行业经营首先表现在银行、证券和保险的业务交叉，这既是基于竞争需要的自主创新，也是基于优势互补需要的联合开发，而在适应市场"一体化"金融服务要求的前提下拓展新的利润空间，则是不同金融机构及市场之间进行业务创新的根本动力。目前我国的混业经营业务合作虽然发展较快，但总体上仍处于较低层次，以银保合作为例，主要还局限在银行代理销售标准化保单这个层次，代表银保一体化高级形态的商业银行与保险公司之间资本融合还有待进一步深化。

（三）中国保险集团发展趋势

大型保险公司具有谋求集团化动力。越来越多有实力、有条件的保险公司为了更好应对竞争、探索可持续发展之路，将积极向集团化发展挺进。原因有以下几个方面。

（1）我国保险公司面临的竞争将日益激烈。一方面，随着入世后我国保险市场的开放和准入限制的逐步放宽，保险公司数量快速增加，市场竞争日趋激烈。特别是大量增加的外资保险公司多是国际大型金融集团，覆盖寿险、产险、其他专业保险、资产管理以及银行、证券等一系列综合金融服务，他们在全球集团层面的混业经营实践，使其具备了未来在中国提供综合金融服务的能力，这对中国保险公司形成了巨大的竞争压力。另一方面，我国金融服务部门相互渗透、相互竞争的趋势加强。随着银行和证券公司都可以合法、正当地进入保险领域，相互制和股份制保险公司开始面临着前所未有的生存危机。承保业务和投资业务都面临着强有力的竞争：承保业务上，保险产品与银行理财等其他的可投资产品具有非常强的替代性；投资业务上，保险公司与专业投资机构相比，在资金运用的经验技术、资产保值增值方面仍然存在差距。现实中，平安集团化的经验及越来越多的银行收购保险公司的事实也将进一步推动中国大型保险公司将集团化发展作为自身壮大实力和竞争能力、更好地应对竞争的战略选择。我国保险公司需要探索更好的可持续发展之路。在经济全球化和金融一体化的背景下，金融产品、组织架构、制度等不断创新，也给当下的保险公司带来了新的挑战。通过多元化发展是新时期保险公司更快地实现地域和经营业务范围的扩张、降低销售成本、获取更大短期利润和更高长期价值的一种战略选择，有助于其可持续发展。在实现业务多元、混业经营方面，集团化的优势不言而喻，资源共享、多元业务间的协同效应，可降低运营成本，实现对新业务快速发展的支持；同时，通过多元化业务组合，亦可分散公司整体经营风险。

（2）保险集团化后并购扩张倾向明显。在我国保险企业集团化发展过程中，寻求增长的途径是自身增长和外部并购。在现阶段，保险集团增长主要是自身增长，更多依赖于企业现有的能力和资源。如面对最主要制约因素资本时，为提高资本金，保险控股公司大多选择整体或部分上市，中国平安保险集团、太平洋保险集团实现了整体上市。当整体上市的时机不太成熟时，一些保险集团视具体情况，选择了对部分优良资产重组与上市的策略。如中国人寿、中国人保财险先后成功上市，中国人寿集团和中国人保集团分别拥有这些上市公司的控股权，中国人保集团目前正在加快推进整体上市进程。随着各保险集团化的进一步发展，母公司可能将更多地采取外部并购的方式扩张新业务领域。这可以充分利用财务杠杆作用减少进入成本，超越自身资源不足和劣势，加速实现集团的多元化战略目标；另外，对新业务领域尤其是非保险的金融领域，母公司限于缺乏相关的经营管理经验往往会只取得控股权和部分经营决策权，不会选择直接经营；在投资初期可能面临管理松散、内部人控制等问题，需要时间逐渐培养行业经验，逐步参与公司经营。当然，自身增长和外部并购都有风险，各家保险集团在选择时应根据自身情况有的放矢。如保险公司如何控制银行、证券公司的问题上，目前无法设立银行或证券公司，只能选择并购。当前根据保险公司的资本实力和发展现状，还无法并购大中型或较有优势的城市银行或证券公司，这些非保险金融公司经过多年的发展，已经形成了相对稳定的市场格局和股东结构，股权出让机会较少，很难找到理想的投资对象，同时由于保险、银行监管机构不同，也存在一定的审批障碍。因此只能配合保险业务的区域发展战略，有选择地并购一些中小城市银行。而对处于资本劣势的保险集团来说，积极探寻与银行更深层次的合作，如战略联盟也是一种选择。

（3）保险集团后金融混业经营步伐加快。由于政策的不断放开和竞争的日趋激烈，保险集团不断推进混业经营。走集团化道路的大型保险企业往往会选择首先在保险业务范围内通过交叉销售、整合内部资源等实现混业经营。这主要是由于现有的大型保险企业仍将以保险业务和资产管理为核心，对保险业务比较熟悉，率先进入这些领域，不存在较高的人才和技术壁垒。如中国人寿集团、中国太平洋集团、中国人保集团，各大保险集团公司旗下基本都建立了产险公司、寿险公司、年金公司、资产管理公司等专业化的子公司，积极发挥集团优势，成为主业突出、优势互补的以保险业为核心的保险集团。在基本完成了在保险业务范围内的混业经营后，集团公司将加强在非保险金融领域的混业经营，提供多元化金融服务。这是为了更好地满足国内企业与居民希望金融机构提供多元一体化服务的市场需求，是市场开放后业务拓展、全面竞争、化解经营风险的需要。混业经营将给保险集团带来很多挑战，如将会造成利益主体增多、透明度降低，内部控制的难度和成本加大；将会增加风险管理的难度；另外，资源整合难度将加大。因此保险集团在混业经营的未来发展中应该明确认识混业经营的根本目标是寻求规模经济和范围经济，实现资源整合和协同效应。要冷静地分析自身的突出优势和内在条件，以提高企业的核心竞争力为准则来选择是否混业经营以及混业经营的规模和范围，抑制盲目跟风的冲动。

（4）保险集团化后普遍面临任重道远的资源整合工作。整合资源是我国保险集团化发展的内在动因之一。未来保险集团的核心竞争力体现在对经营管理、资产质量、市场份额和人力资源的整合能力上。对全系统的人才、资金、技术、业务、客户、销售网络等进行全方位的整合，以构建集中化的管控体系和高绩效的工作体系。整合资源是由浅入深的过程，品牌资源的整合最直接，也相对容易，有时统一称谓就能发挥品牌的作用。如2009年中国保险（控股）有限公司更名为中国太平保险集团公司，使原来名称相异的各子公司归集到"中国太平"的统一品牌下，是提升消费者吸引力的有力举措。而整合销售资源则难度增大，如果内部利益分配和沟通协调解决不好，可能存在渠道冲突、费用冲突和产品价格冲突，导致销售人员把业务卖给能够支付更高佣金的公司从而影响公司业务，同一家保险集团多个渠道在销售同款产品时进行价格竞争，出现价格不一致现象，让客户无所适从等。这反而增加了集团的管理成本，甚至导致销售资源整合失败。

对于实现更高层次的资源整合，即客户资源的共享则是很多保险集团面临的挑战。这要求在集团层面建立和完善信息技术管理系统，在同一平台上统一规划和建设各子公司的信息平台，实现一体化的数据集中、系统开发和风险管控；集团公司要建立统一的客户关系管理系统，完善客户信息管理制度，构建客户信息管理平台，使保险集团向每位客户提供包括寿险、产险、养老保险、资产管理、银行等产品为一体的综合金融服务。目前，我国保险集团的发展尚处于初级阶段，宜坚持强化保险主业，稳扎稳打，切忌扩张过快，盲目进入非保险业务领域，要在不断提高保险主业核心竞争力的基础上稳步推动集团化进程。不要为了集团化而盲目扩张，集团化只是手段，根本目的在于提高综合实力。研究表明，中国人寿、中国人保、中国平安、中国太平四大保险集团实施集团化以追求规模经济的目的基本达到。然而，四大集团的纯技术效率并没有改善，这说明亟须对现有资源进行整合，优化配置。研究也表明我国四大保险集团整体而言技术创新能力不足。这说明我国保险集团亟须在产品和业务经营方式等方面加强技术创新以提高效率，增强竞争力。

（5）非金融企业成立金融控股公司介入保险业趋势明显。金融机构在开展本业基础上投资设立其他行业金融机构，形成综合化混业金融集团是保险业面临的情况之一。还有一种情况是非金融企业投资控股两种或两种以上类型金融机构，事实上形成了金融控股公司，其中涉及对保险的参股和控股。包括国务院批准的大型企业集团（如中信集团、光大集团等）旗下拥有保险机构，地方政府批设的综合性资产投资运营公司（如天津泰达集团、上海国际集团等）参控股本地保险机构，民营企业和上市公司投资并购保险机构（如明天系、海航系、复星系等），还有互联网企业向保险业的拓展和渗透（如阿里巴巴、腾讯、苏宁云商等）。

二、我国保险集团风险变迁

保险集团可以带来规模经济、范围经济、协同效应和降低风险等经济上的优势，但是在其运营的过程中，由于保险集团组织结构上的特点，其面对的风险除了各项金融业务本身所形成的一般风险外，在各种金融业务的互动过程中，还有由"集团控股进行混业经营"带来的特有风险。由于我国保险金融控股公司的发展尚处于起步阶段，内外环境都不成熟，因此面临的风险更高。

（一）法律风险

我国金融立法长期滞后，操作性强的法规缺位情况严重，极易导致该领域的法律真空和法律风险。目前，虽然以《证券法》《商业银行法》《保险法》等为代表的金融法律体系框架初步形成，但相对于业务的迅速发展而言，尚有不少空白点，难以形成强有力的约束。对于保险集团混业经营来说，主要有以下法律风险。

（1）我国在法律上确立了银行、证券和保险分业经营、分业监管的格局，虽然在相关法律修改过程中为金融混业经营预留了空间，但仍然限制混业经营。例如，现行《商业银行法》规定"商业银行在中华人民共和国境内不得从事信托投资和证券经营业务，不得向非自用不动产投资或者向非银行金融机构和企业投资，但国家另有规定的除外"；现行《保险法》规定"保险公司的资金运用，限于在银行存款、买卖政府债券、金融债券和国务院规定的其他资金运用形式"；现行《证券法》规定"证券业和银行业、信托业、保险业实行分业经营、分业管理，证券公司与银行、信托、保险业务机构分别设立，国家另有规定的除外"。

（2）随着金融综合化日趋向金融混业经营步伐不断加快，金融创新也日新月异，不同国家、不同领域的法律问题有时交织在一起，增加了法律问题和法律风险的复杂性。近年随着市场竞争不断加剧，银行不断推出新的创新服务品种，比如理财产品，表面上只涉及银行和客户，但从结构上看还涉及银行、信托和资产证券化等。这些新的金融产品和工具本身包含的法律关系也比较复杂，所以其中涉及的法律风险问题也很复杂。

（3）缺乏专门的金融控股公司法对有关金融控股公司设立的条件、程序、经营范围、经营原则、法律地位等加以解决。《公司法》第十四条规定：公司可以设立子公司，子公司具有法人资格，依法独立承担民事责任。对于金融控股公司的组织形式、母子公司间的权利义务等则没涉及。同时，这一规定无疑将股东的有限责任制度推向了极端，容易造成母公司对金融子公司控制权的滥用，增加各个金融子公司的金融风险。此外，《公司法》明确规定，公司的对外投资不能超过净资产的50%，国务院批准设立的投资公司、控股公司除外。这说明金融控股公司的成立要走集中行政审批的路径，设立成本可能因等待时间过长而居高不下。

（二）关联交易风险

保险集团为掩盖集团成员真实经营情况，在集团内部以股权关系为基础的各关联方之间从事股权投资、保险和再保险业务以及担保、债权债务转移、利润转移等交易活动，存在复杂的资金往来关系，致使风险在整个保险集团内部传播、扩散和放大。由于金融机构分业监管，监管部门间监管信息缺乏沟通，不正当的内部交易或关联交易隐蔽了更大的风险。现实中，控股公司下股权和资金运作的复杂性，往往是有过之而无不及。其形成的风险，可能导致监管失效，损害公司股东或消费者利益。复杂的关联交易也会使得集团无法准确掌握各子公司的财务和经营状况，引起公司内部管理混乱；不仅仅是资金链中断引起的公司间财务风险的暴露，而且往往形成巨额国有资产损失的风险，形成大批国有资产转为个人所有。尤其是一些非金融企业，利用保险公司（主要是寿险）可以获取长期沉淀资金的便利，将所控保险公司作为"资金奶牛"，套取巨额资金，用于高风险投资或其他实际控制人利益输送，严重危害保险公司和投保人利益。

（三）利益冲突风险

当保险集团拥有保险公司、商业银行等不同的业务部门或子公司时，由于各种金融业务部门的相关利益主体存在结构性差异，不同的利益主体如所有者、债权人、管理层、客户等因为利益关系的调整必然会导致一定的利益冲突，从而影响控股集团整体协同效应的发挥，并带来风险。因此对金融控股公司而言，利益冲突主要包括：集团各成员之间，子公司与集团公司之间，集团系统内部与客户和股东之间等。随着我国保险集团经营范围的不断拓宽，发生在集团内部子公司之间的捆绑销售、咨询误导、客户信息违规使用等现象也正在逐步显现。如保险集团借用其在信息、销售上的优势，为自身谋取利益，损害客户的权益；对问题子公司盲目地资金援救可能会引发风险在集团内部传递。当一家子公司经营出现困境时，作为保险（金融）集团的控股公司，命令其他子公司以资金援助等进行救助，其做法本身就潜藏着较大的风险：可能引发其他子公司的流动性危机或对其业务量造成冲击；对于问题子公司的资金援助并不一定能够产生效果，还可能将风险传导至其他子公司。

（四）财务风险

一是资本金不足风险。按照我国有关法律的规定，无论是独资公司、合资（合伙）公司、股份制公司，都必须拥有一定的注册资本或法定资本，方可设立开业。为了实现资金利用效率的最大化，金融控股公司容易出现资本金重复计算问题。这既可能是母公司拨付子公司资金时，同一笔资本金在双方的资产负债表中同时反映，也可能是子公司之间交叉持股，造成资本金多次计算。这样，控股公司实际偿付能力将远低于成员"名义"偿付能力之和，影响到抵御风险的能力。此外，保险金融控股公司还可能利用各监管机构对监管对象资本构成规定的不同，规避监管部门对最低资本的要求，进一步加大资本金不足的风险。二是财务杠杆比率过高风险。财务杠杆比率反映的是普通股每股收益与息税前利润的关系，即债务对投资者收益的影响。从股权方面来看，控股公司是一种以获得对公司其外的一家或更多家公司控制权为目的的公司。控制权不需要绝对达到被控制公司 51% 的股票。对大多数现代公司而言，其所有权很分散，仅仅掌握 10% 的股份就能够有效地对该公司进行控制。从积极方面来看，这种形式能够因股权分散而产生高的杠杆效应，提高负债的可能和资金利用率，充分发挥其财务协同效应。但是另一方面，过高的财务杠杆比率也会加大保险金融控股公司亏损和不能偿还到期债务的风险。我国金融监管体系尚不健全，各监管机构之间缺乏必要的沟通，保险金融控股公司可能利用其内部不受监管的机构，或利用重复计算的资本金，或利用监管部门对资本计算口径的不同和对最大财务杠杆比率要求的不同，尽可能地违规提高财务杠杆比率。

（五）信息披露风险

由于各监管部门缺乏有效的信息沟通渠道与明确的职责划分，使得我国保险集团信息披露目前几乎没有适当的规范可遵循，缺乏可比性。会计、统计制度基础薄弱以及信息系统的低标准使得金融控股公司经营业绩和风险评估缺乏科学性。在信息披露中的权责规定过于简单，对利害关系人和非确定性公众了解披露的信息缺乏有效的保障机制，造成金融控股公司信息对股东和利益相关者不透明；同时，对于金融控股公司的消极披露或隐瞒披露缺乏有效的监督制约机制，难以做到全面、准确、及时地将公司信息送达所有相关者，这些都会降低公开信息的真实性，掩盖其真实风险。比如通过集团式运作，使得集团旗下各公司涉足了更多领域，复杂的架构外界不易看懂，会有利用监管差异进行监管套利的动机，甚至掩盖违法违规操作；部分非金融企业特别是私人资本控股企业，可以利用集团框架，设置负责的股权安排、成立特殊目的载体、使用股权代持手段等手段，隐藏实际控制人信息和实际出资情况，从而实现虚假出资、实现不当关联交易等目的。

（六）风险传递风险

在保险集团内部，某一经营实体发生的风险可能影响到其他成员或者集团本部，造成流动性困难或对其他成员业务形成冲击。风险传递一般通过两个渠道在保险集团内部实现，分别是资金传递和信心传递。从资金链看，通常情况下，保险集团内各子公司之间会形成一定的债权债务关系、股权关系，或是业务关系。当保险集团中某一子公司出现困难或危机时，有可能通过上述资金链传递给集团内其他公司，造成风险扩散。当然，保险集团本部也可能从全局考虑，对发生危机的下属公司进行救助，从而造成集团整体流动性困难。从信心传递看，市场参与者会将集团内各公司看作一个整体，当某一子公司出现危机时，人们会将对该子公司的不信任扩大至整个保险集团，出现从集团的各子公司挤取属于自己资产的情况，如退保或抛售股票。如2008年平安集团投资富通集团失利，曾经使得该集团短期内股价大幅下挫。这种由风险传递产生的风险放大机制使得保险集团有可能因为其一家子公司的问题而导致整条资金链的断裂，使整个集团都陷入困境。

（七）流动性风险

流动性风险对于保险公司来说一般不是主要风险，但在金融危机期间却成了某些公司急需解决的困境，这些公司被迫寻觅足够的流动资金以履行短期义务。一些寿险公司通过证券融资计划借出了过多的资产，但却缺乏适当的监督。他们还将部分资产担保品投资于一些在危机期间流动性变差的项目上，进一步增加了其流动性敞口。

（八）"大而不倒"的道德风险

我国的保险（金融）集团中的保险子公司公司受到保险保障基金的保护。根据我国《保险保障基金管理办法》第十六条、十九条规定：在保险公司被依法撤销或依法实施破产，其清算资产不足以偿付保单利益的；或由中国保监会经商有关部门认定，保险公司存在重大风险，可能严重危及社会公共利益和金融稳定的，可以动用保险保障基金。对于保单持有人的损失在人民币 5 万元以内的部分，保险保障基金予以全额救助；保单持有人为个人的，对其损失超过人民币 5 万元的部分，保险保障基金的救助金额为超过部分金额的 90%，保单持有人为机构的，对其损失超过人民币 5 万元的部分，保险保障基金的救助金额为超过部分金额的 80%。从这些规定看，保险（金融）集团保险子公司在我国金融市场上受到特殊保护，这就可能产生道德风险：保险（金融）集团公司及其他子公司可能有强烈的动机将自身风险转移至保险子公司，从而享受低风险、高收益。

三、我国保险集团监管存在的问题与挑战

（一）现行分业监管体制监管保险集团存在的问题

目前我国对保险集团或金融控股公司监管基本可以归为牵头监管模式。以保监会规定的保险集团为例，保监会负责审批保险集团公司、保险控股公司的设立，牵头负责保险集团的业务监管，集团内涉及不同金融业务领域的机构则分别归口相应监管部门进行监管。监管部门之间有正常的信息沟通和工作协调机制，同时根据合作备忘录的约定，建立监

管联席会议机制，定期讨论和协调有关金融监管的重要事项、已出台政策的市场反应和效果评估以及其他需要协商、通报和交流的事项。

在分业经营的大背景下，牵头监管模式基本符合实践发展的需要，有效维护了保险集团的健康稳定发展。随着金融一体化的深入发展，银行、保险、证券等机构的业务边界不断延伸，相互之间的渗透趋于明显，分业监管模式逐步显示出一些缺陷和不足。一是增加了保险集团业务创新的成本。金融资产具有同质性的特点，这也是金融混业经营的优势之一。正是由于这一特点，一项新业务的推出可能会涉及多个监管部门的审批，而当不同监管机构存在较大意见分歧时，就会增加保险集团的创新成本。二是存在重复监管的可能。比如集团下属的银行和保险公司之间的银保业务，可能要接受银行和保险监管部门的双重监管。三是存在监管套利的可能。如果监管标准不一致，按照分业监管的模式，存在保险集团将资产、利润向监管较松领域转移的可能。四是存在监管盲区。尽管"一行三会"格局现在变成了"一行两会"，但是银保监会内部整合尚未完成，监管职责和内容未做整合调整。分业金融监管体制有助于金融监管职责的明确分工，但各监管机构或部门监管目的、方法和重点各不相同，监管者不可能全面了解各家的监管程序和指标体系。再者三个行业的业务存在很大差异，对各个领域的要求不同，很容易产生监管盲区。五是监管部门之间的协调沟通不够。虽然目前已经建立起了监管部门之间的联席会议制度和信息沟通制度，但一些涉及行业机密内容信息的沟通仍然有待加强。各监管部门考虑到各自的监管目标和行业利益，很容易对保险集团的同一业务行为产生不同监管意见，监管协调难度较大。

（二）关联交易增多使得监管难度加大

目前具有一定实力的保险集团，旗下既有寿险公司，还有财产险公司、资产管理公司等，还已经或将涉足银行、基金、信托、房地产和其他投资领域。保险集团内部复杂的控股关系和资金往来使得对关联交易的识别和鉴定也更为困难。集团内保险公司之间的流动性资金的拆借，集团内保险公司、银行为集团内其他证券公司、基金公司、实体企业进行资金融通，证券公司把集团内银行作为资金清算行等，都是集团内常见的关联交易。在保险集团内部，由于各金融企业之间业务的关联性，还存在着一种更为隐蔽的关联交易形式，即对客户资源和相关信息的滥用与共享。随着保险混业经营形势的进一步发展，保险集团的关联交易越来越多，而我国保险集团大多成立时间不长，经受市场考验较少，风险管控能力有限，不良关联交易增大集团公司总体风险的同时，也给监管机构确认集团公司下属各实体间不良关联交易的存在和监管增加了难度。

（三）信息不透明降低监管有效性

集团成员间的内部交易往往会夸大一个集团成员的报告利润和资本水平，因而集团的净利润可能会大大低于各成员的利润总和。同时混乱的股权结构往往会是同一笔资本来源在母公司和子公司的资产负债表中同时反映，重复计算，这些都会降低公开信息的准确性和真实性，增加不透明性。集团内部的关联交易和股权结构的复杂性使监管当局无法了解其经营状况，从而无法准确判断集团所面临的真实风险。增加监管信息共享有助于全面掌握保险集团情况。目前我国监管部门间主要的协调机制是"监管联席会议机制"，会议成员由银监会、保监会和证监会的主席组成，每季度召开一次例会，并邀请央行等部门参加讨论和协调有关金融监管的重要事项、已出台政策的市场反应和效果评估，以及其他需要协商、通报和交流的事项。"一行两会"仅仅是松散的合作机制，只是在分业监管体制下，加强监管机构之间信息共享的权宜之计，不具有强制力和决策性质的制度安排，因而不是监管协调的长效机制。

（四）混业经营对监管水平提出更高要求

从美国、日本等国的经验来看，金融控股公司或保险集团的业务发展模式总是先于法律认可，这中间不可避免有法律真空期。在无法可依的情况下，如何监管新生金融机构，是对相关监管机构的考验并提出更高要求。金融控股公司或保险集团的最终形成，其实就是一个创新行动对立法的突破，再经立法修正予以认可，发展出新的经过法律确认的制度模式的不间断过程。金融控股公司或保险集团的组织架构、经营范围和监管方式等内容，在这个过程中不断趋于完善，形成目前所见的模式。这个创新对金融监管当局和政策制定者来说，要求必须及时调整金融监管的理念，而且要有一定的超前性。总体而言，保险集团的发展与监管之间的关系是互动的，分业监管限制了金融体系的融合与竞争，金融业内生出混业经营的驱动力，而金融业混业经营程度的逐步推进，又在不断推动金融监管的法律基础和监管模式的调整变化，因此，也存在着金融监管不断自我更新、以适应变迁中的金融结构的实际需要。

四、我国保险集团监管政策建议

国际商业信贷银行（BCCI）和巴林银行（Barings）经营失败的案例说明，如果进行交易的双方，在进行交易的业务上有受监管的机构和不受监管的机构，受监管的机构和不受监管的机构之间存在组织或利益上的联系，那么仅对其中一家进行监管，对其经营稳定性和财务状况的审查是非常不足的。因此，对于混业金融集团单纯依靠对独立金融部门分别监管是不够的，对金融集团的监管要着眼于集团总体金融风险，并注重考量金融集团内部交易可能带来的新增风险或监管漏洞。而且，金融集团通常规模庞大，对金融市场影响巨大，不得不从金融稳定的宏观视角特别予以关注。

近年来，随着我国金融混业经营限制的逐步放开和混业经营政策导向的日益明朗，我国混业经营步伐不断加快，在加快金融创新、完善金融结构、提高金融效率、进一步发挥金融对实体经济促进作用的同时，也引发一系列新的矛盾和问题，主要集中在金融保险集团定位不清晰、监管模式不明确、监管法律体系不完善、监管要求不全面这四个方面。2008年爆发的美国金融危机，深刻揭示出金融保险集团经营不善和监管不严引致系统性金融风险的巨大危害性和破坏力，为汲取前车之鉴，避免重蹈覆辙，我国应加强金融保险集团及其监管研究，及早明确金融保险集团及其监管的发展方向，加快我国金融保险集团及其监管的科学化发展进程。

（一）以适应市场发展为原则适度发展保险混业集团

虽然理论上混业经营具有客户、信息、资源和规模经济等优势，但也存在较多弊端，主要表现在三个方面：一是营业范围过宽、不同金融板块经营目标不同、利害关系不同会引致较大的内部利益冲突；二是业务规模过大、管理链条过长会加大统筹协调、有效控制难度，严重的会出现违规经营和高风险经营而高层无法掌控等局面；三是内部持股结构和组织结构复杂，内部风险传递和转移风险较高，进而引发更大的经营风险。

当前，我国混业经营趋势日益凸现，应深刻认识到国外特别是本轮金融危机暴露出来的金融混业经营方面的缺陷与问题，及早确立"适度混业经营"的发展基调，科学把握金融混业经营的先决条件、出发点和着力点，努力构建风险可控、资源整合优势突出、整体竞争力强大的金融控股公司，稳步推进我国金融混业经营进程。

混业经营之所以能够逐步成为全球主流金融发展模式，是由其特有优势所决定的：一是可以实现范围经济和规模效应，提升总体盈利水平；二是可以实现多元化经营，降低经营风险，提高盈利稳定性；三是可以实现一定前提条件下的集团内部客户资源共享，增强市场开拓能力；四是可以实现全方位金融服务，提升客户服务水平；五是可以实现金融保险集团声誉共享，加快低成本扩张速度与范围。

多国多年金融混业经营实践表明，混业经营是一把"双刃剑"，完全放松对金融混业管制，实施效果并不理想。从较早实施混业经营国家实际情况看，逐步出现回归控制混业经营范围和幅度的趋势。例如，金融危机后，欧美银行开始收缩经营范围，要么减少证券业务，要么削减传统商业银行业务，突出核心竞争优势；亚洲金融危机后，韩国和泰国金融集团全面调整业务结构，逐步回归分业经营体制。

我国金融控股公司形式多样，十分复杂，除了没有像中国台湾和日本设置统一的金融控股公司外，既有美国金融控股公司形式，也有德国全能银行形式，还有英国金融控股公司形式以及加拿大的银行控股公司和保险控股公司形式；既有德国和英国经营性金融控股公司形态、加拿大经营性银行控股公司形态，也有美国和澳大利亚非经营性金融控股公司形态；但却没有这些样本国家和地区金融控股公司所具有的市场定位和法律地位，经营风险极高，若继续任由其自主发展下去，可能会演变为新的金融风险隐患。

(二) 建立科学完善的集团管控模式

根据现代企业发展的一般规律，企业发展需要经过"培育期—成长期—发展期—成熟期—衰退期（创新期）—再生期……"这样一个周期。根据这个周期理论，我国保险集团目前还处于发展的初级阶段，从"成长期"到"发展期"过程中，发育还远远没有成熟。这个时期，各种经营中的风险正在积聚，危机正在凸显，加快确立集团管控的战略规程尤为迫切。战略规程可以从集团类型、发展阶段两个方面进行总体衡量。

从我国保险集团公司发展历程看，集团一般从单一的公司业务经营中发展组建而成，自身不直接从事主体业务的经营活动，但继续承担着前身公司的非主营业务、不良主营业务等的经营责任，这些业务与子公司目前经营的主营业务之间存在一定联系。因此，集团公司出于非主营业务经营的需要，将对子公司业务经营的某些环节实行相对直接的管控方式，使得集团公司经常由于自身需要对子公司进行权力寻租，或以行政性管理手段侵犯子公司的利益，带来日常风险的不断出现。随着这些非主营业务的逐步减少，保险集团将转化为纯粹型控股公司，并趋向以资本为核心、管控为内容、战略为导向、分配为手段的、间接的管控方式。保险集团的发展将经历"单一业务、综合保险业务、综合金融业务"三个发展阶段，目前我国的保险集团正处于第二阶段初期，较多地关注主营业务的发展，以及集团框架下的综合性业务发展。集团更多地依靠内部资源调配的方式实现业务的多元化，有些新业务，特别是涉及客户与后援资源共享方面，还需要与子公司共同培育。这一阶段集团公司将倾向于采取较为紧密的管理方式。随着集团结构的完善、业务的丰富和利润获取的多元化，管控手段将不断趋于股权型管理，通过资本纽带约束子公司的各项经营行为，以实现集团总体战略目标的实现。发展后期，将使经营更多地通过资本运作，以收购与合并方式实现集团范围内的规模扩张，采取更为间接的方式对所属公司进行管控。现代保险集团总部对下属企业的管控模式，按总部的集权、分权程度不同而划分成"经营管控型""战略管控型""财务管控型"三种管控模式。采取何种管控模式，一定要从公司自己的实际情况出发，一切以公司核心战略和发展目标为方向，以自身资源、配置能力和发展阶段为考量，通过对风险的总体评估，按照绩效最大化、耗损最小化为原则，选择适合持续、健康、稳健发展的管控模式，才是最好的。

（三）建立内在风险管理体系，完善保险集团资本管理体系

国内保险金融集团迫切需要改善资本管理压力主要来源于：监管者放松对保险业管制的同时伴随着对偿付能力更加严格的要求；股东们在投资风险和回报方面的要求变得更加苛刻；信用评级机构对于评级中需要什么数据也越来越有经验；集团业务多元化和高速增长需要消耗更多的资本。

国外保险金融集团从最初的依靠监管机构的外在资本约束机制到内在的风险资本管理体系的培育和建立这一发展轨迹，以及在内在风险资本管理体系的建立过程中所做的有益探索和经验的积累，为国内保险金融集团资本管理体系建立提供了可供借鉴的现实基础。

保险集团要参照金控集团管理模式建立金融集团防火墙机制。不仅要通过金融集团采取非经营性模式从组织机制上建立必要防火墙，还要通过必要内部交易限制，达到防控风险、保障公平竞争的目的。如应对金融控股公司下设的银行子公司与集团下属其他非银行子公司之间交易金额做出必要限制；应对金融控股公司及其子公司与金融控股公司负责

人及其大股东、金融控股公司下属公司负责人及其大股东之间的交易做出必要限制；应对金融控股公司高管层在下属子公司兼职做出必要限制。

国内保险金融集团要把提高资本使用效率提升到集团发展的战略层面来考虑，既要果断调整业务结构，大力发展资本节约型业务，又要采取完善内源性资本积累为主、外源性融资为辅的资本补充机制。国内保险金融集团要通过有力的举措，使集团业务发展和资本使用走上良性循环的轨道。国内保险金融集团应健全资本管理制度，提升资本整体协同能力和使用效率。集团重在明确并坚持战略导向，制定规则，履行资本筹集职能，根据各业务单元的发展需求，以资本配置效率和投入产出比率等指标为重要参照，强化资本需求管理和资本投入管理，制定资本配置规划，强化资本约束，提高使用效率。

对业务单元来说，经济资本的合理分配以及风险调整后的业绩目标正成为一种全新资本管理模式的基础。目前，国内保险金融集团的经济资本管理框架还处于形成阶段，与国外相比仍然存在着很大的差距。国内保险金融集团要积极开展对经济资本的研究工作，积极做好推行经济资本的各项基础工作。集团要组成由董事会负最终责任，管理层直接领导，以相关专业委员会为依托，各职能部门密切配合，覆盖各控股子公司及业务线的风险管理组织体系，建立与集团业务特点相结合的全面风险管理体系，将经济资本引入保险业务资本配置的全过程。

（四）完善金融保险集团监管法律体系和监管标准要求，提高金融保险集团监管的科学性和有效性

一是设立金融控股公司认定标准，解决监管主体不清晰问题。由于我国除对保险集团出台了认定标准外，对金融控股公司没有任何认定标准，直接带来监管主体不明和监管职责不清等问题。从目前银保监会出台的监管法规和政策上看，尽管对于保险集团是有相应管理方法的，但是缺少对于非金融机构参控股保险公司监管主体的确认。造成了事实上存在着金融控股集团，但是没有监管机构监管的问题。

二是建立金融集团监管信息共享机制。在我国逐步向"部分混业监管、直接监管"模式过渡的时期，应在"一行两会"之间建立以央行和金融集团主协调人为主的监管信息沟通机制，包括日常信息交流和定期高层协调会议等，确保金融集团监管信息及时送达所有相关监管机构。

三是明确金融集团合并会计报表要求和方法。为反映金融集团整体经营状况，应要求其编制集团层面的合并会计报表。鉴于我国会计准则基本与国际会计准则接轨，因此，在并表范围方面，应要求将母公司以及50%以上具有投票权的子公司纳入合并报表范围，同时，对于虽然股权不到50%但可以对其经营管理施加重要影响的具有"控制关系"的子公司，也应纳入合并报表范围；在合并报表方法方面，应按照国际主流做法，要求采用购买法。

四是建立金融集团风险控制标准。应按照全面风险管理理念，在集团层面提出公司治理、内部控制、资本充足、内部审计、内部监察等风险管理组织、程序、评估和检查等全面系统要求，同时，还可借鉴日本和英国经验，出台金融集团检查手册，开展定期检查与评估。

（五）密切关注国际保险集团监管趋势

金融监管国际化发展是大势所趋，因此，我国金融集团资本计算方法同样可以采用金融联合论坛发布的金融集团资本评估方法，即允许采用基础审慎法（Building-block Prudential Approach）、风险加总法（Risk-based Aggregation Method）、风险扣减法（Risk-based Deduction Method）、总体扣减法（Total Deduction Method）4种方法中的一种或结合使用。对于集团整体资本要求，根据我国金融集团经营模式，可以采取两种方式，短期内可以采用目前世界主要国家和地区通常的做法，通过金融联合论坛颁布的4种方法中的一种或结合使用，按照各类金融业务监管标准和要求分别计算得出各类金融业务实际自有资本和最低资本要求，而后加总得出集团资本盈余，若大于0则资本充足，反之则资本不足；另一种方式是按照欧盟最新颁布的偿付能力标准Ⅱ，通过标准法或经集团监管机构审批的内部模型法计算，充分考虑不同产品、不同业务线、不同地域、不同子公司之间的风险相关性，设置相关系数矩阵，加总计算得出集团自有资本和最低资本要求，若计算得出的二者差额即集团资本盈余大于 0 则资本充足，反之则需要及时补充资本。

全球统一规则将可能对我国现行保险监管体系形成压力，也将为我国完善保险监管体系提供有益参照。我们应从保险监管体系建设的战略高度，全面审视统一规则对我国保险监管的影响。一是深入研究 IAIS 统一规则框架的合理性和可行性，做好技术准备；二是充分发挥保监会作为 IAIS 执委的作用，坚持统一规则要充分考虑 IAIS 各成员，特别是新兴市场成员的现实情况，允许成员自主选择规则实施的时机和范围；三是以统一规则为契机，合理把握我国保险监管规则与国际接轨的节奏和进度。

作为一些大型国际保险集团的所在国监管机构和一些"走出去"的中资保险集团的母国监管机构，保监会应做好以下几方面工作：一是密切跟踪研究监管联席会议机制的发展变化，为未来参加或建立类似机制做好理论准备；二是积极参加在中国设有营业机构的跨国保险集团监管联席会议，了解国外做法，及时掌握有关外国保险集团的经营状况，防范风险跨境传递；三是适时探索建立我国保险集团的监管联席会议制度。

第五章

金融风险传导下的我国保险业系统性风险防范机制建设

第一节　金融危机对保险业系统性风险防范机制的挑战

一、保险业系统性风险的内涵与特征

（一）保险业系统性风险的内涵

系统性风险通常有两种定义方式：第一，与"非系统性风险"构成一组含义相对的概念，系统性风险主要是指特定基础资产或投资所面临的、无法通过与其他资产或投资的组合来规避或分散的风险；反之，非系统性风险是指可以通过资产或者投资组合的多样化加以规避或分散的风险。第二，与"局部性风险"构成一组含义相对的概念，系统性风险是指与系统的整体健康或结构相联系的风险；反之，局部性风险的相关性则仅限于一个较小的范围。

2007年下半年以来全球金融危机的爆发，引发了各方对"系统性

风险"的重新关注，因为在各种对危机的反思和认识中，有一种被广泛接受的观点，即金融危机是系统性风险的总爆发。那么，后危机时代如何定义系统性风险呢？当然有各种不同的概念版本。例如，剑桥大学著名学者伊特韦尔认为，金融体系中系统性风险的根源即是微观风险承担行为的外部效应；金融稳定委员会（Financial Stability Board）、国际货币基金组织和巴塞尔委员会2009年10月提交给G20财长和央行行长报告中的定义最广为人所知，即"系统性风险"定义需满足两个要素：一是对部分或整个金融体系造成损害；二是具有对实体经济造成严重负面影响的潜在可能。此外，判断是否是系统性重要的金融机构有三项定量指标，分别为规模、可替代性和相互关联度。

金融稳定委员会（FSB）的定义主要针对银行业。在其三项准则基础上，国际保险监督官协会（IAIS）特别针对保险业增加了第四项判定准则——时效性，即损失向第三方传递的速度。这对于保险业非常重要，因为与银行不同，保险业一般不会立即发生现金流出，判断系统性风险的影响需要经过一定时间期限。IAIS对系统风险定义的这一特殊处理体现出了保险业的特殊性。

事实上，与商业银行、投资银行、共同基金等相比，在传统意义上保险业并不被视为是具有系统性风险相关性的金融机构。换句话说，传统观点认为，利率、政策法律变化等系统性风险因素常常对保险公司的经营成果和财务状况产生不良影响，从而使得保险业可能成为系统性风险的承受者，但保险业不太可能像银行那样，成为系统性风险的根源或者引发者。主要原因在于保险业务具有一些不同于银行的业务模式特点，从而避免了许多类似银行的风险暴露。

第一，相对于银行，保险公司的资产负债表结构具有明显不同的特点。保险公司负债的久期往往大于资产的久期，不容易发生挤兑现象；而且业务流动性风险较小，杠杆率远小于银行业务。相反，银行依靠短期存款融资，流动性要求很高，同时发放长期贷款，因而必须承担两类风险——贷款的信用风险以及由于借短贷长而引发的流动性风险。这一特点使得银行业与经济周期的相关性远远大于保险业与经济周期的相关性。

第二，保险公司的保单期限往往很长，投资期限也很长，现金流出有一定的控制，这决定了保险业资产结构中持有至到期的金融资产比例远远高于银行业，从而使得保险公司可能成为金融系统的稳定力量。

第三，银行通过银行间市场和支付体系密切结合在一起，而保险业不直接参与支付体系，也不是货币政策传导的主要渠道，因而公司之间的关联性并不强。然而，上述传统观点没有考虑过去数十年间金融市场自由化、国际化对保险公司业务范围、风险特征等产生的影响。特别是自20世纪90年代以来，随着金融一体化进程的加快和保险市场向国际资本的开放，保险业的经营模式发生了重大变化，保险市场与信贷市场、货币市场、资本市场的相互依赖性以及融合度显著增强，其风险特征已与以往大为不同，日益成为金融业系统性风险的重要源泉。根据剑桥大学伊特韦尔教授的分析，由于跨市场的关联度急剧上升、混业经营、国际金融体系的美元化、风险管理的职能进一步集中等原因，国际金融市场已经显现出明显同质化趋向，由此引发了系统性风险与日俱增。根据这一逻辑，保险业作为金融体系中不可忽视的力量，参与了金融体系的同质化过程，因此不可避免地会对系统性风险的产生"做出贡献"。

综上所述，本书对保险业系统性风险进行了全新定义，即保险业的系统性风险是指由保险相关的系统性风险要素引起的、可能直接或者间接对整个保险市场乃至金融体系/实体经济产生的破坏性损失。定义保险业系统性风险必须包括三个要件：一是系统风险要素，即与保险业相关的、不可使用常规手段予以防范或者不能通过组合的多样性予以分散的风险；既包括不受行业控制的外部要素，如利率波动、法律政策等，也包括行业和个体公司要素。二是保险业在其中承担的角色：如果保险业作为承受者，风险要素的破坏范围主要限于整个保险市场；如果保险业作为引发者或者放大者，则风险要素或者通过保险业作为媒介，或者直接将负面影响波及保险业以外。三是产生的后果，即风险引发的损失规模巨大，波及范围广泛，传播速度迅速，不仅对保险市场产生全面破坏影响，甚至可能蔓延出去，对金融市场乃至实体经济产生重大负面冲击。

（二）保险业系统性风险的特征

2010 年，在日内瓦协会上，FSB 和 IMF（2010）认为系统性风险是一种导致金融服务中断的风险。这种风险包括两个要素：一是全部或者部分金融系统损坏；二是具有对实体经济造成严重负面影响的潜力。基于这个定义，FSB 提出了识别保险业系统性风险的三个标准，即规模、关联性和可替代性。由于保险业某种事件演化为系统性风险受到传播速度（或时间）的影响，所以时间因素对保险行业尤其重要，相关文献对系统性风险的定义也显示了这一点。国际保险监督官协会认为保险业系统性风险还具有第四个标准——时效性。国内外相关文献一致认为这四个特征可以作为评估保险业系统性风险的基本要素。如果某个机构同时具有这四个方面的特征，则认为该机构具有潜在的系统性风险。

1. 规模

（1）规模对评估保险业系统性风险的重要性。规模是指金融系统中单个机构提供金融服务的数量，是对风险的一个粗略度量标准，是评估保险业系统性风险的首要因素。如果不考虑经济资本，就无法估量资产和市值的风险。人们对风险程度有一种共识，即"规模越大，风险越大"。保险业系统性风险取决于保险机构业务的构成情况，而这些业务构成情况又反映了保险业的规模以及规模和其他系统性风险要素的内在关系。因此，必须考察保险业在国民经济中的地位和在金融体系中的重要性。

（2）规模效应的衡量标准。规模效应除了可以用资产的总量指标和相对指标衡量之外，还可以用资产的分散性指标来衡量。规模总量对于系统性风险的评估当然是重要指标，但规模是不同机构各种行为的组合，与其他机构相互作用，并非单纯的资产总量指标。况且，只有未分散化的资产才具有发生危机的可能性。因此，评价规模效应还应该包括资产的分散性这一要素。如果资产的各项业务之间具有良好的分散性和互补性，即使资产总量庞大，但是仍然可以较好地控制整体风险，避免系统性风险的发生。例如，大型金融机构可以通过跨行业、跨地区运营来分散系统性风险。尽管这样会使得该机构有范围更广的风险敞口，但是这些风险往往是独立不相关的，因此对于该机构来说总体风险比单个风险要小很多。分散化经营策略也解释了金融危机期间大型保险公司更富有弹性的原因，尽管并非所有大型银行的多元化程度都不如大型保险公司，但一家典型的大型保险公司往往比一家典型的大型银行更加多元化，所以，我们可以看到有些保险公司会在危机后短时间内反弹。因而，必须区分多元化带来的风险集中性和风险分散化的差异。系统性风险中规模的重要性主要取决于机构的业务构成、各业务的规模，以及与其他系统性风险因子（如关联性）的相互影响等。并不是说规模较大就意味着有风险，而是指未分散的大规模具有较大的潜在风险。这是单一化经营的教训。

（3）保险业的规模情况。金融危机爆发以前，2007 年全球保险业名义保费收入约为 4.1 万亿美元，占 GDP 的比重约为 7.5%。保险业的业务规模虽然绝对量较大，但是在 GDP 中的比重相对较小。美国保费收入占 GDP 的比重为 8.9%；英国和中国台湾保费收入占 GDP 的比重最高，约为 15.7%；中国大陆保费收入占 GDP 的比重仅为 2.9%，保险业的发展水平相对较低。

2008 年金融危机爆发后，当年全球名义保费收入约为 4.3 万亿美元，占 GDP 的比重约为 7.1%，较 2007 年略微下降。中国台湾保费收入占 GDP 的比重最高。约为 16.2%，但是中国台湾保险业并没有爆发系统性风险，保险业受金融危机的冲击较小。

2012 年，在全球经济回暖和普遍恢复的形势下，全球名义保费收入约为 4.6 万亿美元。规模保费收入的绝对量上升，但是，全球保险业保费收入在 GDP 中的比重约为 6.6%，在全球经济中的贡献度下降。中国台湾保险业保费收入占 GDP 的比重达到 17.0%，保险深度在全球保险业中最高。2008 年金融危机爆发后，中国台湾保险业保费收入在 GDP 中的比重反而持续上升。而在美国等部分受金融危机影响较大的国家，保费收入占 GDP 的比重均出现了小幅下滑。

总体上看，保险业保费收入在各国和地区 GDP 中的比重相对较小，保险业对金融业的影响比银行业对金融业的影响小得多。经济合作与发展组织的统计资料显示，美国和德国保险业资产规模占银行业资产规模的比重约为33%，日本保险业资产规模占银行业资产规模的比重约为47%，中国保险业资产规模占银行业资产规模的比重约为5.3%。2009年，美国寿险公司的信贷总额仅占信贷市场总额的5.9%，财险公司的信贷总额仅占信贷市场总额的1.7%，寿险和财险公司都不是美国信贷市场的主要供给主体。

规模比较的综合结果表明，与银行业相比，保险业对系统性风险的贡献小得多。

2. 关联性

（1）关联性对评估保险业系统性风险的重要性。关联性是指某个金融元素和金融体系中其他元素之间的联系。只有当一个机构的风险能传播到其他机构，这样的风险才能被称为系统性风险。关联性是评估保险业系统性风险的重要因素之一。随着现代金融业的发展，各个金融行业的经营边界逐渐被打破，金融行业内部各金融行业之间的渗透性加强，形成了多种来源的金融系统相关性，如交叉所有权、支付体系相关性等。银行、保险、证券等各金融行业普遍存在交叉持股和集团化经营现象，增强了金融系统风险的关联性。再保险和CDS业务的产生原本是为了实现风险转移，但这类风险分散机制在转移风险的同时也将风险向多家机构转移，加强了系统之间风险的关联性。银行、保险、证券行业通过兼并、收购、交叉持股等多种方式相互渗透，以及银行、保险通过证券业务进行融资和投资等资本性活动，加强了风险在行业之间的传导，增强了金融系统风险的关联性。

（2）关联性造成的潜在系统性风险。不同保险业务的关联性对潜在系统性风险造成的影响不一样。例如，我们考虑保险业中两类风险转移业务的关联性对潜在系统性风险的影响程度：再保险业务和信用违约掉期业务。这两种业务都涉及多个利益相关主体，与多个机构或者个人利益具有较强的关联性。再保险业务可以通过在不同主体之间分担现有风险和实现风险多元化的方式转移风险，有效地将风险规模限制在潜在的保险利益范围之内，为保险公司提供了在金融危机冲击下制止风险传播的防线，实际上降低了保险业的潜在系统性风险。原保险业务中的部分道德风险，也通过再保险的方式转移掉一部分，这加强了保险公司与再保险公司的关联性。在自然灾害保险中，保险行业提供了两个层面的保障功能。再保险提供"极端风险"保障，是极端事件的第一道防线，为原保险公司的巨额损失或者破产风险提供第一道防火墙。从理论上看，某些发生概率极低的巨灾风险赔偿是可能超过全保险行业规模的，可能给全国乃至全球造成不可想象的巨灾损失，如卡特里娜巨灾风险。但是，这种损失是由风险事故本身造成的损失，并不是保险公司再保险业务的关联性造成的损失。

保险机构经营的类银行业务中的 CDS 投资业务则加剧了保险业潜在的系统性风险。2008 年金融危机之前，CDS 业务在银行平衡表中的比重较大。某银行基于扩张信贷业务的需要，向信贷评级"次优"者发放住房抵押贷款。为了保障贷款资金安全，转移房贷者违约风险，该银行向保险公司购买 CDS。由于获得了 CDS 的资金担保，该银行这类抵押贷款业务违约风险降低。某第三方投资银行或证券公司向保险公司购买债券保险，将这类抵押贷款以及其他"优质"抵押贷款打包分拆，设计成具有担保的住房抵押债券，将这类债券出售给不同的风险投资者，并将发行债券筹集到的资金用于该银行发放贷款或者其他投资活动，进而使得更多的人参与到市场活动中来。贷款者违约后，风险传导给银行，必须由保险公司偿还贷款人对银行的欠债。这引起保险公司流动性紧张，信用评级下降，造成第三方投资银行或者证券公司 CDO 的信用评级随之下降，从而引发投资者恐慌并提前兑现债券。随后，第三方投资银行或债券公司遭遇流动性风险，提前撤回投资或者无法兑现承诺投资，风险再传导给银行和实体经济，整个经济都受到影响。

雷曼兄弟公司在 2008 年 9 月破产前，拥有 1550 亿美元未偿还债务的债权。基于这种债权，雷曼兄弟向保险公司购买近 4000 亿美元的 CDS。保险公司将这种债务设计为有担保的债券后出售给众多投资者，使得更多人参与到市场活动中，信贷违约风险就可以影响更多的市场参与者。

可见，两种活动都牵扯不同的经济主体。再保险合约分散了风险，其机理与保险一样，即在大量买家中分散存在的风险。信用违约掉期则集聚了风险，将银行业的风险注入保险业，在一定程度上可以说是加强了系统性风险。总之，保险系统的强相关性可能会使危机蔓延到整个市场。

3. 可替代性

（1）替代性的含义。替代性是指在某个机构经营失败的情况下系统中其他机构提供相同服务的程度。金融机构的替代性可以通过两个方面来考察：一是该项金融服务或机构是否有不可替代的独特技术或服务，一旦它停止运行，无法在短期内找到替代品；二是该项金融服务或机构的市场份额是否足够大、足够重要，一旦它停止运行，没有相应的金融服务或机构填补它的市场空白。如果不满足这两个条件，保险业务就是可替代的，在这个标准上就不具有系统性风险。

（2）保险功能作用的可替代性。商业保险在经济中具有重要作用，但是商业保险比银行的可替代程度高。保险的核心功能是风险管理和保障，商业保险机制转移风险的空白可以由社会保障机制填补。国内外大量文献研究表明，社会保障对商业保险具有负向影响，具有较强的可替代性。比如，德国、瑞士、挪威等高福利国家提供了高保障水平的社会保障服务，人寿保险市场发展较为有限，通过政府救助、救济、捐赠和自我保障等多种途径弥补巨灾损失。各国都建立了慈善组织或者援助基金会，对突发性事件导致的个人或团体的重大损失提供赔偿。另外，在突发性重大损失风险事件发生后，受损失的个人或团体也可以通过向社会公开募捐的方式获得援助。这类活动的开展在一定程度上替代了保险的风险保障功能。保险的另一个重要功能是储蓄和投资理财功能，但这种功能只是其他金融业务优势在保险中的延伸，证券、银行、基金、信托、社保养老金等都可以实现这种功能。因而，保险的储蓄理财功能也具有较高的可替代性。

（3）保险经营的可替代性。目前，任何一家保险公司都不具有绝对的市场垄断地位，在市场中的作用也不像银行的清算中心或者证券交易所那样具有市场中心地位。另外，保险公司承保能力的可替代性也较强。资本补充和再保险可以解决承保能力扩张的问题。再保险是承保能力的最终来源之一，可以通过自身机制调节实现充分供给资本。在一场重大冲击过后，再保险的规模会减少，促使再保险费率升高。高利率会使得注资再保险有利可图，从而吸引新的资金流入再保险行业，直到再保险恢复到充分的承保能力。

4. 时效性

（1）时效性对潜在保险业系统性风险的影响。时效性是评估保险业系统性风险的重要标准之一。国际保险监督官协会认为，某一风险事件是否演化为系统性风险受传播速度的影响，时效性要素对评估保险行业系统性风险较为重要。

传统保险业务的风险并不是立即产生冲击效应的，而是需要经历较长的时间跨度。这一特点决定了传统保险业务爆发系统性风险的可能性较低。储蓄提取、担保赎回等银行业务的速度比保险赔付速度快得多，能较快地演变为挤兑风险，并迅速在市场中广泛扩散。证券、基金、金融衍生品等交易发生的速度也非常快，利好或者负面市场信息能立即在证券等金融交易市场产生效应，造成股票等抢购或者抛售行为，进而影响整个市场。保险的赔付则需要经过风险事件的发生、理赔勘察、核定损失、确定赔付等一系列程序，赔付的速度相对较慢，风险传播的速度也就较其他金融行业慢。例如，"9·11"事件发生两年后，世贸中心保险赔付案件的结案率尚不足 50%；2013 年 9 月 4 日江苏无锡新区的海力士—意法半导体（中国）有限公司的火灾事件发生后，2014 年年初该保险合同续传和陆续结案中才确定此次风险理赔的赔付金额为 9 亿美元①。

非传统保险业务中的投资或融资业务造成的损失在短期内能立即产生冲击效应，加剧保险机构的流动性风险。例如，通过商业票据或者证

---

① http：//finance. china. com. cn/money/insurance/bxyw/20140219/2196289. shtml.

券借贷进行的短期投融资业务管理不善，能在短期内迅速聚集大量风险，导致保险机构的流动性资金迅速趋紧，造成偿付困难。再如，在保险机构经营的 CDS 业务中，当市场出现大规模的贷款者拒绝支付还款时，保险机构短期内就会集聚大额偿付款项。而且，经营这类业务的保险机构由于未提取或留存准备金，能立即造成保险机构偿付困难，产生较强的冲击效应，导致保险机构面临破产倒闭风险。20 世纪末，因为保险投资损失，日本和韩国多家保险机构在短期内破产倒闭。

（2）时效性对保险业系统性风险与银行业系统性风险作用的差异。时效性引发传统保险业系统性风险的可能性比引发银行业系统性风险的可能性小得多。从理赔案件的比较来看，保险理赔案件的处理比银行业复杂得多，往往涉及复杂的政治政策、法律审判和个人因素等，给了保险业充分的流动性缓冲时间。例如，在 2013 年海力士—意法半导体（中国）有限公司火灾风险案件中，核定理赔损失的过程极为复杂，原因有三点：一是该项保单涉及五家共保公司和多家再保险公司，众多的利益方使得理赔处理决策过程复杂而漫长，因而组建了"5＋9"模式的理赔委员会以提供技术支持；二是海力士的产量影响全球手机和电脑市场，火灾造成的生产中断对全球市场影响较大；三是国内保险市场专业机构较为匮乏，海力士案件理赔处理过程中，被保险人聘请的理赔顾问以及保险人聘请的众多专业机构都是海外机构。

从破产时间区间的比较来看，银行破产和紧随其后的银行间资本市场崩溃，可以在短时间内引发银行间的"多米诺骨牌"效应。保险公司破产倒闭的过程较为漫长，在这个漫长的过程中保险公司可以为市场提供"替代"承保能力以赢得时间缓冲区间，降低保险公司破产对整个市场的影响。然而，现代金融的发展加强了保险业与其他金融行业的联系，非传统保险业务的开展加快了保险业破产风险进度。AIG 的经历表明，风险传播速度可能在短期内造成保险业破产风险发生，影响传统保险业以及整个市场的利益。

（三）保险业系统性风险的外在表现形式

1. 保险业系统性风险首先发生在保险系统内

从保险业系统性风险的定义来看，保险业系统性风险强调风险损失首先发生在保险系统内，是指保险系统遭受了普遍大规模的冲击而无法有效运转，但并未说明系统性风险是否源自保险系统之内。保险业系统性风险可能是保险系统内部因素造成的，也可能由外部传导给保险行业，对保险系统造成了损失。根据对国内外关于保险业系统性风险来源的资料分析，核心保险业务虽然也可能对保险系统造成较大损失，但是引发系统性风险的概率较低。金融担保、CDS 业务和利用商业票据或债券保险等进行短期投融资业务等非核心保险业务则具有引发系统性风险的潜在可能性。

这三类非核心保险业务并非完全局限在保险系统之内。金融担保业务也是一种非核心保险业务，这种业务通过其他金融服务的方式，加强了保险与其他金融机构特别是银行机构的关联性，银行机构是从事高杠杆资本业务的金融机构，引发系统性风险的可能性较大，极容易通过风险传导机制将信贷风险转移到保险系统。CDS 业务是由专业保险公司、投资银行或者某些具有特殊目的的投资机构经营的非传统保险业务，在没有发生违约风险时收取保费，当发生违约事件时，偿还贷款。没有提前收取保费和提取准备金，风险发生时会迅速传导给经营这类业务的机构。AIG 的 CDS 业务是由其分支机构——金融产品公司（FP）经营的，AIG 的母公司或者其他分支机构并没有涉足 CDS 业务，正是 FP 的 CDS 经营风险蔓延到整个机构引发了 AIG 的破产风险。利用商业票据或者债券保险进行短期投融资等业务，也不只是局限于保险系统之内的一种流动性管理业务，而是与多个金融机构或者实体经济具有较强的关联性。这种业务管理不善可能是由于保险系统自身的问题，也可能是由其他机构的风险传导而来的。由于提供保险服务，保险机构充当了这类业务的"最后贷款人"角色，损失最终都归集到保险系统，因而系统性风险造成的损失首先集中在保险系统内显现。

2. 保险业系统性风险表现为多数保险机构出现流动性短缺

与银行业系统性风险相似，保险业系统性风险也是多数保险机构出现流动性短缺，造成支付困难甚至破产。保险也是进行资本管理的一种金融业务，保持良好的流动性管理，是保障企业正常运营的基础。偿付能力监管是各国保险监管的主要内容之一，这种监管的目标实际上是督促保险机构保持较好的流动性，维护保单持有者利益。人身保险业务多为长期保障业务，保险资金具有较长的使用周期；财产保险业务多为短期保障业务，保险资金的使用周期相对较短，但部分保险责任的周期较长，如长尾业务等，可见保险业流动性管理是一项极其复杂的资本管理业务。如果保险资金流动性管理不善，导致流动性短缺，保险机构就可能因无法完成支付责任、资不抵债而被迫破产清算。

（1）存单和保单对银行业和保险业流动性短缺的影响差异。在银行业系统性风险中，存款人资金既是银行放贷业务的基础，也可能是加剧银行业流动性短缺的源泉。在银行出现流动性趋紧风险时，特别是当市场对银行维持经营失去信心时，往往会发生存款人大规模挤兑，进一步加剧银行业流动性风险短缺。保险费是保险业资金的主要来源之一，但是保单与银行存款不同：虽然部分保单具有现金价值，中途退保可以获得保单的现金价值，但由于保单的贴现因子较高，未到期退保的损失相对较大。所以，多数国家的保险行业建立了保险保障基金制度和准备金制度，在一定程度上保障了保单持有人未来的赔付，即使保险机构破产，保单持有人在期满后获得的收益往往高于中途退保的损失。这样一来，即使在保险机构出现流动性风险短缺的情况下，保单持有人也不会大规模退保。同时，期交保单的保险费也可以补充保险资金来源，在一定程度上缓解了保险资金的短缺困难。2008 年金融危机期间，即使 AIG 在破产清算的边缘，也未出现保单持有人大规模退保的现象。可见，保险行业的流动性风险主要发生在投资、融资等资本性业务运用和管理过程中，受到损失的往往是保险机构和其他投资者。保单持有人对保险业流动性风险的影响相对较小，甚至可能对流动性短缺产生正向效应。

（2）支付困难和破产清算的保险公司数量对保险业系统性风险的

影响。在市场竞争机制下，企业的破产清算是正常的经济现象，有利于实现资源的优化配置和重新组合。保险公司作为营利性企业，也受到市场机制规律的制约。单个或少数保险企业破产清算是正常的市场现象，并非都会造成系统性风险。保险业系统性风险定义中的"发生流动性短缺损失的保险机构数量较多"，并未规定多少数量的保险机构受到损失才算是系统性风险，仅强调这种破产清算对行业造成的影响。各国保险市场中，虽然保险公司的数量较多，但是对市场具有关键作用或者重要影响的保险公司只有少数几家，保险公司的规模及市场地位差异较大。

市场规模较大、在保险行业中影响较大的单个保险机构（如系统重要性保险结构）的破产倒闭，极有可能引发系统性风险，不仅会让国内整个保险行业受到重创，而且可能在多国市场造成重大损失。

市场规模较小、对保险行业影响较小的多个保险机构破产倒闭，可能不会引发系统性风险。在保险市场较为发达的国家，每年都有为数较多的保险公司进入保险市场，也有众多小型保险公司通过破产、兼并、重组等方式退出市场。由于这类退出方式并未对保险市场造成系统性损失，因此即使小型保险公司破产倒闭的数量较多，也不能称为系统性风险。

3. 保险业系统性风险对保险系统以外的其他机构造成了损失

保险业系统性风险首先在保险系统内造成损失，然后向其他机构蔓延。风险并不局限在保险系统之内，传染性和蔓延性是保险业系统性风险的另外一种表现形式。如果损失仅仅发生在保险系统内部而不向其他机构蔓延，这种风险可能只是源于保险经营管理自身的问题，而不能称为系统性风险。保险业系统性风险是指这种风险除了使保险系统内多数机构受到损失之外，也使得系统之外的多数关联机构受到损失。

由于保险行业与其他金融行业的联系日益加强，不同金融业务之间存在错综复杂的关联性，以充分利用资本市场的套利空间，提升资金的利用效率。在风险杠杆系数较低时，这种关联性的加强使得各金融主体充分利用了资本的获利能力，给各金融主体带来了较大的利益。当风险杠杆系数越来越高，以致超出资本的承受空间时，就容易造成资不抵债、期限错配等风险。风险首先在某个金融主体内积累，再逐渐向其他金融机构蔓延和传递。

20 世纪 80 年代至 90 年代末，日本寿险公司销售了大量高预定利率寿险保单，主要依赖资本市场投资报酬支付保单收益。1988 年后，日本经济低迷，利率下降，证券市场泡沫破灭，对日本寿险市场造成了极大的冲击。从 1997 年起，日产生命、东邦生命等 7 家保险公司相继破产。但是，这种风险损失主要集中在日本保险行业内部，并没有向其他金融机构蔓延，所以这类风险不是系统性风险。2008 年金融危机中，AIG 公司濒临破产时，多家银行由于购买 AIG 的 CDS 产品而可能承受较大的损失。一旦 AIG 破产清算，损失将进一步蔓延到这些银行，加剧银行的流动性风险缺口。

4. 系统性风险的发生伴随着实体经济价格失灵、货币贬值、资本外逃等现象

2008 年金融危机中，对保险业造成巨大损失的是非核心保险业务的大规模发展。这主要是金融衍生品等高杠杆风险的投资业务损失严重，引发了一系列的连锁反应，造成公司负债严重超出资本的承受范围。这些表外保险衍生品等投资业务是按市值定价的，引发大规模的资金进入衍生品市场，容易造成风险在该领域内大量积累，当市场行情走低时，容易形成连锁效应，造成实体经济价格下跌，利润空间萎缩，进而导致具有较高投资收益预期的衍生品价格进一步降低，造成市场对投资的恐慌心理，影响表外保险衍生品业务寻找新的投资和利润空间，无法释放和缓解流动性短缺的压力，进而导致货币贬值，资本大量逃离投资市场，形成恶性循环。

市场变化是实体经济发展情况的晴雨表，其定价机制主要依赖于实体经济自身的价值。货币价值是实体经济价值的反映，短期内实体经济的价格变化受货币价值影响。所以，系统性风险的另一直接表现为，实体经济定价机制失灵，短期内价格非理性剧烈波动，容易造成市场疲软幻觉，引起货币贬值，引起资本大规模逃离实体经济。

二、保险业系统性风险的识别与评估

(一) 保险业系统性风险的评估方法

学术界以前对系统性风险计量的研究主要侧重于银行业,对保险业系统性风险计量的研究文献不够丰富,对保险业系统性风险的评估方法主要借鉴了银行业系统性风险的评估方法。鉴于 AIG 破产的巨大影响,FSB 等提出评选全球系统重要性金融机构,并对全球系统重要性金融机构在一般性监管要求的基础上提出特殊的监管要求。

1. 度量整体系统性风险

度量整体系统性风险的指标,可以分为基于条件风险价值方法(CoVaR 方法)的指标、预警指标、宏观压力测试指标等。阿德里安和布伦纳迈尔 (Adrian and Brunermeicr, 2009) 提出通过 CoVaR 方法测试金融部门的风险价值,并从杠杆、规模和期限错配等方面计量系统性风险。阿查里亚、彼德森、菲利蓬和理查德 (Acharya, Pedersen, Philippon and Richardon, 2011) 运用系统性预期损失指标 (Systemic Expected Shortfall, 简称 SES 指标) 衡量资本不充足的单个机构对整个市场可能造成的风险。黄、周和朱 (Huang、Zhou and Zhu, 2011) 通过计算灾难性风险溢价方法 (Distressed Insurance Premium, DIP 方法) 来测算系统性风险。莫妮卡、米拉、安德鲁和洛里亚纳 (Monica, Mila, Andrew and Loriana, 2011) 运用主成分分析和格兰杰因果网络方法 (线性以及非线性) 判别金融机构网络的资产收益的统计关联性,是 CoVaR、SES、DIP 方法的有益补充。费利姆和约瑟夫 (Phelim and Joseph, 2012) 在阿德里安和布鲁伦纳迈尔 (2009) 提出的 CoVaR 方法的启发下,运用广义有限条件尾部期望 (the Generalized Co – Conditonal Tail Expectation, CoCTE) 方法度量系统性风险,并使用历史数据进行计算,描述了如何通过风险计提实现逆周期的系统性风险监管。华晨、康明斯、克鲁帕和玛丽 (Hua Chen, Cummins, Krupa and Mary, 2013) 在 DIP 方法和 SES 方法的基础上，首次利用信用违约掉期利差（CDSs Spreads）和股票盘中价格等高频数据度量保险业的系统性风险，同时运用线性和非线性格兰杰检验判断银行业和保险业风险传播的相互关系并进行了压力测试。实证结果表明，在未消除条件异方差性前，银行业和保险业之间的风险传播是双向的；但在利用广义自回归条件异方差（GARCH）模型消除条件异方差性后，银行业对保险业的冲击程度更为强烈和持久。压力测试结果也显示系统性风险会由银行业传导至保险业，反之则不然。博里奥（Borio，2010）提出了关于宏观审慎监管的预警指标，预测效果较好，对金融失衡和内生周期的冲击也有所体现。预警研究的主要目的是预测系统性风险，重点关注即将发生的事件。雷曼（Drehmann，2009）通过宏观压力测试，重现了金融体系对外生冲击的反应，但对金融系统和宏观经济的相互影响难以界定。另外，比利奥（Billio，2010）提出通过格兰杰因果检验（Grange Causality Tests）和序列相关系数（Serial correlation Coefficient）等计量方法来评估系统性风险的"四 L"，即流动性（Liquidity）、杠杆率（Leverage）、关联性（Linkage）和损失（Loss）。通过公开取得的数据，这些指标可以判断市场的混乱状况。由于金融市场的复杂性，通过一组指标来判断风险是远远不够的。爱伦（Allen，2001）强调了在研究系统性风险时需要测算不同金融机构之间的关联性。

日内瓦协会（Geneva Association，2011）提出了识别保险机构系统性风险的两步法：第一步，监管机构对保险市场和产品的监管，运用金融稳定理事会（FSB）和国际保险监督官委员会（IAIS）关于系统性风险的标准，识别潜在的系统性风险；第二步，国家层面的监管和团体监管，识别从事系统重要性风险活动的保险公司。韦斯（Weiss，2011）认为系统性风险的初步指标是关联性、替代性、集中度和基础设施。其中关联性是指由于银行业存在"挤兑效应"（run on the bank），即当存款人意识到银行出现危机、对银行失去信心时，容易提前到银行兑现存款，同时由于银行具有较高的杠杆率系数，流动性资金较为有限，大量存款人的提前挤兑行为容易加剧银行的流动性紧张局面，导致银行破产倒闭。因为其他机构通过贷款或股份投资等方式与这样的银行具有较大的关系，部分机构可能对这家银行的依赖性较高，所以该银行的破产倒闭能很快传递到其他多家银行，并迅速产生类似的扩散效应。替代性是指当一个机构破产时，其他机构代替这种机构或者服务的能力。当一种机构的可替代性较差时，这类机构的破产容易对整个经济造成较大的影响。集中度是指，当一个具有较高集中度的机构资不抵债时，可能导致某种重要的产品变为稀缺资源。集中度与替代性有密切关系，与 FSB 和 IMF 提出的规模指标相似。基础设施是指某项业务的关键性资源。金融或者支付基础设施中某些机构的金融萧条可能对整个经济产生溢出效应。例如，银行是支付系统中的重要组成部分，大规模的银行破产可能对支付系统和整个经济产生重要影响。

2. 评估保险业务系统相关性的方法

日内瓦协会（2010）根据 FSB 提出的保险业系统性风险的规模、可替代性、关联性等特征，提出应该按照保险业务活动而不是保险公司来分析保险业系统性风险，并提出利用过滤（filter）方法评估保险业务的系统相关性（见图 5 - 1）。

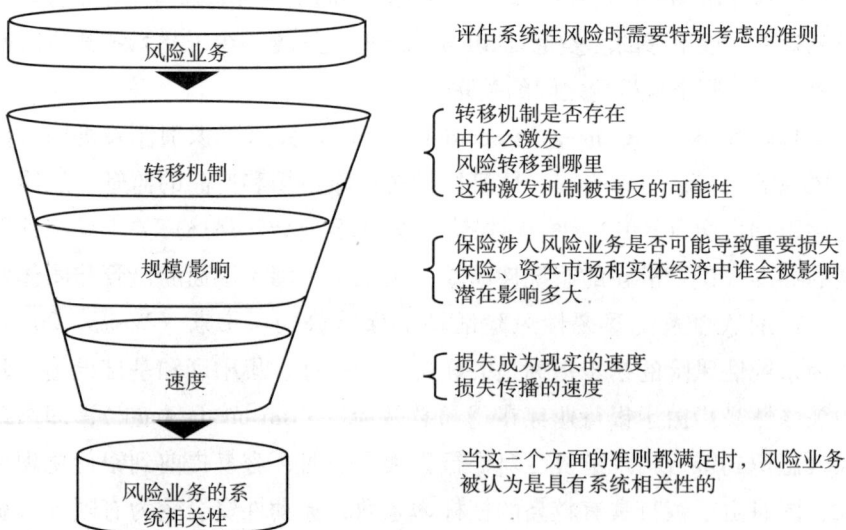

图 5 - 1　评估系统相关性的方法

资料来源：《日内瓦协会对美国奥伟咨询公司的分析》，2010 年。

3. 识别潜在的系统性风险业务

（1）评估保险业系统性风险的定量性指标。IAIS 是一个宏观审慎机构，在识别潜在系统性风险业务中起主导作用。我们可以运用 FSB 或 IAIS 提出的规模、关联性、替代性、时效性的标准监管保险机构从事的所有业务，如果某项业务同时满足系统性风险的这四个特征，这项业务就被认定为具有系统性风险。在当前的市场条件下，有必要分别考察每一项保险业务是否具有系统性风险（见图 5－2），因而需要制定不同的指标评估每项业务活动以及市场的系统性风险。我们选取的这套指标体系还应当能够识别某些特殊保险业务活动何时可能激发系统性风险，特别是必须明确当前市场条件下量化指标爆发的临界值。

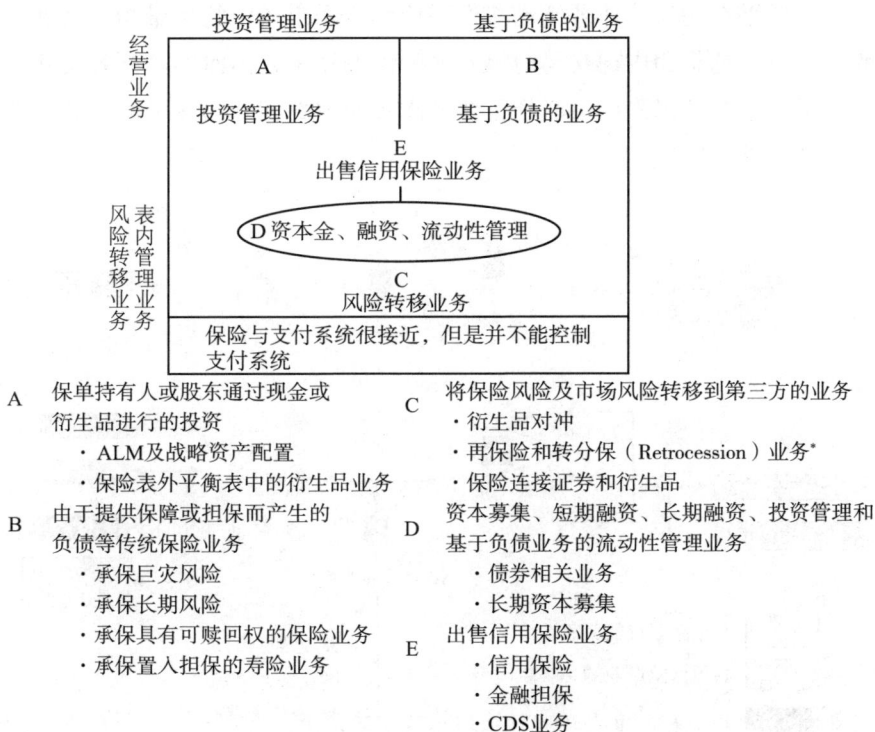

图 5－2 全球保险业务

注：＊是指分保接受人将其接受的业务再转分给其他人的保险业务。

资料来源：郭金龙、周华林：《保险业系统性风险及其管理的理论和政策研究》，社会科学文献出版社 2016 年版。

在评估系统性风险时，除了借助定量指标之外，也可以参考定性分析的结论。汇总或者转移因素可能通过某种特殊保险业务影响系统性风险，因而必须考虑市场特殊性、保险特殊性、经济条件和保险业务的监管方式。日内瓦协会（Geneva Association，2010）分析了当今国际市场保险业务的潜在性风险。结果表明，所有核心保险业务并未全部满足系统性风险的四个特征，因而不会引发系统性风险。但是，核心保险业务之外的两种业务，包括某些特殊的衍生品或金融担保业务，以及短期融资业务管理不善，可能引发系统性风险。如果保险机构大规模地开展这两类保险业务且没有适当的风险控制机制，引发系统性风险的潜力就比较大。

全球潜在的保险业务活动将保险业和金融市场中的大量参与者联系起来。单纯的集团内部交易对第三方的影响较小，因而不具有系统相关性。考察系统性风险的关联性主要考虑集团内部和外部业务活动的复杂性（见图5-3）。

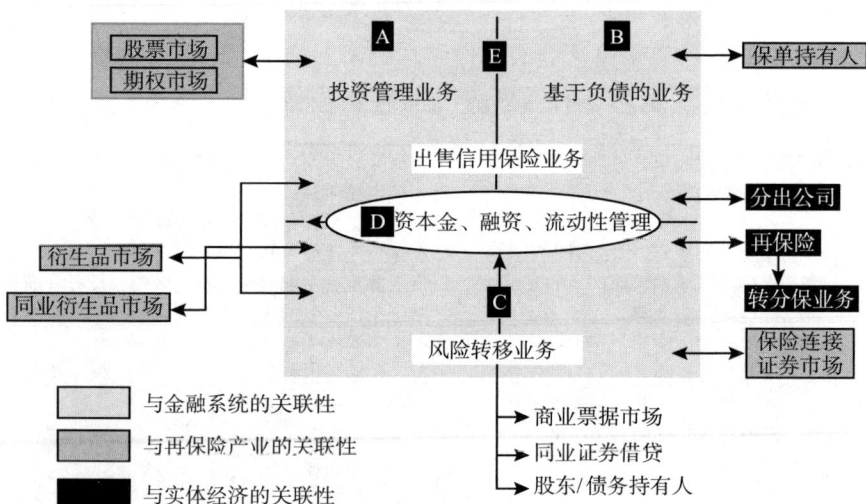

图5-3 保险业务可能涉及的风险活动的关联性

资料来源：Geneva Association，Systemic Risk in Insurance：An Analysis of Insurance and Financial Stability；Oliver Wyman 的分析。

（2）评估保险业系统性风险的定性指标。除了根据规模、关联性、替代性三个特征标准评估系统性风险之外，FSB2009 年提出了评估系统性风险的第二套准则①。这套指标被称为"贡献因子"（contributing factors），是可以潜在地增加一些机构易变性的指标，如复杂性、杠杆率、流动性和较大的不匹配性。如果一个机构满足以下三个条件，则可以被认为是复杂性机构：第一，通过大量法人实体经营不同类型的业务（如同时拥有银行、保险、证券等子公司）；第二，跨境经营并集中化管理资产和负债的保险公司；第三，对复杂的产品或市场具有风险敞口，但是这类风险敞口还未能充分测算。复杂性本身并不足以产生系统性影响，但是多数国家仍然将复杂性视为易变性的一个来源。因为复杂性通常与不透明性有密切关系，不仅使外界难以理解机构的风险敞口，而且增加了系统性风险事件中信息不对称的程度。

（二）系统重要性保险机构的识别与风险评估

1. 系统重要性保险机构的概念

2008 年金融危机的爆发让全球金融监管者意识到，并非仅仅是由于破产金融机构数量众多国内或全球金融市场才遭受了严重损失，单个具有系统重要性的金融机构的破产倒闭也能加剧国内或全球金融市场的不稳定性，所以金融市场必须重视对"大而不能倒"的金融机构的风险监管。为此，IMF、FSB 和 BIS 等提出了一个新概念——系统重要性金融机构。这种金融机构具有规模庞大、复杂性强、牵涉范围广等特点，一旦发生危机，可能会影响整个金融市场。

系统重要性金融机构（systemically important fiancial institutions, SIFI）是从系统性风险衍生出的一个概念，主要是指能够引起系统性风险的机构。这个概念强调了系统重要性金融机构带来的负面经济影响。这种机构存在一些共同特征，如规模大、市场关联度高、业务复杂等。

---

① Guidance to Assess the Systemic Importance of Financial Institutions, Markets and Instruments: Initial Considerations, Background Paper.

为了细化监管，我们还可以把系统重要性金融机构分为全球系统重要性金融机构和国内系统重要性金融机构。二者的区别在于，前者对全球金融市场有重大影响，而后者的影响范围仅限于一个国家内部。

为了响应 G20 和 FSB 提出的识别 SIFI 的方法，IAIS 需要提出一套适合测度保险业系统性风险的方法。因此，IAIS、日内瓦协会及其他保险组织推荐了基于两步法的评估保险业系统性风险的方法：一是识别具有潜在系统性风险的保险业务；二是选取可以反映保险业系统性风险业务的特殊指标识别潜在的全球系统重要性金融机构。IAIS 在保险业启动了一套潜在的方法和指标体系以评估保险业中的系统重要性机构。保险业中的系统重要性金融机构是指大规模地开展具有引发保险业系统性风险潜力的业务的金融机构。由于其规模、关联性、复杂性等可能对全球金融系统及经济造成极大的破坏，这种机构被称为系统重要性保险机构（systemically important insurances，SII）。我们可以根据 FSB 或 IAIS 确定的具体业务指标体系准则评估保险市场中单个机构的重要性程度，通过一整套定性指标和定量指标识别机构的业务活动，用明确的指标识别潜在的系统重要性保险机构系统性风险业务活动，考核一个保险机构在整体层面的重要性。

虽然 2008 年金融危机表明传统保险业务只是风险的被动吸收者而不是主动传播者，但是，近年来保险机构业务出现多元化、国际化的发展趋势，其中发展速度最为突出的非传统保险业务（如 CDS）极有可能引发系统性风险。此外，保险的原始功能是分散风险，使其成为金融系统稳定的守护者。因此，系统重要性保险机构是系统重要性金融机构的重要组成部分。

2. 识别系统重要性保险机构的方法

IAIS 等的研究表明，经营传统保险业务的保险机构是风险的吸收者，不是保险业系统性风险的来源。经营非传统保险业务（如保险连接证券等）和非保险金融业务（如 CDS 业务等）的保险集团或金融控股公司，由于吸收了银行、证券等金融行业资本性经营业务的特征，具有较大的风险杠杆系数，不仅不再是金融市场的稳定器，而且对金融市场的波动极为敏感，有可能引发系统性风险，放大风险效应，在金融系统中迅速传播风险。IAIS 根据非传统、非保险业务是系统性风险的主要来源的研究成果，设计了两套全球系统重要性保险机构（G - SII）评估方法。

（1）指标评估法。系统重要性保险机构的评估方法参考了巴塞尔委员会提出的判定全球系统重要性银行机构（G - SIB）特征的方法，但在考虑了保险机构的结构和业务特殊性的基础上，评估指标的选择、分组和权重方面与 G - SIB 评估方法略有不同。在 2012 年《G - SII 评定方法》初稿的基础上，IAIS 进一步完善了系统重要性保险机构指标权重的设置方法。2013 年 7 月，IAIS 发布了《全球系统重要性保险机构：评估方法》和《全球系统重要性保险机构：政策措施》。这两份指导意见都是基于指标的系统重要性保险机构评估方法，最终确定了 5 类 20 种[①]特征指标来判别系统重要性保险机构。五大类指标分别为规模、全球活跃性、关联性、非传统非保险（NINT）业务和可替代性，并在每大类下面设置了相应的二级指标。

①系统重要性保险机构的评估指标如下：

指标一：规模。

单个金融机构对金融系统的重要性是随着其提供金融服务的规模扩大而增加的。因此，在保险类金融服务中，必须识别建立基金池以实现风险分散化的先决条件。识别系统重要性机构的规模要素主要侧重于两个方面的指标。一是资产负债表上的总资产。这是识别一个机构规模最直接也是最简单的方式，资产规模越大说明整个公司规模越大。二是相关的盈利指标，如保费收入、投资收益和其他收益等。资产规模可能低估了一些可计算的表外资产规模，而盈利指标弥补了资产规模的这一缺陷。这两个方面的指标主要是评估保险机构金融服务的程度和市场渗透力。

指标二：全球活跃性。

这个指标主要监测金融系统中某个机构的破产清算对全球金融业和

---

① IAIS, Global Systemically Important Insurers: Initial Assessment Methodology (2013).

实体经济的负外部性。识别系统重要性机构的国际影响力，也是基于两个方面的分析。一是机构在国际市场中的盈利能力分析。在全球经济一体化的趋势下，现在金融业的国际化趋势尤为明显。一个机构在国际市场中的盈利能力越强，表明这个机构对市场的影响越大，这个机构的危机对市场造成的危害也越大。二是分析机构在国外的分支机构数量。一个机构的国外分支机构越多，国外收入占比越高，说明这个机构对国际市场的影响力越大。

指标三：金融系统内的关联性。

关联性对风险的传播有着举足轻重的作用。金融系统各机构之间直接或间接的关联性可能引发系统性风险，因而系统中单个机构破产或陷入经营困境都可能对整个金融系统造成影响。金融机构之间的关联性体现在诸多方面，为了全面评估机构的关联性程度，IAIS 提出采用七个相关指标进行分析。

一是金融系统内资产指标（intra-financial assets）。该指标是保险公司向其他金融机构借出的资产规模，主要反映了当保险公司需要紧急售出资产时对金融市场的影响程度。

二是金融系统内负债（intra-financial liabilities）指标。该指标是保险公司从其他金融机构借入的负债，主要反映了保险公司在遭受危机时对金融市场造成影响的程度。

三是再保险指标。再保险业务本来是保险公司转移风险的一种方式，但同时，再保险业务也将不同保险公司的风险再度集中化，风险在再保险公司再度累积。

四是衍生品指标。主要用于分析衍生品的公允负债问题，即保险机构通过衍生品和其他金融机构产生的关联性。

五是风险敞口的集中性指标（即大额风险暴露指标），前 10 位最大交易对手的风险敞口和风险敞口率。这个指标主要用于评估风险相关性的集中程度。

六是流转率指标。主要是分析机构的资产流转率和负债流转率。

七是三级资产指标。主要是分析三级资产的总量及其在一、二、三级资产总量中的百分比等情况。三级资产的总量指标可以用于评估保险公司紧急售出资产对市场的影响，三级资产的比率指标可以用于评估保险机构从事金融活动的多层次性。

这七个指标主要是评估保险机构在资本市场的投资总量及其在资本中的比例，识别保险机构的流动性和金融化程度，量化分析保险机构、保险集团和集团内部控股保险机构与其他金融部门的关联性程度，评估保险机构内部结构的复杂性。

指标四：非传统非保险业务。

IAIS 认为非传统非保险业务是造成保险业系统性风险的主要因素，因此，在评估系统重要性时，此类业务选取的指标范围较为广泛。

一是非保单持有人责任和非保险收益。这类指标可以评估非传统非保险业务的保险收入情况以及承担的保险责任，以判断该类业务在总体保险业务中的比例情况，估计非传统非保险业务可能对保险市场造成的损失程度。

二是衍生品交易，主要包括 CDS 业务的总量和保险机构用于投机目的的衍生品交易。后一个指标在 2013 年 7 月初选的 G - SII 评估方法中并没有使用。由于 CDS 业务是 2008 年金融危机爆发的导火索，因此 IAIS 单独列项考察。

三是短期融入资金。这个指标主要是评估保险机构所面临的短期债务到期的压力情况。

四是金融担保，主要包括结构性金融保险、金融担保在内的债券的名义总额（不包括 CDS 业务），以及强制抵押担保保险业务（主要是抵押保险保单违约情况下支付的抵押总量）。与金融担保和抵押担保相关的保险业务加强了保险机构与和经济周期密切相关的其他市场的关联性，因而保险机构的危机可能对担保抵押等业务的相关主体产生较大的影响。

五是变额保险产品的最低保证支付额，包括可变年金或者或有年金以及其他有担保的保险产品的技术性准备金总额。保险公司向保单持有人提供有担保或最低保证的保险产品的业务可以提高保险销售量，但是在发生系统性风险时这种业务也加剧了保险机构的流动性风险。

六是集团内部担保，主要是指保险机构或集团的某控股公司出于利益目的持有非保险实体的股权总量及比率，以及对非保险实体的集团内部担保总量及比率。保险机构的内部担保很多是针对非传统非保险业务的，因此，内部担保不仅可以评估非传统非保险业务，而且可以评估保险集团内部的复杂相关性。

七是保险负债的流动性程度。这个指标主要是评估保险机构在转短期间内的保险合同退保数量，分析保单持有人的退保行为对保险机构流动性风险的影响程度。因为在银行业务中，与退保行为相似的存款人的"挤兑"行为是加剧银行流动性危机的重要因素之一。

这七类指标主要着眼于分析保险机构投资和投机活动的风险情况。这类保险业务的主要特点是以获利而非保值为目的，保险机构通过这类业务主动参与资本市场。履约担保、抵押担保、CDS 业务等资本业务具有高风险高收益的特点，保险机构大量涉足这类资本性业务相当于为自身的流动性置入了较高的隐患。当危机爆发时，这类业务将迅速影响保险机构的流动性，而且影响波及的范围非常广泛。IAIS 在评估系统重要性保险机构时，对这七类指标赋予的权重较高。

指标五：可替代性。

如果系统中的某个机构破产清算之后，很难从系统中找出同样的机构提供相同或相似的服务，那么这个机构的可替代性就比较低。可替代性越低，这个机构的系统重要性就越高。IAIS 提出用特殊业务的保费收入衡量机构的可替代程度，具体包括：巨灾保险的直接总承保保费或预设保费收入，信用保险（抵押保证保险、金融担保、出口信用保险等）相关的直接总承保保费或预设保费，航空保险的直接总承保保费或预设保费，以及海上保险的直接总承保保费或预设保费，等等。

②系统重要性保险机构各项评估指标的权重设置。

郝演苏（2013）提出：规模指标主要考核保险机构资产平衡表内的全部资产和收益情况，衡量保险机构金融服务的程度和市场渗透力；保险机构涉及全球业务的，分别核算保险机构的境内、境外收益，以及境内和境外分支机构数量；关联指标考核金融系统内的资产、负债、再保险业务、衍生品、重大信息披露、营业额和第三方资产等，通过保险公司参与借贷、债券购买、票据发行、负债、投资、再保险和衍生产品规模，计算保险公司在资本市场投资总量中的比例及投资数额占资本金的比重，评估保险机构的流动性和金融化程度，进而量化保险集团、控股集团内部其他金融部门的关联性程度；非传统与非保险活动指标主要衡量非保单持有人责任、非保险收益、衍生交易、短期融入资金、金融担保等各项业务的规模，重点是考核保险公司投资和投机活动的情况；可替代性指标主要是考核直接承保、信用保险、航空保险、海上保险等业务收入的规模，分析在全球化趋势下保险机构的高度集中性和重要市场中保险机构的占有率。[①]

由于容易引发系统性风险的保险业务主要是非传统非保险业务，所以 IAIS 在指标设置中对非传统非保险业务指标赋予的权重较高。在五大类指标中，规模指标与其他四类指标的关联性较高。为了减少这种重复性对系统重要性保险机构评估分值的影响，IAIS 对规模指标设置的权重较低。在评估系统重要性保险机构时，通常情况下权重指标的取值为：非传统非保险业务指标的权重取值为 40% ~ 50%[②]；相关性指标的权重取值为 30% ~ 40%；规模、可替代性和全球活跃性指标的权重取值为 10% 左右。2013 年 7 月评估全球系统重要性保险机构时，权重指标的取值如表 5 - 1 所示。

计算保险机构 G - SII 分值的方法是：先计算对应的每项指标的得分，然后将每项得分与每项指标的权重因子相乘，再将加权得到的各项分值求和。其中，每项指标的得分等于单个保险公司此项指标的对应值与所有样本保险公司该指标数值之和的比值。

---

① 郝演苏：《全球系统重要性保险机构的认识与评价》，http：//finance. sina. com. cn/money/insurance/bxrw/20130813/140916432722. shtml。

② 2012 年 5 月 IAIS 公布的《G - SII 评定方法》。

表 5 –1   评估全球系统重要性保险机构的指标及权重

分类及权重	指标	指标权重（％）	全球系统重要性保险机构
规模（5％）	总资产	2.5	
	收益类指标	2.5	
全球活跃性（5％）	在母国以外的国家或地区产生的收入	2.5	
	分支机构的数量	2.5	
关联性（40％）	金融系统内资产	5.7	基于 2011 年的数据，FSB 公布的首批 9 家全球系统重要性保险机构为：美国国际集团 美国大都会集团 美国保德信金融集团 德国安联集团 法国安盛集团 英国英杰华集团 英国保诚集团 意大利忠利集团 中国平安集团
	金融系统内负债	5.7	
	再保险	5.7	
	衍生品	5.7	
	大额风险暴露	5.7	
	流转率	5.7	
	三级资产	5.7	
非传统非保险业务（NTNI）（45％）	非保单持有人责任，以及来自其他金融活动的非保险收入	6.4	
	衍生品交易	6.4	
	短期融资	6.4	
	金融担保	6.4	
	变额保险产品的最低担保	6.4	
	集团内担保	6.4	
	保险负债的流动性程度	6.4	
可替代性（5％）	针对特定业务的保费	5	

资料来源：IAIS, Global Systemically Important Insurers: Initial Assessment Methodology (2013)。

按照这种权重指标的计算方法，FSB 在全球保险机构中初选了 9 家系统重要性保险机构：美国的保险机构 3 家，英国的保险机构 2 家，法国的保险机构 1 家，中国的保险机构 1 家，德国的保险机构 1 家，意大利的保险机构 1 家。

（2）辅助评估法。

指标一：IFS 辅助评估法。

IAIS 指出，仅仅依靠基于指标的评估方法并不能确定 G – SII 候选者是否具有系统重要性，还需要结合定量分析和定性分析等评估方法进一步判断和确认。其中，定量评估方法采用 IFS 评估方法。IFS 方法是基于保险金融稳定性所描述的概念的一种评估方法，是一种采取业务分割的特殊方法。在评估系统重要性保险机构时，IFS 将保险业务分为传统保险业务、半传统保险业务、非传统保险业务、非保险金融业务、非保险非金融业务，然后根据保险公司不同保险业务的系统重要性对每类业务分别赋予风险权重。风险权重是将保险公司的业务按照总资产分解为不同的业务组合部分得到的乘数因子，反映了 IAIS 对传统保险业务和非传统保险业务系统重要性的评价。IFS 方法被视为保险监管和矫正中的一种辅助评估方法。

如果基于指标的评估方法得到的结论与 IFS 评估方法一致，则认为监管判断与评估方法的有效性提供了系统重要性保险机构的稳健性评估方法。由于 IFS 方法并未使用更为细化的分项指标表示系统重要性，所以可能在无形之中会遗漏某些潜在的风险业务，仅按照该方法自身对保险业务各部分的综合理解评估各组成部分的重要性。因此，该方法只能辅助分析和检验基于指标的 G – SII 评估结论，不能单独作为评估 G – SII 的方法。根据 IFS 法评估 G – SII 时，综合得分的计算方法与基于指标的 G – SII 的计算步骤一致。

表 5 – 2 是 IFS 对 G – SII 风险权重因素的设置方法。可见，IFS 评估方法对半传统保险业务和非传统保险业务赋予的风险权重因子较高。由于 IAIS 认为传统保险业务不会引发系统性风险，传统保险业务与非金融行业的组合也不会引发系统性风险，因而给予非保险非金融业务的风险权重几乎为 0。非保险金融是引发 2008 年系统性风险的根本原因，因而给予非保险金融业务的风险权重为 100%。

表 5 – 2　　　　　　　IFS 关于 G – SII 的风险权重因子的设置　　　　　单位：%

保险 承保和投资功能/财政功能	传统业务	半传统业务	非传统业务
	2. 5/20	12. 5/50	22. 5/75
非保险金融业务（Non – Insurance Financial Activities）	100		
非保险非金融业务 * （Non – Insurance Industrial Activities）	0		

注：IFS 评估方法认为传统保险业务不会产生系统性风险，与其他行业组合而成的复合业务也不会产生系统性风险。这里 * 是指传统保险业务与其他行业组合的复合型业务，赋予其 0% 的风险因子；非传统金融业务涉及支付系统、信用中介、投资银行/资本市场以及相关业务，IFS 将其视为银行业务，赋予 100% 的风险因子。

资料来源：IAIS, Global Systemically Important Insurers: Initial Assessment Methodology (2013)。

指标二：附加监管判断和验证。

基于指标的评估方法只是评估保险机构系统重要性的一个首要指标。通过它可以提供 G – SII 的候选者，再通过 IFS 法从中选取一些保险机构。然而值得注意的是，如果 IFS 评估方法的结论与基于指标的评估方法得出的结果差异较大，还需要通过其他方法辅助验证候选的保险机构是否具有系统重要性。例如：增强对指标值计算中的数据的理解，对指标得分结果给予更准确的解释；披露难以被量化成指标的隐形环境因素，如重要的重组或破产情形；提供半传统或非传统保险业务与系统的相关程度，以及与这两种业务相关的风险性质等信息；提供保险机构的特殊产品或负债的流动性评估，并分析这种流动性需求是否对全球经济造成系统性影响；对单个保险机构和其他金融同业的关联性的性质和程度提供更深入的解释；对集团内部担保和非保险表外风险提供对其潜在系统性风险的具有细微差异的评估。

在这种分析的基础上，IAIS 将与每个 G – SII 候选机构内的多数监管部门进行交流，征询监管部门对评估结果的意见。同时，根据评估结果和监管部门的意见，IAIS 将决定是否需要进行进一步的分析。如果需要做深入的分析，IAIS 将从公共渠道或监管者处获取 G – SII 候选机构的更多信息。当然，无论基于指标的评估方法与 IFS 方法的评估结果是否一致，IAIS 都将与保险机构的监管者商讨是否同意将其列为系统重要性保险机构。

另外，还有一种更为有效和透明的分析方法：在基于指标的评估方法和 IFS 中额外输入一些可能改变结果的指标因素，这些因素必须是可验证的参数值。额外输入的指标因素包括：数据的搜集和所有保险机构对数据搜集范围的监管评论；基于指标的评估方法的实用性，以及 IFS 方法对基于指标的评估方法的支持度；与 G – SII 候选机构的监管者及其他分析师的讨论。IAIS 向 FSB 推荐 G – SII，由 FSB 和财政部与 IAIS 进行磋商，选取定量和定性指标决定是否可以获得一致性的评估结果。

根据 IAIS 的系统重要性保险机构识别方法，IAIS 在全球 14 个国家或地区选择了 50 家保险机构进行测评，入选的保险机构需满足以下条件：保险机构母国以外的保费收入占比大于 5%，且总资产超过 600 亿美元，或者在母国以外的保费收入占比小于 5%，且总资产超过 2000 亿美元。IAIS 还根据监管者的建议加入了不符合这两个条件的其他保险机构。2013 年 7 月 19 日，FSB 公布了首批 9 家 G – SII（不包括再保险公司），中国平安成为发展中国家唯一入选的 G – SII 的保险机构。作为首批入选的 9 家 G – SII，未来将面临更为严格的监管要求和资本要求。FSB 要求监管部门从公布之日起即加强对 G – SII 的监管，采用 FSB 制定的《金融机构有效处置机制核心要素》中指定的 G – SII 处置计划和可处置性评估要求。另外，FSB 要求：在 2014 年 7 月之前成立危机管理小组（CMGs）；2014 年 7 月底之前，G – SII、集团监管部门和其他相关监管者合作完成系统性风险管理计划（SRMP）；CMGs 于 2014 年年底之前完成首批 G – SII 的恢复和处置计划；2016 年之前，由集团监管部门完成对 SRMO 执行情况的评估。

为防范保险业风险、提升治理水平和危机处置能力，我国保监会于 2016 年 5 月 26 日启动国内系统重要性保险机构监管制度建设，保监会发布开展国内系统重要性保险机构（domestic systemically important insurer，DSII）评定数据收集工作通知，16 家企业入围数据报送名单。这 16 家企业分别是：中国人民保险集团股份有限公司、中国人寿保险

（集团）公司、中国太平保险集团有限责任公司、中国再保险（集团）股份有限公司、中国平安保险（集团）股份有限公司、中国太平洋保险（集团）股份有限公司、中华联合保险控股股份有限公司、阳光保险集团股份有限公司、泰康人寿保险股份有限公司、新华人寿保险股份有限公司、华泰保险集团股份有限公司、安邦保险集团股份有限公司、富德保险控股股份有限公司、合众人寿保险股份有限公司、中邮人寿保险股份有限公司、华夏人寿保险股份有限公司。根据要求，上报数据的险企在 2016 年 6 月 24 日之前将公司 2015 年的财务报表数据、偿付能力报告数据（2015 年年度偿二代标准偿付能力报告）、集团并表数据、子公司数据以及包含保监会监管综合评分在内的监管评价等。此前，中国平安已连续 4 年入围由金融稳定委员会负责制订的"大而不倒"保险机构名单。

三．金融危机对我国保险业系统性风险防范机制的挑战

（一）保险业面临建立系统性风险防范机制的挑战

2010 年我国《保险资金运用管理暂行办法》的出台，进一步扩大了保险资金运用范围和渠道，使保险公司资金面临的风险程度也相应加大，潜伏的风险隐患，有些可能突发形成系统性风险。但是，传统的风险防范机制主要针对非系统性风险而设计，在应对金融危机时可能失效。例如公司发展多元化的金融组合业务，涉及银行、保险、证券等金融领域，多元化的收入渠道，能够分散风险，进而达到了风险防范的作用。但在金融危机中，这恰恰为风险的传导提供了通道，各金融机构间的高度相关性，使风险迅速地在金融机构之间蔓延，简单的资产负债组合和业务组合并没有起到分散风险的作用。AIG 的国有化向我们充分说明了传统的风险防范起不到防范系统性风险的作用。保险公司的业务创新，如 CDS 业务的开展，目的是为金融机构提供保证、转移风险，但当 CDS 作为投机工具而被广泛操作时，并没有相应的风险对冲工具，

而且 CDS 业务是保险公司的表外业务，不利于监管机构对其进行有效的监管，成为保险业的风险隐患，最终引发了系统性风险。由此可知，金融综合经营的风险防范机制在防范、化解系统性风险方面还存在着不足，需要进一步的完善和改进。

因此，我国保险业面临的新挑战是加强对系统性风险的防控和监管，继续推进我国保险业的二代偿付能力建设和完善，针对此次危机中暴露出的监管空白和银行业务风险等问题，结合我国保险业的现状，制定相关的政策，强化保险公司的治理监管。

（二）保险业面临微观审慎和宏观审慎共同监管的挑战

金融危机的爆发，暴露了各国在应对系统性风险方面存在着漏洞，使世界各国开始重新审视自己的监管体系与监管理念。在金融危机之前，包括保险监管在内的世界金融监管普遍存在着重视微观审慎监管，将监管的重点放在单个金融机构稳健经营上，而疏于宏观审慎监管。金融危机的爆发，凸显了宏观审慎监管的重要性，各国政府纷纷开始调整监管方式，加强宏观审慎监管，以防范系统性风险、维护金融的体系稳定。由此可见，国际金融监管方式由微观审慎监管向宏观审慎监管转变已经成为必然的趋势。

目前，我国随着保险市场的对外开放，外国金融保险巨头的进入、保险业综合经营步伐的加快以及投资渠道的扩大，给我国保险市场带来了新的风险因素，使金融机构间的关联性加强，微观审慎监管已经不能有效地识别风险，进而达到防范风险的作用，需要建立有效的宏观审慎监管体系。然而，为保证我国保险业持续平稳健康的发展，微观审慎监管亦不可缺少，微观审慎是宏观审慎的基础，只有两者相辅相成、共同发挥作用，才能建立起坚固的系统性风险防火墙。因此，构建微观审慎和宏观审慎相结合的共同监管模式，是中国保险业监管方式面临的新挑战。

（三）保险业面临新形势下的逆周期监管的挑战

在金融危机中，"顺周期效应"同"系统性风险"一样，也成了各国研究的对象。顺周期效应被认为在金融危机中放大了市场的波动程度，是金融危机升级的重要原因。保险业的顺周期效应主要体现以下三个方面：（1）自身经营的顺周期性，包括承保行为的顺周期性、投资行为的顺周期性和以短期业绩为激励的薪酬体制；（2）以风险为基础的资本监管的顺周期性；（3）以公允价值为基础的会计准则的顺周期性。

在顺周期效应下，保险市场的波动性增大，进一步增加了风险传播的广度和深度。因此，需加强保险行业的逆周期特征，来削弱保险业的顺周期性。逆周期监管理念的提出是国际金融监管理论的新突破。逆周期监管主要是针对保险业顺周期性提出的相应解决对策，能够有效地防止风险的加速扩散，对于改进我国保险市场的监管具有很强的借鉴意义，是我国保险监管发展的方向。

第二节　应对保险业系统性风险的国际经验借鉴

一、保险业系统性风险监管措施与对策

（一）保险业系统性风险的一般性监管政策

1. 国外参考文献的政策建议

哈灵顿（Harrington, 2009）提出，建立新的监管机制应包括市场性约束和"太大而不能倒"的问题，银行和保险的资本约束问题，以及控股公司与子公司的关系和风险业务的分割性问题。贝尔和凯勒（Bell and Keller, 2009）提出，应建立综合性和合作化的保险集团审慎

监管机制，加强保险的监管责任和弹性机制，建立以保单持有人利益为中心的监管体系，而不是挽救保险公司。美国精算协会（2010）提出，美国应该加强联邦层面的保险监管。他们还提出，保险行业应该明确系统性风险概念，建立和监督风险矩阵，在全行业建立系统性风险监管体系，向国会和公众报告，承担系统性风险监管责任，采取公司层面的行动等措施。日内瓦协会（2010）认为：保险不需要像银行一样建立基于"生前遗嘱"的重组机制，因为这种机制对保险行业发展没有好处，而且道德危机和信息不对称风险对保险行业的发展具有较大的危害；对金融机构的全面征税方案无效且对金融机构极不公平，不仅会导致道德风险，而且对金融危机中具有系统相关性的业务起不到任何作用，结果是不仅惩罚了引发系统性风险的金融机构，而且惩罚了在系统性风险中受害的金融机构；大多数保险机构、再保险机构和银行在金融危机中并没有偏离传统的审慎价值，反而对金融系统稳定起到了重要作用，所以额外征税是弱化金融机构弹性的一种政策误区。日内瓦协会（2010）强调对保险业非传统保险业务的监管，注重监管平衡，防止监管套利。它从三个方面提出了缓解风险的措施：一是建立原则导向的缓解措施；二是采取针对特殊问题的缓解措施，建立综合性的、针对保险集团整体和原则导向型的监管机制，加强流动性风险管理；三是提高金融稳定性的其他措施，如加强对金融担保保险的监管，建立针对保险系统的宏观审慎监管，以及加强保险机构自身在风险管理中的作用。瑞士再保险（Swiss Re，2010）提出，保险监管的主要目的是保护保单持有人的利益，不必为了保护保险业而对陷入危机的保险公司采取紧急拯救措施。保险监管也不需要对保险行业提出过于严格的资本金要求，原因有三：一是这种措施容易导致资本监管要求扭曲，损害保单持有人的利益；二是这种措施容易减少有利于金融增长的风险资本存量，从经济角度来看并不可取；三是这种措施导致区域保险公司的竞争扭曲。从世界各国的保险监管制度改革和现代化监管制度的发展来看，美国的风险资本模式的偿付能力现代化计划（SMI）、欧洲的偿付能力Ⅱ、瑞士的偿付能力测试计划（SST）等均建立了较为有效的保险监管制度，对维持金融市场稳定、保护行业发展、保障保单持有人利益具有重要意义。因此，在制定保险监管制度时，要避免踏入"一刀切"式的保险监管陷阱。阿纳卜塔维和施瓦茨（Anabtawi and Chwarcz, 2001）基于系统性风险的传播机制，提出了建立更为弹性的金融系统以应对经济冲击。

关于政府在保险监管中的作用问题，日内瓦协会（2010）认为，政府在保险监管中的最初作用是制定保险监管框架以确保风险的有效转移。由于政府干预可能阻碍私人风险转移和保险功能作用的发挥，无形之中提高了个人或联保者的保险费率，因此，政府很少直接对市场进行干预。只有当政府干预产生的利益大于干预成本时，才应该在市场中引入政府干预。但是，以往保险监管的经验表明，政府介入市场产生的利益很难确定，监管的成本却一直在攀升。所以，政府监管可能是加剧了系统性风险的发生，而不是转移了系统性风险。政府干预阻碍私人保险功能作用发挥的主要表现为：不恰当的保险条件、价格、储备率等监管（例如，极低的保险费率可能将私人保险挤出市场）；强制保险相当于强加了一项税收负担，减弱了个人和公司的风险转移动力；对理赔或补偿的干预可能产生难以预料的损失；对保险公司的保护可能形成贸易壁垒，缩小了市场对保险服务的选择范围。

2. 国内参考文献的政策建议

秦岩（2011）主要总结了国际研究的现状，并指出国际上关于系统性风险稳定的研究文献主要包括 IAIS（2009）提交的《系统性风险与保险》和日内瓦协会 2010 年发表的《保险的系统性风险》。臧敦刚（2011）指出，顺周期效应、"大而不能倒"效应和传染效应应该是保险业宏观审慎监管应对系统性风险的几个重要方面。他主要强调了顺周期效应的作用：承保和投资两大保险业务具有顺周期效应。保险业务的顺周期性主要是指：在经济繁荣期，保险公司为了追求利润最大化目标而采取各种各样的措施，使得保险业出现繁荣景象，进而使得保险公司存在很多潜在的市场风险；到经济衰退期，很多潜在的问题和风险就会暴露出来，导致保险公司的承保业务骤减，引起保险业的不景气，这种由于外部的经济周期对保险业的冲击，最终形成了保险业务的顺周期效应。此外，保险业中的"公允价值"也有顺周期效应。公允价值是指依据市场的价格反映资产的价值，依据市场的变化反映资产的收入和损失。因此，其内生的共振效应加剧了市场波动：在市场繁荣时，公允价值会计制度会促进资产价格的进一步上升；而在衰退时期，公允价值会计制度与资本金监管要求共同作用时所产生的共振会使危机进一步恶化。朱元清（2012）从目前国际金融监管组织讨论的重点出发，认为虽然关于宏观审慎监管的现有讨论还侧重于银行体系，但其理论框架和实践经验可以用于指导保险业系统性风险的控制，对防止金融业系统性风险具有较大的实践意义。保险业系统性风险的控制主要从两个维度展开：一是时间维度，主要围绕金融体系的顺周期性展开；二是跨业维度，主要围绕具有系统重要性的机构以及工具和市场对金融体系的负外部性展开。曾忠东和贾荣（2011）提出，应尽快建立和完善保险行业系统上下联动的风险防范机制，制定风险应急预案，加强对保险业风险状况的动态监测，实施全面的压力测试，将风险尽可能置于实时监控之下，及时向全行业提示风险变化，积极做好危机处理，避免风险跨部门、跨公司的传递，切实防范系统性风险。

（二）保险业系统性风险监管的其他制度及政策

1. 建立针对保险机构高管的风险约束机制

国内外大多数保险机构采取股份制形式。由于存在信息不对称和寻租等问题，公司高层管理者与股东利益并非完全一致，可能导致执行经理等高级管理者在经营过程中并非以股东利益最大化为经营原则，而是过多地从事高风险业务。因此，建议保险公司合理分配管理者与股东之间的利益，建立支付风险披露机制、董事会诚信责任机制和风险共担机制等，来规避这一风险。

2. 建立保险机构的自我监管机制

欧洲偿付能力Ⅱ、瑞士的 SST、美国偿付能力现代化项目等都加强了保险机构的风险监督机制，强调了保险公司自身在风险管理中的作用，要求保险公司提高自身的风险管理水平。例如，要求保险公司列明内部模型未包含的具体风险，对不能进行量化的风险进行定性分析，在监管过程中使用情景模拟分析和压力测试技术，以及向监管机构提交风险报告，等等。

3. 针对金融复杂性的监管政策

金融产品和金融市场极为复杂，这种复杂性导致了监管的困难，以及危机中大量非理性行为的发生。针对这一问题，一是启动标准化过程，要求证券交易机构或者相似的机构详细列明产品的特征，或者进行风险集中度分析；二是加强风险评级机构在风险披露方面的作用；三是对信息非对称性引起的产品复杂性问题，要求金融产品自留一部分风险损失。

4. 建立最后贷款人机制

由政府或者市场自由机构等建立存款保险人制度，以发挥最后贷款人作用；建立针对保单持有人的保障机制，确保在保险机构破产倒闭时能最大化保障保单持有人的利益。在市场发生危机的时候，这样的机制能增强市场的流动性，维护市场的有序运行。

5. 建立基于风险的财务杠杆率

2008 年金融危机中，保险公司过度涉足风险活动造成了普遍性的经济危机。因此，监管政策应该要求保险公司充分考虑它们的行为对系统稳定的影响，矫正金融市场中的风险溢出风险。在考虑金融系统利益的框架下，减少保险公司的管理风险可以让保险公司更加重视它们的业务活动的系统重要性。一般情况下，当一种行为的社会成本超过私人成本时，两种市场的税收之差可以起到矫正市场结果的作用。税收因素可以激发决策者内部化他们的行为对其他机构或者个人造成的影响，进而减少这类冒险性行为。

巴塞尔银行监管委员会提出增加最低的基于风险的金融杠杆率以提高系统稳定性，这种杠杆率被普遍用于监测一个公司不同业务活动的优势和劣势，由于这种监管产生了类税收效应，也可以用于管理一个公司的经营成本。然而，资本充足率可能导致竞争中的公司没有基于风险加权资产设置最低的资本化水平。通过设置对一家公司的系统重要性具有敏感性的基于风险的财务杠杆率，可以监测这家公司的金融共性特征。一家公司的系统重要性是两个变量的函数：一是该公司通过它的同业关系对其他公司的直接重要性；二是这家公司自身资产和市场其他资产的关联性对其他市场参与者的间接重要性。一家具有较高关联性的公司比其他公司具有更高的系统重要性，因为它的流动性压力可能对其他公司造成负面影响。

二、保险业系统性风险的国际案例分析

（一）美国保险业系统性风险分析

美国是全球经济最发达的国家，也是全球保险业较为发达的国家之一，保险行业发展历史悠久。但是，自经营保险业务以来，美国保险市场也发生了多次保险公司破产事件。

1. Integrity 保险公司

20 世纪 70 年代后，美国的 Integrity 保险公司快速发展，对保险总代理的控制过于宽松，使得公司保险业务迅速扩张。同时，Integrity 公司对大部分保险业务进行了再保险，公司只承担较少风险的承保赔偿，并将再保险佣金收入作为主要的利润来源。这种业务模式使得 Integrity 公司快速发展，与全球 500 多家保险公司签署了千份以上的再保险合同。当经济下滑时，再保险公司拒绝提供赔偿，所有损失由 Integrity 公司承担。1987 年，美国地方保险监督官委员会宣布对 Integrity 公司进行清算，清算损失约为 3 亿美元。

Integrity 公司的破产倒闭也是美国历史上具有代表性的一个保险机构破产事件，但是其影响相对较小。从保险业系统性风险的几个基本要素特征及该公司的业务来看，Integrity 公司不符合保险业系统性的基本要求，没有引发保险业系统性风险。

2. Mutual Benefit 保险公司

Mutual Benefit 保险公司是美国新泽西州纽瓦克市的一家寿险公司，

成立于 1845 年。1848～1924 年，Mutual Benefit 公司的主要负责人为弗雷德里克·弗雷林胡森（Frederick Frelinghuysen）。公司因被称为保险业的"蒂芙尼"，主要为美国上层阶层人士提供寿险服务。

20 世纪 70～80 年代，战后"婴儿潮"一代进入成年期，形成了对住房的巨大需求。里根总统为振兴经济提出了针对房地产的税收优惠计划，刺激了美国房地产市场的发展。房地产市场的迅速发展，特别是房价的持续上升，引发了市场的投资热情。在这股投资热潮的吸引下，Mutual Benefit 公司大量投资于商业性房地产、合伙企业及房地产相关的抵押贷款业务，销售了大量的担保投资合同保单和低退保手续费的保单。截至 1991 年，Mutual Benefit 公司的资产总额达到 130 亿美元，而公司的资本金低于公司资产总额的 10%，抵押贷款及房地产投资约占资产的 37%。20 世纪 90 年代初，美国房地产市场开始衰退，住房率从 1985 年的 85% 下降到 1991 年的 70%，房地产市场价格降到成本以下，10% 左右的资产无法履约，造成公司偿付能力不足。房地产市场的剧烈波动及利率的变化引发市场的恐慌，大量保单持有者退保，造成公司资金大量外流。Mutual Benefit 公司申请新泽西州保险监督官委员会干预前的三个月内，退保资金高达 10 亿美元。

1991 年 7 月 6 日，新泽西州保险监督官委员会正式接管 Mutual Benefit 公司，以遏制资本的继续外流。1992 年中期，Mutual Benefit 公司剩余资产仅 85 亿美元，负债总额却达到 93 亿美元。1994 年 5 月 1 日，Mutual Benefit 公司的有效保单被转移给 MBL 寿险公司。2001 年 6 月 14 日，Mutual Benefit 公司被清算完毕并被解散。

Mutual Benefit 公司的破产倒闭在美国保险业历史上也具有重要影响，与 Executive 公司的破产倒闭发生的时间较为接近，而且都是由于投资损失造成了大规模的退保行为而先后破产倒闭。然而，由于 Mutual Benefit 公司在美国保险业中不具有系统重要性规模，其破产倒闭并没有引发其他保险机构连锁性的破产倒闭现象，并且，Mutual Benefit 公司也不符合保险业系统性风险的四个基本因素，也未大量涉足具有潜在系统性风险的保险业务，所以也没有引发保险业系统性风险。

（二）英国保险业系统性风险分析

英国是世界保险业的发源地，1688 年英国劳合社宣布成立。从 17 世纪中叶开始，英国开始成为世界海上贸易中心，为英国海上保险业的发展创造了有利条件。从 18 世纪后期开始，英国成为世界海上保险的中心。目前，英国的保险业在全球排名第 3 位，在欧洲排名第 1 位；非寿险业在全球排名第 4 位；非寿险再保险业务全球排名第 3 位。保险业是英国经济发展的重要支柱产业，在个人成长和企业发展中，保险业都发挥着重要作用，占据着重要地位。一旦爆发保险业系统性风险，将对整个国民经济及人民生活造成重大影响。

英国是欧洲保险公司数量最多的国家，保险业的竞争非常激烈。据统计，英国有 1000 多家保险公司，其中 300 多家保险公司经营长期保险业务。自经营保险业务以来，英国保险市场就不断有保险公司进入和退出。英国保险公司破产案中影响较大的包括 Drake、Independent、Chester Street 等公司的破产，但是这几家保险公司的破产并没有引发英国保险业系统性风险。由于这几家公司没有同时满足保险业系统性风险的规模、替代性、关联性、时效性四个基本特征，它们的破产多为单个机构破产案例，对整个保险行业的影响相对较小。这几家保险公司以经营传统保险业务为主，都没有大规模经营表外非传统保险业务，也没有大规模地通过商业票据或者证券借贷进行短期投融资业务。由于传统保险业务引发系统性风险的概率较低，因而这家公司的破产没有引发系统性风险。

2008 年金融危机爆发引发了全球性经济危机，英国经济也遭受了较大的打击，至今尚未恢复到危机前的水平。英国保险业也在投资业务中遭受了一定程度的损失。但是，与美国保险业在危机中遭受的损失相比，英国保险业的损失相对较小，仍然在保险业可承受的范围之内，没有爆发系统性风险。

1. Drake 保险公司

Drake 保险公司是 1994 年从其母公司 Sphere Drake 中独立出来的一

家经营汽车保险业务的保险公司。Drake 公司在破产之前是英国二十大汽车保险公司之一，客户超过 20 万人，保费收入超过 5000 万英镑。从 20 世纪 90 年代中期开始，英国车险承保业务利润极低，多数车险公司只能通过投资收益赚取利润。20 世纪 90 年代末，车险业务的投资收益已经无法弥补承保损失，车险承保业务大面积亏损。1994 年是 Drake 公司的最后一个盈利年。从 1995 年开始，Drake 公司的投资收益已经难以支付高昂的红利收益和税收账款，公司开始面临亏损，并且亏损逐年上涨。

由于规模较小，Drake 公司在经营过程中一直利用再保险业务分散风险。1995 年车险业务开始亏损时，为了节约成本，Drake 公司开始大规模减少再保险业务，导致公司承担了大量的承保风险。1998 年，Drake 公司的承保损失达到 1700 万英镑，严重侵蚀了公司的资产水平，导致公司的偿付能力急剧恶化。雪上加霜的是，受亚洲金融危机的影响，英国经济当时也处于低谷期，股东拒绝为 Drake 公司继续注资，公司的偿付能力危机无法得到有效缓解。2000 年 5 月，英国金融服务监管局责令 Drake 公司停止承保新的保险业务，随后对其进行了清算。

2. 切斯特街保险公司

切丝特街（Chester Street）保险控股有限公司购买了 10 年前破产清算的 Iron Trades 保险公司。1990 年初，切斯特街保险公司将 Iron Trades 的资产重组为公司的一部分。切斯特街保险公司在英国石棉肺赔偿中具有较大的风险敞口。

2001 年 1 月切斯特街保险公司董事长从公司的会计处初步获悉公司已经资不抵债时，就成立了临时清算小组。大多数公众对切斯特街保险公司的财务状况较为关注，因为他们担心由石棉肺引发的相关疾病不能及时得到全部赔偿。因此，下议院提前采取了一些行动，并指出："下议院非常关注成千上万个石棉肺相关患者及其他行业的受害者不能获得赔偿这一事件。由于 Iron Trades 保险公司已经将 1990 年之前的负债转移给切斯特街保险公司，所以切斯特街保险公司陷入清算困境表明这类业务提取的准备金不足,要求由整个保险行业承担切斯特街保险公司资产不能覆盖的当前赔偿。"

由于很难准确测算所需的准备金数额,临时清算小组决定不要求公司董事会采取行动恢复公司的资产状况,只要求公司在会计报告中阐述这一不确定性情况,并要求公司董事会提出一个最低的可能赔偿值。总之,切斯特街保险公司的破产是由于公司未充分估计石棉肺的风险敞口和储备率过低。

(三) 中国保险市场的潜在系统性风险分析

1. 20 世纪末中国保险市场的危机

1999 年 6 月之前,我国寿险预定利率采取与银行利率挂钩的政策。"九五"期间,我国宏观经济进行了调整。1996 年月至 2002 年 2 月,央行连续八次下调基准利率,一年期定期存款的利率由 10.98% 逐渐下调至 1.98%。这导致保险业在高预定利率时售出的老业务以及续期保单业务出现了巨大的利差损,这些损失迄今为止尚未完全消化。中国人寿、平安人寿、太保人寿等老牌保险公司在此期间承保了大量此类业务,承诺给客户的年化收益率基本在 8% 以上,部分保单的年化收益率甚至高达 15%,保险期间多为 20 年以上或终身。同时,长期以来,我国对保险资金的投资方向有严格的限制:40%~60% 的保险资金只能配置于银行存款、国债等固定收益渠道,限制保险资金进入当时快速发展且收益较高的房地产、医药行业。因此,保险资金的投资渠道非常狭窄,投资效率非常低下,保险公司难以通过投资收益弥补利差损的巨大缺口,遂酿成中国保险业发展史上第一次影响最大的危机。

与日本 20 世纪末的一系列的破产倒闭事件不同的是,当时我国经济正处于上升时期,政府作为最后贷款人对保险业给予了极大的支持。通过剥离不良资产的方式,政府将部分亏损较大的保单业务剥离给新成立的部门,主要负责管理 1999 年之前售出的保单以及续期业务。例如:国寿集团存续的保单业务主要是中国人寿 1999 年之前的历史存量保单。

2000年后，我国寿险市场引入了投资型寿险产品，投资型寿险业务迅速发展，为保险业的发展找到了新的突破点。因此，我国并没有出现保险公司破产事件。

2. 中国保险市场危机的潜在系统性风险分析

中国人寿、平安人寿、太保人寿是当时中国保险市场上规模最大的三家公司。一旦这三家保险公司破产倒闭，短期内难以在市场上找到可以替代其市场地位和角色的保险机构，将对保单持有人的利益造成极大的损失，造成商业保险保障功能完全瘫痪。出于监管风险的考虑，中国保监会对保险资金的投资渠道限制较为严格，相当比例的保险资金被配置于银行存款。在相当长的一段时间里，银行为吸收存款对大额存款给出了较高的利率。而且，银行存款作为最稳健的资本收益渠道，是保险资金一个重要的资金配置渠道。因此，保险资金多年来一直是我国银行存款的重要来源之一。由于我国寿险公司与银行机构具有这种紧密的关联性，这三家保险机构一旦破产倒闭，其损失可能迅速传导到银行业，并通过银行的杠杆效应扩大和蔓延，在较短的时间内对中国经济造成更大的影响。由于当时市场没有出现寿险公司分立或者合并的情况，我国执行的《保险法》也不允许经营寿险业务的保险公司破产倒闭，所以，即使这些寿险公司损失较大，最终也没有破产倒闭。20世纪末，我国保险业经营的都是传统保险业务，没有涉及具有潜在系统性风险的CDS业务等表外非传统保险业务，中国人寿、平安人寿、太保人寿也没有发生对通过商业票据或者证券借贷进行的短期投融资业务管理不善的问题。因此，这种潜在系统性风险在当时没有对三家保险公司产生较大的影响。因而，从三家保险公司的业务分类情况来看，我国20世纪末保险公司的危机并不符合保险业系统性风险的标准。但是，中国保险业经历的这次危机，凸显了这类规模较大的保险公司破产倒闭可能造成的危害，提醒我国保险监管机构加强对大型保险机构的系统性风险监管。

第三节 我国保险业系统性风险的现状分析

一、我国保险业系统性风险因素的评估现状

(一) 行业外部要素评估

1. 经济环境风险

经济环境因素包括：宏观经济环境、金融环境、国际收支状况以及金融机构脆弱性等。经济的波动对保险业影响很大。在经济衰退时，人们的收入减少导致对保险的需求减少，不仅会导致保险公司的保费收入下降，还会增加人们的退保率。在保费收入下降、退保率上升的双重打击下，保险公司的收入减少。同时在较高的通货膨胀率下，人们的道德风险会增加，从而导致保险公司的赔付率上升。收入的减少、支出的增加导致保险公司利润的下降，从而恶化保险公司的财务状况。此外，外部环境的恶化，还会使保险公司的投资收入下降，进一步导致保险公司财务状况的恶化。可见，如果发生经济波动，可能对保险业造成系统性损失。目前我国仍处于发展新兴市场阶段，经济持续保持高速平稳增长，还没有发生经济衰退。就现阶段出台的经济政策来看，在未来 5～10 年甚至更长的时间内，经济增长的概率要大于经济衰退的概率，因此，在中长期范围内，经济衰退对我国保险业的影响不大[1]。但是世界经济复苏过程的不确定性因素仍然很多，我国经济结构性矛盾和发展的深层次问题将愈加凸显，短期内经济发展可能出现回调和波动，进而会对保险需求产生不利影响。

---

[1] 张承惠、田辉、李扬：《保险业系统性风险防范化解机制研究》，国务院发展研究中心金融所，2010 年。

2. 市场竞争风险

衡量保险公司的市场竞争风险应从以下几方面进行考虑：企业所处发展阶段、市场份额、市场影响力、产品多样性、产品潜在竞争对手数量、可替代性产品数量以及买方讨价还价能力等。目前，国内保险公司面对复杂多变的外部环境以及激烈竞争的内部环境，为发展自己的业务，争取更大的市场份额，积极地进行开拓创新，同业之间展开激烈的竞争，推动保险业向前发展。竞争能够促进保险业的发展，同样也会给保险业带来风险。主要体现在以下两个方面：

（1）面对金融、保险类产品的创新，原来的分业经营的模式被打破，金融、保险机构之间的业务开始交叉、融合，使得产品之间的可替代性增强，竞争更加激烈。这种竞争虽然提高保险效率，但是也使得单个保险公司的市场份额下降、利润空间缩小，降低了整个保险行业抵御风险的能力。

（2）保险公司为提高自身的竞争力，不断地进行产品的创新，设计出各种各样的新产品。新产品的设计需要精算功底深厚的精算师对大量现有的历史数据进行分析，进而设计出具有市场竞争力的保险产品。然而，相对于国外成熟的保险市场，我国保险市场还不完善，一方面，保险精算师缺口很大，拥有丰富经验的精算师更是凤毛麟角；另一方面，保险业可对其进行分析的历史数据有限，不易找出其内在的发展规律。因此，在设计保险产品时，国内精算师往往忽视本国市场风险，而将国外已有的产品设计模式套用在国内的产品设计上，这样新产品的推出可能并不适合中国的市场，形成了未来理赔的不确定性。

3. 利率风险

保险业对利率的敏感程度不亚于银行，利率波动可能产生两种风险：（1）利率的波动使保险产品在设定时确定的利率水平与实际的投资收益率相背离，从而造成利差损风险，并且进一步影响资产、负债的不匹配；（2）利率波动影响保险公司持有的固定收益债券的当期价格，并且可能进一步影响资产的整体估值乃至偿付能力水平。可以说，利率波动对保险业的影响是全方位的，既影响保险投资管理决策，影响其资产配置结构和投资绩效，也影响负债业务，包括定价和准备金的计提。

目前，利率波动对我国保险业（特别是寿险业）仍然存在着巨大影响。第一，虽然保监会于 2013 年 8 月开放了普通型人身保险产品利率管制，取消了 2.5% 预定利率上限限制，但是大多数传统保障性产品仍处于预定利率管制之中。第二，当前我国保险资产投资组合中，固定收益类债券占据了绝对比重，在新的会计制度下，国债收益率曲线的变化将带动相当一部分这类资产的估值变化。第三，利率波动会对投资分红类产品的费率或者最低保证利率产生影响，从而产生产品的销售波动，甚至可能由于最低保证利率和投资收益之间的偏差产生新的利差损。

4. 汇率风险

汇率风险是指由于汇率上下波动而引起的外币持有者经济损失的可能性。随着我国保险公司的海外上市、开展海外业务以及进行海外融资，其受汇率变动的影响越来越显著。特别是此次经历了金融危机的冲击，继续单边快速升值的动力不再，世界主货币之间的汇率进入调整阶段，使人民币与其他币种之间的汇率波动幅度加大，从而增加了对外经营的风险。

金融危机后，我国保险市场不断调整其经营结构和理念，积极向国外市场进行拓展——设立国外分支机构、开展国际业务、进行国外融资——使我国的保险市场与国外的金融及保险市场联系越来越紧密。但是，基于保险业在经济生活中的特殊功能，保监会对保险的资金运用以及投资渠道进行了严格的管控，使得保险公司无法充分利用金融投资工具来规避汇率风险[①]，不利于汇率风险的防范。

5. 政策性风险

政策性风险是指国家在进行宏观调控时，根据实际的经济形势颁布调控政策、监管方式，给企业的经营带来外部风险。保险业对外部政策

---

① 黄媛媛：《中国非寿险业的风险防范与管理——基于金融危机背景的分析》，西南财经大学硕士学位论文，2009 年。

的变化十分敏感，国家司法建设、监管的广度和深度的变化以及税种、税基和税率的变化程度都会对保险业产生一定的影响。例如对保险资金监管的广度和深度的调整，将影响保险资金的投资结构以及营销策略；国家对利率、再贴现率的调整会对保险费率的确定、保险的盈利水平产生影响；财政对保费补贴范围和金额的政策也会直接影响农业保险业务的开展。

在我国，法律政策变化对保险业的影响十分巨大。保费收入名列前茅的几大非寿险业务——交强险、商业第三者责任保险、农业保险、一般责任险等都直接依托于相关法律和政策框架。但目前我国针对保险业方面的法律法规还不是很完善，多以部门规章、规范性文件、地方性法规为主，不仅层级低，效力弱，而且没有考虑许多具有公共性质业务的特殊性。我国 2007 年开展的农业保险试点工作，很好地说明了这一现象。国家对农业保险的财政补贴，使我国的农业保险得到了飞速发展，但在保费收入中财政补贴占有很高的比例。如在 2009 年主要粮食作物保险中，各级财政补贴合计比例平均高达 80%，可以想象，国家农业政策的变化会对农业保险的业务拓展产生重大影响①。显然，政策性风险对保险业的可持续发展有着深刻的影响。

6. 巨灾风险

近年来随着世界环境的不断恶化、自然灾害的频繁发生和极端气候事件屡现，巨灾风险已经成为保险业，尤其是非寿险业非常重视的系统性风险之一。

我国是世界上遭受多种类型自然灾害影响最严重的国家之一，经常遭受气象、地质和海洋等自然灾害，面临的巨灾风险很大。目前我国还没建立能够有效应对巨灾风险的巨灾保险制度体系，地震保险仍是除外责任，不利于巨灾风险的防范。一些商业保险公司设计保单时，将除地震以外的主要巨灾纳入保险责任范围，但由于产品定价过低、准备金计

---

① 张承惠、田辉、李扬：《保险业系统性风险防范化解机制研究》，国务院发展研究中心金融所，2010 年。

提不足，使得保险业在这一领域积累了大量风险。

（二）行业要素评估

1. 再保险风险

再保险风险由以下两个方面组成：一是保险公司的再保险不足，没有向其他保险公司或再保险公司进行充分的分保，致使其承担大量的风险；二是再保险违约风险，分入保费的保险公司因发生信用违约或者破产，不能正常履行再保险赔付责任，将使得原保险公司无法实现风险的有效转移。

目前我国的再保险供求严重失衡，导致我国面临着较高的再保险风险：（1）再保险需求较高，如随着国家制定的政策性保险业务的快速增长，保险公司为了分散风险，增加了对再保险业务的需求；（2）再保险供给不足，我国再保险总体承保能力偏弱，特别是在农业保险和地震、台风、洪水等巨灾保险的再保险供给方面严重不足。

2. 金融一体化风险

随着金融一体化的不断加快，不同金融行业之间通过股权纽带、业务合作，增加了相互传染的可能性，从而增加了系统性风险的积累。在综合经营模式下，一个集团或控股公司旗下可能同时经营银行、保险、证券等多项金融业务，如果其中某一业务环节出现问题，可能会产生连锁反应，影响整个集团稳定。AIG 的国有化就是这方面一个很好的例子。

继平安集团组建以来，我国陆续组建了多个保险集团。平安集团是综合性保险金融集团，经营业务几乎涉及我国所有的金融业务；人保集团旗下包括人保财险、人保寿险、人保健康、资产管理公司等多个子公司，是纯粹经营保险业务的集团机构；太保旗下设太保财险、太保寿险、资产管理公司等多个子公司，也是较为单纯的保险集团。随着我国保险集团数量的不断增加，保险集团在国内外保险和金融市场的影响力逐渐增强。因此，如何实施针对保险集团的监管，日益引起市场关注。

由于保险集团加强了向银行等金融行业的渗透和扩张，未来可能出现更多综合性金融集团，增强了保险业与金融业的关联性。平安集团加强了在国际市场的投资，未来也可能有更多的保险集团或金融集团参与国际金融市场活动，加强与国际金融市场的关联性。此外，中国的保险集团或将逐渐涉足更多的非传统保险业务领域。这些变化增加了保险业潜在的系统性风险。

（三）公司内部要素评估

1. 承保风险

承保风险主要由定价风险和准备金风险两部分组成。其中，定价风险是指保险公司为吸引保户而设定较低的费率，使其所收取得保费不足以支付未来保险责任而产生的风险；准备金风险是指保险公司提取的准备金与有效保单最终赔款不匹配而产生的风险。

此次金融危机的爆发使中国保险业消费者信心受挫，全国保费总收入虽然逐年增加，但同比增长率却由 2008 年的 39.06% 下降到 2009 年的 13.83%，直至 2011 年保费增长率均未超过 20%，具体数据如表 5 - 3 所示。

表 5 - 3 　　　　　　　　2007 ~ 2011 年全国保费收入及其增长率

项目	2007 年	2008 年	2009 年	2010 年	2011 年
保费收入（亿元）	7035.76	9784.10	11137.30	12974.21	14339.25
同比增长（%）	25.00	39.06	13.83	16.49	10.52

资料来源：《中国金融年鉴 2011》。

在我国巨大的保费收入基础上，随着保险费率的放开，市场竞争更加激烈，有些地方甚至出现了不计成本的过度竞争行为，严重扰乱了保险市场的正常运行，使保险公司承受了较高的理赔压力。同时，保险定价的不足还会影响到责任准备金的计提，进而影响整个保险业的偿付能力和经营稳定性。

2. 投资风险

承保和投资是支撑保险业稳健经营的两大动力。投资是将保险公司一定比例的资金加以利用、使其增值，从而提高保险业的偿付能力。保险业投资风险是指保险公司在进行资金运用时，对未来收益的不确定性。

金融危机发生后，全球保险资金投资收益由 2007 年的 13％ 下降为 2008 年的 8％①，但是与国际上的其他资本市场相比，中国保险业资产损失程度相对较低。主要原因是保险公司的资金运用受到严格的监管，投资时注重资金的安全性和风险的分散，进行多样性的投资组合，使保险公司的投资损失降低。

中国保险业的资金因为受到严格的管控，所以其受金融危机的影响相对较小。2010 年 2 月 1 日颁布的《保险资金运用管理暂行办法》② 进一步放宽了保险资金的投资渠道，并调整了保险资金的投资比例，这对我国保险公司进行投资风险控制提出了更高的要求。

3. 公司治理风险

衡量公司治理风险的指标有公司的基本结构、决策机制、执行机制、监督机制和激励约束及问责机制。公司治理方面的风险往往具有的隐蔽性和复杂性，在公司内部不易觉察，当风险慢慢积累到一定阈值时会突然爆发，对整个行业产生影响。

经过多年的行业自身建设，我国保险业的基本结构已经形成，符合国家的监管要求，同时保险公司对自身的决策机制、执行机制和监督机制的建设高度重视，大幅度降低了其相关风险。但是，也有一些风险要素影响保险公司的稳健经营。如激励约束及问责机制方面的薪酬机制设置不合理，特别是高管薪酬的设定，可能引发顺周期效应。保险公司薪酬一般是按照业绩来发放的，这对管理层来说是一种激励行为，使其为

---

① 《2009 年国际保险业展望》，http：//www.iic.org.cn/blog/？uid－129－action-viewspace-itemid－132. 2013/12/10。

② 中国保险监督管理委员会令 2010 年第 9 号。

获取短期业绩而给保险公司带来过高的风险，但当经济危机使当期公司资产减少时，高薪酬的发放进一步加剧了公司资金的流失速度。

二、我国保险业系统性风险防范化解机制的现状

目前，我国的保险业系统性风险防范化解机制主要由偿付能力监管、早期预警指标体系以及保险风险处置机制三个方面组成，这个体系监管的内容比较全面，方式灵活多变，提高了国家对保险业的风险防御能力和保险公司自身的风险管理能力。但是，随着国家经济的快速发展以及外资保险公司的大量涌入，在促进我国保险业的快速成长的同时，也暴露出我国当前的系统性风险防范体系在对风险进行监管时存在的一些不足。

（一）偿付能力监管

各类保险风险要素对保险公司的影响都可以影响到保险公司的偿付能力，因此，偿付能力监管也成了系统性风险防范机制的第一道关卡。为了规范保险市场的经营，1998 年我国专门成立了中国保险监督管理委员会对其进行专业的监管。保监会非常重视偿付能力监管体系的建设，并将其列为监管三支柱之一，作为监管的核心内容看待。

我国偿付能力监管一直在不断完善之中。2001 年我国出台针对偿付能力监管的规章制度的文件——《保险公司最低偿付能力及监管指标管理规定》，该政策是我国第一部针对保险公司偿付能力监管制定的规章制度。2003 年进行了修订，2008 年再次进行修订并颁布了《保险公司偿付能力监管规定》这一纲领性文件。为了进一步完善偿付能力监管体系，保监会于 2014 年 3 月 4 日发布了《保险公司声誉风险管理指引》，在偿付能力监管中增加了对保险公司声誉风险的监管。鉴于偿一代显示的诸多缺陷，2015 年 2 月，保监会正式发布中国风险导向的"偿二代" 17 项监管规则，明确了保险偿二代监管规则在过渡期内的适用要求和具体标准，包括寿险合同负债的折现率曲线、巨灾风险因子和计算模板、利率风险不利情景、压力测试的必测情景以及需要编报集团

偿付能力报告的公司等。保监会将于 2015 年首次对保险公司偿付能力风险管理能力进行监管评估，过渡期内监管评估结果暂时不与资本要求挂钩。保监会于 2016 年正式实施中国第二代偿付能力监管体系。

目前，我国主要是从以下几方面进行偿付能力监管：（1）偿付能力评估。保险公司根据保监会的要求定期编制偿付能力报告，对本公司进行动态偿付能力测试。（2）偿付能力报告分析。定期向监管机构报送偿付能力报告，包括年度报告、季度报告和临时报告。（3）建设偿付能力管理体系。全面分析影响保险公司偿付能力的因素，引导保险公司建立各个环节风险防控制度。（4）偿付能力监管。保监会采取现场监管与非现场监管两种方式进行偿付能力监管，综合两种监管的结果，判断保险公司的偿付能力状况，并实施分类监管，具体分类如表 5 - 4 所示。

表 5 - 4　　　　　　　　　　保险公司类别及监管措施

类别	偿付能力充足率	监管措施
不足类	小于 100%	九类监管措施*，单项或多项共同监管
充足Ⅰ类	100% ~ 150%	采取必要的监管措施，可以要求其整改
充足Ⅱ类	大于 150%	无

注：*中国保险监督管理委员会令〔2008〕1 号——《保险公司偿付能力管理规定》。

由于保监会对偿付能力监管机制的强调和重视，资本约束观念已在行业内深入人心，保险行业整体的偿付能力水平显著提高，许多保险公司在进行业务结构、业务规模和发展速度的规划时，都会自觉将偿付能力的影响考虑在内。不过，与银行业相比，偿付能力不达标的保险企业占比仍然偏高，而且当前偿付能力监管机制在监管标准的统一、资本质量监管等方面仍存在有待改善之处。

虽然偿二代已经克服了偿一代的诸多弊端，建立了针对保险集团的动态风险监管制度体系，然而，放开"前端"，"后端"能否管得住，还缺乏充分的市场过程的检验，实际结构仍很难预测。偿二代能否在保险集团实际监管中真正奏效，防范和化解保险业系统性风险，仍然有待观察。

（二）早期预警体系

早期预警体系的建立是保险业防范系统性风险的另一种重要的方式。通过选取重要的风险指标，分析整个保险行业面临的风险程度，以便及时地采取行动，对风险进行控制。

2003 年我国监管机构为提升保险公司偿付能力监管水平，针对财险公司和寿险公司分别设定了不同的监管指标（财险 11 个，寿险 12 个），对保险公司进行偿付危机预警。此时的早期预警体系仍然以静态的财务指标为主，缺乏动态性和前瞻性。随着监管法规的不断改进和偿付能力监管制度的逐渐完善，我国保险业的早期预警体系也有了很大改善。2009 年保监会提出了分类监管制度，根据风险程度将保险公司分为 A、B、C、D 四类，并根据不同的类型提出了相应的监管措施[①]。该制度的提出有利于保险公司集中有限的监管资源，有针对性地实施监管措施，提高了监管效率，同时加强了风险防范和化解的力度。

目前，我国保险业早期预警体系已经初步发挥了积极的作用。此外，属于早期预警体系的一些监管措施，如重大风险提示函、监管谈话等，也对提前进行风险防范发挥了重要作用。但是，当前早期预警体系仍存在一些亟须完善之处，例如以美国保险监管信息系统（IRIS）的监管标准为参考设定的我国偿付能力监管体系，在实际运用过程中，有些并不适用于我国的市场实际；风险指标的选取大多为财务指标，对于非量化的指标考虑较少，得出的结果具有一定的时滞性。

（三）保险风险处置机制

保险风险处置机制是系统性风险防范的最后一道处理程序，也是系统性风险防范措施的重中之重，最后一道程序处理不好，前期的偿付能力分析以及预警体系分析所暴露的问题都得不到最终的解决。

根据 2008 年新修订的《保险保障基金管理办法》，规定保险公司按

---

① （保监发〔2008〕120 号）——《关于实施保险公司分类监管有关事项的通知》。

保费收入的一定比例定期缴纳一定量的保障基金，为广大保单持有人搭建起了"最后的安全网"。

根据2009年新修订的《中华人民共和国保险法》，我国保险风险处置机制主要包括五方面内容：（1）整顿；（2）接管；（3）申请重整或破产清算；（4）撤销；（5）保险保障基金的救济。

从上述内容可以看出，目前我国保险法已经建立了较为全面的保险风险处置机制，针对保险风险的处置发挥了积极的作用。但是，到目前为止，我国还没有发生保险公司因经营失败、破产而退出市场的例子。因此，目前保险风险处置的主要手段局限于依法重组。市场退出机制的缺乏无法对经营混乱的保险机构产生震慑和警示作用，这恰恰是综合风险防范化解机制中的一大缺陷。

第四节　我国保险业防范系统性风险的思路与措施

一、科学地建立防范保险系统性风险的预警指标体系

（一）预警指标选取原则

应按照以下的原则选取预警指标：（1）实践性原则，即选取的指标必须具有实际的经济意义，能够客观反映保险公司的运营情况；（2）系统性原则，即选取的指标必须要有高度的概括性，能够从不同的方面反映保险公司的风险；（3）规范性原则，即在构建预警模型时，应尽量采用监管机构监管的指标；（4）可操作性原则；（5）灵敏性原则；（6）互补性原则，即选取的指标应该是相互补充的关系，使其构成的体系能够全面地反映风险并做出预警与估测。

（二）预警指标的选取

1. 财务风险预警指标的选取

我们根据文件《保险公司偿付能力额度及监管指标管理规定》[①] 中提到的对保险公司的监管指标以及保险公司进行财务分析时所依据的指标中选取具有代表性的指标，建立初步的财务风险预警指标体系。

选取了 15 个指标，分别从业务能力、盈利能力、资产流动性、偿付能力和再保险能力五个方面衡量保险公司的财务风险（见表 5－5）。

表 5－5   **保险公司财务风险预警指标初始体系**

一级指标	二级指标	三级指标
财务风险预警指标体系	业务能力	保费增长率 自留保费增长率 退保率
	盈利能力	投资收益率 费用率 净资产利润率 营业收入利润率
	资产流动性	流动比率 应收保费率
	偿付能力	负债经营率 资产负债率 赔付率 准备金增长率 未决赔款准备金率
	再保险能力	再保险率

2. 非财务风险预警指标的选取

根据上述对我国系统性风险要素的描述，选取 32 个具有代表性的

---

① 中国保险监督管理委员会令〔2003〕1 号。

非财务指标，并将其进行划分为经济环境风险、行业风险、市场风险、政策风险、巨灾风险、公司治理风险、操作风险和战略风险八个方面，初步建立保险公司非财务风险预警体系（见表5-6）。

表5-6　　　　　　　保险公司非财务风险预警指标初始体系

一级指标	二级指标	三级指标
外部风险	经济环境风险	宏观经济环境 金融环境 国际收支状况 金融机构脆弱性
	市场竞争风险	企业所处发展阶段 市场份额 市场影响力 产品多样性 产品潜在竞争对手数量 可替代性产品数量 买方讨价还价能力
	政策性风险	监管的广度和深度 税收政策的变化程度
	巨灾风险	洪水、地震、飓风等巨灾发生可能性
行业风险	行业要素风险	行业成本结构 行业所处发展阶段 行业受经济波动影响的程度 行业依赖性
内部风险	公司治理风险	基本结构 决策机制 执行机制 监督机制 激励约束及问责机制
	操作风险	内部控制环境 风险识别评估能力 业务控制能力 财务控制能力 信息交流与沟通能力 监督与纠正能力
	战略风险	公司基本素质状况 战略可执行性 战略的适应性

（三）全面风险预警指标的优化

将从财务方面和非财务方面选取的 47 个初始指标组合在一起，便形成了全面的保险业风险预警指标体系。过多的衡量指标不仅会给数据搜集和整理工作增加困难，相互之间还有可能因为存在相关性而使预警指标体系不能准确地反映保险公司的风险状况。因此，需要进一步对初始的指标进行优化，减少指标之间的相关性，提高预警指标体系对风险预测的准确度。

针对指标的优化，有如下三种方法：（1）定性方法。专家调研法是最常见的定性方法。（2）定量方法。利用相关的软件，对需要进行优化的指标进行分析，简化指标体系。如主成分分析法、因子分析法、相关系数法等。（3）定性与定量相结合方法。如聚类分析法和关联度分析法。

1. 优化财务风险预警初始指标体系

财务风险预警指标体系中的指标都可以利用资产负债表、利润表中的数据经计算求出其具体的数值。因此，可以采用定量方法对其进行优化。我们采用的是极大不相关方法对财务预警指标体系进行优化。

极大不相关方法的原理是计算出一个指标与其余一个或一组指标的相关系数的平方，与自己设定的最大临界值进行比较：若得到的相关系数的平方大于或等于临界值，则将该指标删除；若得到的相关系数的平方小于临界值则保留该指标。最终得到一组相关性较小的指标。其基本的操作步骤是：

第一步，确定样本矩阵 X。假设有 m 个指标需要分析，且给定了 n 组样本数，那么相应的矩阵 X 可表示为：$X = \begin{pmatrix} X_{11} & \cdots & X_{1m} \\ \vdots & \ddots & \vdots \\ X_{n1} & \cdots & X_{nm} \end{pmatrix}$，其中的一组数据 $X_i = (X_{i1}, X_{i2}, \cdots, X_{im})$ 表示 m 个指标的第 i 组样本空间。

第二步，计算各指标的均值、方差以及相互之间的协方差。设 $Y_j = (X_{1j}, X_{2j}, \cdots, X_{nj})^T$，即 Y_j 表示第 j 个指标的 n 个样本数。相应的表达式是：

均值：$\overline{Y_j} = \dfrac{1}{n}\sum\limits_{\alpha=1}^{n} X_{\alpha j}$，$j = 1, 2, \cdots, m$

方差：$s_{jj} = \dfrac{1}{n}\sum\limits_{\alpha=1}^{n} (X_{\alpha j} - \overline{Y_j})^2$，$j = 1, 2, \cdots, m$

协方差：$\mathrm{Cov}(Y_i, Y_j) = \dfrac{1}{n}\sum\limits_{\alpha=1}^{n} (X_{\alpha i} - \overline{Y_i})(X_{\alpha j} - \overline{Y_j})$，$i \neq j$，$i, j = 1, 2, \cdots, m$

第三步，用 R 表示样本的相关系数矩阵，则 R 的主对角元素均为 1。

$R = (r_{ij})$，$r_{ij} = \dfrac{\mathrm{Cov}(Y_i, Y_j)}{\sqrt{s_{ii}s_{jj}}}$，其中，$r_{ij}$ 表示第 i 个指标与第 j 个指标的相关系数，它反映了两个指标间的线性相关程度。

第四步，复相关系数 ρ_i 的计算。ρ_i 表示第 i 个指标与其余 $m-1$ 个指标的线性相关程度。一般记为：$\rho_i = \rho X_i \mid X_1, X_2, \cdots, X_{i-1}, X_{i+1}, \cdots, X_m$。

ρ_i 的求得可以采用以下的方式。首先将 R 分块，记为：

$R = \begin{pmatrix} R_{-i} & r_i \\ r_i^T & 1 \end{pmatrix}$，其中 R_{-i} 表示除去与 X_i 样本相关的系数，由其余的相关系数组成的相关阵，且 $r_i = (r_{i1}, r_{i2}, \cdots, r_{i(i-1)}, r_{i(i+1)}, \cdots, r_{im})^T$，$r_i^T$ 表示 r_i 的转置，则经过运算可以求得：$\rho_i^2 = (r_i^T R_{-i}^{-1} r_i)$，$i = 1, 2, \cdots, m$。

将整理的数据代入公式后，可以得到 $\rho_1^2, \rho_2^2, \cdots, \rho_m^2$，其中数值的大小表示其与其余指标的相关程度大小，再设定一个临界值 D，当 $\rho_i^2 > D$ 时，表示该指标与其余指标的相关性较高，删去该指标，进而达到了对指标进行优化的目的。

基于以上的极大不相关方法的原理，我们以 2011 年中国保险年鉴中 30 家资料完全的保险公司的数据为基础，对上述提到的 15 个财务风险指标进行分析，得出所需的指标值，并对其进行分析判断，进而剔除相关性较大的指标，优化指标体系。因为数据较多、计算量较大，为了确保准确性，需借助 SPSS Statistics 软件对 15 个财务风险指标进行相关性分析。

首先将表 5 – 6 中的三级指标从上到下一次设定为 X_1，X_2，…，X_{15}，将经过初步计算得到的 30 组数值导入 SPSS Statistics，再将 X_1 设定为被解释对象，其余 14 个设为解释变量，进行相关性分析，最后得出的结果如表 5 – 7、表 5 – 8 所示。

表 5 – 7   输出结果 1——相关系数

模型汇总				
模型	R	R 方	调整 R 方	标准估计的误差
1	0.839[a]	0.704	0.427	0.48210

a. 预测变量：（常量），X_{15}，X_{11}，X_4，X_{13}，X_6，X_8，X_3，X_7，X_2，X_9，X_5，X_{10}，X_{14}，X_{12}。

表 5 – 8   输出结果 2——回归拟合度

Anova[b]					
模型		平方和	df	均方	F	Sig.
1	回归	8.276	14	0.591	2.543	0.042[a]
	残差	3.486	15	0.232		
	总计	11.762	29			

a. 预测变量：（常量），X_{15}，X_{11}，X_4，X_{13}，X_6，X_8，X_3，X_7，X_2，X_9，X_5，X_{10}，X_{14}，X_{12}。
b. 因变量：x1。

即 $R_1^2 = 0.704$，显著性水平 $P = 0.042$，可表示为：$R_1^2 = 0.704$ (0.042)

同理，得到余下 14 组数值：$R_2^2 = 0.807$（0.003），$R_3^2 = 0.641$（0.113），$R_4^2 = 0.441$（0.621），$R_5^2 = 0.698$（0.046），$R_6^2 = 0.742$（0.019），$R_7^2 = 0.788$（0.006），$R_8^2 = 0.296$（0.928），$R_9^2 = 0.685$（0.058），$R_{10}^2 = 0.759$（0.013），$R_{11}^2 = 0.599$（0.187），$R_{12}^2 = 0.806$（0.003），$R_{13}^2 = 0.196$（0.992），$R_{14}^2 = 0.811$（0.003），$R_{15}^2 = 0.842$

（0.001）。

由以上的数值可以看出再保险率与其他的风险指标相关性最大，临界值 D 的确定可以参照显著性水平 P=0.01 时的值确定（当显著性水平 P<0.01 时，表示该风险指标与其他指标相关），选取临界值 D=0.78。因此，应剔除的相关性比较显著的 5 个指标：自留保费增长率、营业收入利润率、赔付率、未决赔款准备金率和再保险率，得到最终的财务风险预警指标体系（见表 5-9）。

表 5-9　　　　　　保险公司财务风险预警指标体系

一级指标	二级指标	三级指标
财务风险预警指标体系	业务能力	保费增长率 退保率
	盈利能力	投资收益率 费用率 净资产利润率
	资产流动性	流动比率 应收保费率
	偿付能力	负债经营率 资产负债率 准备金增长率

2. 优化非财务风险预警初始指标体系

从以上初始的非财务风险预警指标体系中可以看出，其影响因素十分复杂，从不同角度全面地分析了保险公司面临的风险，在对其进行优化时，如果同样采用定量化的指标优化处理方法，则不但采用的数据准确性无法确定，而且样本的数量和质量也难以保证，从而达不到对其进行优化的目的。因此，要根据保险公司实际运作情况，针对每个预警模块尽可能选取既相互补充又互不重复的指标。我们利用定性分析方法——专家调研法，依据专家经验和相关文献中对所涉及的非财务指标的分析，可以得出金融环境、行业依赖性、市场影响力、买方讨价还价能力、基本结构和战略可执行性 6 个指标衡量的风险的角度可能与其余指标重复，相关性比较大，可以将其除去，最终得到非财务风险预警指标体系（见表 5 - 10）。

表 5 - 10　　　　　　　　保险公司非财务风险预警指标体系

一级指标	二级指标	三级指标
外部风险	经济环境风险	宏观经济环境 国际收支状况 金融机构脆弱性
	市场风险	企业所处发展阶段 市场份额 产品多样性 产品潜在竞争对手数量 可替代性产品数量
	政策性风险	监管的广度和深度 税收政策的变化程度
	巨灾风险	洪水、地震、飓风等巨灾发生可能性
行业风险	行业要素风险	行业成本结构 行业所处发展阶段 行业受经济波动影响的程度
内部风险	公司治理风险	决策机制 执行机制 监督机制 激励约束及问责机制
	操作风险	内部控制环境 风险识别评估能力 业务控制能力 财务控制能力 信息交流与沟通能力 监督与纠正能力
	战略风险	公司基本素质状况 战略的适应性

（四）构建保险公司的风险预警警度

根据之前的优化处理，得到一个由 10 个财务风险指标和 26 个非财务风险指标组成、针对保险公司的风险预警指标体系。根据预警指标体系中的各个指标所处的安全级别，经过综合计算，确定保险公司的风险级别，即预警警度。

1. 设定安全级别和警度区间

采用百分制的方法划分区间对安全级别和预警警度进行定级。按安全级别由高到低可以划分为 7 个等级：极高度安全（90～100）、高度安全（80～89）、中度安全（70～79）、轻度不安全（60～69）、中度不安全（40～59）、重度不安全（30～39）与危机（29 分以下）。警度一般分为无警（70～100）、轻警（60～69）、中警（40～59）、重警（30～39）与巨警（29 分以下），如表 5－11 所示。

表 5－11　　　　　　　　　保险业安全级别与警度区间表

安全度类型	极高度安全	高度安全	中度安全	轻度不安全	中度不安全	重度不安全	危机
对应分值	90～100 分	80～89 分	70～79 分	60～69 分	40～59 分	30～39 分	29 分以下
警度类型	无警			轻警	中警	重警	巨警

2. 确定指标的安全级别分数值

针对保险公司各财务预警指标安全级别的赋值，可参照国际公认标准确定临界值，在没有公认标准的情况下，参照金融稳定委员会（FSB）、国际保险监督官协会（IAIS）以及中国保险业监督管理委员会等金融监管机构设定的财务指标监管值，并结合中国保险业的实际状况，确定临界值。并根据保险公司资产负债表、利润表计算出相应的指标值，与临界值进行比较，根据每项指标所处的安全范围确定指标的分数值。

针对保险公司非财务指标安全级别的赋值，可以根据金融稳定委员会（FSB）、国际保险监督官协会（IAIS）以及中国保险业监督管理委员会等金融监管机构所公布的各种经济信号，判断保险行业的外部风险指标所处安全级别范围，确定指标相应的分数值；同时根据各保险公司的信息披露，判断保险公司行业风险指标、公司内部风险指标所处的安全级别，并确定相应指标的分数值。

（1）赋权数。赋权数是指根据每个指标对保险公司安全运营的影响程度不同，设定不同权数，即影响程度高的权数值就大。系统性风险的爆发，很少只是由单一风险因素引起的（单一因素往往是起到触发的作用），而是由多个因素相互影响，共同发挥作用引起的。因此，需要将各指标的分值进行合成，计算出综合分值，从不同角度判断保险公司面临的风险状况才具有较高的预警价值。

（2）计算综合值，确定警度。综合值是每项指标所得分数与其对应权数的乘积之和。求出综合值后，再根据表5-12对警度的划分确定警度，可以看出综合值越小相应的风险就越大、警度级别就越高。为了更直观地看出警度级别，采用不同颜色的旗帜显示警度，即用绿旗、蓝旗、黄旗、粉旗和红旗依次表示从低到高的警度级别，如表5-12所示。

表5-12　　　　　　　　　　　　警度分析表

旗帜颜色	警度	风险状况	措施
绿旗	无警	风险极小，保险公司经营状况良好、发展稳定	无
蓝旗	轻警	风险小，在可接受的范围内，风险容易控制	采用静态监控，及时处理降低风险
黄旗	中警	有一定的风险，已经引起警惕	动态监控，采取必要的措施化解风险
粉旗	重警	风险很大，已经引起高度重视	必须采取强有力的措施化解风险
红旗	巨警	风险极大，随时可能威胁整个保险行业的稳定	向有关部门寻求帮助，尽可能降低风险或退出市场

二、建立健全保险系统性风险预警处理系统

当发出预警信号后，健全的风险预警处理系统能够及时地对发生的风险进行处置，防止风险进一步扩大、损失进一步增加，从而达到维护整个行业稳健经营的目的。

（一）建立有效的信息分析机制

为了能够更加准确地对保险行业、保险公司的经营状况作出判断，监管部门从事信息分析的人员应保持对宏观经济的高度敏感性、专业的信息分析素质和高度的独立性，从而能够得到准确的数据。同时，利用现代信息技术建立完善的信息管理系统，将影响保险公司稳健经营的相关信息集合起来，利用数学、统计学、计量经济学等方法，进行数据的处理，以确保预警模型能精确地进行预警。

（二）建立有效的信息传达机制

建立通畅的信息传递通道，如专享的信息平台，连接信息分析机构、风险处理机制和保险公司，提高信息的传播速度。当监管机构相关部门对保险行业、保险公司的经营作出预警判断后，应将预警报告及时地上报到相应的风险处理机构，并将风险处理机构提出的相应风险解决措施及时地传达给保险公司，或者以政策、法令的形式出台。快速、高效的信息传递机制保证了风险预警模型能够发挥其预警的作用，从而防止损失的进一步扩大。

（三）建立有效的风险处理机制

针对不同的预警等级，监管机构应具体分析保险行业或保险公司面临的风险状况，从而提出相应的风险处理措施（见表5-12）。

对于公司内部的承保风险、投资风险和公司治理风险等风险因素，可以通过监管、计划、协调等方式进行风险的预防和控制；对于再保

险、金融一体化、公允价值会计准则、行业所处发展阶段等行业风险因素，可以通过监管、出台政策支持、促进行业创新等方式进行风险的防范和控制；针对行业外部的不可控因素，监管机构应出台相应的政策，要求保险行业加强自身建设以应对风险，同时指导保险行业进行风险回避、风险分散等。此外，保险监管机构应借鉴国外保险公司的市场退出机制，尽快完善我国的保险公司市场退出机制，以应对处于"巨警"警度的保险公司，提高保险市场的危机意识，促进保险市场的稳健经营。

三、完善我国保险业系统性风险监管

（一）建立并完善保险集团监管体系制度

目前，我国的"偿二代"正进入运营阶段，"偿二代"建设中第17号文件是专门针对保险集团偿付能力监管的方法和措施，其中包括总则（保险集团的定义、分类、偿付能力风险类型和偿付能力监管规则等）、资本计量（包括一般规定、最低资本和实际资本）、偿付能力风险管理要求与评估、偿付能力报告和信息披露、监督管理与协作、附则等内容，对保险集团及其子公司的偿付能力监管问题做出了详细规定。保险监管机构应密切关注此阶段保险集团的风险变化和风险管理制度体系建设等情况，以及保险集团监管政策对保险集团的影响效应，比较"偿二代"下保险集团偿付能力与"偿一代"下的保险集团偿付能力之间的差异，完善保险集团监管制度体系，使这一制度体系既符合中国当前保险监管的需要，也保持与国际保险集团监管制度体系的兼容性，适应保险集团国际化发展趋势的需要。

（二）加强系统重要性保险机构的监管

随着我国部分大型中资综合性保险机构在国际保险领域的影响力越来越大，参照相关国际机构对于重要性保险机构的相关监管规定很有必

要，有利于防范保险业系统性风险，维护行业安全稳定。2016 年 4 月初，我国保监会召开 D－SII 监管制度建设启动会，表示将发布一系列国内系统重要性保险机构监管制度，并公布首批 D－SII 名单，5 月 26 日，保监会发布开展 D－SII 评定数据收集工作通知显示，共有 16 家企业入围数据报送名单。按照这一工作要求，保监会还下发了《国内系统重要性保险机构监管暂行办法（征求意见稿）》。在现有监管规定基础上，结合保险业发展实际，针对 D－SII 提出额外监管要求，重点关注可能引发系统性风险的公司治理、外部关联性、非传统保险业务活动、可替代性等方面。

同时，D－SII 监管还重点关注以下风险管理领域：风险偏好体系、集中管控体系、风险隔离机制、集中度风险管理机制、非传统非保险业务活动风险管理机制、外部关联性风险管理机制等。此外，加强系统性风险管理和流动性风险管理、制订恢复计划和处置计划等也在 D－SII 监管范围内，目的是确保在极端压力情景下，维护金融保险体系的稳定。

（三）加强对资本融资和流动性风险管理业务的监管

偿付能力危机和流动性危机都对保险企业的健康经营有较大的影响，其中流动性风险对保险企业造成的影响更为即时和迅速。保险公司发生偿付能力危机时，未必能立即对保险公司的正常经营造成显著影响，而流动性危机则可以迅速使保险企业陷入经营困境。IAIS、日内瓦协会和 FSB 等认为，通过商业票据或者证券借贷等进行短期投融资业务的流动性管理不善，容易引发保险业系统性风险，具有潜在的系统性风险。因此，监管机构和保险公司自身应加强对这类业务的风险管理，增强这类业务的透明度；建立这类业务的流动性风险追踪记录机制和定期报告制度；建立针对这类业务的风险预警机制；建立评估流动性风险优劣的临界值标准，综合运用定性分析和定量分析方法，评估这类业务的风险情况。

（四）加强对表外非传统保险业务的监管

IAIS、日内瓦协会和 FSB 等认为，传统核心保险业务引发保险业系统性风险的可能性较低，但某些表外非传统保险业务达到一定规模时容易引发保险业系统性风险。由于目前我国保险机构开展这类保险业务的规模相对较小，甚至尚未涉足这类保险业务（如风险较大的非传统保险业务 CDS），所以，在把握市场变化特征的基础上，监管机构需要评估保险公司开展这类业务的合理性规模标准，将这类保险业务的规模控制在合理性标准范围之内。对开展非核心表外保险业务的机构，应在授予其经营牌照的同时，加强对这类业务透明性的考核并将考核作为许可经营的重要条件之一；尽量对这类业务的交易实现柜台化管理，加强对这类业务交易过程的监管，并建立适度的准备金制度。

（五）加强与其他金融监管机构的合作

现代金融业的发展使得各类金融业务的边界日渐淡化，各类金融业务都出现了其他相关金融业务的某些功能特征。例如：将银行存款和投资增值等方式作为养老或者防范身故风险损失的方式；部分保险产品具有储蓄投资功能特征，融合了银行和投资业务的功能特征。AIG 在 2008年金融危机中损失惨重，就是由于这类业务边界范围的模糊导致保险监管缺位，放纵 AIG 的金融部门大力发展这类金融业务并达到一定的规模，最终引发了巨大风险。现代金融业的混业经营是大势所趋，银行、证券、保险多种金融业务之间的关联性更为密切，渗透性更强。未来更多新型跨界金融产品的出现，会导致金融分业监管制度体系在经营中出现盲区，造成某些具有较大潜在风险的业务大规模发展。因此，我国必须注重保险、银行、证券等多家监管机构的密切协作，加强金融混业监管。

附　录：

30家保险公司的财务预警指标

单位：%

	保费增长率	自留保费增长率	退保率	投资收益率	费用率	净资产利润率	营业收入利润率	流动比率	应收保费率	负债经营率	资产负债率	赔付率	准备金增长率	未决赔款准备金率	再保险率
中国人民保险集团股份有限公司	0.39	0.39	0.01	0.03	0.12	0.16	0.03	0.34	0.02	11.56	0.92	0.31	0.58	0.28	0.08
中国人民财产保险股份有限公司	0.32	0.32	0.00	0.03	0.16	0.21	0.05	0.31	0.02	7.13	0.88	0.44	0.98	0.41	0.11
中国人寿保险股份有限公司	0.55	0.55	0.03	0.04	0.04	0.11	0.01	0.41	0.00	26.54	0.96	0.01	0.54	0.00	0.00
中国人民健康保险股份有限公司	-0.09	-0.11	0.03	0.05	0.28	0.05	0.04	0.45	0.13	21.27	0.96	0.92	-2.45	0.37	0.42
中国人寿保险股份有限公司	0.16	0.15	0.08	0.05	0.05	0.16	0.11	0.62	0.02	5.70	0.85	0.17	0.29	0.01	0.00
中国人寿财产保险股份有限公司	0.24	0.36	0.00	0.05	0.24	0.21	0.07	0.30	0.01	4.13	0.81	0.37	-0.21	0.29	0.17
中国再保险（集团）股份有限公司	0.05	0.05	0.01	0.03	0.08	0.07	0.08	0.43	0.01	1.50	0.60	0.46	0.15	0.55	0.04
中国大地财产保险股份有限公司	0.22	0.35	0.00	0.02	0.22	0.17	0.05	0.24	0.02	3.94	0.80	0.38	-4.22	0.34	0.11
太平财产保险有限公司	0.18	0.21	0.00	0.03	0.34	0.05	0.01	0.42	0.02	6.94	0.87	0.38	1.08	0.41	0.13
太平人寿保险有限公司	0.70	0.70	0.04	0.04	0.11	0.10	0.03	0.36	0.01	11.18	0.92	0.05	1.24	0.01	0.01
中国出口信用保险公司	2.85	0.18	0.00	0.03	0.17	0.11	0.20	0.37	0.01	3.21	0.76	0.29	-2.71	0.58	0.23
民生人寿保险股份有限公司	0.67	0.67	0.07	0.03	0.13	0.00	0.01	3.86	0.02	4.25	0.81	0.05	1.25	0.00	0.01
阳光保险集团股份有限公司	1.65	1.59	0.10	0.03	0.17	0.01	0.01	0.50	0.01	4.57	0.82	0.16	2.57	0.16	0.03
中国太平洋（集团）股份有限公司	0.42	0.46	0.03	0.04	0.12	0.11	0.08	0.42	0.02	4.83	0.83	0.21	0.65	0.11	0.10

续表

	保费增长率	自留保费增长率	退保率	投资收益率	费用率	净资产利润率	营业收入利润率	流动比率	应收保费率	负债经营率	资产负债率	赔付率	准备金增长率	未决赔款准备金率	再保险率
中国平安财产保险股份有限公司	0.60	0.65	0.00	0.03	0.21	0.23	0.11	0.40	0.04	3.63	0.78	0.32	1.75	0.27	0.11
中国平安人寿股份有限公司	0.30	0.30	0.04	0.04	0.10	0.29	0.09	0.32	0.04	23.88	0.96	0.16	0.58	0.00	0.00
华泰保险控股股份有限公司	0.33	0.32	0.00	0.03	0.28	0.13	0.22	0.54	0.05	2.01	0.67	0.28	-0.24	0.37	0.20
华泰人寿保险股份有限公司	1.07	1.08	0.02	0.03	0.11	-0.11	-0.02	0.65	0.00	8.32	0.89	0.01	1.10	0.00	0.01
新华人寿保险股份有限公司	0.41	0.41	0.08	0.04	0.08	0.34	0.02	0.95	0.01	45.77	0.98	0.06	0.53	0.00	0.00
泰康人寿保险股份有限公司	0.46	0.46	0.04	0.04	0.11	0.16	0.03	0.23	0.01	20.80	0.95	0.06	0.47	0.01	0.01
天安保险股份有限公司	0.12	0.00	0.00	0.03	0.26	0.01	0.00	0.71	0.01	6.89	0.87	0.54	-6.11	0.43	0.18
大众保险股份有限公司	0.14	0.23	0.00	0.01	0.29	0.05	0.03	0.60	0.02	2.75	0.79	0.40	14.30	0.40	0.17
华安财产保险股份有限公司	1.44	0.44	0.00	0.05	0.22	0.27	0.10	0.88	0.02	11.27	0.92	0.34	2.06	0.35	0.01
永安财产保险股份有限公司	0.04	0.12	0.04	0.04	0.24	0.13	0.05	0.34	0.00	2.73	0.73	0.52	0.90	0.49	0.09
生命人寿保险股份有限公司	1.82	1.82	0.00	0.09	0.11	0.01	0.00	0.62	0.00	0.94	0.49	0.13	1.46	0.00	0.00
永诚财产保险股份有限公司	0.55	0.45	0.00	0.03	0.26	0.05	0.03	0.36	0.08	3.00	0.75	0.34	0.48	0.40	0.19
安信农业保险股份有限公司	0.29	-0.03	0.00	0.02	0.23	0.08	0.07	0.34	0.02	0.88	0.47	0.46	0.97	0.27	0.08
安邦财产保险股份有限公司	0.58	0.33	0.00	0.00	0.14	0.10	0.07	1.04	0.01	3.93	0.80	0.52	-2.11	0.33	0.00
阳光农业相互保险公司	-0.11	-0.10	0.00	0.01	0.13	0.31	0.16	1.07	0.01	1.63	0.62	0.62	1.20	0.23	0.06
合众人寿保险股份有限公司	0.34	0.33	0.03	0.04	0.15	0.12	0.03	0.59	0.01	11.57	0.92	0.08	0.23	0.00	0.05

资料来源：根据2012版《中国保险年鉴》中的数据计算得出。

第六章

金融风险传导下的我国保险公司信用评级体系建设

第一节 保险信用评级制度的理论基础

一、保险信用评级产生的基础

（一）保险信用评级产生的理论基础

信息不对称是保险信用评级制度产生的理论基础。保险人与被保险人在复杂多变的市场博弈中，处于有利信息而占据优势的保险市场交易者，有可能对保险信息劣势者选择欺诈或隐瞒，甚至是主观故意不履行合同规定。保险业是经营风险、经营信用的特殊行业，其信息不对称现象比其他市场更为普遍和重要。由于信息不对称的存在，引发了参与者的机会主义倾向。由信息不对称现象诱发的机会主义倾向，可分为事前机会主义和事后机会主义两方面。而这种事前机会主义在保险市场交易中主要表现为，在信息不对称条件下保险交易双方在保险合同未签订之前，拥有有利信息而占据优势的一方故意或不故意隐瞒其他人无法得知的私密信息，从而使得合同另一方处于劣势，结果不能达到帕累托最优化和保险交易双方均得到剩余的条件，进而产生了逆向选择。这种事前机会主义在保险市场中投保或被保险人都有可能发生。事后机会主义即为道德风险，是指在保险合同签订之后，合同一方凭借信息优势使合同出现不完全履行或不履行情况。保险人或投保人以及被保险人中都会存在事后机会主义倾向的行为。在保险市场中，保险人与投保人之间的交易力量是不对等的，即非均衡的。对于保险人的事后机会主义行为常常使投保方对其行为意图产生曲解，从而增加了对保险公司的不信任。结果导致投保方监督保险人履约的执行成本的增加，更严重的甚至由于过高的监督成本导致投保人在双方的重复博弈中做出不投保或退保的决定，继而使潜在的保险市场的容量被大大抑制，整个保险市场的效率受到影响。而投保方的事后机会主义行为产生相对较少的负面影响，仅仅导致某个具体保单的不完全履约或不履约，或减少了某个保险人的生产者剩余。

信用评级制度是声誉理论在保险业的重要应用。声誉作为保险公司的一项无形资产附着于保险公司的名称之中，并能够为保险公司带来长期隐性效益。如果某些保险公司拥有较差的声誉，在交易过程中未能诚信履行合约，那其只为获得短期利益而失去了长期利益，并在日后的保险市场份额竞争及融资方面都会受到限制。在市场经济条件下，由于信息不对称而造成的信用缺失广泛存在，声誉理论应运而生。声誉的价值在于减少信息扭曲、强化承诺力度从而提高市场交易效率。

声誉理论的具体应用就是对保险公司声誉进行评估的信用评级制度。对保险公司声誉的评估侧重于对财务的稳健性以及信用风险状况的评定。保险信用评级制度，是第三方保险信用评级机构运用一定测量的方法，根据评定结果对保险公司的声誉冠以一定等级符号，以向市场交易中处于弱势的一方提供公正、透明信息，进而影响其决策的一种机制。信用评级能够降低交易双方的信息搜集成本以及保险公司违规经营的概率，进而增加社会福利。

（二）保险信用评级产生的现实基础

寿险市场的巨大变革引发许多保险公司的财务危机是保险信用评级制度产生的现实基础。在金融自由化、全球化、市场化的大背景下，寿险业扮演的社会减震器、资金融通、风险保障供给、促进经济增长等重要职能在影响范围的速度和力度方面都在空前加大。从 20 世纪 70 年代中期以来，国际经济政策及形势发生了巨大变化：一是随着利率管制放松和通货膨胀的催化，寿险公司在退保和保单贷款方面压力巨大，资金运用风险加大；二是面对汹涌发展的新型金融工具和机构及移动化浪潮，寿险公司竞争压力激增。在全球经济不确定性加剧、利率下行的大背景下，寿险业的信用风险、市场风险和资产负债管理风险呈现多叠加的现象，极大地激发了寿险业对风险防范与控制的迫切需求。

另外，保险监管的缺位使得某些保险人及其行为代理人违背诚信原则引起公众的信任危机，抑制保险市场的发展，保险人之间的无序竞争、恶性竞争牺牲了保险市场的经营效率。虽然以"偿付能力"为核心的监管体系在全球范围内掀起了一股改革浪潮下，但对保险营销员管理方面的实质性措施还处于空白，保险人员参差不齐，保险营销人员素质越来越低，保险事件发生的频率不断上升，使得保险营销陷入了低门槛进入—低保障生存—高流失率—新低门槛进入的恶性循环。然而面对激烈的市场竞争，扩大市场份额、调整产品结构仍旧是各公司的首要任务，短期内不会提高保险营销员身份地位、工资保障、入行门槛。在这种社会背景之下，一些思想品德差、个人素质低的不良保险营销员尤其是寿险营销员，则会利用蒙蔽欺诈、隐瞒等不正当手段，在保险业务中欺诈客户，故意告知不实，或者对保险公司隐瞒异常风险等，从而达到在保险单销售量、个人收入方面都领先于诚实信用的保险营销员。这样的行为就会使诚实守信优秀的保险营销员被逐出市场，逐渐地使得保险公司在经营风险、形象和信用以及保险市场份额方面陷于不利局面。在保险代理人制度中，保险人与保险营销员签订代理委托合同后，保险人只关注寿保险营销员行动的营销业绩而不在意营销员展业营销的过程。

这时候保险人的利益实现就可能面临寿险营销员的道德风险。为了解决保险人之间的无序竞争，维护保险市场的经营效率，保险信用评级制度成为行业的一个选择。

二、保险信用评级产生的市场条件

保险行业是一个特殊的行业，其产品的信用性，保险经营的负债性及其特殊的社会属性使得对保险信用的要求通常比其他行业更高。保险行业信用评级产生的市场条件也有其特点，以下主要从两个方面具体介绍。

（一）保险行业存在着较为严重的信息不对称

在保险市场上，信息不对称主要是指保险服务的供给者与保险消费者掌握的保险信息存在较大的差别。一方面，公众对保险专业知识的了解相对有限，导致消费者对保险公司的情况知之甚少。尽管大多数保险公司会对本公司的财务报告，精算报告甚至年报进行披露，但大多数消费者还是不能充分理解这些信息，更不能很好地转化成对公司信用能力的分析。投保人和保险人之间严重的信息不对称使投保人不能判断保险人未来的偿付能力。另一方面，我国保险行业经营的透明度不高。保险中介机构或再保险公司虽然有较强的信息能力，但是他们并没有足够的动力花费大量的财力物力来搜集并披露这些信息。因此，保险市场上迫切需要独立的第三方机构来准确客观地对保险公司的信用进行评级。

信用评级机构由于在信息获取与处理方面的专业性及其独立的专业中介机构的地位，有效地保证了信用评级的客观公正性。对保险公司进行信用评级，一方面可以有效地为保险消费者提供关于保险公司的信用信息；另一方面，保险公司也会为了提高自身在市场上的竞争力，纷纷聘请第三方评估机构进行资信评估以展示自己的信用，扩大知名度，在社会公众面前树立良好可靠的形象。再者，信誉较高的保险公司评级结果在市场上公布后，对行为不规范的中介具有一定的"威慑效应"，迫使中介人约束自己的行为，降低保险中介的道德风险，与此同时，也降低了保险人对于保险中介人的产权控制成本和监督管理成本。

（二）帕累托最优是保险市场参与者的共同追求

实现帕累托最优及实现交易成本的最小化是保险市场参与者的共同追求。保险公司作为拥有信息的市场主体通过将更准确的风险信息传递给缺乏信息的投保人以实现交易的帕累托最优，从而更大程度地减小交易成本，这是有益于所有保险市场参与者的良性循环。保险公司参与信用评级就是为了实现这一过程。如果投保人将参加评级看作公司低风险的信号，就会愿意支付较高的保费或保险费率来购买保险。这就形成了一个成功的信号传递过程。

在这一信号传递过程中，低风险的保险公司因获得较高等级的评级而取得良好的声誉，从而吸引更多愿意以高价购买其产品的消费者；而获得较低等级评级或没有获得评级的保险公司，则会吸引较少的甚至吸引不到消费者。为了获得较高的评级，保险公司必须付出相应的成本和努力。而评级机构也必须保持独立公正的中介地位，即评级机构必须确保其所做的评级是根据保险公司真实的经营情况做出的。否则如果高风险的保险公司也能获得较高的等级评级，则会造成评级传递信号无效。然而这种情况也是很少发生的，因为评级机构的独立公正，是由评级市场竞争的激励机制保证的。评级机构的收益来自向市场提供信息产品的收入，而只有提供准确的信息，才能吸引信息需求者购买信息产品，促使保险人积极申请评级。评级机构为了赢得信息需求者的信赖，实现信用评级的良性循环，会积极建立并维护自己的信誉，保持自己的独立公正的市场中介地位。由此可见，保持信誉不仅体现在信息生产者与信息需求者之间的博弈，也体现在评级市场本身的竞争当中。而这种博弈的最终结果必然是评级机构作为独立的市场中介，科学客观公正地对保险公司进行评级，从而追求帕累托最优和交易成本最小化，实现保险市场的良性循环。

三、保险公司信用评级体系的功能

(一) 通过揭示信用风险提高保险市场效率

相对于市场风险而言，信息不对称导致的道德风险是保险市场低效率的重要原因之一，对保险企业信用状况及时、全面的了解是投保人防范信用风险的基本前提。独立的信用评级机构的建立和有效运作可以有效揭示信用风险，保护投资者利益，同时信用评级也是提高信息收集与分析规模效益的必然要求。

对于保险交易中的投保人来说，除了通过保险公司官方网站以及周围朋友的介绍等渠道了解有关保险公司的诚信状况、市场份额、产品介绍等信息外，由于投保人不具有专业的保险行业知识，其对保险公司的资产负债状况、偿付能力、净利润、不良资产等数据缺乏专业的分析能力。而保险公司信用评级可以为投保人提供极大的便利。评级机构是独立的机构或组织，其独特的社会地位使其更容易接近保险机构，从保险公司获取第一手的资料。同时评级机构拥有专业的数据分析人员，能够从大量错综复杂的信息中提取出带有规律性或本质性的关键信息。保险信用评级机构通过将被评级保险企业或其所发行证券的信用状况用简单的符号公之于众，使投资者快速、方便地得到客观、简明的信用信息，为投资者的决策提供参考。信用评级机构的运作提高了投资风险的透明度，同时持续不断地向资本市场提供信用评级信息可以保证债务存续期的全程风险监控。通过对保险公司的信用评估，可以构建一种有效的信息传递机制，打破信息在优劣双方的不对称分布，推动各种有用信息的均衡分布，改善资源配置，增进市场效率，引导市场由失衡走向均衡。

(二) 能够成为保险公司的重要竞争策略和融资基础

开展信用评级是保险公司重要的竞争策略与融资基础。信用风险的评级具有动态性和预期性，尽管在信用风险的评价过程中采用的数据和资料大部分是历史数据，但是在信用风险的分析过程中，往往会考虑未来宏观经济变量的变换和经济结构的调整，信用风险将会如何变化。因此使得信用风险评价的预期更具有科学性、前瞻性和预期性。由于对保险公司信用评级的结果具有科学性、前瞻性和预期性，对偿付能力极度敏感的普通公众会尤为关注保险公司的信用等级。因此在保险市场竞争日益激烈的背景下，良好的信用等级是保险公司进行市场竞争的重要手段。

此外保险公司信用评级可以对信用风险进行预警。信用评级机构对保险公司信用风险的评估和揭示不仅仅停留在某一具体的业务，而是会进一步根据其所掌握的信用等级及在实践中发生的违约情况，计算出不同信用等级的违约概率以及信用等级的迁移情况，这样就使得信用风险信息的使用者能够在中观层面上了解信用风险的发生概率和等级的内部结构演变。因此拥有良好信用评级结果的保险公司会被融资机构认为是风险较低的安全性公司，其融资成本会相对低廉，融资渠道会相对稳定。而信用评级较低的保险公司往往成为被并购的目标。

（三）能够成为政府监管的重要辅助工具

保险公司信用评级是监管部门重要的监管辅助工具。在成熟的市场经济国家和地区，权威信用评级机构的评级报告在行业内认可度很高，政府和监管部门在政策制定和行业监管的过程中将信用评级报告作为有效参考途径之一。

信用评级对信用高风险的度量一般采取谨慎、保守的原则，评级结果要能够适应经济环境的变化。在保险公司信用评级过程中更要尽可能地考虑各种可能预知的事件或因素的产生会对信用风险造成的影响。而且会对评级结果进行跟踪监督，不断进行检测，在未知因素或偶然事件发生时，将根据它们对已度量的信用风险造成的影响，对已评定的保险公司资信等级进行调整。这个对信用风险的跟踪、监督和调整或维持原有资信等级的过程就是一个信用风险的检测过程，客观上为宏观经济调控或行业主管部门的监督提供了有效信息。

信用评级有助于消除政府监管主体、客体、保险企业之间的信用信息不对称，有利于监管政策的制定、保险公司的风险控制和经营。

此外，是否具有高等级的信用评级也是一国监管当局批准境外保险公司进入国内保险市场的重要考量标准。一般来说，各国政府通常要求进入本国资本市场的境外保险公司提供能够充分说明其偿付能力的证据，并对境外保险公司设定了一系列比较严格的标准。而由权威评级机构做出的信用评级是保险公司向当地政府和监管机构说明其偿付能力的最为有效的方式。

第二节　国际保险信用评级的发展研究

一、国际保险信用评级的发展历程

（一）国际信用评级的发展历程

信用评级活动起源于美国，其在美国的发展最迅速也最完善。通过对美国信用评级的发展历程进行研究可以了解国际信用评级活动的发展概况。

美国信用评级制度的发展可以分为四个时期：

建立时期：在 20 世纪初的工业化时代，美国经济处于快速发展时期。由于工业的发展使货运的需求不断增长。铁路系统为满足货运增长的需要增加新路线，因而需要筹集大量资本。在此期间，资本市场上很多公司通过发行债券进行融资，但是发债公司的质量良莠不齐。由于市场上的信息不对称性，金融投资者对发债公司了解甚少，很难对这些债券的信用状况做出评价。1890 年约翰·穆迪先生在美国公司从事财务信息编写工作，针对这种情况设立了穆迪评价公司。在资本市场中该公司为投资者提供公司信用等级评级，方便投资者在了解公司信用质量基础上进行投资。由于市场对于信用评级的强烈需求，先后有多家信用评级机构建立。

快速发展时期：20 世纪 30 年代，第一次世界经济大危机爆发。由于受到危机的强烈冲击，很多美国企业破产倒闭，造成资本市场中大量债券得不到偿还，投资者遭受了巨大的损失。危机发生后，市场上意识到信用评级对于投资者的保护性作用，开始重视信用评级的发展，信用评级制度进入蓬勃快速阶段。

行业整顿时期：20 世纪 60 年代末，美国债券市场再次出现信用危机。其中著名的两大事件分别是"宾州中央铁路公司倒债事件"和"纽约政府无力偿还短期债券事件"。在此次危机中，尽管有信用评级的保护，仍然有众多投资者遭受到了巨额的经济损失。投资者吸取教训，开始对信用评级机构及其评级结果进行遴选。高质量的信用评级机构获得公众的认可，得到进一步的发展；低质量的信用评级机构逐渐被市场淘汰。此次危机对于信用评级机构的发展来说是一次大整顿，优胜劣汰。至此，信用评级活动进入现代信用评级发展阶段。

国际化时期：从 20 世纪 80 年代初至今。20 世纪 80 年代初以穆迪、标准普尔为代表的美国信用评级机构在发展美国内部评价市场的同时，把目光转向正在起飞的欧洲债券市场。如标准普尔公司于 1984 年在伦敦设立了办事处，并且取得了巨大成功。信用评级活动从国内市场扩展到国际市场。

目前，穆迪、标准普尔和惠誉国际是美国三大主要评级机构，遍及美国的全部借贷市场，对所有公开发行的债券和商业票据进行评价。信用评级发展已经成为全球化现象，在全球经济发展中扮演着重要的角色。穆迪和标准普尔公司已成为全球性评价机构，他们在欧洲和亚洲都设有分支机构。很多国家的债务发行者均利用这两大评级机构的评价结果，在美国、欧洲及其国内市场发行债务。

（二）国际保险信用评级的发展历程

国际保险信用评级制度是在债券、股票等国际信用评级制度的基础上发展起来的。国际保险信用评级机构是指独立于保险公司、政府和公众的第三方中介机构，数据分析专家和行业专家通过运用定性与定量的分析方法，经过严格的评级程序，对保险公司如期、足额履行所有保单的能力进行风险评估。国际保险信用评级也通过考察保险公司的财务实力，对保险公司违约的客观可能性做出评价。保险信用评级机构用简单明了的符号或文字表述评级结果，满足市场上对评级结果的广泛需要。保险信用评级的发展程度落后于一般信用评级（如债券评级）的发展程度，但随着保险市场的不断发展，保险信用评级逐渐受到了政府及公众的重视。国际保险信用评级在为保险客户和保险公司提供服务的同时，对于完善保险市场和保险监管，促进保险业公平竞争等方面也起到了举足轻重的作用。国际保险信用评级发展大致分为两个阶段：

第一阶段：萌芽阶段（19世纪末至20世纪80年代初）。1899年，第一家保险评级机构贝氏（AM Best）在美国成立。次年1900年保险业的第一份评级报告诞生，即《AM Best 保险报告——财产/意外险版》。这份评级报告对美国当时营业的850家财产险保险公司的经营状况进行了评价。随后在1906年出版了《AM Best 保险报告——寿险/健康险版》，其对95家经营寿险的保险公司经营状况进行了评价。此后每年贝氏公司的财险/意外险和寿险/健康险保险报告均会出版，为保险市场提供了保险公司的财务信息，贝氏公司的保险报告也逐渐成为美国保险业的重要信息来源。

第二阶段：发展成熟阶段（20世纪80年代初至今）。标准普尔（Standard & Poor's）保险信用评估公司于20世纪80年代初成立。标准普尔保险信用评估公司结合以往对政府、公司债券信用质量等级评估经验以及根据保险自身经营的特点，将评估公司的主要业务范围设定为对保险企业偿付能力进行评价。穆迪投资服务公司（Moody's Investors）于1986年将保险信用评估制度引入市场。穆迪公司是始建于1900年的信用调查公司。其他重要的保险评级机构还有魏斯研究所（Weiss Research）、道夫·费尔浦斯（Duffelps）等。

目前，在全球国际保险信用评级市场上，有四家规模较大的信用评级公司受到市场高度认可。分别是 AM Best、惠誉、穆迪和标准普尔。在国际保险行业中，保险信用评级制度已经成为各国保险监管机构对保险公司进行有效监管的辅助工具，受到世界各大金融机构的欢迎。但是与信用评级制度比起来，保险信用评级制度相对落后，在大多数的发展中国家中保险信用评级制度还处于萌芽阶段。

二、国际保险信用评级的基本模式与方法

（一）国际保险信用评级的基本模式

1. 市场主导信用体系模式

市场主导信用体系模式也被称为私营信用体系模式。美国作为市场主导信用体系模式的代表，是征信公司开展商业运作所形成的社会信用体系。采取以市场运营为主、政府监管为辅的运营模式。市场主导信用体系模式的特征是整个征信行业的运作主体是商业性征信公司，而商业性征信公司的经营宗旨是以盈利为根本目的。征信公司调查并登记市场上交易主体的信用状况，为市场上的相应主体提供多种多样的信用产品及服务。在整个征信行业处于充分市场竞争状态下实现优胜劣汰。在此过程中政府管理部门并不直接参与管理，主要通过立法等方式规范征信公司和征信行业的运营。同时，类似于央行的政府相关管理部门和机构会对信用管理相关法案的执行情况进行跟踪管理。此外，政府通过有偿或无偿向社会发放各种信用信息数据的形式为征信企业的数据收集提供便利。

市场主导信用体系模式具备其独特的优势但同时也存在不足。市场主导信用体系模式所具备的优势有：一方面市场主导信用体系模式中征信机构为实现其盈利目标会自动追随市场的导向，不断提高信用产品的质量并扩大信用产品的涉及范围。征信机构以市场为导向的行为客观上促使市场主导信用体系模式有效地满足了市场的信用信息需求。另一方面市场主导信用体系模式充分竞争的市场状态必然会迫使不同的征信公

司和机构不断的改进和发展，以使自身在竞争中不被市场淘汰。这客观上能够推动整个征信行业水平的发展和提高。

市场主导信用体系模式的不足在于：一方面由于得不到政府部门资金上的补助与政策上的扶持，使得征信行业的整体规模不能快速扩大，发展速度较为缓慢；另一方面由于政府等相关部门对征信行业的监管处于一种较为松散的状态，使得征信行业公司业务水平良莠不齐，征信产品质量参差不齐。此外2007年美国次贷危机的爆发使市场主导信用体系模式中征信公司的诚信问题暴露无遗。由于在市场主导信用体系模式下征信机构以实现利润最大化为目标，容易出现利息驱使下的各种违规行为。

2. 政府主导信用体系模式

政府主导信用体系模式也被称为政策法规驱动信用体系模式或公共信用体系模式。德国和法国这种信用模式的主要代表国家，即通过政府主导社会征信制度的形成。政府主要从具体规划、监督以及实施等各个方面对征信制度进行规范和管理。具体而言，从征信公司的市场准入、资格核准和认定到征信公司的业务范围界定都由政府或相关监管机构做出明确的规定。有的国家的监管机构直接参与到征信机构的设立中。政府主导的信用体系模式中，信用数据的收集主要服务于监管机构的监管，因此仅有国家金融机构及监管机构可以获得相应的信用数据，而其他社会需求者很难获得信用数据。

政府主导信用体系模式的优势在于：其一，由政府及相关监管机构直接参与征信机构的管理，其行政优势明显，使得数据的搜集简单、快捷、高效，避免了不同部门之间存在的信息分割状况；其二，由于政府给予资金的扶持和政策上的引导使得政府主导信用体系模式下的征信机构能够在较短时间达到一定的规模；其三，由于政府主导的统一管理使得政府主导信用体系模式下的征信机构整体水平相当，征信产品质量差别不大。

政府主导信用体系模式的缺点在于：由于对信用信息使用途径的严格管理，信用信息主要服务于政府及监管机构，使得市场主体对于信用信息的需求得不到满足。此外政府主导信用体系模式下信息的收集与共享具有一定的强制性，使得银行及其他金融机构缺乏提供信息的主观动力，会出现信息搜集的"搭便车"现象。

3. 混合信用体系模式

混合信用体系模式顾名思义就是兼具市场主导信用体系模式和政府主导信用体系模式的特征。日本是混合信用体系模式的代表。在此种信用体系模式下民营征信机构与公共征信机构并存，二者相互补充共同发展，市场机制和政府机制共同发挥作用。由于混合信用体系模式的运作主体是民营机构与公共机构共同参与，使得整个社会信用体系既能够满足市场主体对于信用信息的需求，又能够高效快捷地完成信用信息的收集。也就是说混合信用体系模式兼具了市场主导信用体系模式和政府主导信用体系模式的优点。当然，这种模式也存在一定缺陷。如不同信用机构的性质不同使得其信息的获取、信息的使用存在明显差异，往往会出现不公平竞争现象。

（二）国际保险信用评级的方法

目前国际上保险信用评级的方法多数将主观评级法与客观评级法相结合，但是不同评级机构在评级程序和具体指标方面仍存在差异。

1. 穆迪公司的保险公司财务实力评级框架

穆迪公司主要针对债信评级和保险财务实力评级两方面对保险公司进行信用评级，这两方面的评级都涉及偿债实力。债信评级的主要评估方面是保险公司向固定投资者就未到期债务还本付息能力。保险财务实力评级主要评估的方面是保险公司按时偿还高级投保人索赔及债务的能力。

穆迪保险公司将不同的标准以不同的符号进行表示，从而便于投保人理解和接受。标准为：毛保费收入水平、综合赔付率指标，结合行业分析、监管状况及发展趋势进行分析。

2. 标准普尔公司对保险公司评级的内容

标准普尔公司设有专项性的评级部门——保险评级部。标准普尔公司主要针对保险公司的综合实力和财务实力进行判定保险公司的信用等级，以保险公司资金保障能否适应经济条件和承保条件的变化为标准衡量保险公司信用等级的高低。

不同的信用等级以不同的符号进行表示，从 AAA 到 CC 分别表示信用等级的由高至低。其中以 BBB 和 BB 为界限，分为两级：安全级和脆弱级。安全级表示保险公司有偿付能力，其资本实力与所承担的保单责任相符合；脆弱级表示保险公司在经济条件和承保条件恶化时，其资金实力脆弱难以承受风险（见表 6 - 1）。

表 6 - 1　　　　　　　　　　标准普尔的信用等级划分方法

等级	字母表述	文字评价	具体内容
安全级	AAA 至 A	安全的资金保障	无论经济和承保条件是否恶化，其资金保障都只会受到较小影响甚至无影响
	BBB	适度的资金保障	在经济恶化及承保条件变化时，其资金保障易受影响
脆弱级	BB 至 CC	脆弱的资金保障	经济恶化及承保条件变化时，其资金保障很难适应，对资金保障影响较大
	Upi	未被评级	未提供充分资料，无法予以评级

标准为：行业风险、保险人业务状态审核、管理与企业战略、经营分析、投资、股本筹集、流动性、财务弹性。

3. 惠誉公司的保险公司财务实力评级框架

惠誉公司是著名的信用评级机构。惠誉公司以深入调研、重视第一手资料为原则；坚持定性分析与定量分析相结合、着重定性分析与行业分析的工作方法；主要针对保险公司进行行业、经营、组织、管理与财务等五方面进行综合分析。惠誉评级公司采用将各种财务比率和同行业平均水平相比较的评级方法，该方法剔除了非寿险类保险行业周期内的上行和下行影响，所以结果较为精准（见表 6 - 2）。

表 6 - 2　　　　　　　　　惠誉公司信用等级划分方法

等级	字母等级	文字评价
投资级	AAA 至 A	信用质量较高
	BBB	信用质量较好
投机级	BB 至 B	存在投机性
	CCC 至 C	违约的可能性较大
	RD	不能按期偿债

4. AM Best 公司对保险公司的财务实力评级框架

AM Best 公司的主营业务就是对保险公司进行信用评级，所以它是专业性的保险信用评级机构。AM Best 公司总结出一种业内广泛使用的评级方法——BCRM（Best's credit rating methodology）主要从评级对象、评级资料来源、评级考虑因素、评级机构收入来源、评级等级五个方面评估保险公司，每个标准都对保险公司有相关要求（见表 6 - 3）。

表 6 - 3　　　　　　　　　AM Best 公司评级方法

评估方面	评估标准
评级对象	至少有 100 万美金资本的保险公司进行评级
评级资料来源	搜集近五年来源于财险公司与寿险公司的财务报表数据
评级考虑因素	承保、管理、准备金、纯保费、投资因素
评级机构收入来源	使用评级结果的保险公司和购买保险产品的的投保人
评级等级划分	根据财务数据进行由 A + + 到 F 的信用等级划分

AM Best 公司将保险公司的信用等级分为安全级和危险级两大类，并且为那些未评定等级的保险公司根据其往年的财务数据确定了财务成绩等级 FPR。AM Best 公司评级变化范围从 A + + 到 F，对应着由最优到最差的评级结果。具体如表 6 - 4 所示。

表 6 - 4　　　　　　　　　**AM Best 公司信用等级划分方法**

等级标准	文字评价	字母等级	财务成绩等级
安全等级	优（最好）	A + +	FPR—9
		A +	FPR—8
	良（极好）	A	FPR—7
		A -	FPR—6
	中（很好）	B + +	FPR—5
		B +	
危险等级	中（足够好）	B	FPR—4
		B -	
	中下（一般）	C + +	FPR—3
		C +	FPR—2
	勉强可以	C	
		C -	
	非常危险	D	
	受政府干预	E	FPR—1
	破产清算	F	

资料来源：裴光：《中国保险业监管研究》，中国金融出版社 1999 年版。

评级机构都共同关注财务状况、公司层面、市场层面三个层面的分析，但是不同的公司在共性关注外都有自己关注评级的方面。下面对世界著名的评级公司的评级方法进行比较分析（见表 6 - 5）。

表 6 - 5　　　　　　　　　**四大评级公司指标体系比较**

穆迪	标准普尔	惠誉	AM Best
行业分析	产业风险	行业分析	市场状况
监管状况及发展趋势分析	商业地位	经营性分析	资产负债实力表

穆迪	标准普尔	惠誉	AM Best
公司基本层面分析	管理与公司战略	组织性分析	保险公司经营性业绩
	经营业绩	管理分析	
	投资	财务分析	
	资本		
	流动性		
	财务灵活性		

三、国际保险信用评级的程序

保险信用评级分为前期准备、信息收集与处理、确定等级、公布评级结果和跟踪评级五个阶段。

第一阶段：前期准备。

目前大多数的评级是由被评级对象提出的，少数主动评级除外。因此，保险公司申请评级是整个评级活动的起点。一般情况下，保险公司在递交申请表的同时，需要向评级机构做出承诺，同意向评级机构提供评级所需要的全部文件与资料。评级机构收到保险公司申请后，首先安排业务人员对企业进行初步调查，对企业做初步了解，在调查基础上决定是否接受申请。如果评级机构同意接受申请，双方应签订正式的信用评级委托协议，此协议明确规定双方的权利与义务。在评级期间双方要遵守协议，被评级的保险公司需要交纳评级费用。

第二阶段：信息收集与处理。

评级机构在接受评级委托时成立评级小组，评级小组中的评级员需要对保险公司的财务情况与偿付能力有深入的认识和了解。包括保险公司承保、资金运用、理赔、精算等环节。随后，评级机构与公司最高层级别领导进行会谈。在双方的接触过程中，评级机构加深了解评级对象并加深了解内容的有效性。此次会谈通常进行1天，了解的主要内容包括保险公司背景、基本情况、发展历史、行业发展趋势、公司管理层的素质、经验，以及承担风险的态度、公司的管理结构、基本运营情况与市场地位、公司的债务结构、营业利润率、财务状况以及流动性。在会后，评级机构会与保险公司进行进一步深入谈论，以便获得后续信息。

完成信息的全面收集环节后，进入信息处理环节。信息处理是评级工作的基本依据，正确处理数据是顺利开展评级工作与保证评级质量的基础。评级公司大多都建立被评对象的数据库以及有关数据的计算程序。为了保证评级的准确性，评级机构会选择与企业相近的 5 至 10 家企业做对比分析，从而更好更准确地进行评级。

第三阶段：等级确定。

评级委员会在交流基本观点，进行讨论之后形成最后观点，从而确定等级。评级基本观点是评级报告的骨架，必须通过比较科学的程序来产生，其主要是通过交流共同谈论形成的。评级观点是对保险公司各方面的判断，特别是对风险、偿付能力、资金运用情况进行判断。对于保险公司进行评级，偿付能力指标尤其重要，一个公司偿付能力的高低代表公司的经营状况。在一定程度上来说，也是对被保险人负责任的体现，是评级机构高度社会责任感的表现。保险公司偿付能力低会导致经营状况恶化，严重的可能出现倒闭清算。

评级机构的信用评级委员会最后确定等级。信用评级委员会是评级机构的最重要的机构之一，它对信用评级体系的审定、信用等级的决定至关重要。评级委员会会对材料进行分析，对评估对象进行定性与定量的考察。评级委员会在评级讨论过程中，没有什么疑难问题的话，则会授予评级对象相应的信用级别，并将结果告知给评级对象。如果还存在未解决的问题，那么就等到问题解决之后再次召开评级委员会议确定评级结果。如果评级机构提供与评级过程相关的额外信息，那么保险公司可以要求评级机构重新对于评级结果进行审查。

第四阶段：公布评级结果。

在评级委员会最终确定等级后，通知被评对象——保险公司评级结果。保险公司对不明晰的地方，可以向评级机构做出提问，评级机构对提出的问题向保险公司进行说明。对于评级结果保险公司可以选择公开也可以选择不公开，选择公开评级结果时可以选择公开的内容。保险公司选择公开评级结果，则会通过主流媒体对大众进行公开。如果监管部门要求评级对象公开评级结果，那么保险公司必须按照监管部门的要求做，将评级结果进行公开。

通常情况下，如果评级对象没有向评级机构明确要求不公布评级结果，评级机构会将评级对象的结果进行公布。大多数评级机构都会选择在自己机构的网站上进行公布。评级机构可以选择仅公布评级结果，也可以公布评级报告的主要内容或公布评级报告的全文。如果监管部门有要求，评级机构则会在监管部门指定的媒体上进行公布。

第五阶段：跟踪评级。

评级机构公布评级结果后并不意味着评级活动的结束，跟踪评级是评级活动的最后一个环节，也是不可或缺的一个环节。在跟踪评级期限内，评级机构可以对于评级报告进行修改，重新确定评级结果。跟踪评级分为两类：一是定期跟踪评级；二是不定期跟踪评级。不论是定期跟踪评级还是不定期跟踪评级，都是评级机构对评级结果负态度的体现。跟踪评级的结论有八种，分别是：稳定、升级、降级、正面、负面、不确定、列入评级考察和取消评级。

四、国际保险信用评级的特点

保险信用评级制度是保险信用评级机构通过对保险市场的相关公开信息按标准进行整合、归类、评估后向社会公众进行公示的过程。对于投保人而言，保险信用评级制度能有效解决保险市场上信息不对称问题，将杂乱的数据及专业换的财务信息以信用程度等级和信用程度符号的形式表现出来，利于投保人选择；对于保险人而言，保险信用评级制度通过信息展示与信用等级评定的方式，将保险人的整体实力进行披露，利于保险人低成本融资、提高自身实力；对于政府而言，保险信用评级是监管部门重要的监管工具、是监督保险事业健康发展的"监控器"。

保险公司的偿付能力的强弱是衡量该保险公司信用等级的核心因要素同时对偿付能力进行评级也是保险公司信用评级的基本特点之一。国际保险信用评级的基本特点为：

（一）评级机构的中立性和评级结果的公正性

保险信用评级机构为广大投资者、投保人服务，代表投保人的利益，保险信用评级公司使投资者有了更加准确的投资衡量标准，使保险公司的经营状况与信用状况更加透明化。评级机构不受政府、企业等任何利益集团的影响，所以评级结果更具有可信性。信用评级机构以独立的第三方身份开展信用评级工作，其评级结果具有说服力与权威性。国际知名信用评级机构贝氏评级、标准普尔、穆迪等信用评级机构都是超然的第三方。

（二）评级程序的专业性和科学性，评级结果的精准性

评级机构一般拥有具备专业知识和丰富实践经验的分析人员，他们借助科学的方法能够从繁杂的信息中总结出规律性的结果。以国际知名的保险信用评级公司的评级方法为例进一步说明（见表6-6）。

表 6-6 　　　　　　　　　　国际知名保险信用评级公司评级方法

评级机构	方法
AM Best	以保险公司年度报告为依据，从评级公司的资产负债实力、运营业绩以及业务概括三个方面进行综合定性和定量分析，对保险公司偿付能力进行评级，提供保险公司破产可能性的专业意见
标准普尔	评级标准是"理赔能力等级"，就是考察保险公司的偿付能力。标普根据对保险人的财务实力的评级，将保险公司划分为安全级和脆弱级
穆迪	从财务状况和业务状况两方面进行分析，考量保险公司能否按支付保单持有人的保险责任能力并作出评估意见。其评级反映当前的财务实力以及未来财务困难时期的能力

采用科学的评级方法来确定评级结果，充分体现出信用评机构的专业性与结果的准确性。

（三）评级信息简单易懂，评级结果便于接收

由于信息发布的便捷，从而使评级结果的使用也变得更加便利。保险信用评级机构借助其专业化的评估技术对保险公司进行综合评估，揭示保险公司偿付能力，并向社会公布结果。市场参与者根据简单的符号即可基本判断被评级公司的信用状况，从而做出有利于其经济利益的理性选择。此外，网络技术的发展为保险信用评级机构建立广泛的信息发布渠道提供了技术支持。评级结果向社会公布后，市场参与者可以快速、便捷地获得评级信息。

第三节　信用评级机构在次贷危机中的作用及启示

一、信用评级机构在次贷危机中的角色分析

美国次贷危机又称次债危机。所谓次贷即客户信用低、还债能力低的次级按揭贷款。次贷危机是一场由次级抵押贷款机构倒闭、投资基金被迫清算、股市巨幅波动引起的金融风暴。次贷危机首先在美国爆发，随后在短时间内席卷欧盟、日本等全球主要金融市场，造成全球金融市场出现流动性严重不足。美国次贷危机爆发的直接原因是美国市场利率上升及住房市场的持续降温：一方面，由于次级抵押贷款市场的还款依据固定利率与浮动利率相结合的方式，即次级贷款者在还贷的初始年份采用固定利率偿还贷款，之后转为以浮动利率偿还贷款；另一方面市场上利率的上升致使本来还款能力就相对较差的次级贷款者还款压力剧增，楼市的持续降温使购房者很难将房屋出售，大量的次级贷款者因为无力偿还贷款被收回房屋。而银行虽然收回了大量房产，由于楼市的不

景气，银行很难将房产在合理价位变现，引发银行巨额亏损。次贷危机由此爆发。

美国的次贷危机态势之严峻，影响范围之广，使其已经成为全球范围内的金融热点问题，包括美国在内的各国政府、学者将次贷危机的形成及其成因作为重点的研究对象。次贷危机产生的直接原因是市场利率上升和房市崩盘，此外由于全球流动性过剩导致的投机性资金膨胀，低利率背景之下房产市场的过度非健康发展，衍生品交易泛滥导致的资产泡沫，都是促使次贷危机爆发的一个又一个催化剂。除了上述原因之外，信用评级机构的表现也对次贷危机的产生、发展及全面爆发产生了重大影响。总体来说，次贷危机从产生、发展到最后的全面爆发，信用评级机构都扮演了重要的角色，起到了推波助澜的作用。

次贷危机爆发后众多投资者和监管部门将无法按期偿还次级抵押贷款的责任归结到银行体系。银行在没有足够证据确认借款人的信用状况时就盲目将资金借贷出去固然是整个危机的源头，但是如果贷款没有被重复证券化，风险就仍然留在银行体系内，依靠高效的行业监管和有力的行政手段仍可加以防范。而正是由于投资银行和评级结构参与到这一过程当中，才使得风险在原有基础上急剧扩大并无法控制。2008 年 5 月，美国证券交易委员会（SEC）发表声明，声称已经着手检查美国规模最大的几个信用评级机构，判断其是否在次贷危机的过程中做出违规行为。可见政府和公众逐步把矛头指向了信用评级机构。

首先，在次贷危机的前期，高评级的次贷衍生品为次贷危机规模迅速扩大埋下了巨大隐患。在美国次贷危机爆发的前期，市场利率较低，房价上涨，购房者按时交付每月利息，房产市场一片利好。发放贷款的银行为了持续这种态势，一方面降低贷款者的信用等级，引入大量次级贷款；另一方面为盘活资金，将已有的次级贷变成房产抵押债券（MBS）。信用评级机构对房产抵押贷款进行不同级别的信用评级，投资银行将其进行重组，形成各种类型的担保债务凭证（CDO），信用评级机构帮助这些 CDO 进行出售。美国的次级抵押债券大范围大量发行，因次级贷和衍生品的复杂程度较高，专业性较强，投资者往往愿意依靠评级机构对这些次贷产品的信用评估结果来判断证券的风险及内在价值，从而决定是否进行投资。而信用评级机构向大众传导次级抵押债券和普通抵押债券风险相同的理念，信用评级机构认为优先级产品之所以能够获得 AAA 评级，是因为它们有中间级和权益级对产品的偿付进行保证。中间级产品的信用评级介于 AA 级与 BB 级之间，权益级产品一般没有信用评级。一般情况下在发行 CDO 中，优先级占绝大部分，中间级和权益级所占比例很小，也正是由于这种优先级产品的大量创造和第三方 CDS 保障使得次贷衍生品市场呈现大幅度增长的态势。

其次，信用评级机构面对次贷问题的低积极性和弱执行力导致次贷危机的蔓延和发展。多年以来，信用评级机构主张次级抵押贷款与普通抵押贷款的风险相当，但许多例子证明并非如是。美国第二大次级抵押贷款公司新世纪金融公司在 2007 年发出盈利预警时并没有引起评级机构对其采取实质性的措施，直到该公司申请破产保护后，评级机构才将对其评级下调。早在十年前就已经有研究表明，次级贷借款人的违约率高于普通抵押贷款 43% 以上。由此看来，这种与实际情况的大相径庭即意味着潜在风险的存在，评级机构并未因此调低对这类证券的评级，这就导致了次贷危机随时可能爆发。

最后，信用评级机构在短时间内大范围调低次贷评级及其伴随而来的放大效应成为次贷危机全面爆发的导火索。信用评级机构因其对投资者的投资指导具有放大效果，会使公司呈现两极化的发展：如原本资金力量较强的公司在保持原有评级或评级提升时，会使公司在市场上更加具有竞争力；而当公司业务发展遭遇阻碍时，信用评级可能会放大公司的不利状况，造成公司业务发展进一步下滑，进而获得更低的信用评级，如此便陷入了难以摆脱的"恶性循环"当中。从 2007 年第一季度开始，各评级机构开始调低新发行的次级贷款的评级等级。而进入 7 月以后评级机构继续加大调低次级债的范围，市场上几乎全部的次级债券评级均被降低。标准普尔在 7 月 10 日将 612 个次级 RMBS 纳入信用观察负面，涉及 2005 年 10 月至 2006 年 12 月发行的总值价值 73.5 亿美元的次级债券交易，而同期标准普尔评级的所有次级抵押债券总价值为

5653 亿美元，也就是说仅 7 月 10 日一天标准普尔就将占同期评级 1.3% 的次级债券评级列入信用观察负面。此后仅相隔两天，在 7 月 12 日标准普尔开始对此类别债券进行正式调级。最终在 612 个次级 RMBS 中，498 个降级，83 个被移出信用观察名单，31 个仍然为信用观察负面。穆迪在 7 月 10 日的评级活动，影响了 431 个类别，399 个类别被降级。惠誉于 7 月 12 日宣布，将 170 个次级抵押交易列入深度复核名单，预期在短期内对其进行级别调整。三大信用评级机构对次级抵押交易的级别调整仅仅是个开始，除此之外，三大评级机构又先后将更多的 RMBS、CDO 列为降级名单或持续观察的对象。截至 2008 年 3 月，标准普尔对其在 2005 年第一季度至 2007 年第三季度进行评级的 44.3% 的次级 RMBS 进行了降级调整，其中包括 87.2% 的二等支持证券。此次降级调整中 2005 年发行的 RMBS 平均降级 4 ~ 6 个级别，2006 至 2007 年发行的 RMBS 平均降级 6 ~ 11 个级别。同年穆迪对 2006 年评级的 94.2% 的次级 RMBS 进行降级调整，至少降低一个级别。2007 年评级的 76.9% 的次级 RMBS 降低至少一个等级。2006 年发行的第一等级贷款支持的 RMBS 从初始评级平均下调了六个级别，而第二等级的则平均下调 9.7 个级别。2007 年的第一、第二层级支持的分别下降了 5.6 和 7.8 个等级。截至 2008 年各大评级机构已先后将前两年所评级的次级债的等级降低数个级别不等。这种短时间内大范围、大幅度降低次级债评级的"大动作"严重动摇了市场上投资者本已经摇摆不定的信心。对 RMBS 和 CDO 丧失信心的投资者开始选择退出融资市场，这直接造成市场上流动性的流失。这种趋势逐步扩展到固定收益证券市场乃至整个资本市场。次贷评级的恶化动摇了全球投资者的信心，投资者纷纷重新评估既往的投资组合，增加对流动性的需求。全球股市开始下跌，原油及金属的现货、期货价格暴跌。由次贷危机引发的全球金融危机至此全面爆发。

二、次贷危机中信用评级机构的错误分析

上面分析中，我们已经得出结论即信用评级机构在次贷危机中是风险扩大的助推器。在危机爆发之前，信用评级机构给次贷产品的评级过高，助长了次级债市场的非理性繁荣；在危机潜伏期，信用评级机构的评级调整显得过于迟缓；在危机爆发时，信用评级机构又迅速大幅调低评级，加剧了市场的剧烈波动和恐慌。以下将从信用评级机构的利益冲突和其在评级市场的垄断地位两个方面分析造成信用评级机构不当评级的原因。

（一）评级机构的利益冲突影响评级结果的客观中立性

1. 收费模式的利益冲突

发行人付费的收费模式使信用评级机构很难在评级结果专业上的独立性和机构本身追求利益的逐利性之间取得平衡。从理论上来讲，信用评级机构的信用评级决策应当是独立的。但在实际操作中，发行人作为信用评级费用的支付者，他们拥有选择哪家评级机构服务的"话语权"。与此同时由于证券化发行人集中度较高，发行人通过给信用评级机构施压使其降低评级标准、提高评级等级的可能性确实存在。

另外，在发行人付费的这种模式下，信用评级机构可能迫于市场份额或营业利润的压力而更侧重于维护发行人的利益。尽管信用评级机构一再对外宣称，从企业长期发展角度考虑，它们会确保评级过程的独立性与评级结果的公正性。但是此次美国次贷危机爆发，信用评级机构种种疯狂逐利的表现让此种说法很难具有说服力。在次贷危机全面爆发之前，对于次级债的发行，某些信用评级机构并不是独立于商业银行、投行发行商之外的第三方，而是直接参与了次级债的设计与推广，同时为自己参与设计的次级债进行评级。因此他们自始至终都是全球次级债市场暴涨的参与者、推动者甚至是直接受益者。有数据显示，与传统的公司债评级业务相比，评定同等价值的次级债证券，评级公司所得到的费

用是前者的两倍。

2. 附带业务的利益冲突

除了提供信用评级服务外，评级机构还提供诸如预评级服务①和风险管理咨询服务的附带服务。这些附带服务与信用评级服务存在利益冲突，影响了评级机构本来应具有的客观中立地位，甚至成为评级机构出具不实评级的经济诱因。

第一，附带服务使信用评级机构产生评级压力。如预评级服务会使评级机构在最终信用评级时面临着一定的压力，最终评级如果与预评级差距过大会使市场质疑信用评级机构评级的准确性。第二，附带服务使评级机构变成了市场的直接参与者，有悖于其客观中立的地位。评级机构通过咨询服务指导发行人的经营决策，甚至为发行人设计整个融资计划。这种附带服务代表了发行人的利益，不利于投资者的利益，有悖于其客观的市场信息媒介的角色，失去了其独立于投资者和发行方的第三方特征。

（二）评级机构的垄断地位阻碍行业技术进步，影响评级的科学性

1975 年，美国证券交易委员会（SEC）首次将"全国公认的统计评级机构（NRSRO）"的评级结果纳入了联邦证券监管法律体系。这种监管制度无疑是评级机构垄断市场的行政原因。

首先，这样的行政保护提高了评级行业的进入壁垒，使得各大评级机构降低了发展评级技术的动力。但是，随着全球金融业的发展，金融市场上各种金融创新产品不断涌现，各种风险因素也在发生变化，预测信用风险的评级模型应考量新的风险因素。而三大信用评级机构依然沿用陈旧的评级模型和评级方法，未能科学反映创新产品的各种潜在风险，这也是造成信用评级不准确的一个重要原因。

---

① Frank Parnoy, How and Why Credit Rating Agencies are Not Like Other Gatekeepers, at http: //papers. ssrn. com/ sol3/ papers. cfm? abstract_id = 900257, Oct. 1, 2009.

其次，评级市场的垄断使三大评级机构可以坐享丰厚的垄断利润，不再面临发展初期的生存和竞争压力。三大评级机构出于利润最大化的考虑自然会降低人力资源、评级模型研发等方面的投入力度。人力资源方面投入的减少，会使得机构内工作人员面临高压力、低工资的状态，从而很难招聘并留住好的员工。这会造成评级质量的下降。与此同时，证券发行人则可以利用这种情况，影响证券的评级等级。证券发行人高薪聘用评级公司原有的员工，利用他们的评级知识和对评级机构及评级程序的了解有针对性地调整证券设计，以达到提高评级等级的目的。评级技术成本投入减少造成的直接后果就是评级模型以及评级数据库的落后，进而造成信用评级不准确。

最后，市场垄断淹没了对评级结果的质疑之声。在美国信用评级市场上，大部分的住房抵押债券都是由三大评级机构进行评级的。在美国房地产业最狂热的时代，对它们的评级模型及评级结果的怀疑就是对整个市场的怀疑，影响的将是三大评级机构和相关市场主体的利益，因此，各种质疑声音往往得不到市场的重视。

三、对信用评级机构管理失误的反思

（一）避免评级机构的利益冲突

1. 加强机构内部管理和监督

发行人付费的收费模式是造成评级机构潜在利益冲突的直接原因。20 世纪 70 年代以前向评级报告使用者收费的模式经实践证明是不可取的。因此，实现客户分散化，即披露评级机构的财务信息，降低单一客户在评级机构收入中所占的比重，可以在一定程度上减少对评级机构公正性与独立性的影响。另外，加强评级机构内部管理和监督，落实市场推广部门与评级分析部门独立性，防止市场推广部门为了提高市场份额和业绩而影响评级部门的公正性。完善机构员工的薪酬制度，评级部门员工的薪金与侧重评级结论准确性吻合，避免与业务发行成功与否、发型规模等因素挂钩。

2. 以严格的信息披露机制规避利益冲突

次贷危机的爆发说明仅依靠信用评级机构的自律机制不能从根本上解决利益冲突问题。而通过发布规则并且建立严格的信息披露机制可以成为规避利益冲突的有效途径之一。严格的信息披露机制规避利益冲突的原理是基于有效市场假定，即只要评级市场上利益冲突信息得到充分的披露，投资者便可以理性分析利益冲突对于评级的影响。美国证券交易委员会（SEC）在 2007 年发布规定，禁止 NRSRO 参与存在利益关系的相关业务，NRSRO 及时披露并采取有效措施控制这种利益冲突的除外。此外，2009 年 2 月和 12 月 SEC 又采取了更为严格的披露要求。其中包括要求 NRSRO 提供相关年期每一资产层级的全部交易数据，在网站公布 10% 的发行人付费评级的随机样本等。如果 NRSRO 在评级业务中严重违反 SEC 建立的信息披露制度，SEC 有权撤销 NRSRO 的注册。

3. 采取从事附带服务的禁止性规定

除了提供信用评级服务外，评级机构还提供诸如预评级服务和风险管理咨询服务的附带服务。这些附带服务使得信用评级机构无异于身兼裁判员和运动员于一身，破坏了评级机构本来应具有的客观中立地位。尽管评级机构一直声称它们已经采取了措施并有能力控制这种利益冲突，但事实证明，信用评级机构所采取的措施效果甚微。2009 年 2 月 SEC 针对附带服务所产生的利益冲突颁布了明晰的禁止性规定。该规则规定，如果 NRSRO 或者与之有关联的个人对债务人或发行人所发行的证券提供评级服务，SEC 则禁止 NRSRO 及与之相关的个人向债务人或发行人提供证券发行的任何相关建议。

（二）降低行业进入壁垒，引入竞争机制

现在美国实行的 NRSRO 制度，实际上是政府目前对评级机构进行资格审批的制度。这种制度与相关法规是当前三大评级机构对美国乃至世界金融市场进行垄断的重要原因。由于 NRSRO 制度既没有明文公布

过审核资格条件和程序，也没有规定对评级机构的持有资格审核周期。这使得行业中的其他评级机构"永无出头之日"。这种不透明性加大了评级市场准入的实际障碍。

为了引入竞争，监管机构应该对这类资格审批制度的标准和审核时间进行明文规定，并及时公开评审结果。使其他想要获取资格的评级机构有一个明确的标准和发展方向，也给整个行业提供了一个评判评级机构经营能力和评级能力的标准。此外，对于资格审批应当取消现在的"终身制"，每隔一段时间进行一次审批，对于出现严重违规的信用评级机构应该取消其评级资格。2006 年法案和美国证券交易委员会（SEC）监管规则在 NRSRO 认可条件、审批程序和所需提交的资料等方面都作了详细规定。相比之前的模糊标准，两者的规定无疑打破这种"行政审批"的进入壁垒，改善了市场的竞争环境，通过竞争增强评级效率，引入公众监督，一改过去评级机构自我监督的局面。

（三）完善监管，明确法律责任

信用评级行业已经由一个准入门槛较低的自由竞争市场演化为三大评级机构占据统治地位的寡头垄断市场。而三大评级机构凭借因监管部门对其评级结果的倚重而获得的"监管特许"，事实上已经从私人商业机构转变成了拥有资本市场强大话语权的"准监管机构"。与此同时，美国政府仅仅赋予了三大信用评级机构"监管特许"的权力，却没有明确其应该承担的相应责任与义务。也就是说在评级市场上缺乏相应的监管与问责机制。评级机构对债券评级无论正确与否都由投资者来承担最后的风险。除了事后的舆论谴责外，评级机构很少受到监管，对于评级机构的违规或失职也没有明确的问责机制。这种"权重责轻"的制度错位埋下了美国信用评级行业的隐患。

此外，由于法律责任的缺失，信用评级机构往往漠视评级风险责任。加强信用评级机构的法律责任对规制信用评级失灵具有重大意义。美国法院在司法实践中已经做出了重要的发展，使信用评级机构逐渐失去了某种保护特权。美国司法实践中启用的新标准以及相关案件的判决结果将会迫使信用评级机构提高法律责任意识。

四、对国内信用评级业的启示

在次贷危机中，作为风险扩大助推器的信用评级机构给美国乃至全世界造成了难以估量的损失，也给评级行业又一次敲响了警钟。而我国作为新兴市场，国内信用评级业的发展历史较短，信用基础建设较为滞后，加上我国信用评级质量的市场检验机制尚未完全形成，导致了社会上劣质信用信息的存在。此时，正确认识信用评级业在金融市场的作用并汲取次贷危机的教训显得尤为重要。

（一）吸取教训，塑造民族品牌

通过前文分析可以看出，信用评级机构在整个次贷危机爆发前后都存在诸多的问题和缺陷。但不可否认是信用评级机构也在缓解金融市场信息不对称和降低交易成本等诸多方面都起到了不可或缺的作用。经历次贷危机的波及之后，我国信用评级行业要充分总结和吸取其中的教训，全面审视自身在运作方式和评级业务等方面的问题。采取措施进一步避免利益冲突，提高自身独立性。强化制度建设，提升行业自律。在市场竞争和扩张中实现自身壮大，确保我国信用评级行业的健康有序的发展，从而更好地服务于投资者。此外，我们还要大力发展具有民族特色的权威信用评级机构，打破国际评级巨头对国内评级市场的垄断，维护国内企业和投资者的投资安全，保证我国金融市场的安全与稳定。同时，我国的信用评级行业应努力做大做强，适时推进对各国国家主权、金融市场主要参与者、主要金融工具的评级，在国际金融市场上发出中国信用评级行业的声音，为我国信用评级行业的民族化和国际化奠定基础。

（二）避免利益冲突，确保独立性

美国次贷危机中，信用评级机构的评级失误虽然与技术能力不足、评级模型不完善有关，但也在一定程度上受到了市场因素的影响。在目前的收费模式下，如何避免利益冲突，确保评级机构评级过程的充分独立性成为关键问题。我国市场上由于评级机构间的竞争，处于生存压力下的评级机构易与企业"合谋"。2018 年 8 月中国银行间市场交易协会、证监会同时发布决定，给予大公国际资信评估有限公司严重警告处分，责令其限期整改。借鉴国外经验和考虑中国信用评级市场的综合因素下，我国信用评级行业应当建立起一套有效的、不受市场因素影响的风险控制机制。一是结合自身实际情况，设置科学高效的管理和监督机构，订立科学的管理制度和操作规程，落实市场推广部门与评级分析部门的独立性。二是建立完善评级机构的内控制度，加强风险教育，制定评级回避制度、分析师定期轮换制度、跟踪评级责任制、保密制度、机构员工的薪酬制度和评级人员职业守则等。三是定期披露评级机构的评级信息和财务信息，规范信用评级机构的收入来源，降低单一客户在评级机构收入中所占的比重。禁止提供诸如预评级服务和风险管理咨询服务的附带服务。四是着力建立良好的企业和行业文化，塑造信用评级行业诚实守信的社会形象，发挥"声誉机制"的自律功能。只有避免评级机构的利益冲突，确保其独立性，增强信用评级的社会公信力，才能充分发挥其应有的作用。

（三）建立适合我国市场情况的评价系统

随着资本市场的发展，各种金融工具不断创新，评级对象的信用风险越来越复杂，这也对我国评级行业提出了更高的要求。评级机构的权威性取决于其评级结果的可信性。当前，我国评级行业要做大做强，就要进一步健全完善信用评级体系，以市场需求为导向，在评级实践中不断改进评级方法。加大在人才、技术、研发方面的投入，解决我国信用评级行业发展中产、学、研互动不足的问题。加速科学化建设，开发具有适应性的科学的分析评价模型，以应对未来我国债券市场巨大的评级需求。

（四）加强监管体系建设，完善相关法规

在加强信用评级机构内部自身建设的同时还要加强外部监管。即一边发展和培育评级市场，一边加强对信用评级机构监管体系的建设。在规范中发展，防止评级机构引发的系统性风险。针对目前我国信用评级行业的发展情况，应采用"政府驱动型"的发展模式。即监管部门是评级行业的主要推动者和监管者，对评级机构的资格认定、市场准入、业务流程、市场行为和信息发布等方面作出明确规定并进行全过程监管。规范和净化市场，形成行业健康稳定的发展。例如，监管部门对信用评级机构的准入资质从严要求，把好准入关。建立从业人员的资格考试和定期培训制度，提升从业人员的专业水平和职业操守；建立评级机构和从业人员管理档案。记录和公布评级机构和从业人员的业绩与过失，追究其经济和法律责任，增加失信成本。

此外，需要明确监管部门的职责与权限问题，防止监管出现重叠和空白；要加快信用评级立法工作，尽快完善我国信用评级的相关法律法规，让法律成为监管的依据和准绳，保障信用监管执法的客观性和公正性；要充分发挥行业协会的自律作用，从而使信用评级行业形成有效的自我监督和自我约束机制，提高信用评级行业的社会公信力；要适时制定统一的行业标准，规范从信息采集至信用评级各个环节的操作流程，促进信用评级行业健康有序发展。关注并重视评级机构评级失真问题，一方面可以通过政府专门成立的评级监管机构，随机抽查公司真实状况与评级报告的符合程度，发现严重不符则对评级机构进行处罚。另一方面被评级行业可以通过行业协会为评级机构进行反向打分，促使评级机构在评级服务中尽职尽责以提高自身声誉。

（五）加快社会信用体系建设，加强"监管扶持"

完善的征信体系是坚实的金融体系和成熟市场经济的重要标志。目前，我国金融市场尚不成熟，信用评级业仍处于幼稚期，需要政府为其营造一定的发展环境并加强扶持力度。相关部门要引导全社会形成重视

信用评级的氛围，增强全民信用意识，夯实信用基础，提高投资者对信用评级的认可度；通过行政和市场手段相结合，推动各方积极使用外部信用评级产品，加强"监管扶持"。如政府可以积极采信优质评级机构的评级结果并将其纳入监管执法依据中。此外，要加快信用信息数据库建设，建立一个全国统一和分级开放的信息共享平台，使评级机构能通过合法渠道低成本地获取准确信息，提高评级结果的可靠性，提升评级机构的公信力。

第四节　我国保险公司信用评级的现状研究

一、我国保险公司信用评级的发展现状

（一）我国保险信用评级机构现状

中国作为新兴的保险市场，我国保险信用评级实践起步较晚。一些信用评级机构在对企业债券进行信用评级的基础上通过与国外先进信用评级机构合作，开始对我国的一些保险企业进行信用评级。目前在市场上已经获得了保监会的认可有中诚信国际信用评级有限责任公司、大公国际资信评级公司、联合资信评估有限公司、联合信用评级有限公司、上海新世纪资信评估投资服务有限公司、东方金诚国际信用评估有限公司、中诚信证券评估有限公司共七家公司。开展保险公司信用评级业务的机构有两家，分别是中诚信国际信用评级有限责任公司和大公国际资信评级公司。

中诚信国际信用评级有限公司是经中国人民银行总行、中华人民共和国商务部批准设立的中外合资信用评级机构。公司的主要股东是中国诚信信用管理有限公司和美国评级业的先驱穆迪投资者服务公司。中诚信国际信用评级有限公司是我国业内最早开展保险信用评级业务的公

司。1998 年 5 月中诚信国际对泰康保险公司进行了财务实力评级。2001 年 9 月公布了中国平安保险股份有限公司财务实力评级报告。2004 年在全国开展了对保险公司次级债的信用评级。2013 年通过了中国保监会对信用评级机构能力认可的备案。此外中诚信国际参与机构评级及结构融资评级的主要客户和合作伙伴还包括中国人民保险集团公司、生命人寿保险公司。

大公国际资信评估有限公司作为中国早期成立的信用评级机构，具有包括中国人民银行、中国证监会、国家发展改革委、中国保监会认定的全部资质，是在信用评级市场上具有重要影响力的评级公司。2002 年大公国际主动为国内 13 家中资保险公司进行信用评级。2004 年 3 月，大公国际出具中国平安保险（集团）股份有限公司"AAA"信用评级报告。2008 年 1 月 23 日大公国际完成了中国平安保险公司可分离交易可转债的信用评级。

联合资信评估有限公司是目前中国最专业、最具规模的信用评级机构之一。联合资信评估有限公司的股东分别是联合信用管理有限公司，持股 51%，全球三大评级机构之一的惠誉评级有限公司，持股 49%。联合资信评估有限公司官方网站提供了保险公司信用评级方法。评级方法的内容有：保险公司信用等级设置及其含义，其中包括保险公司主体评级、保险公司债项评级（长期债项和短期债项）、跟踪评级、评级展望与评级观察；保险公司信用评级分析框架，其中包括运营环境与行业、公司治理与内部结构、业务经营与绩效、风险管理、偿付能力、外部支持以及债券偿付能力分析。

联合信用评级有限公司是联合信用管理有限公司的全资子公司。评级业务范围主要包括主体信用评级、债券评级、资管计划评级、信用衍生品评级、国家风险部等，以及机构投资者服务、企业社会责任评价、公司治理评价、私募股权基金风险评价、基金评级、信用风险管理咨询等评价和咨询业务。其中保险信用评级业务包含保险公司信用评级、保险公司债权投资计划评级和保险公司资产支持计划评级。官网公布的保险公司信用评级的主要评估内容包括：行业分析、监管与政策分析、信息可靠性分析、财务稳健性分析、业务发展与风险管理分析。

上海新世纪资信评估投资服务有限公司是中国信用评级行业内第一家取得包括中国人民银行、中国证监会、国家发展改革委员会、中国保险会等全部评级资质的评级机构。同时，上海新世纪资信评估投资服务有限公司加入了亚洲自信评级协会，与国际评级机构标准普尔进行技术合作并建立了全面的战略合作关系。公司提供的评级服务包括工商企业信用评级、金融机构信用评级、结构融资信用评级、公共融资信用评级、信贷市场企业信用评级。其中金融机构信用评级中包括保险公司信用评级，官方网站分别公布了人身保险行业信用评级办法和财产保险行业信用评级办法。此外公司官方网站发布了 2015 年中国人身保险行业和财产保险行业信用分析报告，2016 年上半年财产保险行业信用观察报告，对保险行业的信用状况进行主动分析。

东方金诚国际信用评估有限公司由中国东方资产管理股份有限公司投资控股，是全资质信用服务机构，资本市场评级业务拥有中国人民银行、国家发展改革委员会、中国证监会、中国保监会等授予的全部业务资质。业务范围包含非金融企业评级、金融机构评级、结构融资评级、主权及地方政府评级以及其他评级业务。保险信用评级业务包含保险公司次级债评级。保险公司次级债券评级是在发行主体委托评级基础上开展的特定债务评级。保险公司次级债券评级报告发布后，根据相关监管的规定，评级机构需要在存续期内对其信用状况进行跟踪评级。官方网站并没有公布保险公司信用评级所采用的具体方法。

中诚信证券评估有限公司是中国诚信信用管理有限公司旗下的全资子公司，其业务范围主要包括中国证监会依法核准发行的债券、资产支持证券以及其他固定收益或者债务型结构性融资证券；在证券交易所上市交易的债券、资产支持证券以及其他固定收益或者债务性结构性融资证券（国债除外）、上述各类证券的发行人、上市公司、非上市公众公司、证券公司、证券投资基金管理公司；中国证监会规定的其他评级对象；公司治理评级；借款企业评级业务等。公司官网没有公布有关保险信用评级的相关方法及曾经评级的服务客户。

除上述七家信用评级机构以外，华夏标准资信评估有限公司、鼎盛质量信用评价有限公司、浙江安博尔信用评估有限公司、大华国信资信评估有限公司、中品质协（北京）质量信用评估有限公司等信用评级机构也从事包含保险公司在内的金融机构信用评级，但并没有实质性的开展相关的保险评级业务。

（二）国内保险公司获得信用评级现状

1998 年 5 月中诚信国际对泰康保险公司进行了财务实力评级，同年 8 月，泰康人寿保险股份有限公司获得中诚信国际"AA"信用评级。泰康人寿保险股份有限公司成为我国国内第一家通过资信评级的保险行业企业。2001 年 8 月，泰康人寿保险股份有限公司的信用等级被中诚信国际由"AA"上调至"AAA－"。

2001 年 9 月，中诚信国际出具中国平安保险（集团）股份有限公司信用评级报告，中国平安保险（集团）股份有限公司获得"AAA"级信用等级，是我国第一家获得最高信用等级的保险行业企业。"AAA"级信用等级报告使得中国平安保险股份有限公司在《亚洲周刊》（Asia Week）"亚洲最大一百家人寿保险公司"的排名位序由 24 名提升至第 23 名。

2001 年 11 月 28 日，标准普尔确认中国国际再保险公司财政实力评级为"BBB＋"级，将中国国际再保险公司长期信用评级展望由"稳定级"调整到"正面级"。

2003 年 1 月，中国平安保险（集团）股份有限公司获得国内权威资信评估机构大公国际自信评估有限公司的评级，再次获得"AAA"级财务信用等级。2003 年 3 月，中国平安保险（集团）股份有限公司获中诚信国际"AAA"级信用评级。2004 年 3 月，中国平安保险（集团）股份有限公司获大公国际"AAA"级信用评级。

2003 年 10 月 23 日，太平人寿获得了国际评级机构出具的中国国内保险行业企业最高评级"BBB＋"。信用评级报告出自全球权威评级机构惠誉国际，惠誉国际运用国际资信评级方法对太平人寿公司信用状况进行评级，认为该公司信用质量良好并且已经建立了良好的商业运作模式。

2004 年 7 月，联合资信对新华人寿保险股份有限公司的次级债券进行评级，级别确认为"AAA"级。

2004 年 12 月，中保国际控股有限公司的长期信用评级被惠誉国际评定为"BBB－"级，同时中保国际的两家子公司——中国国际再保险公司和太平人寿保险有限公司的财务实力被惠誉国际评定为"A－"和"BBB＋"，评级展望确定为"稳定"。

2005 年标准普尔对我国国内保险行业 10 家主要的保险公司进行逐一测评，并发布《中国保险业信用前瞻（2005～2006）》。测评报告的评价依据的是保险公司投资回报率、资本充足率及其他营运数据等财务指标。

2007 年中国出口信用保险公司获得标准普尔长期发债人评级"A"级和短期发债人"A－"级的信用评级，评级展望为"正面"。由于中国政府是中国出口信用保险公司的唯一股东，公司业务运营主要由财政部监督。因此中国信保公司获得了与中国政府相一致的发债人级别。

中国人寿保险股份有限公司在 2009 年分别得到国际三大评级机构的信用评级，其中标准普尔将其评定为"A＋"级，穆迪将其评定为"A1"级，惠誉国际将其评定为"A＋"级。至此，中国人寿保险股份有限公司跻身于全球最高信用评级的保险公司之列。

2010 年太平人寿保险公司的信用评级等级被惠誉国际由"BBB＋"上调至"A－"。从 2004 年太平人寿第一次获得惠誉国际的评级，至 2010 年的六年间，太平人寿均为"BBB＋"级。

2010 年，中国平安财产保险股份有限公司获得国际评级机构标准普尔长期交易对手信用评级"A"级和保险公司财务实力"A"级的评级，评级展望为"稳定"。

2010 年，爱和谊财产保险（中国）有限公司（Aioi Insurance Company（China）Limited）获得 AM Best "A－" 财务实力评级和"a－"级发行人信用评级。信用评级展望为"稳定"。

2011 年 12 月，安保财险 2010 年度次级定期债务信用等级被大公国际评定为"AA＋"级，主体信用等级为"AAA"级，评级展望为"稳定"。

2012 年 2 月，中国人寿保险股份有限公司的保险公司财务实力评级被惠誉国际评定为"A＋"。评级展望为"稳定"。

2012 年 8 月，中国平安财产保险股份有限公司的评级展望被标准普尔由"稳定"调整为"负面"。而公司长期本币交易对手信用等级和保险公司财务实力等级维持为"A"。

2012 年 6 月，华泰财产保险有限公司财务实力被惠誉国际评定为"A－"级，评级展望为"稳定"。

截至 2016 年上半年，国内财险公司中共有包括太平财险、中国人寿财险、人保财险、平安财险、太平洋财险、阳光产险、大地财险、天安财险等九家财险公司接受了国内外信用评级机构的评级。国内寿险公司有包括太平人寿、中国人寿、人保寿险、泰康人寿、平安人寿等六家寿险公司接受了国内外信用评级机构的评级。

二、国内保险信用评级的主要评级方法

信用评级的方法是指信用评级机构对申请评级客体的信用状况进行全面考察，并依据考察提出评级结果这一过程中所使用的技术、方法及手段。信用评级的方法主要包含两方面的内容：一是信用评级过程中所考察的主要因素的选定，即指标体系的选定；二是采用何种方法，对选定的指标数据进行分析，可以采用单一的分析方法，也可以多种分析方法相互结合。

（一）指标体系的选定

关于指标体系的选定，1992 年在海口市召开的全国信誉评级委员会第三次联席会议上，曾讨论并通过了包括债券、企业和金融机构的信

用评级体系①。其中包含了保险公司信用评级的一系列指标。评级考察的项目主要包括理赔能力、经营能力、财务质量、资产质量、盈亏状况、企业素质及发展前景和经验评估共七个项目。但是这套指标体系并没有在社会广泛实施。目前国内保险信用评级选定的指标体系框架主要包括宏观指标分析和微观指标分析两大部分。图6-1描述了保险信用评级指标体系的具体内容。由图可知，宏观指标分析又分为国家层面上的数据和行业层面上的数据。国家经济整体运行状况、财政政策、货币政策等都属于国家层面上的数据；而产业政策、产品情况、监管环境等都属于行业层面上的数据。微观指标分析包括受评价公司的基本素质评价、运营数据、财务数据等。

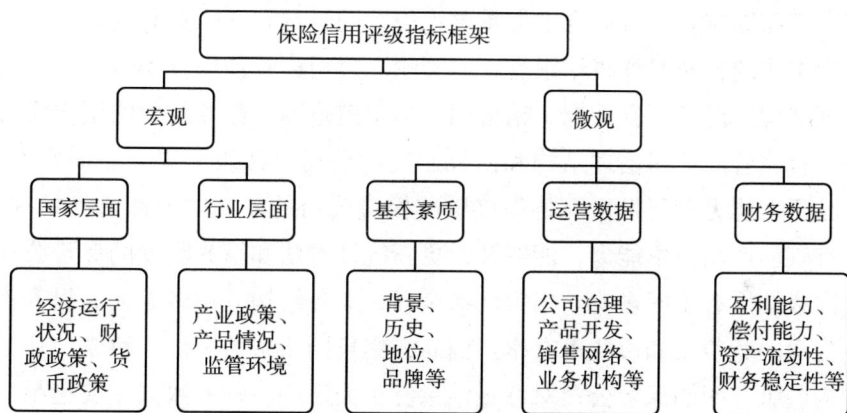

图6-1　保险信用评级指标框架

国家经济整体运行状况，将会直接影响到保险市场的供给与需求，进而影响保险公司的盈利能力和偿付能力。而国家实行的财政政策和货币政策通过影响经济实体中的货币流通量对整体经济运行进行调节，从而影响到保险市场。行业内监管的深度和广度，以及监管当局所持有的

---

① 李晓林、李肖偲：《保险公司信用评级与寿险产品评价体系研究》，中国财政经济出版社2004年版。

态度将会对保险公司经营策略的制定起到至关重要的作用。行业内的产业政策以及保险行业整体的产品状况将影响着保险公司的发展战略。因此我国保险公司信用评级指标框架中包含国家层面和行业层面两个层面的宏观指标。

微观指标中公司的基本素质包括受评保险公司的建立背景、历史、品牌价值、行业内所占有的地位和作用以及企业文化等。公司建立背景主要是指对公司股东情况的了解，以及股东和保险公司高级管理层在设立公司之初所持有的经营理念和经营目标。公司的历史是指对公司从最初建立、改革、发展以及并购融合事件等的考察，一般历史久远，发展稳定的公司会对评级结果有正面影响。公司的品牌价值是公司在行业内以及大众心目中的认可程度和知名度，有良好公众形象的公司对评级结果有正面影响。在行业内占据重要地位，同时具有良好企业文化和风险管理文化的公司对评级结果有正面影响。公司运营数据主要包括公司的治理结构、产品开发情况、销售网络的覆盖范围、业务结构的层次设置等。有完善的公司治理结构和内控制度的公司对评级结果有正面影响。产品研发能力和研发情况将最终影响保险公司的盈利能力和财务状况。具有较强产品研发能力，能够及时更新统计方法和精算制度的保险公司对评级结果有正面影响。销售网络全面，业务结构分明将会大大提升保险公司的竞争力和市场占有率。因此，销售网络覆盖全面、科学，业务结构层级分明的保险公司对评级结果有正面影响。财务数据主要包括对受评公司盈利能力、偿付能力、资产流动性和财务稳定性等方面数据进行考量。财务数据中受评公司盈利能力主要通过对公司净资产收益率、收入净利率、总资产净利率和投资报酬率进行考量。财务的稳定性是一个定性的指标，是指保险公司对被保险人所承担的补偿义务的可靠程度。

（二）信用评级的方法

根据不同的评级要求以及不同信用评级机构的偏好，信用评级的方法有很多种。如动态分析法与静态分析法、定性分析法与定量分析法、主观分析法与客观分析法、模糊数学分析法与财务比率分析法、违约率模型分析法与预测分析法等。我国保险信用评级采用的主要是定性分析法和定量分析法相结合、静态分析法与动态分析法相结合的方法。国内也有学者将层次分析法、主成分分析法[①]和因子分析法[②]运用到我国保险公司信用评级的经验。

我国保险公司信用评级方法中定性分析的指标主要考虑受评公司风险管理状况和企业文化发展，定量分析的指标选取"CAMEL"骆驼评价体系。我国保险信用评级方法采用定性分析与定量分析相结合，即信用评级的结果以定量分析的结果为主要基础但同时结合定性分析的结果。定量分析主要是对上文指标体系框架中阐述的盈利能力、偿付能力、资产流动性等可量化的数据以及比率进行计算和考量，同时结合保险行业的特性对指标体系结果进行评价。而受评公司的背景、历史、企业文化、公司治理结构以及公司面临的监管环境和外部支持力度都很难进行量化，因此指标体系中不能量化的一系列指标需要信用评级机构进行定性评价。对于保险公司的信用评价主要是对其未来偿付能力的评价，因此信用评级机构将结合定性和定量考量的结果进行评级。

动态分析与静态分析相结合的方法是指信用评级机构既要基于保险公司的历史数据对保险公司一段时间内的信用状况做出静态分析，同时又要结合新的经济政策、保险公司新的经营策略以及行业变化等因素对评级结果进行动态的跟踪和更正。由于保险公司的偿付能力受到自身的经营策略变化、行业因素变化、整体经济形势变化等诸多因素的影响，因此对保险公司的信用评级过程不仅仅是基于保险公司历史数据上的评价，更包含了在外界环境或内在环境出现变化时对保险公司信用状况的动态跟踪和考察。信用评级将动态分析方法与静态分析方法相结合更体现了信用评级的科学性和准确性。

[①] 中国保险公司信用评价体系研究课题组：《中国非寿险公司信用评级研究》，中国金融出版社2013年版。

[②] 谭中明、胡百灵、卜松：《保险公司资信评级指标体系的设计与应用》，载《保险研究》2012年第11期。

三、我国保险公司信用评级发展中存在的问题

我国信用评级实践整体发展滞后于国外发达国家,而保险信用评级是在信用评级发展的基础上,为满足保险行业的要求而逐步发展起来的。因此我国的保险信用评级整体发展水平不高,主要体现在虽然国内信用评级机构数量不断增加,但真正在国际上拥有话语权和国际影响力的评级机构屈指可数。在众多取得保监会资质可以开展保险信用评级业务的信用评级机构中,已经实际开展保险信用评级机构的仅有两家。与此同时,信用评级市场上没有专门从事保险信用评级业务的信用评级机构。另外,我国保险市场上保险公司和保险中介机构数目众多,而积极选择受评的公司寥寥可数。保险行业信用评级的现状客观上反映了我国保险信用评级的发展中存在着诸多亟待解决的问题。

(一) 我国保险企业对信用评级认识不足

随着我国保险行业的不断发展,保险市场上保险公司的数量不断增加。而在众多的保险公司和保险中介公司中,主动选择评级的受评公司数量不多。而在商业环境较为成熟的欧美发达国家,以及亚洲地区的日韩国家,几乎所有的保险公司都会主动选择评级。信用评级成为这些发达国家和地区保险公司的必选项。与这些国家相比,我国的信用评级行业起步较晚,而保险信用评级更是在信用评级发展到一定阶段才逐步开始发展,因此保险行业内对保险信用评级的重要性认识不足。虽然在行业内一些企业已经开始逐渐认识到信用评级对于保险公司长期发展的重要性,由于示范效应一些保险企业也开始效仿大型保险公司进行信用评级。但行业内众多的保险企业并没有真正认识到信用评级的重要性及其对公司长远发展的意义和影响。泰康人寿保险股份有限公司是我国保险行业内较早进行信用评级的公司,而其申请信用评级的原因是外资洽谈入股时要求有信用评级报告。信用评级的费用从几十万元到上百万元,对于拥有充裕现金流的保险公司而言,这不是一笔承担不起的费用。不

是费用承担不起，而是保险公司主观上缺乏申请评级的能动性。由于业务发展受限，国内仅有两家信用评级机构开展了保险信用评级业务，业务发展状况不佳。很多信用评级机构则持有观望态度，公布保险信用评级的办法并宣传开展保险信用评级业务，但却没有实际开展业务。

（二）保险信用评级相关立法滞后，没有形成有效的监管体系

美国是信用评级最为发达的国家之一，同时也是信用评价监管立法的先行者和践行者。全球第一部系统性的监管评级机构的法律于2006年在美国通过，即《评级机构改革法》。2010年美国国会又通过发布消费者保护法和历史上最为严苛的华尔街改革，进一步加强了对信用评级行业的监管。与此同时，欧洲理事会和欧洲议会分别通过了信用评级机构监管条例，并以罕见频繁的频率两次修正条例以实现对信用评级机构的严格监管。此外，日本、马来西亚、印度、新加坡、加拿大等国家和地区也纷纷制定专门的法律，完善和修正现有的法律以加强对信用评级机构的监管。而我国的信用评级行业本身起步较晚，市场上缺乏完善的法律约束和监管体系。而保险信用评级的相关立法及监管体系的建立更是亟待完善。目前只有《证券法》对证券评级机构及证券评级人员的基本要求进行了一些粗泛的规定，但并没有明确说明实施细则。对于信用评级机构的市场准入机制、退出机制以及不正当经营的处罚机制在法律上仍是空白。《保险法》并未对保险信用评级做出任何相关规定。

（三）保险评级市场供求不平衡

我国的保险评级市场处于一种非常尴尬的境地。一方面行业内保险公司的数量在逐年递增，截至2016年上半年我国保险机构已达200家；另一方面资信评级市场上虽然评级机构数量也在逐年上升，但中诚信国际、联合资信、大公国际三家资信评级机构占据了市场上95%的份额。数据说明活跃在资信评级市场上的信用评级机构数量远远小于保险公司的数量。如果我国的保险公司和发达国家保险公司一样全部都选择主动

受评，那么我国的保险信用评级市场将是非常繁荣的景象。而事实恰恰相反，尽管保险公司数量众多，但主动评级的保险公司寥寥可数。尽管保险评级市场上的供给有限，但是由于我国保险公司申请主动评级的需求也不多，造成保险评级市场上实际是供给大于需求。资信评级机构很难获得保险评级业务，即使有些机构能够发展保险评级业务，其业务收入也远在资信评级机构其他评级业务之下。而市场地位不高的资信评级机构甚至会以牺牲评级质量为代价获取评级需求。

（四）缺乏评级数据库支持，尚未建立完善的评级模型

信用评级机构进行资信评级的首要条件是获得受评企业全面数据及资料。而我国国内目前并没有建立保险公司的全面数据库，而受评企业提供的资料往往经过修饰和完善缺乏客观性和可信性。一方面信用评级机构的评级人员需要付出大量的时间和精力去核实受评企业提供的数据；另一方面信用评级机构的评级人员不得不进行大量的定性分析，定量分析也多是依据保险公司的财务数据。与国外以数量评级模型为基础的定量分析相比，国内的保险信用评级结果的科学性、客观性都会稍显差距。

第五节　我国保险公司信用评级体系的建设

长期以来由于标准普尔、穆迪及惠誉国际在全球资信评级市场上所占有的绝对垄断地位，使其在信用评级市场拥有绝对的话语权，市场总是"闻声而动"。中国人民大学国际货币研究所副所长向松祚说："谁能够决定一国主权债券的信用级别和债券市场的价格水平，谁就站到了整个金融市场乃至整个经济体系的权力之巅。"而拥有这种"神圣权力"的美国三大信用评级机构显然是滥用了这种权力。2008年美国次贷危机爆发，三大评级机构不是金融市场被动的旁观者，而是次级贷款垃圾债券的推动者和利润获取者；2011年底，从希腊到意大利、西班

牙、葡萄牙，再到欧元区宏观金融政策，三大评级机构连续发出了"降级"和"看空"的负面评价，这又一次助力国际对冲基金完成了做空欧元以牟取暴利的投机行动。而中国现代国际关系研究院江涌认为："三大评级机构一直以来标榜的独立、公正、客观与科学，其实并不存在。"三大评级机构往往对发展中国家另眼相看，比如在 2004 年之前中国主权评级一直在"BBB"级，是适宜投资的最低级别，中国企业和机构更是 BBB 级以下的投机级。

在 2010 年 6 月中国就有一批专家学者组成了"信用评级与国家金融安全"课题组。课题组的研究报告称："美国评级机构严重威胁中国金融主权安全，美国评级模式及尤其控制的国际评级体系潜藏着巨大风险。中国必须构建有自身特色的评级体系，并推动本土评级机构主导国内评级市场。"在 2012 年初中国人民银行行长周小川在公开场合表示，中国应减少对国外信用评级机构的依赖，国内大型金融机构应加强内部评级的研究，更多"做出自己的判断、避免盲目跟风。"无论是学术界，还是中国政府相关部门都已经认识到建立、健全国家本土评级机构的重要性，及其对国家主权安全的重要意义。保险作为金融领域的重要组成部分，对金融环境的稳定及经济的健康发展发挥着重要作用。我国保险信用评级本身起步较晚，发展缓慢，加快建立和完善我国保险信用评级体系是推进我国信用评级体系建设的必然选择。

一、我国保险公司信用评级体系的外部环境建设

（一）建立和完善保险信用评级法律法规

建设中国特色社会主义法治体系必须坚持立法先行，发挥立法的引领和推动作用。保险信用评级应当有法可依，而由于我国信用评级活动起步较晚，信用市场缺少法律约束。受金融管制的限制，评级市场被人为地划分若干领域，不同领域由不同部门发布规章制度，这造成规章制度间缺乏整体协调性，有的甚至相互抵触。我国目前没有一部统一完整

的信用评级法律。面对立法的瓶颈约束，考虑信用评级的复杂性及我国的实际国情，全国人大常委会应当加快信用评级立法的进程，让信用评级机构，信用评级行业，信用监管部门及其他相关主体都能有法可依，为信用评级行业的健康发展提供法律保障。第一，通过信用评级立法建立信用评级资格的审查程序。长期以来由于信用评级市场上的准入机制缺位，造成市场上评级机构和评级人员的水平和素质良莠不齐。通过立法确定信用评级市场上的准入机制能够从源头上保证信用评级结果的科学性和客观性。与此同时在为国内信用评级机构确定市场准入原则的基础上，为适应我国对外开放不断深化的需要，还需要通过立法确定国外评级机构的市场准入原则。限制其持股中资评级机构的比例，对其兼并和收购中资评级机构进行规定。第二，通过信用评级立法建立信用评级市场的惩罚机制和退出机制。完善的市场惩罚机制和退出机制是对信用评级市场最有力的监管。已经获得信用评级资格的机构或评级技术人员要对评级结果负有技术责任，如果有证据证明评级过程存在重大的技术或认为失误，评级结果质量较差，甚至评级过程不符合法律的要求，应该有明确的惩罚机制对其进行罚处，甚至取消其评级资格，使其退出评级市场。第三，通过立法确定信用评级机构的法律地位，保证信用评级机构的超然地位和独立性，保证信用评级过程的客观性及信用评级结果的公正性。保证信用评级机构独立性的基础上，也要从立法上完善信用评级机构的信息披露制度。通过对信用评级机构的信息披露，让市场和投资者理性认识评级结果，并对评级结果做出自己的判断。第四，从法律层面上培育、保护和支持本土的信用评级机构。无论是出于维护国家金融安全和经济安全的角度，还是出于规避世界上现行评级模式弊端的角度，我们国家亟须独立、权威、强大的本土化信用评级机构。

由于保险行业具有其特殊性，因此保险信用评级相关立法应当在信用评级立法的基础上进行单独的界定。具体而言应当在我国的《保险法》中补充关于保险信用评级制度的相关规定，并在《保险法》的基础上制定和出台保险行业信用管理法规，如《中国保险行业监管法》《保险信用评级管理规定》《保险评估机构管理办法》《保险企业信用信息管理办法》等。

（二）建立保险行业自律制度

良好的保险行业环境是保险信用评级制度发挥其职能的重要基础。国外很多行业的监管特别是保险行业的监管，不仅仅依靠政府颁布的相关法律法规，更依靠行业自律协会等自律组织对其发展进行有效的监管。我国保险信用评级体系的建设不仅仅需要国家和政府层面的法律支持，还需要建立有效的自律机制，依托行业自律协会的力量推动保险行业的健康、稳定发展，为保险信用评级提供良好的行业信用环境。具体而言，保险行业自律机制应当包括由保险行业所有成员构成的保险行业成员联席会议、各级市场保险行业二级自律组织、产险、寿险、代理、经纪、公估等"小行业"自律组织。行业自律组织应当同时行使指导与监督的双重职能。指导职能主要体现在自律协会出于对本行业的了解，制定保险行业自律公约制度，制定保险行业具体的工作条例和准则，对行业内高管及从业人员进行有计划的职业道德、岗位技能培训等。而监督职能体现在通过约束行业内的不正当行为，维护市场的公平竞争环境，对各种行业内的违规行为进行惩戒。自律协会的惩戒手段可以包括行业内的通报批评、扣取违约金、呼吁其他会员对违规者进行集体抵制、取消其会员资格等。此外行业自律组织的建立也为行业主体提供了沟通和交流的平台。通过同业间的沟通和交流能够及时发现和解决行业内的各种问题。

（三）完善保险业信息披露机制

保险信用评级活动进行的首要条件是受评企业的相关数据和资料，完善保险业信息披露机制能够为保险信用评级提供的科学、客观的数据基础。关于保险信息披露，我国监管机构已经出台的规定包括《保险公司招股说明书内容与格式特别规定》《保险公司财务报表附注特别规定》《投资连接保险管理暂行办法》《人身保险新型产品信息披露管理暂行办法》《人身保险新型产品若干事项的公告》等。完善保险业信息披露机制一方面要实现已经颁布规定的有效落实；另一方面要从保险公司的信息披露和保险产品的信息披露两个方面进一步地完善保险业的信息披露制度。保险公司与一般行业的公司不同，对于一般行业的公司评级更关注的是公司的盈利能力，而保险公司的主要职能是转移和管理风险。因此对于保险公司的信息披露应该不仅仅局限于公司的盈利能力数据，信息披露的重点应该是保险公司的风险管理能力。其次对于保险产品的信息披露也不应该仅仅局限于各类创新型产品，而是应当包括所有的保险产品。而且对于保险产品的信息披露应该贯穿于保险经营的全过程。从广告宣传、产品销售、保险售后和理赔的各个环节的信息都应该如实披露，不得隐瞒。特别是对于各类具有投资性质的保险产品，保险公司都应当设立单独的专项账户，并定期向公众公布账户运作的实际情况。保险产品的信息披露应该更加注重时效性、准确性和科学性。

（四）重视保险信用评级发展，积极培育保险信用评级市场

我国保险信用评级发展较晚，保险信用评级制度建设仍然处于起步阶段，各种制度、规范还没有有效的建立。因此发展我国保险信用评级需要国家和政府重视保险信用评级的发展，提供有效的制度供给、监督和管理。在保险信用评级发展的初期阶段加强政府的主导作用，可以有效借助政府的政策和资金支持，快速并稳健地推动行业发展。而由政府主导建立的不以营利为目标的信用评级机构可以有效地规避信用评级过程中的利益冲突，保证评级结果的公正性和客观性，在信用评级市场上起到积极的示范效应。政府参与的公共征信机构能够有效地提高信用评级效率。因为政府部门可以凭借自身优势，有效、快捷、准确地搜集各种信用数据，并可以利用政府相关部门已经建立的相关数据库。例如，中国人民银行建立的信用数据库、工商管理部门建立的企业资金和运营信息数据库等。政府参与的信用评级机构可以有效整合各种信息和资源，其评级效率高，评级结果避免了利益冲突。政府及相关机构可以通过积极扩大对保险信用评级结果的使用，来促进保险信用评级市场需求的增加。1975 年，美国证券交易委员会（SEC）将"全国公认的统计

评级机构（NRSRO）"的评级结果纳入了联邦证券监管法律体系。美国证券交易委员会的这种监管制度事实上促进了评级机构业务的快速发展。我国保险信用评级起步较晚，也正因为如此保险信用评级市场的发展潜力巨大，但要将潜在的市场需求转化为现实的市场需求，政府对于保险信用评级结果的广泛应用必将会起到有效的助推作用。

积极培育保险信用评级市场需要在发挥政府主导功能的同时，依靠来自市场的评估力量。以美国为代表的私营信用体系模式通过信用评级机构之间的市场竞争，满足市场信用需求，推动行业的有序发展。私营信用评级机构能够补充公共信用机构功能上的不足，因此我国保险信用评级市场的发展还需要协调政府主导和市场运作的关系。同时要进一步开放保险信用评级市场，国际信用评级机构的进入可以带来更多的评级技术和方法，我国的保险信用评级机构可以"取其所长，去其所短"，同时与国际信用评级机构的竞争也有利于我国保险信用评级市场的发展和完善。

二、我国保险公司信用评级机构的自身建设

（一）完善保险信用评级方法，设计科学的保险信用评级指标体系

完善的保险信用评级方法和科学的保险信用评级指标体系是我国保险信用评级机构自身建设的技术基础。使用合理的方法和科学的指标体系才能够保证保险信用评级结果的科学性和准确性。目前关于各评级机构是否需要统一保险信用评级的方法和评级指标体系，理论界和实务部门尚未达成统一的意见。是否使用统一的评级方法和评级指标体系并不应该是研究的重点，加强我国保险信用评级机构自身建设的研究重点是各信用评级机构要使用合理、有效的评级方法，建立科学的评级指标体系。评级机构可以根据自身机构的特点、人才优势设计独具特色的评级方法和评级指标体系。但是随着市场环境的变化，保险公司创新业务和

创新型产品的不断推出，信用评级机构所采用的评级方法和指标体系应该是与时俱进，不断完善和发展的，不应该是一成不变的。同时国内信用评级机构应该借鉴和学习拥有先进经验的国外信用评级机构的方法，结合中国国内特殊的国情，对可以"拿来"的方法进行改良和发展。通过对国外大型信用评级机构评级方法的考察，可以发现其对保险公司信用评级考察的主要指标是财务实力指标，核心指标是偿付能力指标。保险公司作为经营风险的特殊企业，其偿付能力的重要性更重于其盈利能力。因此我国保险信用评级的指标体系中必然也要考核保险公司的偿付能力指标。

保险信用评级方法的选择和评级指标体系的设计应该遵循以下主要原则：第一要坚持定量分析与定性分析相结合的原则。保险公司资信状况往往受到众多因素的影响。这些因素中有些是可以直接量化的，可以直接计入信用评级的指标体系。而有些影响因素是不能被量化的，如保险公司的企业文化，发展历史，领导团队素质等，但是不能否认的是这些因素同样影响着保险公司的资信状况。因此保险信用评级方法和评级指标体系的设计都要遵循定量分析与定性分析相结合的原则，克服单纯定量分析或定性分析的缺陷。第二要遵循产险、寿险公司求同存异的原则。产险公司和寿险公司所经营的产品在期限长短、流动性高低等方面均有差异，但作为保险市场上的主体，不论是产险公司还是寿险公司其信用特征基本是相同的。拥有健全的公司治理结构、先进的经营管理理念、优质的销售和售后服务及良好公众形象的公司资信状况一般较好。此外无论是财险公司还是寿险公司其资信状况都与公司的经营业绩、财务结构和清偿能力紧密相关。因此，从影响财险和寿险公司资信情况的共性因素中设计一致性指标，可以实现不同类型保险公司之间资信评级结果的可比性。第三要重视对保险公司偿付能力指标的考察。国外信用评级机构在对保险公司进行资信评级时都将偿付能力作为评级的核心考核指标。保险公司的经营中，资产和负债不能完全匹配，因此如果没有与之规模相适应的充足的偿付能力，保险公司就难以履行保险契约和一切信用承诺。因此偿付能力指标应当是保险信用评级指标体系中的核心指标。而由于影响保险公司偿付能力的因素众多，选取指标时应当按照偿付能力与信用相关度的高低选出关键指标。第四要考虑指标数据的可得性。由于我国保险公司信息披露制度的不完善，信用评级机构很难获得保险公司全面的信息资料，增加了信用评级机构工作的难度以及信息搜集和处理的成本。上市保险公司的数据可得性好于未上市的保险公司，但上市保险公司的数据主要是财务信息，其他相关信息的披露仍然不全面。因此在设计保险信用评级指标体系时既要考虑评级指标体系的科学性和全面性，也要考虑指标体系数据的可得性和可操作性。

（二）注重培养和引进评级专业人才，加强保险信用评级队伍建设

完善的保险信用评级方法和科学的保险信用评级指标体系是我国保险信用评级体系自身建设的技术基础，那么优秀的保险信用评级人才就是保险信用评级体系自身建设实现的技术保证，二者相辅相成缺一不可。保险信用评级人员必须就要较高的职业素质和良好的道德素质。保险信用评级人员要掌握保险、会计、管理、审计、投资、计量等各个方面的专业知识，拥有多元化的知识结构和较强的数据分析能力。我国信用评级机构可以通过高薪引进专业的保险信用评级人才，也可以自己培养专业型人才。此外通过与国外信用评级机构的合资合作，学习人才培养的方式和遴选保险信用评级专业人才的方法。除了专业素质过硬，保险信用评级人员必须具有公正、独立的立场和为客户保密的品质。道德素质一方面与个人的成长和受教育环境有关，一方面在于公司的教育和引导。公司重视员工的职业道德培养，进行定期的职业道德培训会有效提高评级人员的职业道德素养。信用评估既是一门要求精准性的科学，也是一门要求技术精湛的艺术，其自身的复杂性和高难度决定了对专业型技术人才的需要。从保险信用评级所需要考察的内容来看，保险信用评级从业人员要了解国家宏观经济政策对保险行业的具体影响，了解保险行业的发展和动态，了解受评公司的发展战略、资产投资组合质量、内控机制等各方面的专业知识；既要懂得运用数据和模型进行科学的定

量分析，又要懂得通过不能量化的指标进行定性分析；既要精通经济、金融、保险的专业知识又要通晓国家相关法律法规的规定。我国目前的信用评级机构中尚没有专门从事保险信用评级的专业人才，而以标准普尔公司为例，公司中有大量的专门从事保险信用评级的从业人员。我国目前保险信用评级机构自身发展的首要瓶颈是专业人才的匮乏。优秀的保险信用评级专业人才一方面可以提高信用评级结果的质量，另一方面可以为保险信用评级方法的选择和保险信用指标体系的设计做出贡献。我国保险信用评级机构必须从长远利益出发，加大人力资本的投资，重视培养和引进专业的保险信用评级人才，为信用评级机构自身建设提供人才储备。

为提高保险信用评级从业人员的素质，相关机构应当对从业人员以及信用评级机构的高管人员资格进行明确的规定，组织信用评级从业人员的资格考试和定期培训。这一制度可以通过保监会或通过建立保险信用评级行业协会进行建立和推进。

（三）立足国际标准，开展国际合作，发挥后发优势

我国保险信用评级机构的建设应该立足国际标准，站在国家化和全球化的视角下确定发展策略和经营目标。和国际上拥有上百年资信评级历史的国家相比，我国的资信评级市场仍然是一个新兴市场，市场需求不足，市场供给不规范。但是不能因为我国的资信评级市场尚不成熟，保险信用评级机构在制定发展策略和经营目标的时候就拘泥于国内市场的范围，应当用发展的眼光看待中国资信评级市场。随着我国保险市场的不断发展，信用体系的不断完善，市场上对于保险信用评级的认识会更加深刻，保险信用评级市场必然会发展成为一个成熟市场。届时我国的保险信用评级机构将不仅仅局限于对国内的保险公司和保险产品提供评级服务，我国的保险信用评级机构将会走向国际市场，为全球各个国家和地区的保险机构和保险产品提供评级及其他附属服务。因此目前，我国保险信用评级机构在制定发展策略和经营目标时要对自己高要求、高标准，要立足国际视角，向国际上有经验的信用评级机构看齐。

在经济全球化的进程中，没有哪个国家和地区可以关起国门来发展。经济全球化背景下，我国的保险信用评级市场也会更加开放，对外资信用评级机构的准入限制和服务限制将会逐步取消。外资信用评级机构进入国内保险信用评级市场一方面给国内保险信用评级机构带来挑战；另一方面会给国内保险信用评级机构带来机遇。挑战来自市场上外资评级机构的竞争，机遇来自外资评级机构带来的评级方法和技术。目前我国保险信用评级机构发展时间短，在市场上竞争力不强劲。信用评级机构可以通过积极地与国际上先进信用评级机构合作的方式，借鉴和学习其先进的评级技术和方法，学习其保险信用评级人才的培养方法和培训制度，甚至可以通过合资合作的方式使外资信用评级机构为我国培养一批专业的保险信用评级人才或高薪引进外资信用评级机构的评级人才。同时与外资信用评级机构合作，要利用外资评级机构的创新优势和创新人才积极尝试开发评级的新产品和新服务，重视对外资评级机构先进技术和成熟软件的引进。

保险信用评级业务暂时的落后并不代表着未来没有发展前景，通过学习先进技术和成功经验，结合中国的实际国情，我国保险信用评级机构可以利用后发优势在较短的时间内提高我国保险信用评级业务的技术和水平，缩小与国际先进评级机构的差距。通过国际化和专业化，创建一个超国家主权的世界信用评级组织、信用评级标准和评级监管组织，从而构建一个全新的能够反映世界信用关系特殊性、适应信用经济全球化发展需要的国际信用评级体系。

第七章

金融风险传导下的我国保险偿付
能力监管体系的完善

第一节 我国保险公司偿付能力监管的发展

一、形成阶段

20 世纪 80 年代，我国保险业刚刚恢复营业，保险市场很不规范。保险监管制度还没有建立，保险公司的内控机制也不完善。当时的保险监管是以行政审批和市场行为监管为主，尚未形成偿付能力监管的理念。

1985 年国务院颁布《保险企业管理暂行条例》，首次提出"偿付能力"这一概念，还指出当保险公司偿付能力不足时应增加资本金；还规定了保险企业设立和保险准备金等方面的内容。但受限于当时的历史条件，《保险企业管理暂行条例》对偿付能力和偿付能力额度界定不清。

我国偿付能力监管始于 1995 年颁布的《中华人民共和国保险法》（以下简称《保险法》）。我国《保险法》第一次对偿付能力监管提出了明确要求，并采取了两个层次的监管模式。第一个层次是市场行为监管，具体包括以下几个方面：一是对保险条款和费率实行监管。我国《保险法》第一百零六条规定，商业保险的主要险种的基本保险条款和保险费率，由金融监督管理部门制订。保险公司拟订的其他险种的保险条款和保险费率，应当报金融监督管理部门备案。为保证市场费率的适当、公平与合理，我国对保险条款与费率实行严格监管。二是要求提存准备金。《保险法》第九十三条和第九十四条分别规定了保险公司提取未到期责任准备金和未决赔款准备金的方法。对保险责任准备金提取的规定源于该条例的规定，主要是为了确保应付保险公司承担的风险。三是对保险公司自留风险做出规定。《保险法》第九十八条规定经营财产保险业务的保险公司当年自留保险费，不得超过其实有资本金加公积金总和的四倍；第九十九条规定保险公司对每一危险单位，即对一次保险事故可能造成的最大损失范围所承担的责任，不得超过其实有资本金加公积金总和的百分之十；超过的部分，应当办理再保险。四是规定了保险资金运用形式及比例。如《保险法》第一百零四条规定保险公司的资金运用，限于在银行存款、买卖政府债券、金融债券和国务院规定的其他资金运用形式。保险公司的资金不得用于设立证券经营机构和向企业投资。保险公司运用的资金和具体项目的资金占其资金总额的具体比例，由金融监督管理部门规定。第二个层次监管模式为偿付能力监管。《保险法》第九十七条规定保险公司应当具有与其业务规模相适应的最低偿付能力。保险公司的实际资产减去实际负债的差额不得低于金融监督管理部门规定的数额；低于规定数额的，应当增加资本金，补足差额。

1996年7月颁布的《保险公司管理暂行规定》对保险偿付能力额度制定了相应的标准，包括财产保险公司与寿险公司偿付能力标准，为偿付能力监管进行了有益的探索。但《保险公司管理暂行规定》中关于偿付能力的计算规定比较粗糙，缺乏科学性，也未能准确体现出保险公司承担的风险。

1998年中国保险监督管理委员会成立以后，开始将偿付能力监管作为保险业监管的重点。这一阶段实行的是市场行为监管与偿付能力监管并重。

2000年3月实施的《保险公司管理规定》明晰了我国偿付能力额度监管思路，详细制定了法定最低偿付能力额度的标准。确立了我国偿付能力额度监管模式。

2001年1月中国保监会颁布了《保险公司最低偿付能力及监管指标管理规定》，对偿付能力额度计算、认可资产评估标准、偿付能力报告制度以及对实际偿付能力额度低于最低偿付能力额度的保险公司应采取的措施进行了规定。细化和完善了对保险公司偿付能力监管规定，增强了偿付能力监管的可操作性和科学性。这是我国第一份比较系统全面的关于偿付能力监管的保险法规。

《保险公司最低偿付能力及监管指标管理规定》还建立了与偿付能力额度监管配套的监管指标体系，该指标体系涵盖财产保险公司若干业务监管指标、财务监管指标、信用监管指标及投资收益指标。通过这套指标考核，保险监管机构可以寻找保险公司偿付能力问题的原因，做到有的放矢。

《保险公司最低偿付能力及监管指标管理规定》提出了偿付能力报告制度，其中第九条规定保险公司应于每年3月31日前，按本规定向中国保监会提交上一会计年度末的偿付能力状况报告及计算说明。中国保监会认为保险公司所提交的报告不适当的，可以要求其修改。保险公司实际偿付能力低于本规定最低偿付能力的，保险公司应当采取有效措施，使其实际偿付能力达到最低偿付能力，并将有关整改措施和对策向中国保监会报告。

《保险公司最低偿付能力及监管指标管理规定》还规定了偿付能力监管处理制度。对实际偿付能力低于最低偿付能力的保险公司，中国保监会根据具体情况可采取以下措施：

第一，将该公司列为特别监管对象。受到特别监管的保险公司的下列事宜，需经中国保监会专项审核、批准，这些事宜包括：向股东支付红利或分红；条款、费率；申请设立分支机构；固定资产购置计划；费用支出；资金运用等。

第二，责令保险公司采取办理再保险、业务转让、停止开展新业务、停止部分业务、增资扩股、调整资产结构等方式改善其偿付能力状况。

第三，根据《中华人民共和国保险法》第一百一十三条的规定，对保险公司实行接管。

我国自 2001 年试行偿付能力额度监管并付诸监管行动后，我国目前偿付能力监管标准借鉴的是欧盟偿付能力标准 I，简便易行，但该标准的最大不足是忽略了保险公司风险结构对偿付能力的影响。随着我国保险资金运用渠道的拓宽，保险市场与证券市场的互动越来越密切，资产风险、利率风险乃至汇率风险等因素对保险公司偿付能力的影响也开始增大，因此，必须及时审视现行标准的内在缺陷。逐步过渡到风险资本监管体系，并且对保险集团偿付能力监管标准进行研究。

自 1998 年保监会成立以来，我国保险偿付能力监管基本上采取的是现场监管系统，以静态监管为主，大多采取抽查或到保险公司实地考察的方式，缺乏保险偿付能力约束性和关注性等动态监管指标，因而无法及时根据保险公司现有的财务报告来分析其未来业务的风险因素对偿付能力的影响。

二、初步建立阶段

我国于 2003 年 1 月实施的新《保险法》中明确规定："我国保险业的监管由市场行为监管和偿付能力监管并重过渡到以偿付能力监管为核心"，"保险监督管理机构应当建立健全保险公司偿付能力监管指标体系，对保险公司的最低偿付能力实施监控"。

2003 年 3 月 24 日中国保险监管委员会正式颁布了《保险公司偿付能力额度及监管指标管理规定》（以下简称《管理规定》），标志着我国保险业偿付能力监管框架基本形成，偿付能力监管制度正式实施，至此，我国偿付能力监管进入全面建设阶段。

《管理规定》对监管指标进行评分，首次对资产认可方法和负债评估方法做出了规定。进一步完善了 2001 年《保险公司最低偿付能力及监管指标管理规定》。主要包括四个方面内容：保险公司最低偿付能力额度的确定、实际偿付能力额度的确定、财产保险公司监管指标和人寿保险公司监管指标、偿付能力额度和监管指标的管理。2003 年的《管理规定》在最低偿付能力额度的确定上沿用了原规定将偿付能力额度作为偿付能力监管的核心指标的思想，但对最低偿付能力额度、实际偿付能力额度的计算做出了详细规定，要求采用《认可资产表》计算认可资产，采用《认可负债表》计算认可负债，要求采用《最低偿付能力额度计算表》计算最低偿付能力额度。保险公司实际偿付能力额度定义为认可资产减去认可负债的差额。偿付能力充足率定义为实际偿付能力额度除以最低偿付能力额度。

近年来，为适应国际保险市场的发展，我国已逐步放松了对保险公司市场行为的监管，赋予了保险公司经营上的更大自由权，与此同时，也放松了对保险投资渠道的限制，保险资金可以进入资本市场。在这一背景下，加强对保险公司的偿付能力监管显得尤为重要。在加入 WTO 和保险市场全面开放、保险业加快发展的新形势下，我国从 2003 年开始在继续坚持市场行为监管和偿付能力监管的前提下，逐步向偿付能力监管为核心的方式过渡。

2003 年，中国保险监督管理委员会颁布的《管理规定》以及陆续颁布修订的 13 项关于保险公司偿付能力报告编报规则的规范文件构成了我国相对完善的偿付能力监管体系。这些法规是从我国保险业发展的实际出发，借鉴了国外偿付能力监管相关经验，表明我国偿付能力监管开始走向法制化、专业化和国际化的道路。我国从开始只监管市场行为，转为偿付能力监管与市场行为监管并重，再逐步过渡到以偿付能力监管为主，直至现代保险监管的三支柱理论。

新《保险法》和《管理规定》的颁布，标志着我国保险业偿付能力框架基本形成，以及保险监管的重心逐渐转移到更加市场化、专业化的偿付能力监管上来；这就是中国第一代偿付能力监管制度体系（简称"偿一代"）的确立。"偿一代"主要参考了欧盟偿付能力Ⅰ和美国偿付能力监管体系（RBC），积极吸取和采用了国际上通行的评估标准和监控方法，是一次突破性的创新。2004 年之后，保监会陆续发布了 16 个偿付能力报告编报规则和若干偿付能力报告编报实务指南和问题解答。截至 2007 年底，我国基本构建起比较完整的第一代偿付能力监管制度体系。第一代偿付能力监管制度体系推动保险公司树立了资本管理理念，在防范风险、促进中国保险业科学发展方面起到了十分重要的作用。

但 2003 年的《保险公司偿付能力额度及监管指标管理规定》尚存在的一些问题和不足：第一，对认可资产、认可负债的规定比较笼统，缺少包括业务创新的相关规定，需要进一步完善和细化；第二，独立账户与保险公司的账户没有做到真正独立，降低了偿付能力信息的真实性；第三，没有界定实际偿付能力额度的来源和构成，不利于评价保险公司的内部资本积累和外部融资能力；第四，只披露了静态偿付能力信息，缺乏偿付能力在不同时点之间的变动情况和变动原因的信息。针对上述情况，保监会于 2004 年 12 月 2 日研究制定了固定资产、土地使用权和计算机软件、货币资金和结构性存款、应收及预付款项、委托投资资产、证券回购五个偿付能力报告编报规则及其实务指南。随后于 2005 年底发布了认可负债、投资连结保险、实际资本和综合收益四个《偿付能力报告编报规则》。

中国保监会于 2007 年 8 月成立了中国保险业偿付能力监管标准委员会，以增强偿付能力监管标准制定的科学性。偿付能力监管标准委员会的成立，标志着我国偿付能力监管标准建设进入了一个新的历史阶段，对于提高我国偿付能力监管水平，推动保险公司加强内部风险管理，促进保险业做大做强，发挥保险业在我国社会主义和谐社会建设中的作用，都具有十分重要和深远的意义。

从 2003 年到 2007 年我国逐步构建起的这套较为完整的保险监管制度体系，我们通常称作第一代偿付能力监管制度体系，简称"偿一代"。中国第一代偿付能力监管制度体系主要借鉴了欧盟偿付能力 I 和美国偿付能力监管体系（RBC），建立了以监管流程为主线的监管框架，主要由公司内部风险管理、偿付能力报告、财务分析和财务检查、适时监管干预、破产救济五部分内容组成，并在实践中形成了行之有效的监管机制，其中包括对保险公司内部偿付能力管理的监管机制、偿付能力监管委员会机制、委员会机关与保监局的上下联动机制、分类监管机制、保险公司资本补充机制。"偿一代"推动保险公司树立了资本管理理念，并在防范风险、促进中国保险业科学发展上做出了重要贡献。"偿一代"是符合我国保险业当时发展实际的。

近十几年来，保险行业整体偿付能力保持充足，行业没有发生系统性风险，偿一代制度发挥了应有的历史作用。偿一代的建立使我国偿付能力监管从无到有，保险业第一次树立了资本约束的经营理念，行业的风险管理水平得到了提升。但由于当时专业能力和行业数据的缺乏，偿一代标准主要是参考国外标准制定的，没有根据我国行业实际进行校验。2012 年，在启动中国第二代偿付能力监管制度体系（以下简称"偿二代"）建设之后，保监会首先开展了对偿一代全面总结和定量测试的研究项目，就是要审视偿一代的理论模型是否适用于当前的中国国情，判断偿一代资本要求在数量上是否能覆盖我国目前保险业的风险，并定量比较我国现行偿付能力标准与欧盟偿付能力 II 和美国风险资本制度（RBC）。该项研究是我国首次对偿一代标准进行定量测试和全面分析。研究结果表明：当初被引入作为中国偿一代理论基础的 Campagne 模型并不适用高速发展的新兴市场；中国偿一代虽然在资本要求总量上能够覆盖行业偿付能力风险，但对不同规模公司的影响差别较大，且与保险公司的实际风险暴露程度没有显著的相关性；偿一代标准比欧盟偿付能力 II 宽松（欧 II 尚未实施），比美国 RBC 略为严格。

与中国目前的一代偿付能力监管制度相比，欧洲的第一代偿付能力监管标准至少存在以下不同：

第一，欧洲的第一代偿付能力监管体系下所有的资产均以市值计价。而在中国的体系下，持有至满期的投资是按照账面价值计价的；

第二，中国的体系下对于权益等的风险投资规定了预定比例的非认可资产比例，但欧洲体系则并无这方面的规定；

第三，负债的评估也有所不同，中国体系下的负债是按照监管所规定的预定利率、预定死亡率等假设计算出来，且无退保率的假设。而欧洲体系下负债评估则是采用合理估计负债的方式，考虑了退保的因素，在贴现率的选择上则是综合考虑资产的收益水平等因素确定。

三、规范化阶段

（一）2008 年《保险公司偿付能力管理规定》标志着我国保险公司偿付能力监管制度日趋成熟

2008 年 6 月 30 日，《保险公司偿付能力管理规定》经中国保险监督管理委员会主席办公会审议通过，于 2008 年 9 月 1 日起施行。

《保险公司偿付能力管理规定》（以下简称《管理规定》）首次引入了资本充足率概念。建立了与国际趋同的、以风险为基础的动态偿付能力监管框架。《管理规定》主要从以下两个方面建立了这一监管框架。一方面，《管理规定》要求偿付能力评估、报告、管理、监督都是以风险为导向：在评估方面，《管理规定》要求保险公司应当以风险为基础评估偿付能力；在报告方面，要求保险公司披露内部风险管理情况和面临的风险；在管理方面，明确提出偿付能力管理是保险公司的综合风险管理，要求保险公司建立内部风险管理机制，防范各类风险；在监督方面，通过对公司风险进行综合评价，采取不同的监管措施。另一方面，《管理规定》建立了动态偿付风险监测、防范体系，确立了由年度报告、季度报告和临时报告组成的偿付能力报告体系，并要求保险公司进行动态偿付能力测试，对未来规定时间内不同情形下的偿付能力趋势进行预测和评价，从而使监管部门可以及时监测保险公司偿付能力变化情况，采取监管措施。

《管理规定》明确提出了分类监管要求。《管理规定》第三十七条至第四十条建立了分类监管机制，根据偿付能力状况将保险公司分为三类，即不足类公司、充足 I 类公司和充足 II 类公司，并对三类公司分别采取不同的监管措施。不足类公司，指偿付能力充足率低于100%的保险公司；充足Ⅰ类公司，指偿付能力充足率在100%～150%的保险公司；充足Ⅱ类公司，指偿付能力充足率高于150%的保险公司。对于不足类公司，规定了九类监管措施；对于充足Ⅰ类公司，中国保监会可以要求公司提交和实施预防偿付能力不足的计划。对于快速发展中出现偿付能力不足的保险公司，保监会要督促公司改善偿付能力。目前寿险公司解决偿付能力不足通常采取四种方案：第一是上市融资筹措资本；第二是增资扩股；第三是财务再保险，但成本相对偏高；第四是发行次级债券（保险公司偿付能力充足率低于150%或者预计未来两年内偿付能力充足率将低于150%的，可以申请募集次级债）。如泰康人寿曾于2004年11月4日成功发行总额为13亿元的次级债券，期限为6年，年利率为固定利率5.1%。这是保监会批准的在国内资本市场上首只由保险企业发行的次级债券。此次次级债券发行结束后，公司资本实力明显增强，偿付能力充足率超过150%。

（二）率先在金融领域建立了金融机构的市场化退出机制

中国保监会2004年12月29日发布了《保险保障基金管理办法》（2008年重新进行修订和完善），为我国按照市场原则建立保险市场的退出机制和更有效地保护被保险人利益提供了制度和物质上的保障。2008年中国保险保障基金有限责任公司在京成立，其性质为国有独资公司，负责筹集、管理、运作保险保障基金、监测保险业风险、并对保单持有人、保单受让公司等个人和机构提供救助或者参与对保险业的风险处置工作等。

保险保障基金是我国金融领域的第一个消费者保护基金，是被保险人的最后安全网和重要的社会稳定器。更重要的是，这一制度改变了过去金融机构破产由国家财政兜底的局面，标志着我国金融领域第一个市场化退出机制的正式建立，填补了监管体系中偿付危机事后化解机制的空白。

四、深入发展阶段

随着保险行业的快速发展，保险覆盖面不断扩大，我国保险市场与宏观经济和金融市场的联系日益紧密，风险因素更加复杂，风险管理难度日趋增大。特别是 2008 年以来，国际经济金融形势持续动荡，保险公司风险防范的压力增大，第一代偿付能力监管制度体系在某些方面已不能适应我国保险市场发展，表现在：一是整体框架有待完善，只侧重于定量监管要求，对风险管理的定性监管要求不足，无法有效引导保险公司提升风险管理水平；二是考虑的风险不够全面和精细，没有细分风险类别，将各类风险合并在一起笼统计提资本要求，无法科学反映保险公司的风险状况；三是没有反映自身市场发展特征，最低资本的计算参数仍沿用欧盟 20 世纪 70 年代的标准，没有根据我国保险市场数据进行更新和调整，不能反映当前保险市场的风险状况和发展特征。因此，我国偿付能力监管体系应当紧跟时代发展，不断完善和升级。

（一）分类监管制度自 2009 年起正式建立

为增强保险监管的科学性、针对性和有效性，切实防范化解风险，中国保监会发布了《关于实施保险公司分类监管有关事项的通知》，并于 2009 年 1 月 1 日开始实施。

早在 2006 年和 2007 年，保监会就开始在人身保险和财产保险领域探索分类监管，根据保险经营主体在偿付能力、内控建设、业务特点、风险状况等方面的情况，确立不同的监管重点。在总结试点经验的基础上，才正式实施对产、寿险公司及保险专业中介机构的分类监管。

保监会根据保险公司的风险程度，将保险公司分为 A、B、C、D 四类；将专业中介机构分为三类，并相应采取不同的监管措施。寿险公司和财险公司的检测指标均包括五大类：偿付能力充足率；公司治理、内部控制和合规性风险指标；财务风险指标；资金运用风险指标；业务经营风险指标。

分类监管对现场监管和非现场监管进行了有机的整合，分类监管制度的建立有利于整合监管资源，把握监管重点，增强监管力度，提高监管效率，切实防范与化解行业风险。

（二）2012 年启动了"中国风险导向偿付能力体系"（以下简称"偿二代"）建设工作

中国保监会于 2012 年 4 月启动了"中国风险导向偿付能力体系"建设工作，计划用 3 ~ 5 年时间，建成既与国际接轨，又符合国情、以风险为导向的偿付能力监管体系。2013 年 5 月，《中国第二代偿付能力监管制度体系整体框架》正式发布，标志着偿二代的顶层设计基本完成，这是偿二代建设工作取得的一项重大的阶段性成果。

2014 年，中国保监会顺利完成第二代偿付能力监管制度体系三个支柱 17 项技术标准的制定和送审工作。

2015 年 2 月，保监会发布中国风险导向偿付能力体系，保险业进入偿二代过渡期。2015 年 10 月发布了《关于 2015 年上半年偿付能力监管工作情况的通报》。根据过渡期试运行情况，经国务院同意，保监会决定自 2016 年 1 月 1 日起施行《保险公司偿付能力监管规则（第 1 号 ~ 第 17 号）》，我国正式进入偿二代阶段。

2017 年 4 月 11 日我国启动了"偿二代"二期工程，进一步完善监管体系，健全监管机制，发挥监管合力，积极稳妥处置潜在风险点，牢牢守住不发生系统性风险和区域性风险的底线，促进保险业平稳健康发展。

2017 年 4 月 21 日，保监会印发《中国保监会关于进一步加强保险业风险防控工作的通知》，明确保险业风险较为突出的九个重点领域，对保险公司提出 39 条风险防控措施。2017 年 5 ~ 7 月，选择风险管控能力较弱和偿付能力充足率低于 150% 的 41 家公司作为重点督导对象，组织 17 家保监局对其文件落实情况开展现场督导，进一步强化了保险公司风险防控的主体责任。

保监会每季度召开偿付能力监管委员会工作会议，研究分析保险业偿付能力和风险状况，审议决定保险公司风险综合评级和监管措施，安排部署下一阶段偿付能力监管和风险防控工作。2017 年，按照审慎监管原则，会议共下调公司风险综合评级结果 60 家次，提出完善公司治理、责令增加资本、责令调整业务结构、限制增设分支机构、限期整改虚增偿付能力问题等监管措施和任务 27 项。

为推动偿二代全面实施，保监会首次开展偿付能力数据真实性检查。2017 年 5 月 27 日发布《中国保监会关于开展偿付能力数据真实性自查工作的通知》，要求各保险机构 6 月 30 日前完成自查工作。2017 年 12 月 22 日，印发《关于开展偿付能力数据真实性检查的通知》，对 4 家保险公司进行偿付能力全面检查，对 8 家保险公司进行偿付能力第一支柱的专项检查，对 13 家保险公司进行偿付能力第二支柱的专项检查。

2017 年 9 月 18 日，保监会印发《偿二代二期工程建设方案》，计划用三年左右的时间，围绕完善监管规则、健全运行机制、加强监管合作三大任务开展 26 项具体工作，实现偿二代全面升级。2017 年 9 月 30 日，发布《保险公司偿付能力管理规定（征求意见稿）》，修改不适应偿二代实施和市场发展状况的条款，按照监管政策的发展理顺偿付能力监管的框架和原则，完善偿付能力监管指标体系，建立多层次的监管措施，强化偿付能力监督检查，统领偿二代制度体系。2017 年 12 月 12 日中国保监会印发《关于印发中国保监会偿付能力监管专家咨询委员会第一届咨询专家名单的通知》，经过公开遴选，组建偿付能力监管专家咨询委员会，选聘了 69 名专业化、国际化、年轻化的咨询专家，集聚各方智慧和力量，共同推进偿付能力监管体系建设。

2017 年 7 月至 12 月，通过调整评估频率、分别开展保监会集中评估和保监局现场评估等方式，对 139 家保险公司进行了风险管理能力评估。顺利完成 2017 年度偿付能力风险管理要求与评估。

第二代偿付能力监管制度体系的建成和顺利实施，是中国保险监管改革和保险业发展历史上的重要里程碑，对加快我国保险监管体系现代化进程，支撑我国保险业持续健康快速发展，并对全球保险业竞争格局产生持久和重要的影响。体现在以下几个方面：一是推动了行业转变发展方式。偿二代全面科学计量保险公司的各种经营活动风险，强化了偿付能力监管对公司经营的刚性约束，督促保险公司在追求发展指标的同时，必须平衡考虑风险和资本成本，推动公司转变粗放的发展方式。二是提升行业风险管理能力。偿二代建立了风险管理的经济激励机制，定期评估保险公司的风险管理能力，将风险管理能力直接反映到资本要求中，督促保险公司不断提高风险管理能力，进而提升行业核心竞争力。三是增强保险业对资本的吸引力。偿二代释放了偿一代下过于保守的资本冗余，有利于提升保险公司的资本使用效率，增强保险业对社会资本的吸引力。四是促进行业参与国际保险合作与交流。偿二代无论在"三支柱"监管框架，还是具体的监管标准和监管要求方面，与国际主流监管模式都是可比的，这为我国保险行业参与国际交流与合作提供了便利。

（三）2018 年进入保险与银行协同监管时代

2018 年 3 月 13 日，国务院机构改革方案要求，组建中国银行保险监督管理委员会，并将银监会和保监会的职责整合；同时，还将银监会和保监会拟订银行业、保险业重要法律法规草案和审慎监管基本制度的职责，划入中国人民银行。2018 年 4 月 8 日，银保监会正式挂牌成立。此次金融监管改革，是顺应金融混业经营大势，整顿金融秩序、加强监管协调的需要。整合后，原保监会的发展改革部改为公司治理部，专司股权管理、处置等重要内容；原保监会的财产保险监管部（再保险监管部）、人身保险监管部、保险中介监管部、保险资金运用监管部保留不变。在新的"一行三会"监管框架下，保险监管部门需要增强与其他各部门间的协调与合作，切实防范风险在保险业与金融业之间的传递。

第二节　我国保险公司偿付能力的
运行绩效与存在的问题

一、我国保险公司偿付能力监管的现状

（一）行业偿付能力充足

截至 2014 年末我国保险行业整体偿付能力充足，除了一家保险公司偿付能力不达标外，其余所有达标公司偿付能力均处于充足 II 类，行业偿付能力状况良好，为进入偿二代过渡期奠定了坚实的基础。其中，产险公司偿付能力充足率的中位数为 360%，环比上升 7 个百分点；寿险公司偿付能力充足率的中位数为 285%，环比上升 21 个百分点。

2016 年偿二代实施以来，偿付能力指标运行平稳。截至 2017 年末，行业 169 家保险公司的综合偿付能力充足率为 251%，核心偿付能力充足率为 240%，显著高于 100% 和 50% 的达标线；实际资本 3.3 万亿元，较年初增加 4390 亿元；最低资本 1.3 万亿元，较年初增加 2075 亿元。

2017 年的风险综合评级结果显示，A 类公司的占比逐渐提升，从第 1 季度的 55% 上升至第 4 季度的 63%；B 类公司的占比逐渐下降，从第 1 季度的 42% 下降至第 4 季度的 35%；C 类和 D 类公司由第 1 季度的 5 家下降至第 4 季度的 3 家。

（二）偿付能力溢额大幅提高

2014 年末，全行业偿付能力溢额为 7207 亿元，环比大幅增加 1656 亿元，增幅达 30%。行业偿付能力溢额上升主要源于保险资金投资收益表现良好。2014 年，保险资金运用实现收益 5358.8 亿元，同比增长

46.5%，达到5年来最好水平。同时，第四季度共有17家公司增资，总额为304.5亿元。2017年保险行业综合偿付能力溢额2万亿元，较年初增加2315亿元。2018年保险业实际资本、偿付能力溢额等指标持续上升，抵御风险能力不断增强。

（三）偿付能力日常监管进一步加强

2014年，中国保监会进一步加强偿付能力日常监管，制定出台了关于高现金价值产品最低资本、历史存量高利率保单资金投资的蓝筹股、证券投资基金和资产管理产品等方面的偿付能力报告编报规则，有效地防范了高现价产品风险、高利率保单利差损风险及保险资金运用风险。对投资性房地产评估增值政策叫停，开展投资性房地产清理审核工作，防范投资性房地产风险。不断提升偿付能力季度分析预测、预警能力，修改完善偿付能力监管委员会工作程序，提高监管效率。

（四）行业资本补充机制进一步完善

2014年，中国保监会研究起草《保险公司资本补充管理办法（征求意见稿）》，建立由"资本分级、资本工具、公司资本管理、监督检查"组成的行业资本补充机制，规定了普通股、优先股、资本公积等八大类资本补充渠道。建立保险公司资本分级制度，将保险公司资本分为核心一级资本、核心二级资本、附属一级资本和附属二级资本四类，明确各级资本的属性、标准和额度。创新保险公司资本补充工具，积极与有关部委沟通，协商保险公司拓宽融资渠道的可能性和操作性，起草《中国保监会关于保险公司发行优先股有关事项的通知》《中国人民银行中国保监会关于保险公司发行资本补充债券有关事项的公告》。

（五）加大了市场行为监管力度

2014年，面对极为复杂的内外部形势，中国保监会坚持严监管防风险，强化市场行为监管力度，创新现场检查方式，大力整顿和规范市场秩序，守住了不发生区域性、系统性风险底线。在现场检查方面，

2014 年，中国保监会共派出 2586 个检查组，对 2739 家保险机构、中介机构开展了现场检查。根据检查发现问题，对 455 家保险机构、中介机构和 529 名保险从业人员进行了行政处罚，撤销任职资格或从业资格 24 人，吊销经营许可证 13 家，责令停止接受新业务 11 家。此外，根据检查发现问题，对 776 家保险机构和 350 名保险从业人员采取了监管谈话、通报批评和下发监管函等其他监管措施。[①]

2016 年，保险业实行全面严格依法监管，开展保护保险消费者权益，万能险业务专项检查等监管措施，在全系统部署各类现场检查 2800 余次，对违规的 612 家次机构、820 人次的个人进行了行政处罚。

（六）保险业风险隐患逐渐暴露

根据 2018 年 12 月中国银保监会召开偿付能力监管委员会工作会议：截至 2018 年三季度末保险业总杠杆率逐渐下降，业务结构继续优化，内生增长动力进一步增强，保险业抵御风险能力不断增强。但与此同时，外部环境变化给保险业带来的压力明显增大，风险隐患在保险业逐渐暴露，因此未来一个时期，防范和化解重大风险依然是保险监管的首要任务。

二、我国保险公司偿付能力监管模式

当今世界各国保险业的监管模式，从内容上看可以分为市场行为监管与偿付能力监管；从监管机构的功能上看，可以分为分业监管与混业监管。市场行为监管实际上就是通常所说的严格监管模式，从保险公司的设立、产品、销售、核保核赔、投资到高管人员等进行全面的严格管理，是对保险经营主体所进行的直接的实体监管。偿付能力监管即通常所说的宽松监管模式，仅对保险公司的偿付能力风险进行监测和监管，而对保险公司的经营行为不进行直接干预。通常在保险市场发展的初级

---

① 中国保险监督管理委员会：《2015 中国保险市场年报》，中国金融出版社 2015 年版。

阶段一般采用市场行为监管模式,当一个国家保险市场发展到一定阶段后,就会转入相对宽松的偿付能力监管模式。分业监管是指在分业经营模式下,银行、证券、保险业分别接受不同监管机构的监管。而混业监管则指监管机构放松对混业经营的限制,允许银行、保险、证券兼营,并成立集银行、保险和证券监管于一体的统一的金融监管机构,注重对金融集团的监管。

我国保险业第一代偿付能力监管模式既借鉴美国模式实施全方位,两个层次监管,同时又借鉴欧盟偿付能力一代模式的以偿付能力额度为监管核心的方法。建立了以监管流程为主线的监管框架,主要由公司内部风险管理、偿付能力报告、财务分析和财务检查、适时监管干预、破产救济五部分内容组成,并在实践中形成了行之有效的监管机制,其中包括对保险公司内部偿付能力管理的监管机制、偿付能力监管委员会机制、委员会机关与保监局的上下联动机制、分类监管机制、保险公司资本补充机制。偿一代的建立便我国偿付能力监管从无到有,保险业第一次树立了资本约束的经营理念,行业的风险管理水平得到了提升。偿一代制度对过去十几年来保险行业保持整体偿付能力充足,没有发生系统性风险,发挥了重要的历史作用。

随着我国保险业的飞速发展,第一代偿付能力监管制度体系已经无法满足保险业防范风险和发展改革的需要。表现在:偿一代资本监管标准不能科学准确地反映保险公司和行业的风险状况;偿一代借用的欧盟偿付能力 I 的 Campagne 模型不适合中国快速发展的新兴市场;与国际主流的风险导向型资本监管模式存在较大差距,迫切需要改革。

2012 年 3 月,我国保监会启动了偿二代建设,并于 2016 年 1 月正式实施。目前我国实行的偿二代是立足于中国实际,以风险为导向,与我国保险行业发展水平、保险市场发育程度和保险监管能力相适应的,充分吸收国际公认有效的监管经验和做法,从框架设计到具体技术标准具有国际可比性,在理念和原则上与国际主流保持一致;在结构和参数上充分反映新兴市场的特征和要求的监管模式。偿二代是我国自主研发的一套以风险为导向、国际可比的审慎监管体系。

三、我国保险公司偿付能力的绩效

（一）我国保险业总体偿付能力充足稳定

偿付能力是保险公司偿还债务的能力，就是保险公司是否有足够的资产来承担未来的（特别是对保单持有人的）赔付的责任。

2016 年 1 季度起，"偿二代"监管体系正式实施。偿二代下，由于资本分成核心资本和附属资本，所以偿付能力充足率也分为核心偿付能力充足率（不低 50%）与综合偿付能力充足率（不低 100%）。

保监会发布的"偿二代"监管体系下，2016 年二季度偿付能力数据和风险综合评级结果显示，整个保险行业偿付能力充足稳定，行业偿付能力充足率较高。2016 年 6 月末，产险公司、寿险公司、再保险公司在偿二代下的平均综合偿付能力充足率分别为 278%、250%、418%，平均核心偿付能力充足率分别为 255%、227%、418%，均高于 100% 和 50% 的达标标准。在对 160 家保险公司进行了全面评价后，达标公司的数量占比达 98%，资产占比达 99%。6 月末仅有 3 家小型保险公司不达标，分别为国泰财险、新光海航人寿和中融人寿。[1] 保险业资本实力逐步提高。全行业 2016 年 6 月末的偿付能力溢额为 19054 亿元，比年初增加 649 亿元，增幅为 3.6%，行业抵御风险的能力不断增强。

从风险综合评级看，按照偿二代监管标准，160 家保险公司中，风险低的 A 类公司和 B 类公司分别为 54 家和 103 家，合计占比达 98%；风险较高的 C 类公司和 D 类公司分别为 1 家和 2 家，合计占比仅为 2%。

2016 年第三季度，77 家公布了三季度偿付能力报告的财险公司，偿付能力全部达标。73 家寿险公司中共有 3 家寿险公司偿付能力未达标，相比第二季度多出中法人寿。

---

[1]　资料来源：人民网—保险频道，2016 年 10 月 25 日。

2016 年第三季度财险公司偿付能力

综合偿付能力　大于300%　43 家

200%~300%　25 家

150%~200%　7 家

小于150%　2 家

2016 年第三季度寿险公司偿付能力

综合偿付能力　大于300%　19 家

150%~300%　38 家

100%~150%　13 家

小于100%　3 家

2016 年三季度寿险公司偿付能力未达标的公司分别是中融人寿、新光海航和中法人寿，综合偿付能力分别为 -41.91%、-69.87%、-128.35%。中融人寿偿付能力报告显示：9 月公司股东增资 40 亿元，待保监会批复。如果 40 亿元增资计入实际资本，其第三季度末偿付能力充足率为 128.88%。4 个季度公司净现金流出 2.18 亿元，占 9 月末认可资产 336.48 亿元的 0.65%，公司经营存在一定的流动性风险，但总体可控。该公司增资款已经到位，在努力恢复相关资格的同时，加强资产负债匹配管理，强化利差损风险、流动性风险的管理。预计 2017 年 1 季度开始处于净现金流入状态。由于偿付能力不足，该公司已被保监会责令停止开展新业务、暂停增设分支机构和不得增加股票投资。

新光海航人寿是由新光人寿（台湾）与海航集团共同组建的合资人寿保险公司，两大股东出资额各为 2.5 亿元，各占 50% 股份。早在 2015 年第二季度末，新光海航人寿偿付能力充足率为 -179.71%，偿付能力溢额 -1.32 亿元，属于 D 类偿付能力不足类公司。2015 年 11 月 23 日保监会就对新光海航人寿发布监管函，因偿付能力不足问题责令其停止开展新业务。新光海航人寿公司在保监会 2016 年第一季度、第二季度监管评价中，因偿付能力充足率不达标均被评定为 D 类保险公司。目前，保监会已经对该公司采取了暂停增设分支机构、提出改善偿付能力方案、停止开展新业务等监管措施。在第三季度偿付能力报告中，新光海航人寿预计，四季度末其综合偿付能力充足率将下降至 –109%。

如果新光海航的偿付能力情况持续恶化，根据相关规定，保监会可以采取进一步的监管措施，包括：责令其转让保险业务或者责令办理分出业务，责令拍卖资产或者限制固定资产购置，限制资金运用渠道，调整负责人及有关管理人员，甚至接管。

中法人寿因原大股东中国邮政集团的退出另外成立中邮人寿，实力大大减弱，多年来人员不断离散、机构双停滞。直到去年新股东鸿商集团和人济九鼎加入，才重启业务。但经过 1 年多的时间，中法人寿并未见起色，增资迟迟不到位，再次陷入困局，2016 年三季度该公司偿付能力低至 –128.35%，跌破监管红线。偿付能力不达标的原因可能是：其发行的中短存续期的万能险预期结算收益率过高，存在利差损，导致最低资本增加。

导致中小寿险公司偿付能力不足的原因主要有：

（1）退保直接影响寿险公司现金流。一些公司因为退保增加而出现现金流缺口，而另一些公司因为退保减少而使现金流更充足。

寿险公司偿付能力报告中的数据显示，一些保险企业的退保规模已经超预期。大量的退保给中小寿险公司的偿付能力充足率带来严重压力。

一个季度的规模保费收入达 30 亿元左右，而退保金超 8 亿元，占比近三成。这是中小寿险公司年末面临退保压力的一个缩影。比如，有一中小寿险公司在偿付能力三季度报告中表示，二季度预测下季度退保支出为 65958 万元，但三季度实际为 86310 万元，实际数超过了预测数 20352 万元。报告同时显示，该公司保费三季度实际为 303341 万元，超过了预测数 62792 万元，主要原因为银保保费收入增长超过了预期。该保险公司一个季度的退保保费达到保费收入的 28.45%，接近规模保费的三成。

退保率居高的多为银保产品，而银保产品恰恰是中小保险公司的主要业务来源。有一些中小寿险公司保费占比较大的万能险、投连险、传统年金险等有效业务保单退保现金流出高于新单业务现金流入，就会导致 2016 年四季度整体净现金流出现较大资金缺口。

另一中小寿险公司亦表示，在压力情景 1 下，公司整体未来 2016 年第二至第四季度及报告日后第二年净现金流是小于 0 的，主要是因为公司未来新单保费比去年同期降低 80% 且退保为基础的 2 倍，且之前出售的高现价的有效保单逐渐进入高退保期。某银行系寿险公司披露，由于新增业务减少而退保却在增加，致使四季度净现金流出金额最大。主要是由于万能险和投连险有效业务保单退保现金流出高于新单业务现金流入。

中小保险公司退保率上升，与理财类产品退保大幅增加有关。部分寿险公司在前几个保单年度曾设置高现金价值、零退保费用、承诺短期收益，将名义上的长期分红险、万能险异化成一两年期就可退保且无损失的理财产品，导致退保居高不下。

（2）投资收益下降是导致退保的另一原因。2015 年，行业整体的投资收益率仍处于上升时期，保险公司宣传的收益基本都能实现，但 2016 年保险行业的投资收益呈下降态势，在巨大的利差损面前，保险公司就可能会进一步调低保险产品收益率，一旦实际收益率低于保险公司宣传的预期收益水平时，就可能引发新一轮的退保高潮，寿险公司现金流将因此承受更大压力。事实上，一些保险公司正在调低大批万能险的年化结算利率，万能险结算利率的下滑势必造成与客户预期收益率的心理落差。华宝证券发布的一份统计数据显示，8 月万能险结算利率为 4.799%，环比下降 0.85%，降幅明显。万能险结算利率下调达 5 次之多，结算利率下调幅度最大的达 2.2 个百分点。

改善偿付能力不足的方法主要有：

①改善偿付能力不足最直接最有效的方法就是增资扩股。无论是否满足法定最低偿付能力要求，寿险公司由业务持续高速增长所引发的实际偿付能力下降成为必然趋势，而增加资本金成为改善偿付能力最有效、最快速的方法。2002 年中国人寿的实际偿付能力额度为 -154 亿元，偿付能力严重不足。2003 年 12 月 17 日、18 日，中国人寿保险股份有限公司分别在美国纽约证券交易所和香港联交所两地同步挂牌上

市，在海外融资规模达 35 亿美元，创造了当年全球资本市场首次公开发行融资额最高纪录，增强了资本实力，有效地提高了保险公司的偿付能力和抵御风险的能力。改制上市以后，中国人寿的整体实力和可持续发展能力都得到提升。2003～2006 年中国人寿的偿付能力额度均远远高于监管机构规定的最低偿付能力额度。2006～2008 年，共有 19 家外资保险公司大规模地增加资本金，占整个外资保险公司总数的 44%。增资后这些公司的实际偿付能力额度均远远高于法定要求。

2011 年 12 月保监会批准变更注册资本的公司就有 11 家，分别是：平安人寿、生命人寿、太平洋财险、阳光财险、大地财险、中意人寿、长城人寿、太平养老、安联财险、君龙人寿、丘博保险。其中，平安人寿 2011 年内获得再次增资 50 亿元，其注册资本也由原来的 288 亿元变更为 338 亿元。

2015 年 6 月首家互联网保险公司众安在线财产保险的首轮增资扩股方案获得保监会批准，此次总募集资金约 58 亿元。增资后众安保险市值达 496 亿元。2014、2015 年中英人寿已是经连续两年增资，两次增资高达 9 亿元，增资后的总资产名列合资保险公司第三位。2015 年 10 月民生人寿、金盛人寿、安华农险、都邦财险的增资申请均已获保监会批复。2016 年 11 月 1 日保监会批准英大泰和财产保险股份有限公司变更注册资本，增资后公司注册资本变更为 31 亿元人民币。中融人寿则由于偿付能力不足，于 2016 年 1 月 18 日被保监会责令停止开展新业务，暂停增设分支机构。公司经营存在一定的流动性风险，但总体可控。中融人寿公司遂与股东协商增加资本金，使偿付能力充足率达标，以恢复相关资格。2016 年 11 月中融人寿完成增资 40 亿元，增资后核心偿付能力充足率和综合偿付能力充足率均为 134.49%，偿付能力重新达标，依据有关监管规定，2017 年 1 月 19 日，保监会发布通知解除此前对中融人寿采取的监管措施。

②安排再保险。通过安排再保险，可以降低对最低资本要求，增加实际资本。新光海航人寿保险公司已对现有产品进行再保险安排。

③发行资本补充债券。发行资本补充债券，或短期债券融资，对于

保险企业来说，是一种低成本的补充现金流方法。

④改善业务结构。改善业务结构，增加传统保障型产品的销售，控制万能产品等理财产品在业务结构中的占比，是实践证明的改善保险企业偿付能力不足的有效方法。对于业务结构以投资联结和万能投资型产品为主的中小寿险公司，应当加快业务结构调整，在有效控制万能产品销售的同时增加传统保障型产品的销售。但传统寿险产品保单现金流相对较小，再加上万能险产品处于退保高峰期，应对短期内可能出现的较大现金流缺口，寿险公司应积极拓展网络销售，依靠意外险和理财产品的销售来扩大保费规模。与此形成鲜明对比的是大型上市保险公司2016 年前三季度退保率却持续下降。一些大型保险公司如中国人寿、中国太保等经过前期业务结构调整，退保率呈现持续下降的态势，中国人寿前三季度退保金同比下降 27.5%，退保率同比下降 1.56 个百分点至 3.11%，业务质量持续提高；中国太保也因为公司业务结构不断改善，从而使退保率大幅下降。

（二）保险公司风险管理能力持续提升

偿付能力风险管理要求与评估（SARMRA）是偿二代第二支柱的重要内容，将保险公司的风险管理能力与资本要求相关联：公司的风险管理能力越强，资本要求越低；风险管理能力越差，资本要求越高。此项评估对引导和激励保险公司不断提升自身的风险管理能力具有重要意义。

根据保监会 2018 年 1 月 17 日公布的 2017 年 SARMRA 评估结果，我国保险公司风险管理能力持续提升，172 家保险公司 2017 年的平均得分为 75.45 分，比 2016 年提升 1.43 分。其中，82 家产险公司平均分为 72.84 分，比 2016 年提升 2.12 分；77 家人身险公司平均分为 77.34分，比 2016 年提升 0.99 分；13 家再保险公司平均分为 80.76 分，比2016 年下降 1.2 分。[①] 在行业整体风险管理水平稳步提升的同时，具体

---

① 陈鹏：《保险公司 2017 年偿付能力"体检"结果出炉：平均得分比 2016 年提升 1.43分》，载《新京报》2018 年 1 月 17 日。

到各个保险公司，得分则是有升有降，明显存在差异。

四、我国保险公司偿付能力监管存在的问题

我国属于新兴市场国家，人才储备、技术力量及数据基础都很薄弱，由于发展历史短、历史数据少，在风险计量方法、假设、因子等具体标准方面，在资本积累方面不具备欧美成熟市场的实力。新兴市场保险公司业务快速增长与资本补充之间的矛盾较为突出，发展速度快导致风险变化快，除了定量监管外，新兴市场还应更多地依赖定性监管，及时发现和控制风险。

（一）偿付能力监管制度有待进一步完善

偿二代的正式实施，需要进一步制定和完善偿二代的相关配套制度。每一项规则的实施都应该有相关的配套制度，以及实施细则。

虽然保监会 2016 年初就发布了 17 项监管规则，但相关配套制度仍需进一步完善。例如，应发布偿付能力的管理规定，细化保监会对于保险公司的监管；应发布保险集团监管的相关法律制度，因保险集团的风险比保险单个公司的风险要复杂得多，甚至还存在跨领域的监管。同时，在互联网＋的时代，尽管保监会也出台了《互联网保险业务监管暂行办法》，但仍需要加强对于互联网保险公司的风险管控。在偿二代体系中，还需要进一步健全偿付能力预警机制，对不同保险公司的不同风险情况应当采取不同的风险计量模型。

（二）风险管理框架应不断优化

偿二代借鉴了欧美的偿付能力监管模式，坚持规则和原则监管导向并重，但也同样忽视了保险公司自身风险的特殊性和公司内部的风险管理。由于我国的金融市场目前还不完善，对资产负债的评估方法有待进一步完善，为体现"实质反映风险"和"及时反映风险"的目标，应考虑由现有的静态的账面价值向市场一致性的公允价值转变。同时，我

国偿二代采用 99.5% 的分位点来评估各风险因子,但实际上每种风险对公司偿付能力不足的贡献度并不一样。若风险资本不足会引起偿付能力不足,若风险资本过高会加重公司负担,影响保险资金的运用效率。因此,应进一步优化风险管理框架,提升风险管理能力。①

(三) 风险识别能力有待提高

偿二代制度体系在完善保险业防范风险的制度体系方面取得了一些成果,但仍然不能有效识别某些潜在较大风险,也无法提前做出预警,有待进一步完善。

随着保险市场的快速发展,一些新情况、新问题不断涌现,亟须解决。例如,对保险资管公司、养老险公司、相互保险公司、自保公司等新型组织形式的风险识别和分类监管评级,目前尚属空白。

此外,由于行业资产端的创新合作较多,新型资产风险识别不够,一些监管细则仍需明确和完善。另外,制定"偿二代"时所依据的数据来自过去十年的历史数据,近年来的新数据也应纳入其中,以便更好地反映当前市场的风险状况。(LH)存在保险公司治理失效问题

保险公司作为管理风险的企业,其核心竞争力应当是风险管理,但一些公司在风险管理方面的实际能力很弱,无法形成核心竞争力。

一些保险公司的公司治理先天不足,陷入公司治理僵局,偿付能力长期不达标;有的公司股权关系不透明、股东行为不合规;有的公司董事会、管理层矛盾激化;存在违法违规经营,积聚了较大风险。

(四) 加强国际交流和与相关方的交流

目前,国际保险监督官协会(International Association of Insurance Supervisors, IAIS)在推动全球保险监管规则趋于统一,并正在设计"共同框架"。美国保险监督官协会(NIAC)正在推进美国偿付能力现

---

① 江炳辉:《国际偿付能力监管的主要模式比较及对我国的建议》,载《经济管理》2016 年第 13 期。

代化工程（SMI），完善现行的以风险资本要求（RBC）为核心的偿付能力监管框架。欧盟也进一步完善欧盟偿付能力Ⅱ并定于2016年实施。因此，对于中国偿二代，保险监管机构要有全球化视野，加强对外交流与合作，建立更适合我国保险业发展的监管制度。另外，偿二代对于我国保险公司的发展既是机遇，又是挑战，要密切加强与保险公司的交流沟通，引导保险公司注重自身的风险管理，提升保险行业内部偿付能力管理。

第三节 保险偿付能力监管的国际比较与经验借鉴

一、欧盟模式

欧盟的偿付能力监管始于20世纪70年代的欧洲经济共同体时期。到目前为止已有40多年的历史。

1964年2月欧洲经济共同体（欧盟的前身）颁布了第一个关于保险监管的文件——再保险指令，取消了欧盟成员国在再保险机构设立和提供服务方面的限制。这是欧盟偿付能力Ⅰ的萌芽阶段。

此后，欧盟分别于1973年颁布了《欧盟第一代非寿险指令》、1979年颁布了《欧盟第一代寿险指令》。这两部法律赋予了欧盟成员国的保险公司在欧盟范围内自由设立公司的权利，排除了保险公司在设立方面的障碍，奠定了欧盟第一代偿付能力监管体系的基础，其基本内容和体系一直沿用至今。随着保险业发展过程中不断出现的新情况以及保险行业管理理念不断提升，欧盟又于1988年颁布了第二非寿险指令，1990年颁布第二寿险指令，为实现保险服务自由流动，该指令确认了母国监管原则和互相承认监管原则，对保险公司的监管依赖于其登记国。

1992年欧盟又颁布第三非寿险指令和第三寿险指令。该法令在明确"母国监管原则"的基础上，进一步扩大了母国监管范围，确立了单一执照制度。

在第三代保险指令推出以后，为进一步推进欧盟保险市场一体化的进程，欧盟继续推进了保险监管体系的改革。

欧盟委员会于2002年11月颁布了第四代非寿险和寿险指令，秉承前三代非寿险和寿险指令的原则和精神基础上对其进行了修改和完善，明确了偿付能力监管的核心地位，人们把由这一系列法令建立起来的监管体系称之为欧盟偿付能力第一代（简称"偿一代"）。

1988～2002年是欧盟保险业监管发展的重要时期，在此期间，欧盟取消了机构设立、保险费率和条款的审批，保险监管从以市场行为监管的重心逐步过渡到以偿付能力监管为核心。

取消对保险产品价格的限制，有力推进了欧盟保险业市场的自由竞争。欧盟偿一代的内容主要包括偿付能力额度的计算、责任准备金的计提、保险投资的限制以及简单的保险集团监管，大体上可以分为两个部分，即正常层级的监管和非正常层级的监管。

正常层级的监管主要是为了保证正常情况下保险公司有能力支付将来到期的保险负债，监管内容包括准备金提取规则和投资原则等。

针对正常层级的监管，偿一代将技术准备金种类分为未到期责任准备金、未决赔款准备金和总准备金等，依据不同责任准备金的种类制定了详细提取规则以满足正常情况下保险公司负债的偿付要求。同时为了控制风险，还对保险公司的投资种类和投资比例加以限制，比如对固定资产投资不能超过10%，对现金的投资不超过3%等。

非正常层级的监管主要是为了保证在非正常情况下，如发生巨灾损失或者投资失败，保险公司仍具有偿付能力，监管内容包括偿付能力额度要求及对偿付能力不足的处罚措施等。在非正常情况下，偿一代制定了法定偿付能力额度的计算标准和偿付能力不足对应的监管措施，偿一代按照寿险和非寿险分类设置了偿付能力额度的计算模型。若认可资本大于法定偿付能力额度，则认为保险公司偿付能力充足，若认可资本小于法定偿付能力，则认为偿付能力不足，保险监管机构有权利要求保险公司补充资本金、限制其投资、限制其业务等。

　　总体而言，欧盟偿一代是一套以规模为导向的偿付能力资本要求，主要考虑了保险机构的承保风险，其偿付能力额度评估方法简单，考虑的风险因素较为单一，偿付能力标准在保险公司之间具有可比性。经过多年实践验证，较好地防范了保险公司破产风险，是一套比较科学的监管体系，成为许多国家效仿借鉴的模板。欧盟偿一代在维护保险消费者利益的同时，促进了欧洲保险业的统一与发展，为欧盟金融一体化进程做出了巨大贡献。

　　欧盟偿一代强调了偿付能力监管的重要性，根据保险市场发展的情况，对偿付能力额度要求和最低保证金要求计算进行了挑战，考虑了索赔水平和经营费用提高、再保险以及特殊风险预测等情况，使得衡量风险时考虑的因素更加全面。同时，欧盟偿一代确立了偿付能力监管的连续性要求，偿付能力不仅是财务年末需考察的，保险公司在任何时点都要满足偿付能力的要求。

　　欧盟偿一代对促进欧洲保险市场的发展发挥了重要作用，但随着欧洲市场一体化进程的不断推进，外部环境的变化导致风险的复杂化使欧盟偿一代的弱点逐渐暴露出来。首先，随着经济金融的不断发展，市场环境的日益复杂化，只考虑承保风险，而忽略了投资风险、操作风险的单一风险因素模型已经无法满足保险公司对偿付能力监管的要求；其次，偿一代采用市场一致性的价值评估方法对资产、债券及准备金进行评估，未能反映其真实市场价格，从而导致对保险公司的资本金要求的计算不准确，这有可能使资本金要求过低，面临偿付能力不足的困境，也有可能使得资本金留存过高，从而导致资本成本的浪费；最后，偿一代在评估中未考虑业务多元化、再保险和风险转移工具的运用给保险公司带来降低偿付能力风险的可能，这样不利于激励保险公司通过自我风险管理手段来降低风险，保险公司风险管理水平亟待提高。

　　因此，欧盟委员会于2001年就开始委托欧洲保险与职业养老金监事委员会后改为欧洲保险与职业养老金管理局负责开始新一代偿付能力监管体系的制定，这便是欧盟偿二代。欧盟偿二代的目标是建立一个以市场价值原则为基础、以风险为导向，全面衡量保险公司所面临风险，同时又将公司治理行为，监管机构监管行为和信息披露也纳入监管范围的监管体系。

随着 20 世纪 80 年代后期西方经济体金融业的开放以及 21 世纪以来金融业的快速发展，特别是 2008 年金融危机的爆发，保险业的风险也变得愈来愈复杂，也对保险业的监管提出了更大的挑战。为了促进欧盟经济一体化和提高欧盟保险公司的国际竞争力，2001 年，欧盟启动了偿付能力 II 工程，引入了较为完整的风险管理框架。目标是在欧盟内建立一套协调一致、以风险度量为基础的偿付能力监管体制，其主要特点是基于经济资本的理念，采用市场一致性原则，全面反映保险公司的风险，并强调对保险公司风险管理能力的定性评估。

2007 年，欧盟推出了欧盟偿付能力监管标准 II 草案，2011 年，欧盟委员会向欧盟议会和理事会递交了"综合二号指令"的提案，正式实施日期一推再推。2013 年，欧盟领导人就综合指令 II 达成了一项协议，如果该协议在欧盟成员国中获得通过，那么偿付能力 II（Solvency II）将于 2016 年正式生效。

欧盟 II 型偿付能力监管的主要特点是：第一，保险公司必须维持与其承担的风险相一致的最低法定偿付能力额度，公司承担的业务风险越大，要求的法定最低偿付能力额度就越高；第二，寿险业务的风险以其准备金和风险保额来衡量，非寿险业务的风险以其保费收入或赔偿支出来衡量，每类风险的系数通常是在精算模型的基础上根据经验修正来确定；第三，保险公司的实际偿付能力额度为其认可资产和认可负债的差额。如果保险公司实际偿付能力额度低于法定偿付能力额度，政府将根据其低于的程度，采取不同的干预措施，如限期补充资本金，限制签发新保单等。

二、美国模式

1992 年，全美保险监督官协会（National Association of Insurance Commissioners，NAIC）对寿险和健康险公司推出了以风险资本要求

（risk based capital，RBC）为核心的偿付能力监管制度，根据公司规模和风险状况来评估资本和盈余的充足性，并授权监管部门采取相应的干预措施。2008年金融危机爆发以来，美国保险监督官协会（NAIC）推进了美国偿付能力现代化工程（SMI），进一步完善美国现行的以风险资本要求为核心手段的偿付能力监管框架。

美国保险业的偿付能力监管架构包括监管预警、州保证基金体系以及监管控制和风险资本要求。监管预警主要是对公司的财务比率和与保险公司安全激励的因素，通过它来划分保险公司的优先级，常用IRIS和FAST体系进行审查。州保证基金体系是指美国各州都建立了自己的保证基金制度，对保险公司征收的费用以保费收入为基础。监管控制要求保险公司达到规定的固定最低资本要求，风险资本要求首先将保险公司面临的风险分类，然后评估各风险所需要的偿付能力资本要求，得到总体偿付能力要求，比较可用资本和资本要求。若RBC比率低于一定的水平，监管机构可采取相应的监管行动。

RBC的特点是将保险公司资本要求与各类风险挂钩，通过风险资本比率评估资本和盈余的充足性，实现对保险公司偿付能力的早期预警和监管。

2008年6月，全美保险监督官协会（NAIC）启动了偿付能力现代化计划（solvency modernization initiative，SMI），NAIC在保留原有监管框架的基础上，对资本要求、公司治理和风险管理、集团监管、法定会计和财务报告、再保险等方面进行改进。

SMI的主要目标是建立一个能适应国内国际市场变化的偿付能力监管框架，促进美国保险市场更健康和更富竞争力地发展。SMI是美国对偿付能力监管框架的一次自省和完善，而并非推倒重建。NAIC特别强调，目前使用的风险资本监管体系（RBC）并不存在根本性缺陷，美国不会刻意追求与欧盟偿付能力Ⅱ一致，而是希望通过SMI吸取金融危机的教训，跟踪研究国际保险业监管、银行业监管及国际会计准则的发展，评估这些新方法在美国保险监管框架中实施的可能性。SMI在分析美国的州保险监管体系的优势与不足的基础上，提出可能的改进措施。

SMI 主要包括五个方面的内容：资本要求、公司治理和风险管理、集团监管、法定会计和财务报告、再保险。

（一）强化风险资本要求

SMI 对现有风险资本计量方法进行更新及完善，修订校准了 RBC 公式，统一了计算口径，确定各 RBC 风险因子公式的置信水平、时间区间及其互相一致性。SMI 对现有 RBC 中未考虑的特定风险进行重新评估，包括：建立清晰的巨灾风险标准、进一步细化资产及投资风险标准（C1 风险因子）和完善再保险信用风险标准。将巨灾风险和操作风险等纳入风险资本要求当中，拓展了风险覆盖范围。

（二）公司治理和风险管理

SMI 对美国现有保险监管体系中关于公司治理和风险管理的规定进行了反思和总结。并在仔细研究澳大利亚、加拿大、瑞士、英国及国际保险监督官协会（IAIS）的保险监管核心原则中有关公司治理和风险管理规定后，发现保险公司对自身风险的管理或缓释能力进行评估正成为国际保险监管的一大趋势。借鉴这些国家的保险监管的经验，NAIC 于 2012 年 3 月发布了 "NAIC 风险与偿付能力自评估报告（ORSA）指南"，并将自身风险和偿付能力评估纳入了美国 RBC 监管框架，并于 2014 年付诸实施。

（三）集团监管

SMI 吸取了历次金融危机的经验教训，增加并修订了 RBC 中集团监管方面的内容，强化了监管机构的权力。SMI 总结金融危机的教训是：监管机构必须能够评估集团内各子公司的风险，以及这些风险可能对集团内保险公司造成的影响。因此 SMI 在现有集团公司监管方式上增加对集团内各子公司的监控，就像在集团监管的防火墙上开几扇窗口，以确保监管机构能够更好地观察集团内各子公司的运营情况，形成一个 "窗口和防火墙（windows and walls）" 的监管框架。这一框架具体包

括：加强监管机构之间的沟通、建立与各国监管机构的监管联席会议
（supervisory colleges）机制、强化监管机构对保险公司及其控股公司的
信息获取能力、强化董事会及高管的责任、对集团进行资本评估等。

（四）完善法定会计和财务报告制度

采用基于原则的寿险准备金评估方法，跟踪分析国际以及美国财务
会计准则变化，结合美国保险业实际情况进行改革。

（五）重新审查和修订再保险监管法规

2008 年 NAIC 年会通过了再保险监管现代化框架建议（再保险框
架），主要包括未获美国监管部门授权的再保险公司的抵押品要求、授
权标准以及修订美国再保险监管规则。针对上述三个问题，SMI 对美国
再保险示范法（Credit for Reinsurance Model Law #785）及再保险示范监
管规则（Credit for Reinsurance Model Regulation #786）进行了修订，旨
在通过重新审视和改进再保险监管法规达到促进跨境再保险交易、提高
美国保险市场的竞争力、保护美国保险公司及承保人免遭偿付能力不足
风险。

美国保险监管主要特点在于政府对保险业实施两个层次全方位的偿
付能力监管。第一个层次是政府对保单条款、费率等在法律上有严格的
规定。第二个层次是对最低偿付能力额度做了具体规定。以保险公司的
实际资本与风险资本的比率作为指标，通过指标值的变动，决定应采取
的监管措施。北美型偿付能力监管是一种强势监管，对市场行为、偿付
能力和信息披露都有相当严格的要求。

美国的监管以严格著称，实行州政府和联邦政府双重管理的体系。
各州政府直接行使对保险业的基本管辖权，包括对保险监管的立法及其
实施，而联邦政府则负责全美保险业的劳资关系和联邦课税管理，以及
对各州保险监管立法的协调。

美国的偿付能力监管既有事前的预警、事中的控制又有事后的弥
补；既有静态监管，又有动态监管，两种监管相互补充，其体系建设比

较完整。

三、日本经验

1996 年以前，日本的保险监管没有建立系统的偿付能力监管体系，保险监管机构只是从定性的角度对保险公司经营的各个环节进行监管，而对于偿付能力额度没有进行规定。当时日本保险市场除一些特殊的保险产品外，保险市场都实行统一的保险条款和保险费率，禁止保险市场价格竞争，监管机构的职责主要是监管保险公司的条款、费率以及各项准备金的提存和保险资金运用。而不监管保险公司的最低偿付能力额度。

20 世纪 90 年代迫于与美国之间关税与贸易谈判压力，日本保险监管机构逐步放松了对保险条款和费率的管制，引进了保险经纪人制度，并于 1996 年 4 月修改了商业保险法。为了对逐步市场化的保险市场进行有效监管，日本监管当局建立了类似于美国风险资本评估法（RBC）的偿付能力额度监管体系，只是在计算公式上与美国风险资本评估法上有所区别。

由于在 1997～2000 年亚洲金融危机中，日本有 7 家偿付能力充足的寿险公司破产，日本监管机构于 2004 年 12 月成立了"进一步金融改革项目"工作组，其中一个子项目就是对现行的保险偿付能力体系进行重新评估，并于 2006 年 11 月出台了《关于偿付能力计算标准》的报告，该报告对偿付能力体系的问题进行了总结并且提出了改革的思路。

日本偿付能力监管的基本思想是，在充分考虑保险公司资产和负债所面临风险的基础上，根据保险公司的规模和其承担的风险总量来设定资本要求，要求保险公司的实际资本额度应与其经营的业务相匹配。该监管体系的主要做法是首先将保险公司面临的风险进行分类，然后评估每一类风险所需要的资本，得到总风险资本额度，同时评估保险公司的偿付能力边际，比较偿付能力边际和风险资本额度并计算风险资本比率。根据监管的规定，如果风险资本比率低于一定的水平，就会对公司采取相应的监管措施。

　　为了掌握保险公司的偿付能力状况，保险监管部门要求各家保险公司每年提交一次业务报告并向公众披露，业务报告中设定一项偿付能力比率，作为计算各保险公司偿付能力的标准。偿付能力比率计算方法与RBC相似。首先，要计算保险公司的偿付能力。其次，计算保险公司的风险量，将承保风险、预定利率风险、资产运用风险和经营管理风险四类风险纳入风险量计算指标；对每一类风险赋予不同的风险系数并通过协方差调整，求出保险公司的风险量。最后，监管机构根据各家保险公司的偿付能力比率，对保险公司进行分类，并决定采取相应的监管措施。如果偿付能力比率大于等于200%，无监管措施；如果偿付能力比率在100%以上200%以下，则要求保险人提交整改计划并予以实施；如果偿付能力比率为0%以上100%以下，则要求保险人进行内部整顿；如果偿付能力比率为0%，则保险监管当局命令保险人停止部分或全部业务。为严格计算寿险公司的偿付能力比率，日本还把非上市股票、国内债券、外国证券的评估损益列入偿付能力的计算。同时，对股票、债券等的评估损益和风险价格等采用"时价评估法"，并引入了"基本利益＝经常利益－临时损益"的概念，用以衡量寿险公司的本业经营效率，并要求寿险公司每个季度汇报一次经营状况和偿付能力比率。

　　日本偿付能力监管制度在计算风险资本额度时所使用的在险价值置信水平（90%）过低，导致风险因子的值不能反映相关风险子类的风险程度，从而导致保险公司的风险资本额度总量要求很低，呈现全行业偿付能力水平虚高的局面，绝大多数公司的风险资本比率水平都远高于200%的监管最低要求。风险资本额度计算要求太低导致的偿付能力虚高带来了以下方面的问题：一是偿付能力的风险识别和预警能力丧失。偿付能力制度本质上是一种风险识别与预警制度，偿付能力虚高使得监管机构难以发现保险公司的风险并及时采取监管措施控制与处置风险。二是不利于保险公司的资本市场运作。偿付能力充足率虚高容易让投资者错误判断公司资本闲置，没有在监管机构允许的范围内尽可能地提高经营杠杆程度、有效利用资本，因此降低了保险公司对投资者的吸引力，不利于保险公司在资本市场筹措资本。三是损害监管机构的权威和声誉。

日本偿付能力监管制度的改革分为两个阶段：第一阶段主要是对目前以风险资本为基础的偿付能力制度进行改良，修改的主要思路是通过提高估计的在险价值置信水平（从90%提高到95%）提高风险因子，进而提高风险资本额度，即最低资本要求。据测算，在2011年4月该改革实施后（日本的偿付能力改革原计划在2009年实施，由于受金融危机的影响推迟到2011年），主要人寿保险公司的风险资本比率会被削减至原来的50%左右，主要财产保险公司也会被削减至原来的70%左右。部分风险因子调整前后的对比如下：财产保险的承保风险的风险因子平均提高5个百分点左右；人寿保险的预定利率风险的风险因子最高提高到原来的5倍，财产保险预定利率风险的风险因子最高提高到原来的9倍；投资资产价格变动风险的风险因子平均提高5~10个百分点；信用风险的风险因子平均提高2个百分点以上；联营企业风险的风险因子平均提高5~10个百分点；衍生金融工具交易风险的风险因子平均提高5个百分点左右。第二阶段主要根据国际上偿付能力制度的改革方向，对以经济价值为基础的偿付能力体系进行研究。

四、国际偿付能力监管制度的比较与经验借鉴

（一）国际偿付能力监管制度的比较

国际上关于偿付能力监管最具代表性的模式主要有两种：欧盟体系（偿付能力Ⅰ、Ⅱ）和美国风险资本制度（RBC）。其他国家基本上是效仿这两种模式。所以我们主要对这两种模式进行比较。

1. 偿付能力监管体制不同

美国RBC体系中，州保险署负责对所在州内的保险公司进行监管，州的主动权较大。全美保险监督官协会（NAIC）可对州保险署进行统一协调，发布各项监管指标和风险资本要求，供州保险署进行参考。欧

盟偿付能力Ⅱ的改革的目标是促进欧盟各成员国统一保险市场的深化，优化各成员国保险市场的竞争环境，加强对于欧盟各成员国监管的一致性。欧盟偿付能力Ⅱ的制定和完善是在欧洲保险和职业养老金监管委员会的领导下进行的，是各成员国协商一致的过程，并确保各成员国实施。但由于各成员国保险市场存在较大差异，且存在众多的市场利益相关者，因此也加大了监管难度和监管成本，使得欧盟偿付能力Ⅱ正式实施一再延迟，足见欧盟各成员国难以协调一致的弊端。

2. 监管的目的不同

美国RBC的设计理念偏重风险预警，其目的是通过设定触发"监管干预"行动的不同水平的资本要求，及时发现和处置公司存在的风险，至于保险公司为实现股东价值最大化而应具备的风险资本，并不是RBC关注的重点。因此，RBC采用规则导向，规定详细的评估标准和计算公式。欧盟偿付能力Ⅱ的设计理念偏重价值管理，其目的是准确衡量公司防范风险所需要的最小资本，体现公司的市场价值，因此，欧盟偿付能力Ⅱ采用原则导向，由公司结合自身实际评估资本要求。可见，设计理念和目的不同，导致具体标准存在较大差异。

3. 风险计量方法不同

美国RBC以风险为基础评估公司资本要求，欧盟的经济资本（Economic Capital）以市场价值为基础计量公司资本要求。

4. 资产和负债的评估基础不同

美国RBC采用的是静态的账面价值法，资产和负债采用法定会计准则评估。其理由是账面价值可靠性较高，更符合保险业务风险的长期性特征。欧盟偿付能力Ⅱ采用市场价值法，资产和负债主要按照国际会计准则进行评估。其理由是账面价值无法反映资本在当前市场下的真实情况，而市场价值却能够及时反映公司在现实经济条件下的资本状况。

5. 采用的风险量化模型不同

美国RBC将风险分为保险风险、资产风险、利率风险等，在资本要求计量方面，美国采用因子系数法，即以风险为基础来评估公司资本要求，考虑了不同风险类别之间的相关性。欧盟偿付能力Ⅱ将风险分为市场风险、保险风险、信用风险、操作风险等，在资本要求计量方面则主要采用情景法。

6. 运用的模型不同

美国监管当局认为内部模型较难监管，因而只允许对少数产品的部分风险使用内部模型，不会全面采用内部模型。欧盟认为标准模型不能准确反映公司风险，因此欧盟偿付能力Ⅱ除标准模型外，允许公司采用内部模型，由于内部模型法充分考虑了各保险公司的差异化，绝大多数欧洲大型保险公司都计划采用内部模型来评估保险公司的风险。

（二）经验借鉴

1. 均实行风险导向的偿付能力监管模式

无论是欧盟实施的偿付能力Ⅱ体系、美国实施的风险资本体系，还是日本的偿付能力监管体系，均是风险导向的偿付能力监管体系，多数国家都明确规定偿付能力监管应以风险为导向，通过科学识别和量化保险公司所有相关和重要的风险，来评估保险公司的偿付能力状况，使公司资本监管要求与实际的风险状况紧密相关。因此向风险导向的偿付能力监管转变成为世界各国偿付能力监管的发展趋势。

2. 根据国情调整监管标准

面对国际上出现的偿付能力监管逐步趋同的趋势，各国在偿付能力监管改革中都注意与国际共识接轨，但由于各国国情不同，经济环境、文化背景、市场发育程度、监管水平等方面存在较大差异，因此，在具体监管标准上更强调适合本国国情，都具有鲜明的本国特点。

3. 各国对偿付能力监管的资本要求越来越严格

偿付能力计算标准应能够保证风险识别与风险预警的需要。从加强监管、保护消费者利益、向国际惯例靠拢的角度出发，各国对偿付能力计算标准总体趋势越来越严。

五、主要国家偿付能力监管的新趋势

2008 年的国际金融危机过后，世界各国加紧了金融监管体制的改革。在保险领域，偿付能力监管作为现代保险监管的重要内容，也就成为各国金融监管改革的重点。我们知道银行业有国际统一遵守的巴塞尔协议，而保险业尚未建立起全球统一的偿付能力监管规则，因此，很多国家都在积极探索寻找适合自身发展特征的改革路径。近年来，随着改革的不断深化和国际交流的日益频繁，各国对偿付能力监管的理念和框架的认识日趋一致，改革过程中出现了一些共同的发展趋势。

（一）偿付能力监管内涵不断扩大

随着各国保险监管机构对偿付能力监管的认识不断深化，偿付能力监管的内涵不断丰富。一是确立了"三支柱"监管框架。"三支柱"监管框架将偿付能力监管的内涵和范畴逐渐扩大到了定量监管、定性监管和信息披露三个方面，这是对几十年来金融监管经验的高度概括和总结，凝结了全球金融监管者的智慧，已经成为国际公认的成熟监管体系。国际保险监督官协会（IAIS）、欧盟偿付能力 II 和美国保险监督官协会（NAIC）都已经明确了"三支柱"监管框架。二是监管对象不再局限于单个保险公司而是扩大到集团公司。IAIS 启动了"保险集团监管共同框架"的制定工作，欧盟偿付能力 II 明确了集团的资本计量标准和风险管理要求，NAIC 也成立了集团偿付能力问题工作组。集团偿付能力监管已逐渐成为各国关注的焦点。三是更加重视宏观审慎监管。2010 年发布的巴塞尔资本协议 III 增加了逆周期资本要求、系统重要性机构资本要求和流动性监管要求。减轻偿付能力监管中的顺周期效应、加强对系统重要性机构的资本监管及防范流动性风险，成为各国偿付能力监管关注的重要内容。

（二）更加强调风险导向

多数国家都明确规定偿付能力监管应以风险为导向，通过科学识别和量化保险公司所有相关和重要的风险，来评估保险公司的偿付能力状况，使公司资本监管要求与实际的风险状况紧密相关。在扩大风险覆盖范围的同时，对风险的分类和评估更加精细。此外，偿付能力监管更加强调对公司风险管理能力的评估，资本管理和风险管理一体化的趋势更加明显，风险管理也更加注重前期预防。

（三）各国偿付能力监管逐步趋同，但又各具特色

各国国情不同，经济环境、文化背景、市场发育程度、监管水平等方面存在较大差异，因此，各国虽然在偿付能力监管改革中注意吸收国际共识，但是在具体监管标准上强调适合本国国情，反映本国特点。加拿大、澳大利亚、瑞士等国家的偿付能力监管体系，都具有较鲜明的特点。

（四）国际合作更加紧密

随着全球经济一体化的不断推进和保险业国际化程度的逐步提高，各个国家和地区，尤其是新兴市场的国家和地区，参与国际合作的意愿也越来越强烈。新兴市场在改革偿付能力监管制度时，积极与 IAIS 的保险核心原则（ICP）接轨，同时积极地参与国际保险监管规则的制定，越来越多地在 IAIS 等国际合作平台上表达自己的诉求，加强与其他新兴市场和发达国家的对话和交流。

第四节　我国偿付能力监管体系的完善对策研究

我国第一代偿付能力监管制度建设开始于 2003 年，到 2007 年基本建成了较为完备和全面的偿付能力监管制度。随着保险业的快速发展和

面临的金融风险越来越复杂，保监会按照"放开前端、管住后端"的思路，于 2012 年正式启动第二代偿付能力建设，2015 年 2 月正式进入了偿二代试运行过渡期，2015 年 10 月发布了《关于 2015 年上半年偿付能力监管工作情况的通报》。2016 年我国正式进入偿二代阶段，我国仅用了 3 年的时间就完成了偿二代的体系建设。

我国偿二代体系采用三支柱的整体框架，第一支柱是定量资本要求，包括资产负债评估标准、实际资本标准、最低资本标准等。第二支柱是风险管理要求，包括公司全面风险管理要求、风险综合评级、偿付能力风险管理要求与评估等。第三支柱是信息披露要求，包括与偿付能力相关的透明度监管要求及对社会公众的信息公开披露要求等。

一、我国第二代偿付能力监管制度体系的建设

2012 年启动了"中国风险导向偿付能力体系"（以下称偿二代）建设工作，同年 3 月，保监会发布了《中国第二代偿付能力监管制度体系建设规划》，标志着我国偿二代建设正式启动。计划用三到五年时间，建成一套既与国际接轨，又与我国保险业发展阶段相适应的偿付能力监管制度。2013 年 5 月，我国完成了偿二代顶层设计，发布了《中国第二代偿付能力监管制度体系整体框架》，并先后成立了 16 个项目组研究具体技术标准。两年来，有关部门在深入开展国际比较研究和国内调研的基础上，采用我国行业实际数据进行多轮测试，确保技术标准符合我国行业情况。其中几次较大规模的测试包括：2012 年 10 月开展产险承保风险的"方法测试"，2013 年 11 月开展资产风险的"参数测试"，2013 年 12 月开展产险承保风险的"因子校准测试"，2014 年 3 月组织 15 家实行产险第一支柱标准的样本公司进行"框架测试"。

2014 年 4 月，保监会正式发布了《保险公司偿付能力监管规则》第 1 号至第 8 号征求意见稿，向全行业公开征求意见，并组织财产保险行业进行定量测试。《监管规则》第 1 号至第 8 号，包括第一支柱的实际资本、最低资本、保险风险最低资本、市场风险最低资本、信用风险

最低资本五项规则以及第二支柱的分类监管（风险综合评级）、风险管理要求与评估、流动性压力测试等三项规则，构成了财产保险公司比较完备的偿二代主干技术标准。之后逐步完成了寿险偿付能力监管规则的制定，其他偿二代技术标准的制定。

2014 年，中国保监会顺利完成第二代偿付能力监管制度体系三个支柱 17 项技术标准的制定。中国第二代偿付能力监管制度体系基本建成，搭建起一套以风险为导向、符合国情、国际可比的新的偿付能力监管体系。

（一）偿二代的整体框架

偿二代采用三支柱的整体框架，三支柱框架最早是在巴塞尔协议 II 下形成的全球银行业监管框架，近年来被越来越多的国家和地区的保险监管模式所采用。包括以下几个方面。

1. 第一支柱定量资本要求

该要求主要防范能够量化的风险，通过科学的识别和量化各类风险，要求保险公司具备与其风险相适应的资本。该要求主要包括五部分内容。一是第一支柱量化资本要求，具体包括：保险风险资本要求，市场风险资本要求，信用风险资本要求，宏观审慎监管资本要求（即对顺周期风险、系统重要性机构风险等提出的资本要求），调控性资本要求（即根据行业发展、市场调控和特定保险公司风险管理水平的需要，对部分业务、部分公司提出一定期限的资本调整要求）。二是实际资本评估标准，即保险公司资产和负债的评估标准和认可标准。三是资本分级，即对保险公司的实际资本进行分级，明确各类资本的标准和特点。四是动态偿付能力测试，即保险公司在基本情景和各种不利情景下，对未来一段时间内的偿付能力状况进行预测和评价。五是监管措施，即监管机构对不满足定量资本要求的保险公司，区分不同情形，可采取不同的监管干预措施。

2. 第二支柱定性监管要求

在第一支柱的基础上，进一步防范难以量化的风险，如操作风险、战略风险、声誉风险、流动性风险等。第二支柱共包括四部分内容。一是风险综合评级，即监管部门综合第一支柱对能够量化的风险的定量评价以及第二支柱对难以量化风险（包括操作风险、战略风险、声誉风险和流动性风险）的定性评价，对保险公司总体的偿付能力风险水平进行全面评价。二是保险公司风险管理要求与评估，即监管部门对保险公司的风险管理提出具体监管要求，如治理结构、内部控制、管理架构和流程等，并对保险公司风险管理能力和风险状况进行评估。三是监管检查和分析，即对保险公司偿付能力状况进行现场检查和非现场分析。四是监管措施，即监管机构对不满足定性监管要求的保险公司，区分不同情形，可采取不同的监管干预措施。

3. 第三支柱市场约束机制

该机制通过引导、促进和发挥市场相关利益人的力量，利用对外信息披露等手段，借助市场的约束力，加强对保险公司偿付能力的监管，以进一步防范风险。其中，市场力量主要包括社会公众、消费者、评级机构和证券市场的行业分析师等。第三支柱主要包括两项内容：一是通过对外信息披露手段，充分利用除监管部门之外的市场力量，对保险公司进行约束；二是监管部门通过多种手段，完善市场约束机制，优化市场环境，促进市场力量更好地发挥对保险公司风险管理和价值评估的约束作用。

偿二代三个支柱是一个有机整体，同时在防范风险方面各有侧重：第一支柱通过定量监管手段，防范能够量化的偿付能力相关风险；第二支柱通过定性监管手段，防范难以量化的偿付能力风险；第三支柱通过信息披露等手段，发挥市场约束力量，可以强化第一支柱和第二支柱的效果，并且更加全面地防范保险公司的各类偿付能力风险。三个支柱相互配合，相互补充，成为完整的风险识别、分类和防范的体系。

（二）偿二代的主要技术原则

1. 偿付能力充足指标

设置评价保险公司偿付能力状况的三个指标，即核心偿付能力充足率、综合偿付能力充足率和风险综合评级。

2. 实际资本

实际资本等于保险公司认可资产减去认可负债后的余额。根据损失吸收能力的大小，实际资本分为核心资本和附属资本。

3. 最低资本

最低资本是指保险公司为了应对市场风险、信用风险、保险风险等各类风险对偿付能力的不利影响，依据监管机构的规定而应当具有的资本数额。

4. 风险分类

保险公司的风险分为两大类：能够量化的风险和难以量化的风险。能够量化的风险包括市场风险、信用风险和保险风险，在第一支柱中得到反映；难以量化的风险包括操作风险、战略风险、声誉风险和流动性风险等，在第二支柱中得到反映。

5. 第一支柱资产和负债的评估原则

产险公司和寿险公司的资产负债评估原则应尽可能保持一致、相同的保险业务应适用于相同的资产负债评估原则、资产的评估原则应与负债的评估原则尽可能一致，等等。

6. 第一支柱量化资本要求的基本原则

第一支柱量化资本要求原则上采用在险价值（Value at Risk）方法，时间参数为 1 年，置信水平将以我国国情为基础，依据行业定量测试结果确定。

7. 第一支柱量化资本要求的计量方法

第一支柱量化资本要求的计量采用自下而上的方法，可选择情景法或者风险因子系数法，不同的风险模块可以选用不同的方法。

8. 第二支柱流动性监管

对于流动性风险，持有额外的资本不是最恰当的监管方法，而应当主要通过定性监管手段防范流动性风险。

9. 第二支柱风险综合评级

对能够量化风险的评价在第一支柱中得到反映，对难以量化风险的评价和对所有风险的综合评价在第二支柱中得到反映。

10. 第二支柱保险公司风险管理要求与评估

这是对保险公司与偿付能力相关的全部风险的管理要求和对保险公司风险管理能力的评价，不仅包括可量化的风险，还包括不可量化的风险。

11. 第三支柱公开信息披露

要遵循充分性、及时性、真实性、公平性和成本效益原则，通过公开信息披露培育和完善市场约束机制。

2015 年 2 月 24 日保监会正式发布中国风险导向的偿付能力体系（简称"偿二代"）17 项监管规则，以及《关于中国风险导向的偿付能力体系过渡期有关事项的通知》（简称《通知》），决定自文发之日起，进入偿二代过渡期，保险公司自 2015 年第一季度起，编报偿二代下的偿付能力报告。保监会设置了灵活、富有弹性的过渡期，将根据过渡期试运行情况，确定新旧体系的全面切换时间。这标志着我国以风险为导向、具有自主知识产权、国际可比的新偿付能力监管制度体系基本建成，保险业偿付能力监管迈入了新的历史阶段。

《通知》规定，在过渡期内，现行偿一代监管制度和偿二代并行，保险公司应当分别按照偿一代和偿二代标准编制两套偿付能力报告，保监会以偿一代作为监管依据。

《通知》明确了各项监管规则在过渡期内的适用要求和具体标准，包括寿险合同负债的折现率曲线、巨灾风险因子和计算模板、利率风险不利情景、压力测试的必测情景以及需要编报集团偿付能力报告的公司等。保监会于 2015 年首次对保险公司偿付能力风险管理能力进行监管评估，过渡期内监管评估结果暂时不与资本要求挂钩。

与偿一代相比，偿二代在监管理念、监管框架和监管标准等方面都发生了重大变化，《通知》要求保险公司应当成立由董事长或总经理牵头，财务、精算、风险管理、投资、业务和信息技术等相关部门参与的偿二代试运行领导小组，制订工作方案，研判偿二代对公司战略规划、管理流程和产品结构的影响，积极调整公司的经营策略、组织架构和信息系统，尽早达到偿二代全面切换的条件。

2016 年 1 月 29 日，中国保监会发布《关于正式实施中国风险导向的偿付能力体系》有关事项的通知，我国偿二代正式实施。2017 年 4 月 11 日，偿二代二期工程启动。计划用 3 年左右的时间，围绕完善监管规则、健全运行机制、加强监管合作三大任务开展 26 项具体工作，实现偿二代全面升级。

（三）偿二代的主要特点

偿二代立足于中国实际，具有三个鲜明的特点。

第一，坚持风险导向。偿二代坚持风险导向，建立了与风险更相关、对风险更敏感的定量资本监管标准，将资本要求细分到不同的风险类别，覆盖保险公司面临的所有可量化风险，对风险的计量比偿一代更全面、更准确、更透明，资本要求与风险水平的关系更加直接和紧密，风险越高的公司，最低资本要求越高。与偿一代相比，偿二代增加了对保险公司风险管理能力的要求与评估，细化了全面风险管理的要求，涵盖了定量风险和不可定量风险，风险管理能力越差的公司，最低资本要求越高。

第二，具有中国特色。由于我国保险市场总体上仍处于发展的初级阶段，具有新兴市场的特征，与欧美等成熟保险市场相比，在产品形态、风险特征等各个方面都存在区别。因此中国偿付能力监管改革不能照搬欧美监管制度，而是要与我国保险行业发展水平、保险市场发育程度和保险监管能力相适应。与欧美监管模式相比，偿二代具有鲜明的中国特色。第一支柱定量监管标准是使用中国的实际数据进行测算，标准发布上主要采用因子法，以便于我国保险公司操作和实施，并考虑行业实际，将操作风险纳入第二支柱进行定性监管；第二支柱强调监管机构对保险公司风险管理设置基本要求，并对保险公司风险管理能力进行检查和评估，建立了风险综合评级制度，形成第一支柱和第二支柱的联系，同时，通过监管力量直接推动保险公司提升风险管理能力，更适合我国保险业处于初级阶段、风险管理意识比较薄弱的现状；第三支柱在市场约束机制方面，除了公开信息披露，还注重对市场约束机制相关主体的培育和引导。

第三，具有国际可比性。偿二代在坚持中国特色的基础上，充分吸收国际公认有效的监管经验和做法，从框架设计到具体技术标准，都要做到有国际可比性。在理念和原则上，要尽可能与国际主流保持一致；在结构和参数上，要充分反映新兴市场的特征和要求，体现我们与成熟市场的差异。比如，偿二代采用了国际通行的"三支柱"框架；在监管理念和基本原则上与国际接轨，符合 IAIS 的保险核心原则。但偿二代在三支柱的具体内容、风险模型和技术参数上，又根植于中国的监管经验和市场数据，包括在第一支柱量化资本要求中采用的一些风险分布模型，第二支柱中的分类监管（风险综合评价）、偿付能力风险管理要求与评估（SARMRA）等。可以说，中国的偿二代与美国的 RBC 和欧盟的 Solvency Ⅱ，既存在区别，又具有可比性，对国际保险监管规则体系发展做出了贡献。

（四）偿二代对保险业的影响

偿二代的实施将对我国保险业发展、保险监管、保险业国际化等方面产生深远的影响。

1. 促进保险业持续健康发展

偿二代有利于提升公司的风险管理能力。偿二代坚持风险导向，促使保险公司提升风险管理水平，既能直接推动保险公司经营管理水平的提高，提升行业核心竞争力，又能对保险公司以往粗放式发展模式形成有力的制约，引导保险公司平衡业务增长、资本管理和风险控制，实现发展方式转型。此外，偿二代有利于提高资本使用效率。偿二代建设的目的不是提高资本要求，而是要更加科学合理地计量各类风险，偿二代坚持风险导向兼顾价值的原则，在守住风险底线的前提下，增强风险与资本要求的相关性，科学合理地设定资本要求，避免资本冗余，减轻行业资本负担。

2. 实现监管升级，推动市场化改革

我国保险监管市场化改革思路主要是"放开前端、管住后端"，

当前在投资市场化、费率市场化、市场准入退出等领域迈出了"放开前端"的实质性步伐。在放松对市场行为的行政管制的情况下，保监会将监管资源更多地放在后端，强化对风险的监管。偿二代"三支柱"实现了对风险的事前、事中和事后的全流程监管，为保险监管市场化提供了重要保障。比如，通过第一支柱最低资本的刚性约束加强事后监管，通过第二支柱的风险综合评价、第三支柱公开信息披露来强化事中过程性监管，通过第一支柱压力测试和第二支柱的风险管理能力评估实现风险的事前预警。偿二代将在守住风险底线的前提下，为保险行业在产品、费率、投资、服务等方面的创新打开广阔的发展空间。

3. 参与国际保险监管规则制定，扩大了国际影响力

偿二代为我国参与国际保险监管规则制定提供了有利契机。偿二代符合我国国情和实际，顺应国际趋同的大潮流，在实现有国际可比性的同时，总体上体现了新兴市场特征。通过加强国际宣传，开展国际合作，特别是与新兴市场国家的合作，与欧盟开展等效评估等，偿二代的国际影响力显著扩大，受到国际社会的高度关注。同时，我国以偿二代为支撑，积极参与 IAIS 对全球系统重要性保险机构和国际活跃保险集团的统一监管规则的制定和讨论，反映我国和新兴市场的诉求，分享偿二代建设的经验，提升了我国在国际规则制定中的影响力，进而为我国保险业开展国际竞争创造了有利条件。

二、树立国际化和"向前看"风险监管理念

国际保险监督官协会（IAIS）的监管体系主要由 24 个保险监督管理文件构成，包括 9 个保险监管指导文件、6 条保险监管原则和 9 条监管标准。上述监管文件，从保险监管的总体指导方针到监管保险公司的经营管理风险，从监管保险主体的市场准入到监管保险公司的偿付能力，从单一的传统保险业务到金融一体化形势下的综合监管，都给出了

尽可能清晰的指导思想和基本操作原则、标准。该监管体系的核心是保险机构风险控制。

IAIS 采用了全面的保险监管原则。除了有效的保险监管的基础条件，IAIS 还采用了六类保险监督管理的核心原则，包括保险监管体系、保险机构监管、连续监管、审慎监管原则、市场和消费者、反洗钱和打击对恐怖组织的资金支持等，这些原则全面保证了一个保险市场的健康运行和发展。

IAIS 明确了保险机构的监管包括执照的发放、高管人员的资格审定、股权变更和资产转移、保险机构的公司治理及其内控机制。

美国是严格监管模式的代表，在这种监管模式下，所有保险活动的过去和现在都受到全面监管，包括市场准入限制，对保险条款、费率条件、保单利率、红利分配、一般保险条件等均有明文规定，并在投放市场前受到监管部门严格和系统的监管。美国联邦保险局和各州保险局对保险业实行双重监管，二者是平行关系，分别拥有各自独立的立法权与执法权。美国的保险立法多如牛毛，各州在向保险人、保险代理人、保险经纪人颁发执照，保险经营方式、保险营业范围，费率、险种、保险条款、保单种类以及保险企业清算破产等各方面都有非常详尽的立法规定。美国各州的保险监管内容虽然有差异，但归纳起来主要有四个方面：偿付能力监管、保险合同（保单和费率）监管、财务监管和市场行为监管。

美国发生次贷危机以后，监管制度改革的核心之一便是强调对保险公司未来所面对的风险监管，即"向前看"的风险监管理念。这一理念来自美国二三十年的监管实践，来自数百家保险公司破产的沉痛教训。公司的财务报表反映的只是公司过去的状况，而只有对公司治理体制、运行机制、风险控制系统进行监管，着眼于公司的前景，才能防患于未然。

我国第二代偿付能力体系建设中也应当树立"向前看"的风险监管理念。

三、我国第二代偿付能力体系的监管定位

中国第一代偿付能力监管制度体系始建于 2003 年，主要参考了欧盟偿付能力 I 和美国偿付能力监管体系（RBC），到 2007 年基本构建起一套较为完整的体系。第一代偿付能力监管制度体系推动了保险公司树立资本管理理念，在防范风险、促进中国保险业科学发展方面起到了十分重要的作用。

近年来随着我国保险市场快速发展（最近 10 年的保费年均增长率达到 18%），第一代偿付能力监管制度体系无论是在监管框架、风险计量还是定性监管方面都不能完全适应新的发展形势。面对国际偿付能力监管不断发展的时代潮流，中国的偿付能力监管也需要改革。

第一，随着经济全球化的不断深入，国际上出现了偿付能力监管的基本理念和基本原则逐渐趋同的趋势。IAIS 于 2011 年发布了新的保险核心原则（ICPs），并在积极推动建立"国际活跃保险集团监管共同框架"。偿付能力监管规则的国际趋同将是一种长期发展趋势。中国偿付能力监管也应当顺应时代潮流，积极与国际接轨。然而中国的偿付能力监管体系既要借鉴国际成熟和先进的监管理念，又要兼顾我国当前的发展状况，不断完善、改进和发展。中国偿付能力监管改革应重点从以下两个方面入手：首先是要引入国际成熟的"三支柱"监管框架。三支柱的监管框架是目前国际公认的成熟体系，在理论基础、具体实践等方面较为完善。中国应当引入"三支柱"监管框架，将定量监管、定性监管和信息披露有机结合起来，提升各项监管制度之间的整体性和协调性。其次是建立"风险导向"的监管标准。资本的作用是吸收风险造成的损失，因此资本的多少应当与企业的风险紧密相关。中国也应当采用国际先进和成熟的风险计量技术和计量模型，科学全面地反映资本要求和风险状况之间的关系，建立"风险导向"的监管标准。

第二，中国偿付能力监管的改革方向和具体路径，应当立足于本国国情，走中国特色的发展道路。欧盟偿付能力 II 和美国 RBC 都是基于

发达保险市场的资本监管标准，更多地体现了成熟保险市场特征，不完全适用于作为新兴市场的中国。我们不能简单地说，某套监管标准是先进的，另一套标准是落后的，监管标准必须要能适应中国保险业发展实际，促进中国保险市场健康发展，有效防范风险，这套监管体系才是好的、先进的。中国应当走中国特色的偿付能力发展道路，充分体现新兴市场的特征。

第三，中国二代偿付能力监管体系的建设目标。偿二代的建设目标主要有三个：一是科学全面地计量保险公司面临的风险，使资本要求与风险更相关。二是守住风险底线，确定合理的资本要求，提高中国保险业的竞争力；建立有效的激励机制，促进保险公司提高风险管理水平，促进保险行业科学发展。三是积极探索适合新兴市场经济体的偿付能力监管模式，为国际偿付能力监管体系建设提供中国经验。

偿二代既借鉴了国际先进经验，与国际接轨，又考虑了中国国情和保险业发展情况，具有鲜明的中国特色。偿二代体现出的制度特征包括：一是统一监管。中国保监会根据国务院授权，履行行政管理职能，依照法律、法规统一监督管理全国保险市场，包括对全国所有保险公司的偿付能力实施统一监督和管理。偿二代应充分发挥统一监管效率高、执行力强、执行成本低的优势。同时，由于我国地域辽阔，在制定统一监管政策的同时，还需要充分考虑各地差异，适应不同地域保险市场监管需要。二是新兴市场。偿二代充分考虑了中国作为新兴保险市场，在人才储备、数据积累、资本来源等方面的特征，强调监管要求必须适合中国国情。基于新兴市场特征，偿二代应当更加注重保险公司的资本成本，提高资本使用效益；更加注重定性监管，充分发挥定性监管对定量监管的协同作用；更加注重制度建设的市场适应性和动态性，以满足市场快速发展的需要；更加注重监管政策的执行力和约束力，及时识别和化解各类风险；更加注重各项制度的可操作性，提高制度的执行效果。三是风险导向兼顾价值。防范风险是偿付能力监管的永恒主题，是保险监管的基本职责，因此，偿二代将以风险为导向，全面、科学、准确地反映风险，确保行业不发生系统性和区域性风险。同时，还要兼顾保险业资本使用效率和效益，降低保险公司经营的资本占用，提升保险公司的个体价值和整个行业的整体价值。基于新兴市场的偿二代，需在风险和价值之间，寻求平衡与和谐。

第四，中国偿二代的监管要素。偿二代的监管要素包括定量资本要求、定性监管要求、市场约束机制三个支柱。第一支柱是定量资本要求，主要防范能够量化的风险，通过科学识别和量化各类风险，以定量手段要求保险公司具备与其风险相适应的资本。第二支柱是定性监管要求，在第一支柱的基础上，通过定性手段进一步防范难以量化的风险，如操作风险、战略风险、声誉风险、流动性风险等。第三支柱是市场约束机制，通过对外信息披露等手段，借助市场的约束力，加强对保险公司偿付能力的监管。

四、我国偿付能力监管模式的完善

"偿二代"是借鉴美国的 RBC 监管标准和欧洲 Solvency II 的标准建立起来的，未来还需根据中国的实际情况，随着整个大的经济社会环境的变化，再做出一些调整。如"偿二代"以风险为导向的监管制度改革，相当于监管制度的变化，会引导整个保险行业发生一些变化，如从保险产品供给来说，未来一些年保险公司提供的产品将更加侧重风险保障，而整个行业业务结构发生新的变化以后，监管制度自然就会随着调整。因此，我们的监管制度也会因时因地因为我们的发展战略，而不断地变化，并且向着更高层次、更高效率，也更加科学的方向去转化，使我们的监管制度越来越完善。

在"一带一路"倡议下，我国鼓励企业走出去，当然也包括保险公司走出去。走出去的企业更希望在一个相对熟悉的监管环境之下从事业务经营。然而各国的监管制度是各不相同的，这就需要我国加强与各个国家监管机构相互沟通、交流、合作，使我国的监管制度能得到其他国家的认同。这样，我国的企业走出去时就会更加顺畅。建立"偿二代"之初我国更多的是考虑到中国的实际，未来我们应在国际监管制度趋同的趋势下，进一步完善我国的监管制度。

　　未来几年我国应把防范风险放在更加突出位置，以偿二代正式实施为契机，进一步加强全面风险管理，不断健全风险防控制度机制，定期开展压力测试，加强对风险的监测和预警，坚决守住不发生系统性和区域性风险的底线。

　　保险公司要适应新常态下审慎监管的要求，坚持审慎经营原则。切实加强资本管理，强化内部控制，规范经营行为，加强资产负债匹配管理，不断提高公司经营管理的科学化水平。

　　各监管部门要形成监管合力，加快推进监管基础设施建设，积极发挥偿二代资本约束作用，促进保险资产负债监管从软约束向硬约束转变，提升监管科学性和有效性。同时，要求各保险公司要强化资产负债管理和防范匹配风险主体责任，牢牢树立资产负债管理风险管理理念，加强组织体系、运作机制和技术建设，坚持审慎的产品定价策略和投资策略。

　　深入推进保险产品监管改革，主要从以下方面入手：一是改进监管方式。拟定加强产品管理新规，完善规则，简政放权，强化公司主体责任。启动《财产保险公司保险条款和保险费率管理办法》修订进程，进一步研究完善产品监管制度，夯实产品监管基础。印发《关于规范财产保险公司保险产品开发销售有关问题的紧急通知》，规范保险产品开发、命名、销售、宣传等一系列环节的合法合规性操作，进一步保护了保险消费者的合法权益。二是改进监管手段。开展人身保险产品条款编码工作，推动中国保险行业协会建立行业人身保险产品数据库并投入使用，公众可通过扫描二维码或登录中保协网站查询条款，不断提高透明度。建设产品管理系统，推进信息化监管。三是推进基础工作。指导中国保险行业协会持续推进人身保险产品通俗化、简单化、标准化工作，开展意外险国际经验研究和示范条款修订；指导中国精算师协会组织相关专家开展现金价值课题研究等。

　　未来保监会还应指导行业全力推进"偿二代"、制定相关配套制度。偿二代下，偿付能力监管指标多样化，包括核心偿付能力充足率、综合偿付能力充足率和风险综合评级，监管的风险更为全面。因此，必须构建科学的、多层次的监管措施，针对不同的偿付能力监管指标，针对不同的风险，设计相应的监管措施，确保监管机构能够对保险公司不同的风险点采取针对性措施。

五、监管政策要体现金融监管与创新的辩证关系

美国经济学家凯恩（Edward Kane）认为：创新与监管处于一个动态博弈的过程，存在着创新—监管—创新这么一条相互影响、循环发展的路径。在适度监管下进行保险创新，会促进金融体系在改革中发展。推陈出新的创新活动，会打破旧的保险监管制度和秩序，为保险监管带来新的课题，带来新的制度和规范，从而推动监管水平的不断提高。而在新的监管空间下，会为创新带来更广阔的空间和新的动力。在监管与创新的博弈过程中，如果保险监管部门无视保险创新的事实或不能跟上保险创新的步伐，只是被动地对创新进行反应的话，监管可能会成为创新的障碍，可能会对保险业发展产生阻碍作用，进而对各方面的保险创新者产生负面影响，打击其创新的积极性，形成恶性循环。这种恶性循环的最终结果是迟滞保险业的发展，甚至失去难得的大好时机。

源于住房领域的美国次贷危机充分暴露了金融创新与金融监管的深层矛盾，它告诉我们金融创新与金融监管是一对孪生兄弟，没有金融监管制约的金融创新势必会带来灾难和不幸。金融创新须臾也离不开金融监管，否则金融创新就会导致金融风险。

从金融监管与金融创新的关系看，由于金融创新改变了金融监管与运作的基础条件，客观上就需要金融监管机构作出适当的调整。金融创新的不断涌现，使得银行业与非银行业、金融业与非金融业、货币资产与金融资产的界限正变得越来越模糊。这必然导致金融监管机构原有的调节范围、方式和工具产生诸多的不适应，需要进行调整。因此，如何保持与金融创新的同步发展，就成为金融机构的一个迫切任务。

金融发展一方面需要金融创新作为动力，另一方面又需要加强金融

监管以维持金融安全，以利于金融业持续健康发展，金融监管与金融创新就这样相互作用，作为一对矛盾统一体，在自身发展的同时，共同促进金融改革的深化。

金融创新与金融监管表面上是一种矛盾，实际上二者又是相辅相成的。因为国内放松管制和国际金融监管的加强，目的都是解决同一个问题，即如何确立新的金融竞争秩序，只不过二者的解决方式不同。从一国内部看单个金融机构总是基于利润最大化目的来制定自己的竞争策略和经营方式，这就不可避免地与既有的管制规则发生冲突，冲突结果是放松原有管制，建立新的规则。从国际社会看，单个国家也总是基于增强本国竞争力的目的确立金融体制和金融政策。相互竞争的结果，往往会造成国际金融秩序的混乱。这种冲突的结果导致国际社会统一行动起来，订立契约，加强对国际金融市场上竞争行为的约束。建立合理、稳定的国际金融秩序。

金融创新与金融监管的相互关系问题，实质上体现了金融监管主体监管哲学思想的重心所在，即金融监管的重心是应该放在保护存款人利益、维护金融体系稳定，还是应该鼓励竞争、提高效率、维护本国银行在国际银行业中的地位呢，这是一个两难的选择。因为选择前者会抑制本国金融机构的活力，选择后者可能会影响金融机构的自身安全和本国金融体系的稳定。

在经济全球化一体化的背景下，保险监管政策措施要适应保险业的未来发展和变化趋势，具有一定的前瞻性。保险监管机构面对不断变化的经济金融形势，应当适时调整监管政策，防止金融风险和金融危机。此外还应建立保险监管的预警系统，加强对保险体系安全性的监测，保证保险业健康稳健地运行。

六、保险与其他金融监管政策的协调与合作

随着保险竞争的加剧和保险信息化的发展，保险业与银行业、证券业的相互渗透，由此导致了监管交叉和监管真空问题。对此保险监管部

门要加强与银行业、证券业等监管部门的协调与合作，定期进行业务磋商，交流监管信息，解决综合经营趋势下的分业监管问题，支持保险公司拓展业务。与此同时，在全球经济一体化的前提下，各国的经济发展紧密相连。市场信息不完全和不对称使风险在国家和地区之间相互转移的可能性大大增加，因此加强监管的国际合作与协调显得越来越重要。当前我国金融业务出现融合的趋势，有必要加强对金融综合经营的监管。有效的金融监管需要有配套的金融监管组织体系。目前我国已经建立起由中国人民银行、中国银保监会、中国证监会构成的监管组织架构。有利于改变在分业经营分业监管制度下，监管者之间缺乏有效的监管协调合作，容易产生监管界限不清和责任不明，出现监管真空或重复监管等问题，降低监管成本，提高监管效率。因此，保险业要加强与其他金融监管机构的政策协调与合作。一方面，保监会要加强与国际保险监管协会的合作，努力使监管标准与国际接轨。另一方面，监管部门还应积极推进新兴市场偿付能力监管的交流与合作。偿付能力监管的改革与发展离不开国际交流与合作。近年来，新兴市场已经成为国际保险市场的重要组成部分。同时，由于面临相似的发展环境、处于相似的发展阶段、具有相似的发展诉求，新兴市场国家在偿付能力监管改革方面必然有许多值得相互学习和借鉴经验。中国作为新兴市场的一员，应积极推进新兴市场国家在偿付能力监管方面的交流与合作，实现保险业的共同发展和繁荣。具体包括以下方面：

第一，通过交流与分享共同推进偿付能力监管制度的完善。中国在偿二代建设中，始终注重借鉴国际经验和国际合作，未来我国应继续学习借鉴其他新兴市场国家的成功经验，通过多种形式与新兴市场建立起偿付能力监管交流与合作的长效机制，定期分享偿付能力监管改革的最新动向和实践成果。

第二，加强信息交换，完善监管协作机制，共同增强防范风险的能力。中国偿二代涵盖的保险集团偿付能力监管、系统性风险监管和跨国公司的监管，注重对跨境风险的监测和防范，这就需要与相关国家和地区进行合作。加强偿付能力相关信息的交流，完善新兴市场之间偿付能力监管协作机制，加强区域间风险早期预警，协同采取监管措施，防范风险跨境传递，维护新兴市场保险业的稳定。

第三，积极参与国际偿付能力监管规则的制定。中国与许多新兴市场一样，应更多地参与国际偿付能力监管规则的制定，在充分协商交流的基础上，积极反映新兴市场共同的诉求，为新兴市场争取利益，使国际监管规则能够更多地体现新兴市场的特征。

第四，逐步推进新兴市场各国家和地区之间的偿付能力监管等效互认。等效互认是当前推进国际偿付能力监管规则实质趋同的有效方式。中国在推进偿二代建设过程中，要与其他新兴市场国家和地区，共同探索偿付能力监管双边等效互认机制。通过双边等效互认，实现一家保险公司在两边开展业务时，可以采用当地偿付能力报表，减少保险公司跨境经营的障碍，降低保险公司的经营成本；同时，节约监管资源，提升监管效率，并增强新兴市场的吸引力，给新兴市场的保险业带来更大的发展空间，促进保险资本跨境流动，实现互利共赢。

参 考 文 献

[1] A. M. Best., A. M. best's Liquidity Model for U. S. Life Insurers [R/OL]. Apirl 20, 2007.

[2] A. M. Best., Overview of Best's Rating system and Procedures [R/OL]. 2007 Edition.

[3] Alan Morrison, 2005.

[4] Allen Brender, Donna R. Claire. Reserch report on selected dynamic solvency testing topics on solvency, solvency assessments and acturial-issues. An IAIS Issue Paper (Final Version), www. iaisweb. org, 2000 - 3 - 15.

[5] Ana Preda, 2012. "Considerations Regarding Eu Life Insurance Market," Annals of University of Craiova - Economic Sciences Series, University of Craiova, Faculty of Economics and Business Administration, Vol. 3 (40), pages 128 - 133.

[6] Anders Grosen, Peter Locahte Jorgensen. Fair valuation of life insurance liabilitues: The impact of interest rate guarantee, surrender options, and bonus policies. Insurance: Mathematics and Economics, 2000, 26: 37 - 57.

[7] Andrew Ang and Michael Sherris (1997), "Interest Rate Risk management: Developments in Interest Rate Term Structure Modeling" For Risk Management and Valuation of Interest - Rate - Dependent Cash Flows", North American Acturial Journal, Vol. 1, No. 2, pp. 1 - 26.

[8] DeAngelo. H., DeAngelo, L. and Gilson. S. C., "The Collapse

of First Executive Corporation Junk Bonds, Adverse Publicity, and the Run on the Bank Phenomenon" [J]. Journal of Finance Economics, 1994.

[9] Eling, Martin, Hato Schmeiser, Joan T. Schmit. The Solvency Ⅱ process: overview and critical analysis. Risk Management and Insurance Review, 2007, Vol. 10, No. 1, 69 – 85.

[10] Emilia CLIPICI, 2013. "Credit Insurance During The Financial Crisis," SEA – Practical Application of Science, Fundaţia Românăpentru-Inteligenţa Afacerii, Editorial Department, issue 1, pages 38 – 45, June.

[11] Etti G. Baranoff, Thomas W. Sager. The relations among asset risk, product risk and capital in the life insurance industry. Journal of Banking & Finance, 2002, 26: 1181 – 197.

[12] European Commission, 2004b, The Draft Second Wave Calls for Advice From CEIOPS and Stakeholder Consultation on Solvency II, Markt/ 2515/04, Working Paper, 2004 – 10 – 11, Brussels.

[13] G. Castellani, M. De Felice, F. Moriconi (1992), "Asset-liability Management: Semi-deterministic and Stochastic Approach", TRANS of the 24th International Congress of Actuaries, Vol. 2, pp. 35 – 55.

[14] G. O. Bierwag (1977), "Duration and Term Structure of Interest Rates", Journal of Financial and Quantitative Analysis, 12, 715 – 742. 11.

[15] German Insurance Association, 2005, Rechnungslegung and Sovenlcy II, available at http: //www. gdv. de.

[16] Gustavo FERRO, 2010. "Insurance Regulation And The Credit Crisis. What'S New?" Journal of Applied Research in Finance Bi – Annually, ASERS Publishing, vol. 0 (1), pages 16 – 26, June.

[17] Iman van Lelyveld & Arnold Schilder, 2002. "Risk in Financial Conglomerates: Management and Supervision," Research Series Supervision (discontinued) 49, Netherlands Central Bank, Directorate Supervision.

[18] Iman van Lelyveld & Klaas Knot, 2008. "Do financial conglomerates create or destroy value? Evidence for the EU," DNB Working Papers

174, Netherlands Central Bank, Research Department.

[19] IMF working paper, "insurance and issues in financial soundness", 2003.

[20] International Actuarial Association, 2004, A Global Framework for Insurer Solvency Assessment, Research Report of the Insurer Solvency Assessment Working Party, Ottawa.

[21] International Association of Insurance Supervisors, 2003, Credit Risk Transfer Between Insurance, Banking and Other Financial Sectors (Basel, March).

[22] J. David Cummins, Anthony M. Santomero. Change in the Life Insurance Industry: Efficiency, Technology and Risk Management, 1999 Edition.

[23] J. David Cummins, Joan Lamn – Tennant, Financial Management of Life Insurance Companies, Bostion: Kluner Academic Publishers, 1993. 18.

[24] J. David Cummins, John Lamm – Tennant. Financial Management of Life Insurance Companies. 1993 Edition.

[25] James M. Carson, Robert E. Hoyt. Identifying life insurance financial distress: classification model and empirical evidence. In: E. Altam and I. Vanderhoof, des. The Financial dynamics of the insurance Industry. Irwin Professinal Publishers, 1994: 25 – 48.

[26] John M. Mulvey, Denial P. Rosebaum, Bala Shetty. Strategic financial risk management and operation research. European Joural of Operational Research. 1997, 97: 1 – 16.

[27] Johny Wong. A comparison of solvency requirement and early warning systems for life insurance companiea in China with representative world praticies. North American Acturial Journal, 2003, 6 (1): 91 – 111.

[28] Kenneth Black, Jr. Harold D. Skipper, Jr, The management, Operation, and Regulation of Life Insurance Companies, Life and Health Insurance, Thirdteenth Edition.

［29］ Kozmenko, Olha& Kravchuk, Hanna, 2010. "Consequences of the financial crisis for the insurance markets of the world and Ukraine," MPRA Paper 50847, University Library of Munich, Germany.

［30］ Linder, U. &V. Ronkainen, 2004, Solvency II – Towards a New Insurance Supervisory System in the EU, Scandinavian Actuatial Journal, 104（6）: 462 – 474.

［31］ Managing for Solvency and Profitabilityin Life and Health Insurance Companies, FIMI Insurance Education Programe, Atlanta, Georgia, Life Management Institute, 1996 LOMA.

［32］ Mckinnon, Ronald. , 1989, Financial Liberalization and Economic Development: A Reassessment of Interest – Rate Policies in Aisa and Latin America, Oxford Review of Economic Policy, Vol. 5 No. 4. Winter.

［33］ Moody's, Moody's Global Rating Methodology for Life Insurers ［R/OL］. September 2006.

［34］ Myers, Stewart C. and James A. Read, Jr. , "Capital Allocation for Insurance Companies," Journal of Risk Insurance, 2001, 4.

［35］ P. O. J. Kelliher, D. L. Bartlett, M. Chaplin, K. Dowd, C. O' Brien, Liquidity risk in life insurance ［J］. The Actuary, June 2005.

［36］ Patrick Kelliher, David Bartlett, Mark Chaplin, Kevin Dowd, Chris O' Brien, Liquidity risk in life insurance ［J］. The Actuary, June 2005.

［37］ Peter H. M. kuys, 1999, "international development in solvency standards", presented for the Austrilian Prudendential Regulation Authority, to the General Insurance Seminar, Sydney, March 15.

［38］ Regulating Financial Conglomerates, Economics Series Working Papers 2005 – FE –03, University of Oxford, Department of Economics.

［39］ Report of the life liquidity work group of the American Academy of Actuaries to the NAIC's life liquidity working group Bostion ［J/OL］. MA – December 2, 2000.

[40] Robert McDonald & Anna Paulson, 2015. "AIG in Hindsight," Journal of Economic Perspectives, American Economic Association, Vol. 29 (2), pages 81 – 106, Spring.

[41] Robert S. Fillingham. The potential role of dynamic solvency testing in preventing insolvencies of insurance companies: a historical perspective. Transactions of Society of Acturaties 1993 – 1994 Reports, www. soa. org.

[42] Robert van der Meer, Meye Smink (1993), "Stratergic and Techniques for Asset – Liability Management: an overview", The Geneva Papers on Risk and Insurance, 18 (No. 67, Apr. 1993), pp. 144 – 157.

[43] Rosen, D. and S. A. Zenios. "Enterprise-wide Asset and Liability Management: Issue, Institutions, and Models" InS. A. Zenios, ed. Handbook of Asset and Liability Management. Amsterdam: North – Holland, 2002.

[44]《2008 年世界保险业：工业化国家寿险保费收入下降，新兴经济体增长强劲》，载《sigma》2009 年第 3 期。

[45]《保险业监管问题》，载《sigma》2010 年第 3 期。

[46]《全球保险业 2011 年回顾与 2012～2013 年展望》，载《sigma》2011 年第 10 期。

[47] Standard and Poor's, Insurance Liquidity Model [R/OL]. 2004.

[48] Standard and Poor's, Insurance Ratings Criteria Life Edition [R/OL]. 2004.

[49] Steven W. Pottier, Life Insurer Financial Distress, Best's Ratings and Financial Ratios [J]. The Journal of Risk and Insurance, 1998, Vol. 65, No. 2, 275 – 288.

[50] Steven W. Pottier. Life insurer financial distress, best's ratings and financial ratios. The Joural of Risk and Insurance, 1998, 65 (2): 208 – 273.

[51] Swiss Re, "Asset and Liability Management for Insurers", Sigma, No. 6/2000.

［52］ Swiss Re, Insurance Rating ［R/OL］. Sigma, 2003. 04.

［53］ Tom Karp and Amanda Coodban, 1999 "the need for solvency margins and capital adequacy standards: government regulation; residual risk, and the role of disclosure", presented for the Austrilian Predential Regulation Authority, to the General Insurance Seminar, Sydney, March 15.

［54］ UK insurance key facts 2014, Association of British Insuranc (ABI) Annual Report on the Insurance Industry 2014. Federal Insurance Office, U. S. Department of the Treasury.

［55］ Vanderhoof, I. T. "The Interest Rate Assumption and the Maturity Stracture of the Assets of a Life Insurance Company." Transactiona of the Society of Actuaries, 1972.

［56］ Wirch, J., M. Handy, "Ordering of Risk Measures for Capital Adequncy," Proceeding of the AFIR Colloquium, Tromso, Norway, 2000.

［57］ 陈成:《欧洲保险公司资产负债管理动态》，载《中国金融》2012 年第 16 期。

［58］ 陈华:《基于安全的中国保险行业系统性风险研究》，载《保险研究》2008 年第 3 期。

［59］ 陈恩:《迷失的盛宴（中国保险产业 1919~2009）》，浙江大学出版社 2009 年版。

［60］ 陈鹏:《保险公司 2017 年偿付能力 "体检" 结果出炉：平均得分比 2016 年提升 1. 43 分》，载《新京报》2018 年 1 月 17 日。

［61］ 陈秋玲、薛玉春、肖璐:《金融风险预警：评价指标、预警机制与实证研究》，载《上海大学学报》（社会科学版）2009 年第 5 期。

［62］ 陈守东、马辉、穆春舟:《中国金融风险预警的 MS - VAR 模型与区制状态研究》，载《吉林大学社会科学学报》2009 年第 1 期。

［63］ 陈守东、杨莹、马辉:《中国金融风险预警研究》，载《数量经济技术经济研究》2006 年第 7 期。

［64］ 陈文辉:《积极推进偿二代与其他监管模式等效互认》，载《证券时报网》2016 年 9 月 20 日。

[65] 陈文辉：《中国保险偿付能力监管改革》，载《中国金融》2013 年第 15 期。

[66] 陈文辉：《中国偿付能力监管改革》，载《新金融评论》2014 年第 3 期。

[67] 陈亚男、陈致中：《美国次贷危机中保险公司的风险控制》，载《统计与决策》2009 年第 10 期。

[68] 陈宇宁：《我国财产保险偿付能力监管制度变迁分析——制度经济学视角》，载《保险研究》2009 年第 1 期。

[69] 陈雨露、杨国栋：《世界是部金融史》，北京集团出版社 2011 年版。

[70] 陈正旭、黄波：《中国保险业运营风险研究》，载《保险研究》2008 年第 7 期。

[71] 陈志国：《欧盟保险偿付能力 II 改革的最新进展》，载《保险研究》2008 年第 9 期。

[72] 池晶：《论日本保险业的改革与重组》，载《金融研究》2000 年第 10 期。

[73] 崔涵冰、仇森：《金融创新与投资者保护：中国式对冲基金的蓝图》，载《理论界》2014 年第 8 期。

[74] 崔勇：《近年来日本寿险业监督制度的新发展》，载《保险研究》2001 年第 2 期。

[75] 邓洋：《借鉴美国经验发展我国保险信用评级制度》，吉林大学硕士学位论文，2007 年。

[76] 丁志杰：《亚洲金融危机会不会重来》，载《中国外汇》2007 年第 7 期。

[77] 樊大彧：《险金投资港股限制将取消》，载《青年报》年报 2010 年 5 月 27 日。

[78] 樊毅：《我国寿险公司信用评级指标体系研究》，湖南大学硕士学位论文，2010 年。

[79] 封进：《中国寿险经营的风险研究》，南京农业大学博士学位

论文，2002 年。

［80］付海燕：《日本寿险市场与寿险商品的变迁》，载《保险研究》2002 年第 8 期。

［81］付强：《提高金融集团监管有效性的国际经验与借鉴》，载《江西社会科学》2013 年第 8 期。

［82］高晓娟：《保监会将积极推动保险信用体系建设》，载《国际商报》2002 年 4 月 29 日。

［83］葛奇：《次贷危机的成因、影响及对金融监管的启示》，载《国际金融研究》2008 年第 11 期。

［84］谷明淑：《中国保险投资理论与实践》，中国商业出版社 2007 年版。

［85］郭金龙、胡宏兵：《我国保险资金运用现状、问题及策略研究》，载《保险研究》2009 年第 9 期。

［86］郭金龙、赵强：《保险业系统性风险文献综述》，载《保险研究》2014 年第 6 期。

［87］郭金龙、周华林：《保险业的潜在系统性风险》，载《保险研究》2016 年第 6 期。

［88］郭金龙、周华林：《保险业系统性风险及其管理的理论和政策研究》，社会科学文献出版社 2016 年版。

［89］郭金龙、朱晶晶：《改革开放四十年来我国保险业风险及其防范措施》，载《证券时报》2018 年 10 月 16 日。

［90］郭金龙：《我国保险业发展的实证分析和国际经验》，经济管理出版社 2006 年版。

［91］郭金龙、胡宏兵：《我国保险资金运用现状、问题及策略研究》，载《保险研究》2009 年第 9 期。

［92］何绍慰：《借鉴美国经验构建我国保险信用评级制度》，载《上海保险》2006 年第 5 期。

［93］何小伟：《我国保险偿付能力监管探析》，载《保险研究》2008 年第 3 期。

[94] 胡良:《偿付能力与保险资金运用监管》,载《保险研究》2014 年第 11 期。

[95] 黄志勇:《日本偿付能力监管体系的现状、改革及启示》,载《中国金融》2010 年第 23 期。

[96] 江炳辉:《国际偿付能力监管的主要模式比较及对我国的建议》,载《现代经济信息》2016 年第 13 期。

[97] 江先学:《欧盟偿付能力 II 对完善我国偿付能力监管制度的启示》,载《中国金融》2010 年第 23 期。

[98] 姜波、陶燃:《欧盟保险偿付能力 II 监管体系改革最新进展》,载《中国金融》2010 年第 23 期。

[99] 蒋正忠、姚晓维:《论保险的本质与保险业在金融行业中的角色定位》,载《保险研究》2009 年第 3 期。

[100] 赖尚龙:《试论亚洲金融风暴——以韩国作讨论实例》,载《科学与科学技术管理》1998 年第 5 期。

[101] 赖尚龙:《亚洲金融风暴与亚太经济发展模式》,载《亚太经济》1998 年第 2 期。

[102] 冷煜:《金融危机启示:金融一体化监管趋势下的保险监管》,载《保险研究》2009 年第 4 期。

[103] 李建萍:《保险监管瞄准偿付能力》,载《金融与保险》2003 年第 2 期。

[104] 李朝锋、方斌、代钧珂:《基于 C - H - N - I 框架的我国和欧盟偿付能力监管体系比较分析》,载《保险研究》2013 年第 7 期。

[105] 李红:《试论我国保险投资风险管理体系的建立与健全》,西南财经大学硕士学位论文,2001 年。

[106] 李良:《信用评级制度与我国保险信用建设》,载《征信》2009 年第 1 期。

[107] 李梦雨:《中国金融风险预警系统的构建研究——基于 K - 均值聚类算法和 BP 神经网络》,载《中央财经大学学报》2012 年第 10 期。

[108] 李薇、谷明淑:《次贷危机视角下的中国寿险业风险防范研

究》，经济科学出版社 2010 年版。

[109] 李薇：《美国金融危机对我国保险投资风险的警示》，载《社会科学辑刊》2009 年第 2 期。

[110] 李薇：《中国寿险业经营风险研究》，辽宁大学博士学位论文，2009 年。

[111] 李薇：《中国寿险业经营风险研究》，经济科学出版社 2010 年版。

[112] 李晓林、李肖侹：《保险公司信用评级与寿险产品评价体系研究》，中国财政经济出版社 2004 年版。

[113] 李亚敏：《我国保险资金运用问题研究——基于资本市场的收益与风险分析》，复旦大学博士学位论文，2007 年。

[114] 李娅、张倩：《AIG 被接管对我国保险业的警示》，载《保险研究》2008 年第 11 期。

[115] 李曜：《论金融集团主导格局下的金融监管组织体系设置》，载《当代经济科学》2003 年第 1 期。

[116] 李曜：《论金融集团主导下的金融监管组织体系设置》，载《财经研究》2003 年第 4 期。

[117] 刘冀广：《保险集团监管的国际经验和我国的实践》，载《中国金融》2010 年第 21 期。

[118] 刘婕：《金融集团整体监管的新进展》，载《中国金融》2012 年第 14 期。

[119] 刘璐、武月：《欧债危机对保险业的影响研究》，载《宏观经济研究》2014 年第 1 期。

[120] 刘喜华：《保险资金运用与寿险公司的资产负债管理》，载《上海保险》2004 年第 4 期。

[121] 刘兴亚：《金融集团监管的国际经验借鉴》，载《金融发展评论》2014 年第 12 期。

[122] 刘永刚：《如何建立我国的保险信用评级制度》，载《黑龙江金融》2008 年第 11 期。

[123] 刘友芝：《论构建有效保险信用评级制度的制度条件》，载《江西财经大学学报》2003 年第 1 期。

[124] 刘友芝：《论构建中国保险信用评级制度的宏观基础》，载《中国保险管理干部学院学报》2002 年第 4 期。

[125] 刘友芝：《论构建中国保险信用评级制度的微观基础》，载《理论与实践》2002 年第 9 期。

[126] 刘元春、蔡彤娟：《论欧元区主权债务危机的根源与救助机制》，载《经济学动态》2010 年第 6 期。

[127] 罗光：《保险公司评级管理》，经济科学出版社 2009 年版。

[128] 罗鸣：《保险信用评级市场发展模式选择》，载《中国保险报》2010 年 1 月 4 日。

[129] 罗鸣：《信用产权与保险信用评级》，载《中国保险报》2009 年 12 月 18 日。

[130] 纽竹：《关于证券借贷市场的几个问题》，载《国际金融研究》2002 年第 8 期。

[131] 彭大成：《中国经济宏观调控与亚洲金融风暴及其启示》，载《湖南师范大学社会科学学报》1999 年第 3 期。

[132] 沈庆劼、叶蜀君、吴超：《金融集团监管资本套利研究——基于风险模型与资本成本的视角》，载《财经问题研究》2016 年第 1 期。

[133] 宋丽：《中国产险公司信用评级研究——基于财务指标的实证分析》，西南财经大学硕士学位论文，2009 年。

[134] 粟芳：《中国保险偿付能力监管研究》，载《上海金融》2000 年第 9 期。

[135] 孙杰：《主权债务危机与欧元区的不对称性》，载《欧洲研究》2011 年第 1 期。

[136] 孙祁祥、郑伟、肖志光：《保险业与美国金融危机：角色及反思》，载《保险研究》2008 年第 11 期。

[137] 孙祁祥、郑伟：《中国保险业发展报告 2015》，北京大学出版社 2015 年版。

[138] 孙少岩、逯家英：《日本寿险业衰退原因探析》，载《现代日本经济》2014 年第 6 期。

[139] 孙天琦、仲大维：《我国金融集团发展的路径选择：基于制度竞争的分析》，载《财经科学》2002 年第 1 期。

[140] 泰岩：《国际监管领域：关于保险与系统性风险的研究》，载《保险研究》2011 年第 3 期。

[141] 谭中明、胡百灵、卜松：《保险公司资信评级指标体系的设计与应用》，载《保险研究》2012 年第 11 期。

[142] 汪洋：《金融集团全面风险管理体系架构研究》，载《上海金融》2010 年第 10 期。

[143] 王彬、高广阔、徐爱荣：《谈建立中国的保险信用评级制度》，载《世界经济情况》2006 年第 16 期。

[144] 王朝晖、吴亭：《保险公司的资产负债匹配管理》，载《中国保险》2009 年第 1 期。

[145] 王国军、徐高林：《后加入危机时代保险业的风险防范与战略选择》，法律出版社 2009 年版。

[146] 王建：《亚洲金融风暴与 1998 年我国宏观经济的基本走势》，载《战略与管理》1998 年第 2 期。

[147] 王茂琪、陈秉正：《AIG 陷入财务困境的原因及启示》，载《保险研究》2009 年第 2 期。

[148] 王倩：《美国 AIG 危机对我国保险业监管的警示》，载《统计与决策》2009 年第 23 期。

[149] 王少群等：《国际偿付能力监管改革的进展及挑战》，载《金融发展评论》2014 年第 4 期。

[150] 王晔：《多元化金融集团监管的模式研究》，载《财经问题研究》2003 年第 1 期。

[151] 魏迎宁：《保险集团财务风险控制问题研究》，中国财政经济出版社 2010 年版。

[152] 吴富佳、童威、雍志强：《金融集团与我国金融业发展模式

研究》，载《财经问题研究》2001年第7期。

[153] 武建强：《国外保险信用评级制度评介与借鉴》，载《广西金融研究》2007年第8期。

[154] 谢志刚、崔亚：《论保险监管制度体系的建设目标》，载《保险研究》2014年第1期。

[155] 谢志刚：《我国第二代偿付能力监管制度体系建设中的几个关键问题》，载《保险研究》2012年第8期。

[156] 谢志刚：《系统性风险与系统重要性：共识和方向》，载《保险研究》2016年第7期。

[157] 谢志刚：《我国第二代偿付能力监管制度体系建设中的几个关键问题》，载《保险研究》2012年第8期。

[158] 熊志国：《欧美保险偿付能力监管制度比较》，载《中国金融》2012年第13期。

[159] 徐赵：《系统重要性金融机构识别方法综述》，载《国际金融研究》2011年第11期。

[160] 徐慧玲、许传华：《金融风险预警模型述评》，载《经济学动态》2010年第11期。

[161] 徐景峰、秦芬芬：《AIG危机的原因分析及对我国保险投资的启示》，载《投资研究》2009年第6期。

[162] 徐美芳：《次贷危机对我国保险业的影响和启示》，载《上海保险》2008年第8期。

[163] 徐明棋：《欧元区国家主权债务危机、欧元及欧盟经济》，载《世界经济研究》2010年第9期。

[164] 徐晓：《保监会要求全行业树立诚信意识大力推动保险信用体系建设》，载《中国保险报》2002年4月23日。

[165] 许传华、徐慧玲、杨雪莱：《我国金融风险预警模型的建立与实证研究》，载《经济问题》2012年第2期。

[166] 阎建军、关凌：《保险业在金融危机中的角色：资产证券化视角》，载《金融评论》2011年第4期。

[167] 杨琳:《保险公司投资风险与控制》,载《中国保险网》2002 年 11 月 18 日。

[168] 杨琳:《国际保险业系统性风险、成因与对策》,载《中国保险》2008 年第 3 期。

[169] 杨万东:《美国金融危机与中国的应对策略》,载《理论视野》2008 年第 11 期。

[170] 杨文生、孙乐:《日本大和生命保险倒闭案的教训》,载《保险研究》2009 年第 2 期。

[171] 杨文生、汪洋:《银行业风险向保险业传递的路径研究》,载《统计与决策》2009 年第 15 期。

[172] 杨霞:《保险业在国家金融稳定中的作用》,载《保险研究》2010 年第 2 期。

[173] 杨至炜、唐青生:《金融危机背景下我国保险资金投资分析与优化对策》,载《云南社会科学》2009 年第 4 期。

[174] 叶洪刚:《建立保险公司信息披露制度势在必行》,载《福建金融》2002 年第 8 期。

[175] 易志刚、易中懿:《保险金融集团综合经营共生模式的机理研究——基于国际视角的分析》,载《经济问题》2013 年第 1 期。

[176] 于永宁:《澳大利亚审慎监管局对金融集团的监管》,载《经济与管理》2012 年第 8 期。

[177] 余永定:《美国次贷危机:背景、原因与发展》,载《当代亚太》2008 年第 5 期。

[178] 袁东、毛玉萍、韦伦、许志方:《债券保险公司、次贷危机及债券市场趋势分析》,载《财贸经济》2008 年第 7 期。

[179] 张红梅:《德国金融集团的监管》,载《上海金融》2008 年第 4 期。

[180] 张洪涛、段小茜:《金融稳定有关问题研究综述》,载《国际金融研究》2006 年第 5 期。

[181] 张琳、何玉婷:《基于主成分分析的我国系统重要性保险公

司研究》，载《保险研究》2015 年第 12 期。

[182] 张楠楠：《次贷危机后的保险业风险管理问题》，载《保险研究》2009 年第 11 期。

[183] 张宁：《我国寿险公司信用评级制度研究》，湖南大学出版社 2014 年版。

[184] 张仁良、缪钧伟：《论亚洲金融风暴与经济危机》，载《世界经济文汇》1998 年第 3 期。

[185] 张晓丽、刘瑞霞：《中美保险业信用评级制度对比分析》，载《科技情报开发与经济》2017 年第 17 期。

[186] 张晓朴：《系统性金融风险研究：演进、成因与监管》，载《国际金融研究》2010 年第 7 期。

[187] 张悦、廖娟：《关于融资融券、转融通和证券借贷的比较与思考》，载《金融理论与实践》2013 年第 3 期。

[188] 张志英：《金融风险传导机理研究》，中国市场出版社 2009 年版。

[189] 章铁生、林钟高、曹洁：《金融集团内的信息流动对基金投资业绩的影响》，载《北京工商大学学报》（社会科学版）2012 年第 4 期。

[190] 赵大军：《信用评级有法可依》，载《中国企业险报》2017 年 2 月 14 日。

[191] 赵桂芹、吴洪：《保险体系的系统性风险相关性评价：一个国际视角》，载《保险研究》2012 年第 9 期。

[192] 赵家敏、苏莉：《从资产负债管理看日本寿险业的利差损问题及对我国的启示》，载《现代日本经济》2004 年第 2 期。

[193] 郑丽萍：《发挥信用评级功能加强寿险流动性风险评估》，硕士学位论文，西南财经大学 2008 年。

[194] 郑庆寰：《跨市场金融风险的传递机制研究》，载《南方金融》2008 年第 3 期。

[195] 中国保险公司信用评价体系研究课题组：《中国非寿险公司信用评级研究》，中国金融出版社 2013 年版。

［196］中国保险监督管理委员会：《2015 中国保险市场年报》，中国金融出版社 2015 年版。

［197］周茂荣、杨继梅：《"欧猪五国"主权债务危机及欧元发展前景》，载《世界经济研究》2010 年第 11 期。

［198］周沅帆：《美国次贷危机对债券保险公司的影响及对我国的启示》，载《保险研究》2008 年第 10 期。

［199］朱建平：《论保险信用评级制度有效性的经济学基础》，载《时代经贸》2007 年第 1 期。

［200］朱军勇：《金融集团的组织模式及比较优势分析——兼论完善其监管的策略》，载《生产力研究》2006 年第 7 期。

［201］朱铭来、卓宇：《AIG 危机对我国保险业的启示》，载《中国金融》2008 年第 21 期。

［202］朱南军、郑后成：《保险公司的偿付能力监管对策》，载《中国金融家》2011 年第 2 期。

［203］朱亚培：《金融集团监管的国际经验》，载《中国金融》2013 年第 5 期。

［204］朱元倩、苗雨峰：《关于系统性风险度量和预警的模型综述》，载《国际金融研究》2012 年第 1 期。

［205］朱元倩：《从宏观审慎视角看保险业的系统性风险》，载《中国保险报》2012 年 3 月 27 日。

［206］卓志、孙正成：《现代保险服务业：地位、功能与定位》，载《保险研究》2014 年第 11 期。

［207］邹至庄：《在亚洲金融风暴中的中国经济政策》，载《金融研究》1999 年第 2 期。

后　记

　　由于金融风险的积累和传导是金融危机的重要因素，因此金融风险及其传导日益成为全球金融机构及其各国监管部门关注的焦点之一。保险业是金融体系的重要产业之一，但与其他金融机构不同的是：保险业是经营风险的特殊行业，对国家的社会稳定、金融安全具有重大影响，防范和化解自身风险至关重要，否则不仅不能履行经营风险、转移风险的职能，而且还将放大原有风险。伴随着金融创新的发展、金融机构功能界限的模糊化，保险所扮演的角色不仅是简单的、单一的促进金融稳定，而变得更复杂、更具有双重特性。最典型的例证是2007年由美国次贷危机引发的全球金融海啸，美国保险业通过承保次级抵押贷款保险、次级债券担保保险等业务和购买大量的次级债券成为次贷危机形成的一个重要推波助澜者，并且在危机中遭受重创。由此可见，保险市场日益成为金融系统风险的重要源泉。目前，国内学术界对金融风险传导与保险业风险防范关系的研究大多是从某个角度来论述，既不全面又不系统，缺乏系统地全面地研究金融风险传导与保险业风险防范关系问题的成果，本书正是在这一背景和前提下诞生的。

　　本书是2012年国家社科基金一般项目资助的成果，和国家"双一流"建设学科辽宁大学应用经济学资助的成果。本书由辽宁大学经济学院保险系主任李薇总纂，提出编写大纲和要求。执笔和具体分工如下：李薇撰写导论、第一章，郭金龙、李薇撰写第五章，谷明淑撰写第三章、第七章，黄立强撰写第二章、第四章，陈芙撰写第六章。

　　金融风险传导与保险业风险防范的关系是一个十分复杂的研究课题，本书的一些观点和研究结论难免有失偏颇，敬请读者和同行专家不吝赐教。

　　本书参考、引用与借鉴了许多专家学者的观点和资料，其中的真知灼见对作者启发教育很深，在此，谨向这些文献的作者表示衷心的感谢！

李薇

2019 年 3 月